SABINE BOHLE–HEINTZENBERG

Architektur

DER BERLINER
HOCH–UND UNTERGRUNDBAHN

Planungen · Entwürfe · Bauten bis 1930

Verlag Willmuth Arenhövel

© 1980 by
Verlag Willmuth Arenhövel, Berlin
Alle Rechte vorbehalten

Herstellung: Druckerei Hellmich KG, Berlin

Printed in Germany
ISBN 3-922912-00-1

Inhalt

Anhang

Vorwort

Die elektrische Hoch- und Untergrundbahn, die als neues innerstädtisches Schnellverkehrsmittel am Ende des 19. Jahrhunderts ihre ersten Erfolge zu verzeichnen hatte, zählt nach wie vor zu den wichtigsten Verkehrsmitteln unserer Großstädte. Sie ist nicht nur leistungsfähig, sondern aufgrund ihres elektrischen Antriebs und ihres raumsparenden Systems besonders umweltfreundlich – und damit heute von zunehmender Aktualität.

Sind auch die Vorteile einer solchen Bahn gegenüber anderen Nahverkehrsmitteln unumstritten und technische Fragen des U-Bahnbaus und -betriebs in der Literatur hinreichend erörtert worden, so fand die architektonische Gestaltung der U-Bahnbauten bisher weder in der Öffentlichkeit noch in der Fachwelt die entsprechende Würdigung.

Die vorliegende Arbeit, die im Sommer 1978 von der Freien Universität Berlin als Dissertation angenommen wurde, ist ein Versuch, hier Versäumtes nachzuholen. Am Beispiel des Berliner Hoch- und Untergrundbahnbaus sollen Probleme aufgezeigt werden, die sich aus der Zusammenarbeit zwischen Architekt und Ingenieur ergeben. Ziel dieser Untersuchung ist daher weniger die Erörterung allgemeiner Fragen der Bahnhofsgestaltung als vielmehr die Klärung künstlerisch-technischer Zusammenhänge.

Ich danke allen, die diese Arbeit durch ihr bereitwilliges Entgegenkommen unterstützt und gefördert haben. Mein Dank gilt vor allem dem Werner-von-Siemens-Institut für Geschichte des Hauses Siemens in München, insbesondere Herrn Dr. Sigfrid von Weiher, Frau Christel Glaser und Herrn Felix Swidersky, die mir nicht nur die Einsicht in das umfangreiche Aktenmaterial zur Geschichte der Berliner U-Bahn ermöglichten, sondern mir stets beratend zur Seite standen.

Ich danke außerdem der Plankammer der Berliner Verkehrs-Betriebe (BVG), vornehmlich Herrn Horst Belde für seine ständige Hilfsbereitschaft bei der Suche nach Entwürfen und Plänen.

Für ihre Bemühungen möchte ich auch den Damen und Herren vom Landesarchiv Berlin, vom Heimatarchiv Schöneberg, von der Plansammlung der Universitätsbibliothek der Technischen Universität Berlin sowie von der AEG-Bahnabteilung danken.

Für zahlreiche Anregungen und wertvolle Hinweise danke ich dem Arbeitskreis Berliner Nahverkehr sowie Herrn Sigurd Hilkenbach, Berlin, und Herrn Dr. Dezsö Szabó, Budapest.

Mein aufrichtiger Dank gebührt jedoch nicht zuletzt meinem verehrten Lehrer, Professor Dr. Tilmann Buddensieg, der diese Arbeit betreut und in jeder Weise unterstützt hat.

1 Voraussetzungen für den Bau von Hoch- und Untergrundbahnen

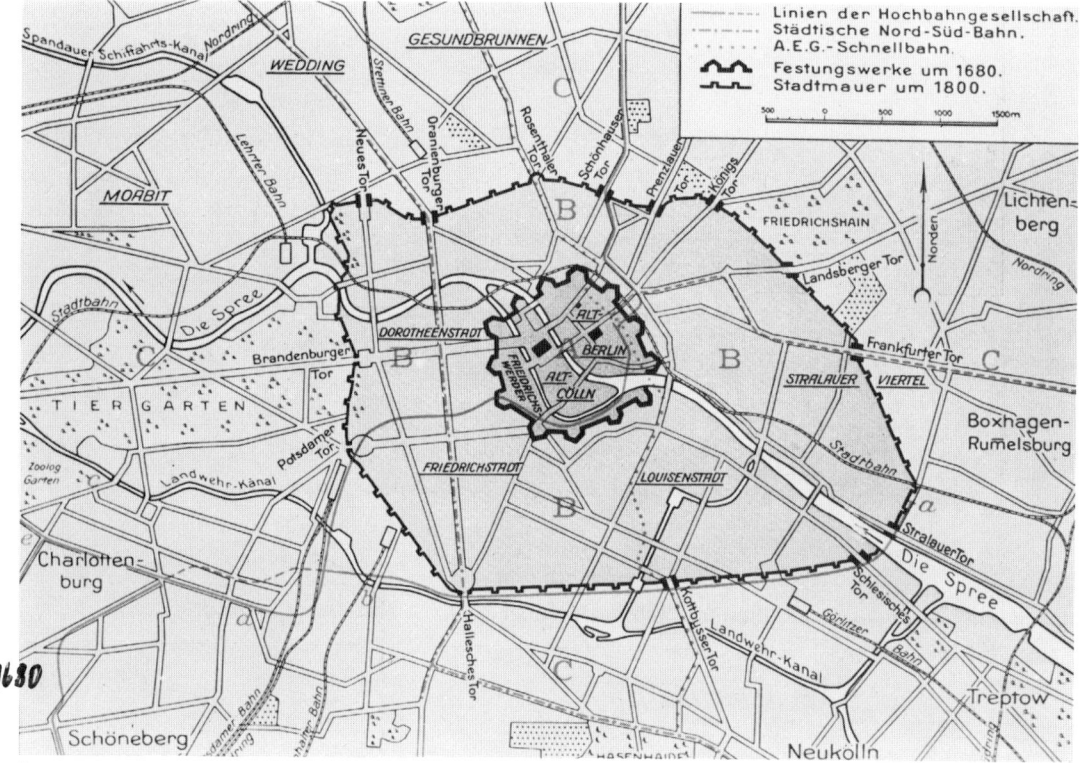

Stadtplan von Berlin
mit den Festungswerken um ~~1860,~~ 1680
der Stadtmauer um 1800
und dem Liniennetz der Hoch- und
Untergrundbahn

1.1 Die städtische Verkehrssituation im 19. Jahrhundert

Die Industrialisierung und der schnelle Aufschwung der Wirtschaft im letzten Jahrhundert führten als Folge des wissenschaftlich-technischen Fortschritts und des natürlichen Wachstums der Bevölkerung zum explosionsartigen Anwachsen der Städte. So strömte schon zu Beginn des 19. Jahrhunderts in England aufgrund der Freisetzung vieler Bauern durch die Entwicklung der Landwirtschaft zum Großgrundbesitz ein fast unerschöpfliches Reservoir an Arbeitskräften vom Land in die sich bildenden industriellen Zentren. Ähnliche Prozesse sind, wenngleich in gewissem zeitlichen Abstand und unterschiedlicher Intensität, auch in den anderen aufkommenden Industriestaaten zu beobachten. Trotz der schlechten Arbeitsbedingungen in den Fabriken setzte eine Massenabwanderung vom Lande ein, da ein immer größer werdender Anteil der Landbevölkerung in der dörflichen Umwelt keine ausreichende Existenzmöglichkeit mehr fand.

Abb. 1 Untergrundbahn in London, 1863
Streckentunnel an der Praed Street

Landflucht und industrielle Expansion ließen große Ballungszentren entstehen mit einer Vielzahl neuer Probleme, die sich in den Metropolen wie London, New York, Paris und Berlin besonders kraß zeigten. Durch die zunehmende Ausdehnung der Städte wurden die Entfernungen zwischen den Wohnquartieren und den Arbeitsstätten immer größer. Man versuchte zunächst, die Verkehrsprobleme, die sich durch die täglich pendelnden Massen ergaben, mit Hilfe von Pferdestraßenbahnen und Pferdeomnibussen zu lösen. Durch ihre geringe Geschwindigkeit und das begrenzte Platzangebot war deren Transportkapazität jedoch rasch überschritten.

Die zweifellos um vieles leistungsfähigeren Eisenbahnen kamen für die Bewältigung des innerstädtischen Verkehrs insofern kaum in Frage, als sie mit ihrem schwerfälligen Antrieb und starrem Gleiskörper die Straßen nur noch zusätzlich belastet hätten. Nicht zuletzt aus diesem Grunde wurden auch die einzelnen, oft weit auseinanderliegenden Fernbahnhöfe innerhalb einer Stadt nicht miteinander verbunden.

Neue Überlegungen führten schließlich zu der Erkenntnis, daß ein rascher und reibungsloser Verkehrsablauf innerhalb der Städte nur durch ein kreuzungsfreies Bahnsystem in zweiter Ebene über oder unter dem Straßenniveau gewährleistet werden konnte. Seine Verwirklichung fand dieser Gedanke zunächst in London, wo 1863 nach dreijähriger Bauzeit die erste unterirdisch geführte Bahn der Welt eröffnet wurde. Es handelte sich bei dieser Bahn, die die Bahnhöfe Paddington und Farringdon Street miteinander verband, um eine dampfbetriebene Eisenbahn (Abb. 1), deren Nachteile jedoch in Hinblick auf die Tunnellage klar ersichtlich waren.

Abb. 2 New Yorker Hochbahn, 1878

Aus diesem Grunde versuchte New York am Ende der siebziger Jahre, eine Verbesserung durch den Bau von Hochbahnen zu erzielen. Hierbei handelte es sich ebenfalls um dampfbetriebene Eisenbahnen, die jedoch auf hohen Holzgerüsten (Abb. 2) bzw. später auf eisernen Viadukten (Abb. 3) ohne Rücksicht auf ihre Umgebung durch teilweise engste Straßen geführt wurden.

Aber auch dieses System erwies sich als wenig befriedigend, zumal die Züge mit Dampflokomotiven betrieben wurden, die mit ihrem Lärm und Schmutz eine große Belästigung für die Umwelt darstellten.

Von Grund auf ändern sollte sich die Situation erst mit der Einführung des elektrischen Bahnantriebs. Mit ihm ließ sich ein kreuzungsfreier Nahverkehr ohne allzu negative Einflüsse auf die Umgebung in wirtschaftlicher Weise verwirklichen. Deshalb entschied sich schon bald eine Reihe von Städten für den Bau von elektrischen Hoch- und Untergrundbahnen.

Die erste elektrische Untergrundbahn der Welt, eine im Schildvortrieb gebaute Röhrenbahn, die »Tube«, wurde 1890 in London in Betrieb genommen.[1] 1893 folgte Liverpool mit einer elektrischen Hochbahn[2], der »Liverpool Overhead Railway«, die allerdings überwiegend durch Industriegebiet bzw. Dockanlagen führte. 1896 wurde die »Franz-Josef Elektrische Untergrundbahn« in Budapest eröffnet, und 1897 bekam Glasgow seine erste Untergrundbahn.[3] Die Eröffnung der Pariser Untergrundbahn fand anläßlich der Weltausstellung im Jahre 1900 statt. Der Betrieb der Berliner Hoch- und Untergrundbahn wurde 1902 aufgenommen. New York folgte mit seiner ersten Untergrundbahn im Jahre 1904. Weitere U-Bahnen entstanden in der Folgezeit in Philadelphia (1907), Buenos Aires (1911), Hamburg (1912), Boston (1912) und Madrid (1919).[4]

Abb. 3 New Yorker Hochbahn, 1878

1.2 Die Entwicklung der elektrischen Schienenbahn unter Werner von Siemens

Der Bau der elektrischen Hoch- und Untergrundbahn in Berlin erfolgte im Vergleich zu anderen europäischen Großstädten erst spät. Diese Tatsache überrascht insofern, als der Gedanke einer elektrisch betriebenen Schienenbahn von Anfang an eng mit Berlin verknüpft war. Hier wurde im Jahre 1866 mit der Erfindung der Dynamomaschine durch Werner von Siemens[5] die Entwicklung eingeleitet, hier reiften auch die ersten Pläne, die neue Energiequelle zum Antrieb von Schienenfahrzeugen zu nutzen. Siemens, dem als Ingenieur und Unternehmer die weitreichenden Vorteile schienengebundener Fahrzeuge für die Bewältigung des ständig zunehmenden Massenverkehrs gut bekannt waren, sah in der Übertragung des elektrischen Prinzips auf die Eisenbahn eine neue Möglichkeit, deren Leistungs- und Einsatzfähigkeit zu stärken, wobei er als Geschäftsmann nicht zuletzt auch an die Absatzmöglichkeiten seiner seit 1847 bestehenden Firma Siemens & Halske gedacht haben mag.[6]

Wie wenig sich Siemens jedoch mit seinen Plänen im Rahmen rein spekulativer Überlegungen bewegte, bewies er mit seinen zunächst nur vage skizzierten Vorstellungen über die verschiedenen Einsatzmöglichkeiten einer solchen Bahn. Sie sollte nicht im bislang üblichen interurbanen Verkehr Verwendung finden, sondern war als rein innerstädtisches Verkehrsmittel gedacht, das zudem noch losgelöst von der Straße auf einer zweiten Verkehrsebene angelegt werden sollte. »Im ersten Erfindungseifer nach Auffindung des dynamo-elektrischen Principes ... träumte ich schon von einem Netze hängender elektrischer Eisenbahnen über den Straßen Berlins, dessen niedriger Wasserstand leider kein unterirdisches Eisenbahnnetz gestattet ...«[7] Auf der »Pariser Allgemeinen Kunst- und Industrieausstellung«, der 4. Weltausstellung im Mai 1867, präzisierte Siemens seine Vorstellungen hinsichtlich der elektrischen Eisenbahn. Fachleuten gegenüber äußerte er damals, er plane, »Eisenbahnen auf freistehenden eisernen Säulen durch die Straßen Berlins zu bauen und dieselben elektrisch zu betreiben«.[8] Ein unterirdisches Bahnsystem, wie es seit 1860 in London – allerdings unter Verwendung von Dampflokomotiven – im Entstehen begriffen war, schien für Berlin wegen des sandigen Untergrundes und des hohen Grundwasserspiegels zunächst nicht in Frage zu kommen.

Obwohl man in Berlin für eine Verkehrsanlage in einer zweiten Ebene als Lösung zukünftiger Verkehrsprobleme nur wenig Verständnis aufbrachte, hielt Siemens weiterhin an seinen Vorstellungen fest. Wie richtig er mit seinen Prognosen über die Entwicklung des innerstädtischen Verkehrs und seinen Vorschlägen zur Lösung der wachsenden Verkehrsprobleme lag, beweist die Tatsache, daß im Jahre 1878 in New York die ersten Säulenbahnen, die »elevated railroads«, in Betrieb genommen wurden. Da diese allerdings, wie die Londoner Untergrundbahnen, mit schweren Dampflokomotiven betrieben wurden, erforderten sie einen sehr kompakten Unterbau, dessen starre, sperrige Form reichlich Anlaß zur Kritik gab. Kappey äußert sich dazu wie folgt: »Die New Yorker Hochbahnanlage des vorigen Jahrhunderts ist geradezu ein Beispiel abschreckender Häßlichkeit. Auf die Wirkung im Stadtbilde ist keine Rücksicht genommen worden, weil die Bauten nur nach praktischen und wirtschaftlichen Gesichtspunkten ohne Mitarbeit der Architekten ausgeführt wurden.«[9] Zu ähnlichen Erkenntnissen war bereits 1876 die von der American Society of Civil Engineers zum Studium der Lokalbahnfrage eingesetzte Kommission gekommen: »Inbetreff des wahrscheinlichen schlechten Aussehens der Construction stimmt die Commission mit dem Publikum überein. Keine Stadtbahn kann in wirklich künstlerischem Sinne ausgestattet werden. Ihre langen geraden Linien lassen keine architektonische Wirkung zu. Die Anlage soll zunächst nützlich sein ... Die Anstrengungen der Verfasser von Localbahnprojecten scheinen bisher darauf gerichtet gewesen zu sein, neue und unbekannte Constructionen zu entwerfen, deren Neuheit sie sofort patentiren lassen konnten, und welche nach ihrem Vorschlage ununterbrochen auf der ganzen Linie ohne Rücksicht auf örtliche Verhältnisse zur Ausführung gebracht werden sollten.«[10] Die offensichtlichen Nachteile der New Yorker Bahn waren für Siemens Anlaß genug, seine Bemühungen um eine elektrisch betriebene Bahn zu intensivieren.

Als Werner von Siemens im Mai 1879 auf der Berliner Gewerbeausstellung die erste elektrische Eisenbahn der Welt vorstellte[11], war er seinem Ziel ein Stück näher gerückt. Die elektrisch betriebene Bahn ließ nämlich gegenüber der Dampfbahn erhebliche Vorteile erkennen. Sie war nicht nur schneller, sauberer und variabler im Betrieb, sondern durch die bessere Verteilung der Antriebskraft auf mehrere Wagen auch sehr viel leichter als die von einer schweren Lokomotive gezogene Dampfeisenbahn. Dies sollte sich wiederum günstig auf die Gestaltung des Unterbaus auswirken.

Deshalb betrachtete Siemens auch die gerade entstehende, 1882 eröffnete Berliner Stadtbahn, eine mit Dampf betriebene Bahn auf massiven Viadukten, sowie die in den Jahren 1871/72 bis 1877 eröffnete Berliner Ringbahn keineswegs als Konkurrenz, sondern lediglich als eine Ergänzung seiner zukünftigen elektrischen Hochbahn.[12] Siemens rechnete sich sogar jetzt, nachdem Berlin für den Bau innerstädtischer Eisenbahnen ein offensichtliches Interesse zeigte, für seinen spezifischen Typus einer elektrischen Bahn besonders gute Chancen aus.

2 Elektrische Schnellbahnpläne für Berlin

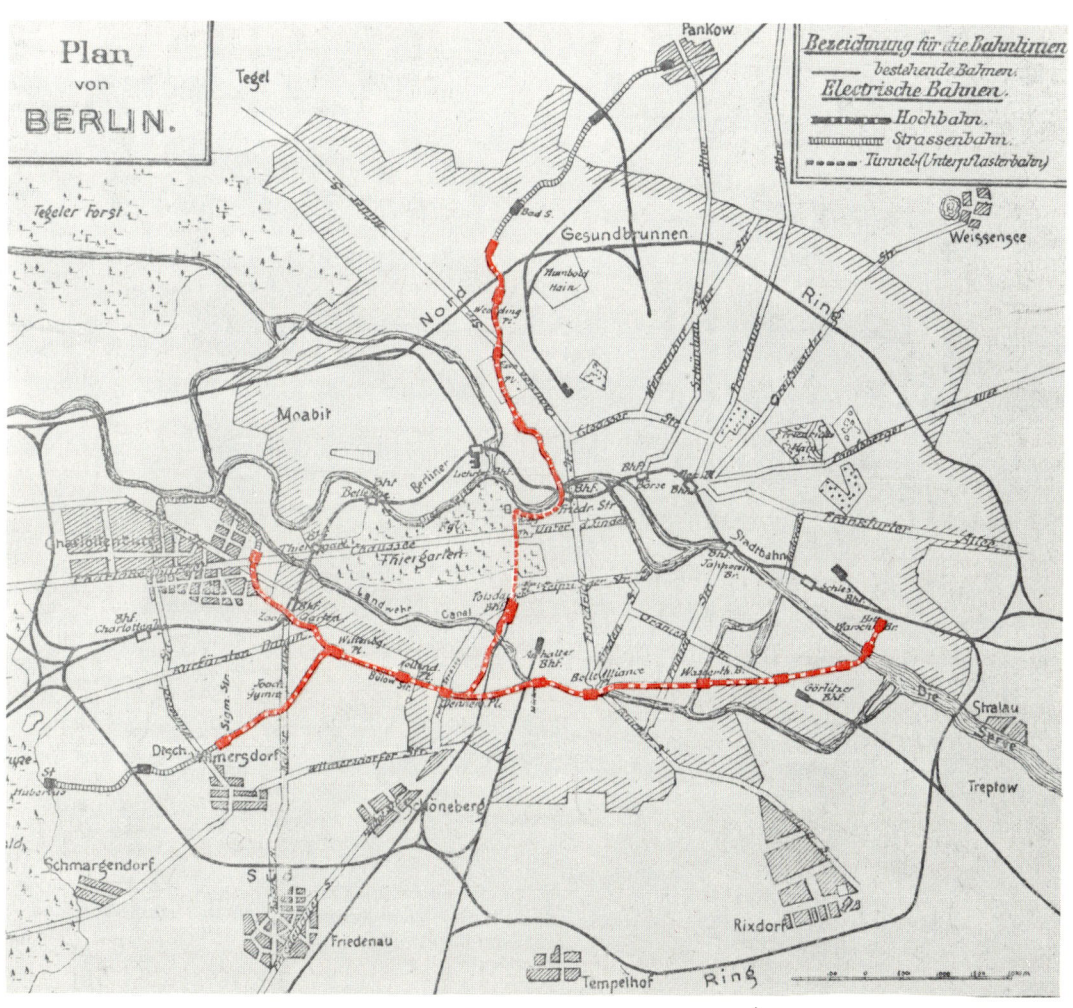

Das Schnellbahnprojekt
von Werner von Siemens
aus dem Jahre 1891

Abb. 5 Modell der Hochbahnstrecke in der Friedrichstraße nach dem Entwurf von 1880

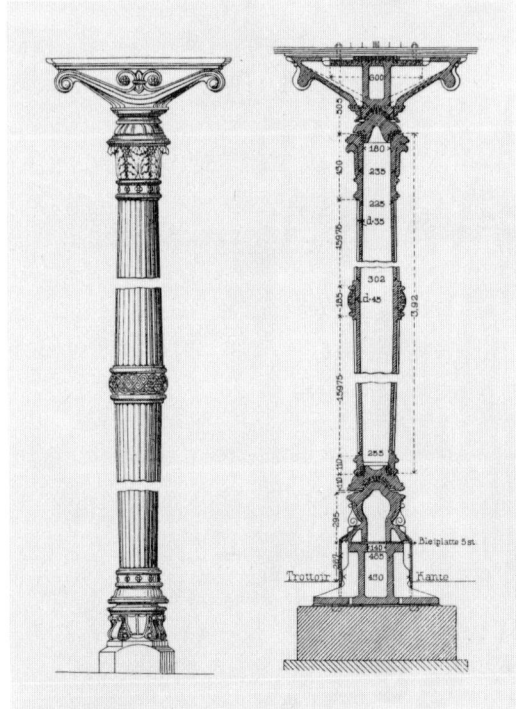

Abb. 6 Gußeiserne Stütze der Berliner Stadtbahn, 1882

Abb. 4 Entwurf für eine elektrische Hochbahn in Berlin, Friedrichstraße, 1880

2.1 Die ersten Hochbahnprojekte von Werner von Siemens

Schon ein knappes Jahr nachdem Werner von Siemens der Weltöffentlichkeit die erste elektrische Eisenbahn vorgestellt hatte, reichte er am 14. Februar 1880 beim Polizeipräsidium von Berlin die ersten Pläne für eine elektrische Hochbahn ein.[1] Diese sollte in nord-südlicher Richtung durch die Friedrichstraße, einen der Hauptstraßenzüge Berlins, geführt werden und den Weddingplatz mit dem Belle-Alliance-Platz verbinden.[2] Es handelte sich hierbei um eine Säulenbahn nach dem Vorbild der ersten New Yorker Hochbahn. Wie dort sollte die Bahn nach Richtungen getrennt rechts und links des Fahrdamms angelegt werden und der Bahnkörper jeweils auf einer Reihe einstieliger Stützen aufliegen (Abb. 4, 5). Durch eine Plattform sollten diese Stützen, die anstelle von Straßenlaternen die Bürgersteige säumten, zu einem durchgehenden Schienenstrang verbunden werden. Es war geplant, die gesamte Konstruktion des Unterbaus in Eisen auszuführen und die Stützen selbst ähnlich den gußeisernen Säulen der Berliner Stadtbahn (Abb. 6) mit Blütenkapitellen in der Tradition der Schinkel-Bötticherschen Schule zu schmücken.[3]

Über die Gestaltung der Haltestellen machte Siemens selbst folgende Angaben: »Was das Aufsteigen an den Stationen betrifft, so würde es wohl das Beste sein, dass man an den geeigneten Stellen einen Laden in erster oder zweiter Etage miethete. Dieser bildete ein Wartezimmer und würde durch eine leichte Brücke mit der Bahn verbunden (Abb. 7).«[4] Da nicht mehr als 15 Personen in einem Wagen Platz haben sollten, war mit größeren Publikumsansammlungen nicht zu rechnen. Deshalb brauchten »keine großen Warteräume eingerichtet zu werden. Auf freien Plätzen würde man eine Treppe und Galerie anlegen können, die als Perron diente, in leichter Eisenkonstruktion; in dieser Beziehung hat sich auch in Amerika keine Schwierigkeit gezeigt.[5]

Obwohl die Behörden im Prinzip gegen dieses Projekt nichts einzuwenden hatten[6], wurde es abgelehnt – nicht zuletzt auf Betreiben der anliegenden Geschäftsleute, die sich durch eine derart auf das Straßenbild einwirkende Bahn in ihrer Existenz bedroht sahen.[7]

Siemens ließ sich durch diese Absage jedoch nicht entmutigen. Er legte schon wenige Wochen später, am 10. Juli 1880, den Entwurf für ein ganzes Netz von Hochbahnen vor, das aus verschiedenen, zwischen den Stationen der Stadtbahn und der Ringbahn vermittelnden Radiallinien sowie einem Ring zur Verbindung sämtlicher Berliner Fernbahnhöfe bestehen sollte.[8] Aber auch dieses Projekt stieß auf Ablehnung des Polizeipräsidiums.[9] Ausgenommen davon war lediglich der Bau einer Probestrecke, für die das Polizeipräsidium, um das ganze Hochbahnproblem möglichst aus seinem Zuständigkeitsbezirk abzuschieben, eine »von der Mitte der Stadt weiter entlegene, breitere Straße, insbesondere die Gitschiner und Skalitzer Straße«[10], vorschlug.

Angeregt durch die Siemensschen Hochbahnpläne, die beim Magistrat der Stadt Berlin bald reges Interesse hervorriefen[11], schrieb der Architekten-Verein zu Berlin zum 6. März 1882 eine Monatskonkurrenz für »eine in einer Stadt anzulegende zweigleisige Pfeilereisenbahn« aus, die von Zügen befahren werden sollte, deren Lokomotiven »nicht schwerer« als die Wagen waren[12] – also offensichtlich elektrisch angetrieben werden sollten. Die Tatsache, daß eine solche Stadtbahn für eine Monatskonkurrenz ausgewählt wurde, beweist nur allzu deutlich, wie stark das Siemens-Projekt die technisch interessierte Welt Berlins beschäftigte und wie richtig und zeitgemäß die Überlegungen Werner von Siemens' im Prinzip waren.

Der aus dem Wettbewerb hervorgegangene preisgekrönte Entwurf von O. Donnerberg (Abb. 8), der durch eine radial vom Belle-Alliance-Platz ausgehende Linienführung bestimmt war, bot verschiedene Möglichkeiten für die Stützenanordnung an und sah als Bahnhofsanlage eine perronartige Erweiterung rechts und links des Gleiskörpers vor, die direkt von der Straße aus über Treppen erreicht werden konnte.[13] Unter dem Gleiskörper sollten Warteräume eingebaut werden. Diese Pläne wurden jedoch nicht weiter verfolgt.

Auch außerhalb Berlins fand das Hochbahnprojekt von Siemens starke Resonanz. Hingewiesen sei insbesondere auf den Entwurf für eine elektrische Hochbahn auf Säulen (Abb. 9), den M. J. Chrétien 1881 für Paris entwickelt hatte.[14] Er wäre in dieser Form ohne das Berliner Vorbild wohl kaum denkbar gewesen.

Abb. 7 »Eine Zukunftsstraße von Berlin« mit Hochbahnstation, Zeichnung von H. Lüders, 1882

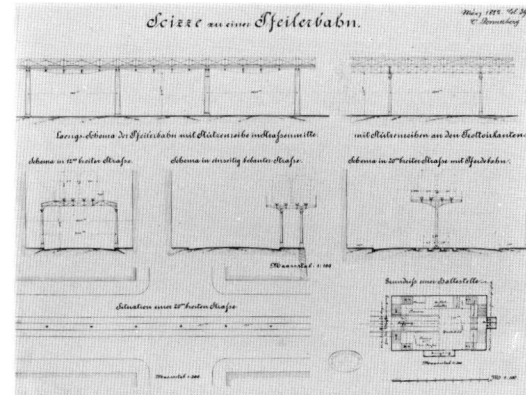

Abb. 8 Entwurf für eine Pfeilerbahn in Berlin von O. Donnerberg, 1882

Abb. 9 Entwurf für eine elektrische Hochbahn in Paris, 1881

Abb. 10 Entwurf für eine elektrische Hochbahn in Berlin,
Leipziger Straße, 1883

Abb. 11 Entwurf für eine elektrische Hochbahn in Berlin,
Variante des Entwurfs von 1883

Bevor Siemens sein eigenes Projekt weiter verfolgte, setzte er sich mit Ernst Dircksen, dem Erbauer der Berliner Stadtbahn, in Verbindung. Erst als er von Dircksen die Bestätigung erhielt, daß in Berlin wegen der ungünstigen Bodenverhältnisse eine Ausführung der elektrischen Bahn als Untergrundbahn ausgeschlossen war, suchte er nach neuen Möglichkeiten für sein Hochbahnprojekt. Im Frühjahr 1883 legte er den Entwurf für eine Hochbahn durch die Leipziger Straße (Abb. 10) vor. Hierbei nahm sich Siemens die Konstruktion der neueren New Yorker Hochbahn zum Vorbild, die er bereits 1880 in einem Vortrag näher erläutert hatte.[15] In Abänderung des Friedrichstraßen-Entwurfs wurden jetzt die beiden Säulenreihen entlang der Bordsteinkanten durch quer über den Fahrdamm gespannte Eisenträger verbunden und die Schienen auf diesen Querträgern direkt über der Straße angeordnet. Neu und ungewöhnlich an diesem Entwurf war, daß die seitlichen Stützen zugleich als Laternenmasten in reich dekorierter Form ausgebildet wurden (Abb. 11) und damit eine wichtige Doppelfunktion erhielten. Über die Gestaltung der Haltestellen bringt der Entwurf nichts Neues. Im übrigen wurde er aus ähnlichen Gründen wie die vorangegangenen von den Behörden abgelehnt.

2.2 Entwürfe eines elektrischen Schnellbahnnetzes für Berlin aus dem Jahre 1891

Da sich die ablehnende Haltung der Behörden offensichtlich weniger gegen das Siemenssche Hochbahnprojekt speziell als vielmehr ganz generell gegen alle derartigen, zweifellos mit einem gewissen Risiko verbundenen Experimente richtete, suchte Siemens nach neuen Wegen, den starren Behördenapparat von den Vorteilen einer elektrischen Hochbahn zu überzeugen. Um nicht noch einmal am behördlichen Widerstand zu scheitern, griff er jetzt den früheren Vorschlag des Polizeipräsidenten auf und wählte für seine Hochbahn eine Linienführung außerhalb des Stadtinnern in weniger dicht besiedelten Randgebieten, die sich mit ihren breiten Straßen, Grünanlagen und Wasserläufen für eine derartige Anlage eher anboten.
Ausgearbeitet wurden die neuen Pläne von Heinrich Schwieger, dem technischen Berater der Firma Siemens & Halske. Schwieger hatte bereits beim Bau der Berliner Stadtbahn umfangreiche Kenntnisse im Eisenbahnwesen erworben.[16] Mit ihm zusammen entwickelte Siemens ein ganz neues Schnellbahnprojekt, das 1891 in detaillierten Plänen vorgelegt wurde.[17]
Es handelte sich hierbei um ein umfangreiches Schnellbahnnetz, das drei Linien umschloß und neben Hochbahnstrecken auch Niveau- und Unterpflasterbahnen[18] vorsah. Wesentliches Prinzip bei der Festlegung der einzelnen Trassen war neben der Ausnutzung günstiger Straßenzüge und Wasserläufe der Anschluß an die Bahnhöfe der Berliner Stadtbahn. Denn nur durch die Verbindung mit diesen verkehrsmäßig wichtigen Punkten konnte der Bahn, die überwiegend durch unbedeutende Randgebiete geführt werden sollte, der nötige Publikumszuspruch garantiert und damit der wirtschaftliche Erfolg des Unternehmens gesichert werden.
Den wichtigsten Teil des neuen Liniennetzes bildete eine Hochbahnstrecke, die den Stadtkern Berlins im Süden umschließen und die Stadtbahnhöfe Zoologischer Garten und Warschauer Brücke miteinander verbinden sollte. Sie war als bewußte Ergänzung zur Stadtbahn gedacht, die das Stadtzentrum im Norden umfährt, und sollte zusammen mit ihr einen inneren Ring bilden.[19] Die beiden anderen Linien sollten vom Stadtbahnhof Friedrichstraße ausgehend nach Norden und Süden geführt werden und streckenweise zu ebener Erde oder auch unterirdisch verlaufen.
Die Hochbahnstrecke Warschauer Brücke – Zoologischer Garten sollte in ihrem östlichen Teil dem alten, außerhalb der Stadtmauern gelegenen breiten Ringstraßenzug[20] der Skalitzer und Gitschiner Straße folgen, auf dem von 1851 bis 1871 die sogenannte Verbindungsbahn, eine Vorläuferin der Berliner Stadtbahn, verkehrt hatte.[21] Vom Belle-Alliance-Platz ab sollte sie am Landwehrkanal entlang bis zur Lichtensteinbrücke nördlich des Zoologischen Gartens geführt werden[22] und von dort zum Stadtbahnhof Zoologischer Garten abschwenken. Eine eventuelle Verlängerung der Linie über den Zoologischen Garten hinaus bis zum Wilhelmplatz, dem heutigen Richard-Wagner-Platz, in Charlottenburg war vorgesehen.[23] Die Strecke sollte von Osten nach Westen folgende vierzehn Hochbahnhöfe umfassen: Warschauer Brücke, Stralauer Thor, Schlesisches Thor, Görlitzer Bahnhof, Wiener Straße, Wasserthor, Bärwald-Brücke, Hallesches Thor, Möckernbrücke, Schöneberger Brücke, Lützow Platz, Lichtensteinbrücke, Zoologischer Garten.

Diese Linienführung, mit der Siemens weitgehend den Vorschlägen des Polizeipräsidenten aus dem Jahre 1880 entsprach[24], hatte gegenüber den alten Entwürfen den großen Vorteil, daß sie überwiegend die Mittelstreifen breiter Straßenzüge und die Kanalböschungen benutzte und daß damit eine Behinderung des übrigen Straßenverkehrs – Hauptanlaß der Kritik – weitgehend ausgeschaltet werden konnte.

Siemens, der aufgrund dieser günstigen Trassierung mit einer positiveren Aufnahme seiner Pläne als vor zehn Jahren rechnete, lieferte nunmehr auch detaillierte Einzelentwürfe, die genauer als bisher Aufschluß über Aussehen und Konstruktion der Hochbahnanlagen gaben. Bemerkenswert gegenüber den alten Plänen war zunächst, daß man anstelle der bisher bevorzugten Schmalspur jetzt die Normalspur wählte, um die Möglichkeit eines späteren Übergangs der Hochbahn auf die Stadtbahn oder die Straßenbahn nicht von vornherein auszuschließen. Der Unterbau mußte dementsprechend breiter sein, sollte aber dennoch möglichst wenig Platz in Anspruch nehmen, um das Straßenbild nicht zu stark zu beeinflussen. Man hatte sich deshalb für eine leichte und transparente Eisenfachwerkkonstruktion (Abb. 12) entschieden, die viaduktartig auf zwei parallel laufenden Stützenreihen ruhte und genügend freie Durchblicke gestattete. Statisch bot dieses knapp dimensionierte System aus beidseitigen Kragarmen mit eingehängten Gitterträgern[25] große Vorteile, da es trotz kleiner Stützenquerschnitte eine Aufstellung der Stützen in weiten Abständen ermöglichte.

Vergleicht man diese Konstruktion mit den starren, dem Holzgerüstbau nachempfundenen Eisenkonstruktionen der New Yorker Hochbahn, so fällt sofort die sehr viel materialgerechtere und damit auch gefälligere Ausbildung der Berliner Viadukte auf. Hierbei müssen allerdings auch gewisse Einschränkungen gemacht werden. Denn als Produkte einer Zeit, die wenig Verständnis für die ästhetischen Qualitäten der reinen Eisenkonstruktion aufbrachte und unbedenklich allen Ingenieurbauten einen dekorativen Mantel umhängte, blieben auch diese Viadukte zunächst nicht ganz von ornamentalen Zutaten verschont. Dieses an vielen Ingenieurbauten der Zeit zu beobachtende Phänomen ist bezeichnend für die ständige Konfliktsituation, in der sich Architekt und Ingenieur im letzten Jahrhundert befanden.[26]

Zur künstlerischen Aufwertung der nüchternen Eisenkonstruktionen sollten insbesondere die gußeisernen Pflanzenornamente in den Zwickeln zwischen Stütze und Kragarm beitragen (Abb. 13), wie sie in ähnlicher Ausführung schon bei Eisenbauten um die Jahrhundertmitte, z. B. bei der kleinen, ca. 1860 erbauten Vorhalle der London Bridge Station in London (Abb. 15)[27] zu finden sind. Reine Dekoration waren auch die kranzartig um die Stützen gelegten Blattornamente, die diesen aus einfachen Stahlträgern zusammengesetzten Konstruktionsgliedern einen möglichst säulenhaften Charakter verleihen sollten.

Zumindest von den Zwickelverzierungen nahm man jedoch bald wieder Abstand, wie die Überklebungen auf dem »Entwurf eines Bahnhofes für die Canalstrecke« (Abb. 13)[28] sowie die aus dem Jahre 1891 stammende Photomontage einer »Haltestelle in der Skalitzerstrasse, bei der Kreuzung mit der Oranien-, Wiener und Manteuffelstrasse« (Abb. 14)[29] beweisen.

Die genannte Photomontage ist auch insofern aufschlußreich, als hier erstmalig im Zusammenhang mit einem Siemensschen Entwurf der Name eines Architekten auftaucht, der für die künstlerische Überarbeitung der Ingenieurentwürfe verantwortlich gemacht werden kann. Das Blatt trägt die Signatur Friedrich Laskes.[30]

Laske hatte sich als Architekt am Bau der Berliner Stadtbahn beteiligt[31] und verfügte somit über reichhaltige Erfahrungen im Bau innerstädtischer Verkehrsanlagen. Beim Siemensschen Hochbahnprojekt nahm Laske die Position eines »architektonischen Ratgebers« ein.[32] Sein genaues Betätigungsfeld läßt sich heute allerdings nicht mehr klar umreißen. Es ist jedoch anzunehmen, daß Friedrich Laske, seit 1899 Professor für Ornamentik an der Architektur-Fakultät der Technischen Hochschule Charlottenburg, im wesentlichen für die Bearbeitung architektonischer Details, d. h. in diesem Falle für die ornamentale Verzierung der nüchternen Eisenkonstruktionen, zuständig war.

Bei der Konzeption der Haltestellen ging man nach den gleichen Kriterien vor wie beim Entwurf der Viadukte, deren kontinuierlicher Verlauf durch die Stationen möglichst wenig gestört werden sollte. Man bemühte sich auch hier um äußerste Formenknappheit und sparsame Anwendung dekorativer Gestaltungsmittel: »Die Haltestellen sollen so einfach als möglich angeordnet werden, noch einfa-

Abb. 12 Entwurf für den Viadukt der elektrischen Hochbahn in Berlin, 1891 Ingenieur Schwieger (Siemens & Halske)

Abb. 14 Entwurf für eine Haltestelle in der Skalitzer Straße, 1891

Abb. 15 London Bridge Station, Vorhalle
London, ca. 1860

cher als die nur dem Stadtverkehr dienenden Haltestellen der bestehenden Stadtbahn, fast so einfach, wie die Haltestellen, welche die Pferdebahnen an den meisten Knotenpunkten errichtet haben. Ohne Eintrittsflur, Wartesaal, Aborte und Fahrkartenschalter sollen die Haltestellen der elektrischen Stadtbahn nur aus den Treppen bestehen, welche erforderlich sind, um unmittelbar von der Straße auf die Bahnsteige zu gelangen und aus den Bahnsteigen selbst, welche beiderseits außerhalb der Gleise angebaut sind und mit den Gleisen gemeinschaftlich durch eine leichte Halle überdacht werden.«[33]
Die Anordnung der Bahnsteige außerhalb der Gleise erfolgte nach New Yorker Vorbild und hatte gegenüber der Mittellage den großen Vorteil, daß die Gleise nicht auseinandergezogen zu werden brauchten und damit »Unregelmäßigkeiten in der Anordnung der Gleisträger«[34] vermieden wurden.
Um die nötige Gesamtbreite für die Haltestellen zu gewinnen, wurden die Viadukte an den für die Stationen vorgesehenen Stellen mit seitlich auskragenden Konsolen versehen (Abb. 16), die die Bahnsteige und die Hallenkonstruktion tragen sollten. Da die Hallen von ähnlicher Leichtigkeit und Transparenz sein sollten wie die Viadukte, wurden die Seitenwände in ein zart gegliedertes Arkadensystem aus Eisen und Glas aufgelöst, dessen ornamentale Anordnung von Bahnhof zu Bahnhof geringfügig variierte (Abb. 13, 17–19).[35] Als Hallendach wählte man eine einfache gewölbte Wellblechabdeckung, die ringsum von schmalen Blechstreifen mit zierlichen Zacken- und Bogenornamenten eingefaßt wurde. Ähnliche, aus der Holzschnitzkunst kommende Schmuckmotive sind in der zweiten Hälfte des 19. Jahrhunderts bei Bahnhöfen häufiger zu finden.[36] Korrespondierend zu den Dachverzierungen wurden die seitlichen Kragarme mit zierlichen Voluten versehen und durch eine Reihe zakkengeschmückter Flachbögen miteinander verbunden. Diesen kam ebenfalls nur dekorative Bedeutung zu.
Der Zugang zu den Haltestellen sollte jeweils einseitig über eine großzügige Treppenanlage erfolgen, die in direkter Verlängerung der Bahnsteige angeordnet war. Die Treppenanlage sollte, von den Bahnsteigenden ausgehend, in zwei parallelen Läufen bis zu einem gemeinsamen Podest herabgeführt werden und sich dann teilen, um in zwei entgegengesetzten Läufen auf die Straße einzumünden. Auffallend an dieser Treppenanlage war neben ihrer ungewöhnlichen Länge vor allem das reich geschmückte schmiedeeiserne Geländer.
Die beiden anderen von Siemens projektierten Linien waren in ihrem Verlauf etwas problematischer, da sie das Stadtzentrum und damit den Bereich enger Straßen unmittelbar berührten. Die vom Bahnhof Friedrichstraße nach Süden führende Linie sollte zunächst dem südlichen Spreeufer folgen, am Königsplatz im scharfen Winkel nach Süden abschwenken, über den Potsdamer Platz bis zum Landwehrkanal führen, diesen und die Hochbahnstrecke Warschauer Brücke – Zoologischer Garten überqueren, von hier aus die Richtung nach Wilmersdorf einschlagen und am Grunewald enden. Im Gegensatz zur Linie Warschauer Brücke – Zoologischer Garten sollte diese Linie nur in ihrem mittleren Streckenabschnitt zwischen Potsdamer Platz und der Wilmersdorfer Gemarkungsgrenze als Hochbahn angelegt, auf Wilmersdorfer Gebiet dagegen als Straßenbahn und auf der Strecke Friedrichstraße – Potsdamer Platz als Untergrundbahn ausgeführt werden.
Entgegen der bisherigen, eher skeptischen Haltung einer Untergrundbahn gegenüber wollte Siemens & Halske[37] jetzt also doch das Experiment einer unterirdischen Bahnanlage in Berlin riskieren. Diese sollte jedoch mit Rücksicht auf die ungünstigen Berliner Bodenverhältnisse in keiner großen Tiefenlage, sondern möglichst dicht unter der Straßenoberfläche angelegt werden und sich damit grundsätzlich von anderen unterirdischen Bahnen unterscheiden. Wegen der besonderen Lage unmittelbar unter der Straßendecke bezeichnete Siemens diesen neuen Untergrundbahntyp als »Unterpflasterbahn«[38] und prägte damit einen heute noch gebräuchlichen Begriff.
Der große Vorteil dieser Unterpflasterbahn gerade für die Berliner Verhältnisse zeigte sich darin, daß sie in einem einfachen Verfahren in der offenen Baugrube hergestellt werden konnte und der Tunnel nicht ringsum, sondern im wesentlichen nur an seiner Sohle gegen Grundwasser isoliert zu werden brauchte.
Der Tunnel sollte im Querschnitt rechteckig sein und in der Mittelachse durch eine Stützenreihe unterteilt werden. An den Haltestellen war eine Erweiterung des Tunnels auf die doppelte Breite vorgesehen, da man auch hier nach dem Vorbild der Hochbahnhöfe die Anlage von zwei seitlichen Bahn-

Bahnhof

für die Canalstrecke.

Abb. 13 Entwurf für einen Hochbahnhof an der Kanalstrecke, 1891

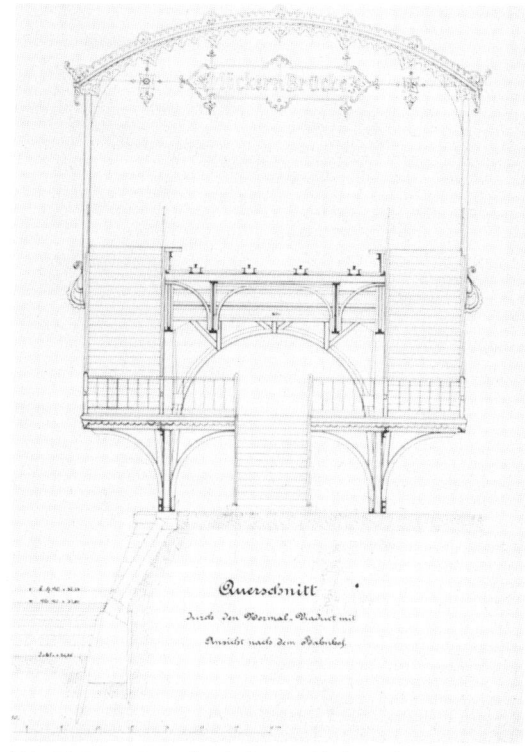

Querschnitt

durch den Normal-Viadukt mit

Ansicht nach dem Bahnhof.

Abb. 16 Querschnitt durch den Hochbahnviadukt mit Ansicht einer Bahnhofskopfseite, 1891

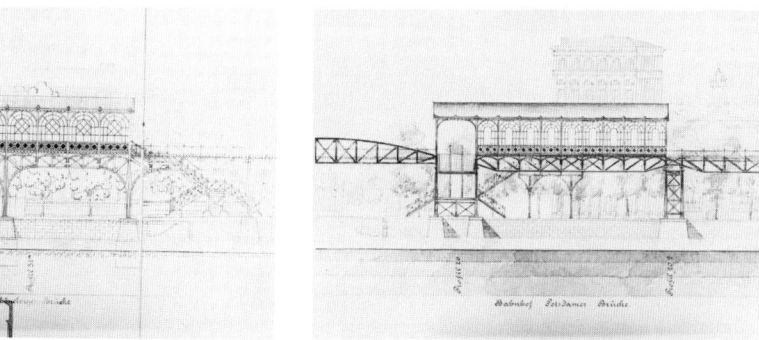

Abb. 17 Entwurf für den Hochbahnhof Schöneberger Brücke, 1891

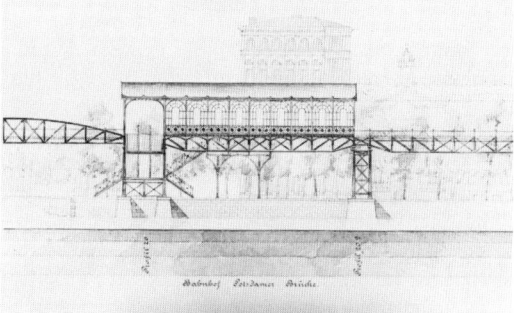

Abb. 18 Entwurf für den Hochbahnhof Potsdamer Brücke, 1891

Abb. 19 Entwurf für einen Hochbahnhof, Variante, 1891

Abb. 20 Entwurf für die Galeriestrecke am Reichstagsufer, Querschnitt, 1891

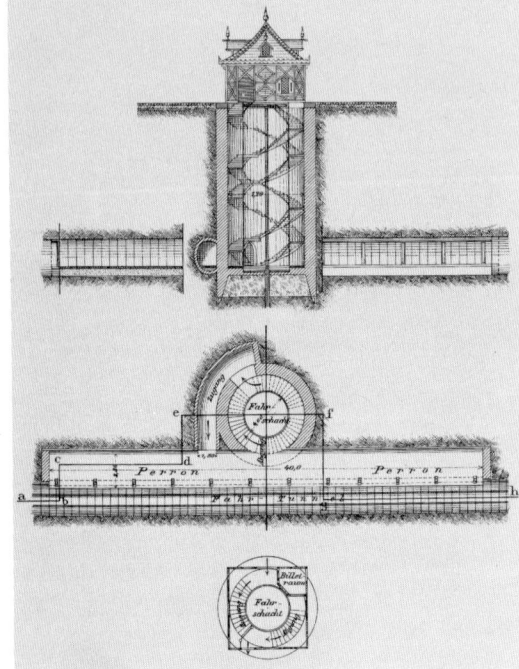

Abb. 21 AEG-Entwurf für eine elektrische Untergrundbahn in Berlin, 1891, Grundriß und Schnitt eines Empfangspavillons

steigen plante. Die Bahnsteige sollten ebenfalls nur einseitig durch Treppen zugänglich gemacht werden. Diese sollten entweder auf den seitlichen Bürgersteigen oder auf breiten Mittelinseln in der Straße liegen.

Zwischen dem Bahnhof Friedrichstraße und dem Reichstag, am »Reichstagsufer«, wo die Bahn direkt an der Spree entlang geführt werden sollte, war eine architektonisch äußerst reizvolle Lösung vorgesehen. Hier sollte der unmittelbar hinter der Ufermauer liegende Tunnel »nach der Spree zu gallerieartig offen gehalten«[39], d. h. die äußere Tunnelwand in eine Reihe von Säulen aufgelöst werden (Abb. 20).[40] Eine solche zum Fluß hin geöffnete Galeriebahn stellte nicht nur eine architektonische Besonderheit dar, sondern hatte gegenüber der normalen Unterpflasterbahn den Vorzug der besseren Licht- und Luftzufuhr von außen – ein Vorteil, der von den Behörden als durchaus positiv gewertet wurde.

Die dritte zum Siemensschen Schnellbahnprojekt von 1891 gehörende Linie sollte vom Stadtbahnhof Friedrichstraße in nördlicher Richtung über den Wedding und Gesundbrunnen bis nach Pankow geführt werden und dabei weitgehend dem Lauf der Panke folgen.[41] Wie bei der Linie Warschauer Brücke – Zoologischer Garten wollte man also auch hier einen Wasserlauf mit seinen unbebauten Randstreifen für die Anlage einer Hochbahn nutzen. Entwürfe zu dieser Linie sind nicht mehr vorhanden. Es kann jedoch angenommen werden, daß ihre Ausführung in ähnlicher Weise geplant war wie die der anderen Hochbahnstrecken.

Parallel zu diesem Siemens-Projekt legte auch die Allgemeine Elektricitäts-Gesellschaft (AEG) Entwürfe für eine elektrische Untergrundbahn vor. Es handelte sich bei diesem Projekt um eine Röhrenbahn nach Londoner Vorbild, bestehend aus zwei Durchmesserlinien, die durch verschiedene Ringlinien ergänzt werden sollten.[42] Wie in London war für jedes Gleis ein eigener Fahrtunnel vorgesehen. An den Haltestellen sollte zur Aufnahme der Bahnsteige neben jedem Tunnel ein zweiter mit gleichem Profil und 40 m Länge angelegt werden. Um die Tunnelröhren miteinander zu verbinden, sollten die Zwischenräume entfernt und »durch auf eisernen Stützen ruhende Kastenträger ersetzt« werden.[43] Man plante – ebenfalls nach Londoner Muster – die Eingänge zu den Stationen in bereits vorhandenen Gebäuden unterzubringen, wobei man für Kreuzungsstationen Eckhäuser bevorzugte. Separate Empfangsgebäude waren nur an den eingleisigen Schleifenstationen vorgesehen. Sie sollten als leicht gebaute Pavillons (Abb. 21) gestaltet werden, die unmittelbar über dem senkrecht zum Bahnsteig führenden runden Treppen- und Fahrstuhlschacht standen.

Wie von verschiedenen Seiten betont wurde, waren die AEG-Pläne nicht als Konkurrenz, sondern als Ergänzung zum Siemens-Projekt gedacht.[44] Sie wurden jedoch wegen des angeblich für Berliner Verhältnisse ungeeigneten Tunnelsystems von den Behörden mit Entschiedenheit abgelehnt.[45]

2.3 Die Weiterentwicklung der Siemens-Pläne nach 1891

2.3.1 Die Ost-West-Linie Warschauer Brücke – Zoologischer Garten

Aufgrund der sorgfältigen und überlegten Planung stand das Siemens-Projekt von 1891 einer Realisierung bedeutend näher als alle vorangegangenen Entwürfe, obwohl es auch in der vorliegenden Form noch genügend Anlaß zur Kritik bot. Die Behörden befaßten sich zunächst mit der Hochbahnstrecke Warschauer Brücke – Zoologischer Garten, die aufgrund ihrer Linienführung und ihrer konstruktiven Bedingungen am überzeugendsten schien.

Trotz der günstigen Voraussetzungen gingen die Verhandlungen zunächst nur zögernd voran, da die Behörden verschiedene Änderungswünsche anmeldeten. Beanstandet wurde vor allem der westliche, dem Landwehrkanal folgende Streckenabschnitt zwischen Halleschem Tor und Tiergarten. Während die Strompolizei eine Bebauung der Kanalböschung mit der Begründung ablehnte, daß damit jede eventuelle spätere Kanalerweiterung von vornherein blockiert wäre, führte die Stadt Berlin als Argument gegen die geplante Linienführung bis zum Tiergarten an, daß durch die Hochbahn der ruhige Charakter des vornehmen Tiergartenviertels zerstört werden könnte. Die negative Haltung der Behörden hatte jedoch in Wirklichkeit sehr viel konkretere Hintergründe.

Durch den Bau der umfangreichen Bahnanlagen der Potsdamer und Anhalter Bahn in den sechziger Jahren des 19. Jahrhunderts war der Süden des damaligen Berlins völlig auseinandergerissen und damit jede Weiterentwicklung der Gebiete rechts und links der Bahn unmöglich gemacht worden. In der Hochbahnstrecke Warschauer Brücke – Zoologischer Garten sahen die Behörden daher eine willkommene Gelegenheit, den schwerwiegenden Planungsfehler zu korrigieren und die durch diesen »unverdaulichen Fremdkörper im Magen von Berlin«[46] zerrissenen Stadtteil wieder enger miteinander zu verbinden. Voraussetzung hierfür war jedoch eine Linienführung quer durch das Bahngelände südlich des Landwehrkanals. Siemens & Halske sah sich daher gezwungen, den Linienverlauf der Weststrecke zu ändern.

Bereits 1892 wurden die neuen Pläne vorgelegt. Danach folgte die Hochbahn nur noch auf dem kurzen Stück zwischen Halleschem Tor und Möckernbrücke dem Landwehrkanal, überquerte diesen mit einer weit gespannten Brücke, wurde dann unter teilweiser Verwendung massiver Steinbögen durch das Gelände der Potsdamer und Anhalter Bahn geführt und folgte schließlich dem durchgehenden breiten Straßenzug der Bülow-, Kleist- und Tauentzienstraße bis zum Bahnhof Zoologischer Garten. Wie auf der Oststrecke sollten auch hier die Mittelpromenaden der Straßen zur Aufnahme des Viadukts genutzt werden.

Da diese Linienführung wegen ihrer größeren Entfernung vom Stadtzentrum gewisse Nachteile befürchten ließ, sah Siemens & Halske zusätzlich einen Abzweig vor, der den Potsdamer Platz als wichtigen Verkehrsknotenpunkt in die Linie Warschauer Brücke – Zoologischer Garten miteinbezog. Obwohl die Hochbahn auf diesem kurzen Abzweig zum Potsdamer Platz in eine Untergrundbahn übergeleitet werden und dementsprechend auch in einer unterirdischen Haltestelle enden sollte, zeigten sich die Behörden mit dem Siemens-Projekt in dieser abgewandelten Form generell einverstanden.

Nachdem mit dem »Gesetz über Kleinbahnen und Privatanschlußbahnen« vom 28. Juli 1892 die gesetzliche Grundlage für diesen neuen Typus einer elektrischen Schnellbahn geschaffen worden war[47], wurde am 22. Mai 1893 durch königlichen Erlaß die generelle Genehmigung zum Bau einer elektrischen Hochbahn in Berlin erteilt.[48]

Diese Genehmigung bezog sich jedoch zunächst nur auf die Strecke Warschauer Brücke – Nollendorfplatz, da der weitere Streckenverlauf vom Nollendorfplatz bis zum Bahnhof Zoologischer Garten, wo die Bahn durch Charlottenburger Gebiet geführt werden sollte, noch weitgehend ungeklärt war.

Offensichtlich war man sich aber auch über die Linienführung der genehmigten Strecke noch lange Zeit uneinig. Denn anders läßt es sich kaum erklären, warum der Architekten-Verein zu Berlin, der zum Schinkelfest 1896 als Preisaufgabe auf dem Gebiete des Ingenieurwesens den »Entwurf zum Umbau der Potsdamer Brücke über den Landwehrkanal in Berlin« ausschrieb, trotz der geänderten Linienführung auch eine Einbeziehung der Hochbahn verlangte. Der Ausschreibungstext lautet: »Im Zuge des Landwehrcanals und über der Mitte desselben soll auf eisernem Unterbau eine elektrische Hochbahn geführt werden, die die Brücke in einer Überführung kreuzt. An der Kreuzungsstelle ist eine überdeckte Haltestelle der Bahn anzulegen.«[49] In diesem Zusammenhang wurde der unter dem Kennwort »Doppelbrücke« eingereichte Entwurf von Otto Schulze preisgekrönt (Abb. 22, 23).[50] Er sah im Gegensatz zu den Siemens-Plänen ein weit über den Landwehrkanal gespanntes Stützensystem vor, lehnte sich jedoch mit der Konzeption des Bahnhofs weitgehend an den Siemensschen Entwurf an.

Bevor an eine Realisierung der genehmigten Strecke Warschauer Brücke – Nollendorfplatz gedacht werden konnte, mußte die Zustimmung der von der Hochbahn berührten Gemeinden Berlin und Schöneberg sowie die des Kgl. Eisenbahnfiskus eingeholt werden, dessen ausgedehntes Gelände zwischen Möckernbrücke, Potsdamer Platz und Dennewitzstraße durchschnitten werden sollte. Insbesondere die Verhandlungen mit der Stadt Berlin verliefen zunächst sehr schleppend, da der Magistrat seine Zustimmung von umfangreichen, für Siemens völlig untragbaren finanziellen Forderungen abhängig machen wollte.[51] Erst als Berlin die großen Vorteile der elektrischen Hochbahn – vor allem in Hinblick auf die für 1896 geplante Gewerbeausstellung in Treptow – erkannte, stieg das Interesse an einer solchen Bahn und damit auch die Bereitschaft zu gewissen Zugeständnissen. Unter Verzicht auf die ursprünglichen hohen Geldforderungen stimmte die Berliner Stadtverordnetenversammlung am 20. September 1894 dem Bau der Hochbahn zu, die zu einer der großen Attraktionen der Gewerbeaus-

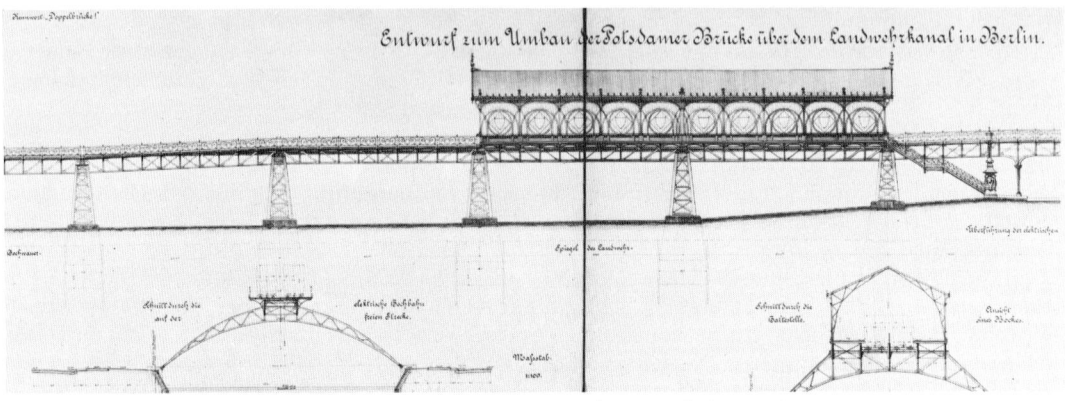

Abb. 22 Entwurf zum Umbau der Potsdamer Brücke mit Hochbahnhof von O. Schulze, 1896

stellung werden sollte – auch wenn mit einer Vollendung der Bauarbeiten im Ausstellungsjahr nicht zu rechnen war.[52]

Mit der Zustimmung Berlins war das Siemenssche Hochbahnprojekt seiner Verwirklichung um ein wesentliches Stück näher gerückt. Im Jahre 1895 konnten daraufhin die Verträge mit den wegeunterhaltspflichtigen Gemeinden Berlin und Schöneberg sowie dem Eisenbahnfiskus unterzeichnet werden, die die Benutzung öffentlichen und privaten Geländes für den Bau und die Anlage der Hochbahn gewährleisteten.[53]

Regelungen über die vorgesehene Gestaltung der Hochbahnviadukte und Bahnhöfe enthalten diese Verträge nicht. Lediglich in einem Schreiben vom Oktober 1897 stellte Berlin die Bedingung, daß die »nach § 2 des Vertrages vorzulegenden Bauentwürfe auch hinsichtlich ihrer architektonischen Gestaltung der Prüfung und Feststellung seitens der Stadtgemeinde unterliegen«.[54] Damit behielt sich die Stadt Berlin ein gewisses Einspruchsrecht gegenüber eventuellen unbefriedigenden architektonischen Lösungen vor.

Nach den erfolgreichen Vertragsabschlüssen mit den genannten Gemeinden und dem Fiskus wurde am 15. März 1896 die landespolizeiliche Genehmigung für die Hochbahnstrecke Warschauer Brücke – Nollendorfplatz erteilt.[55] Über die Gestaltung der Bahnanlagen finden sich in der Genehmigungsurkunde nur ganz allgemeine Angaben. So heißt es in § 5: »Im übrigen sind die Bauwerke, Brücken, Eisenkonstruktionen etc. nach den für die Aufstellung derartiger Entwürfe im Bereich der Königlich Preußischen Eisenbahnverwaltung geltenden Grundsätzen zu entwerfen und auszuführen.«[56]

Nachdem sich Siemens & Halske wenige Wochen nach der landespolizeilichen Genehmigung für die östliche Teilstrecke mit der Gemeinde Charlottenburg über den weiteren Verlauf der Hochbahn vom Nollendorfplatz bis zum Bahnhof Zoologischer Garten vertraglich hatte einigen können[57], wurde am 5. November 1897 die landespolizeiliche Genehmigung für die gesamte Strecke Warschauer Brücke – Zoologischer Garten mit dem Abzweig zum Potsdamer Platz erteilt.[58]

Damit war nach fast zwanzigjährigem zähen Ringen mit den Behörden endlich der Weg für ein Verkehrsunternehmen frei geworden, dem nicht nur von technischer Seite höchste Beachtung entgegengebracht wurde, sondern das aufgrund seiner verkehrstechnisch gut durchdachten Planung auch von größter Bedeutung für die gesamte Entwicklung Berlins und seiner innerstädtischen Struktur werden sollte.

Hierbei darf nicht vergessen werden, daß es sich bei dem Siemensschen Hochbahnprojekt um ein rein privates Unternehmen handelte, das mit all seinen Risiken von einer einzigen Firma getragen wurde. Gehören auch Spekulationen dieser Art zum Prinzip privater Unternehmen, so ist doch die Entschlossenheit bemerkenswert, mit der Siemens & Halske ungeachtet aller skeptischen Äußerungen[59] über die finanziellen Aussichten eines solchen Vorhabens an den Hochbahnplänen festhielt. Erleichtert wurde Siemens die Entscheidung zweifellos dadurch, daß man zumindest von der technischen Durchführbarkeit des Unternehmens voll überzeugt war.

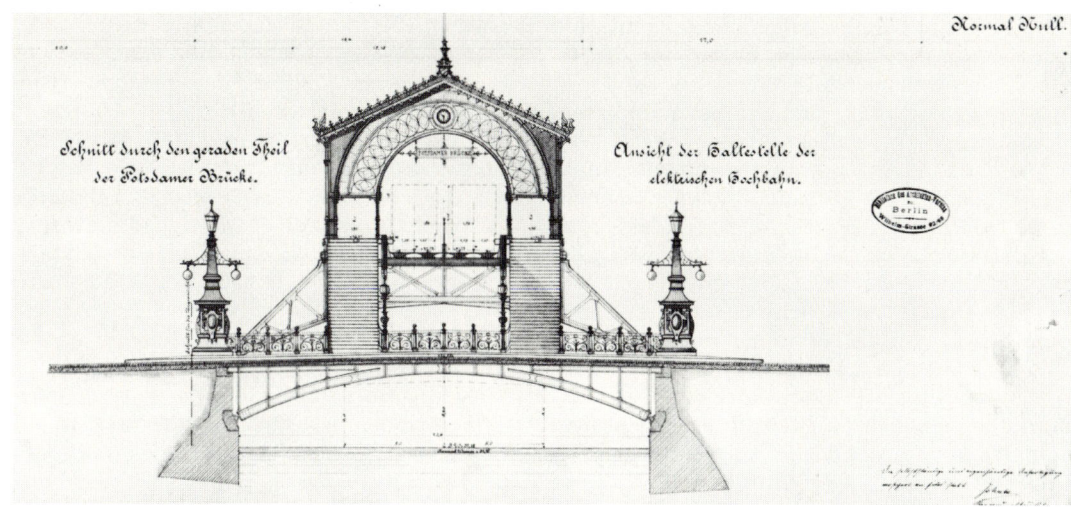

Abb. 23 Entwurf zum Umbau der Potsdamer Brücke mit Hochbahnhof von O. Schulze, 1896

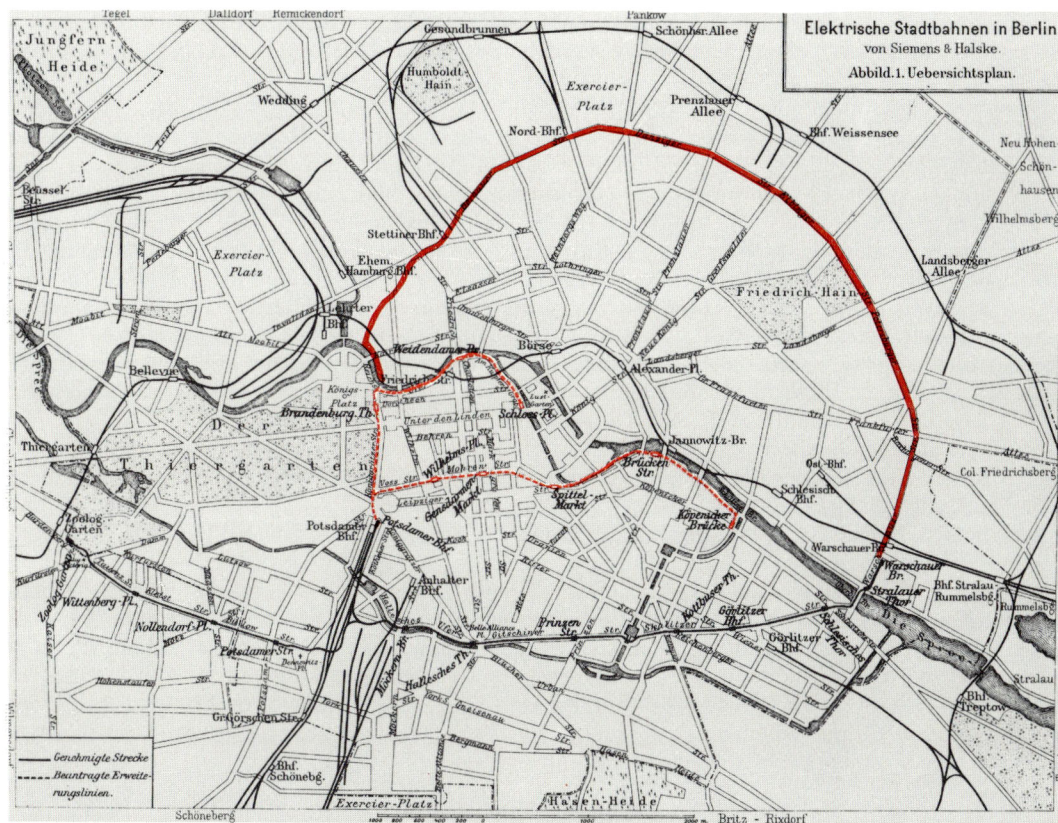

Die geplanten Erweiterungslinien von 1897 und 1898

Abb. 24 Entwurf für die Galeriestrecke am Reichstagsufer, 1897

Abb. 25 Entwurf für die Galeriestrecke am Reichstagsufer, 1897

2.3.2 Die vom Bahnhof Friedrichstraße und vom Potsdamer Platz ausgehenden Linien

Von den beiden anderen 1896 projektierten Linien wurde die Strecke Bahnhof Friedrichstraße – Pankow als weniger dringlich zunächst zurückgestellt und später ganz aufgegeben.

Dagegen verstärkte sich das Interesse an der zweiten, vom Bahnhof Friedrichstraße in Richtung Potsdamer Platz führenden Linie zunehmend. Mit der Einbeziehung des Potsdamer Platzes in die Ost-West-Verbindung Warschauer Brücke – Zoologischer Garten gewann diese Strecke an Attraktivität, da sie den Anschluß der Stammlinie an das Stadtinnere herstellen und damit entscheidend zum Erfolg des gesamten Siemens-Unternehmens beitragen sollte. Aus dieser Sicht gesehen war es auch durchaus konsequent, von der ursprünglich geplanten Weiterführung der Linie in Richtung Westen nach Wilmersdorf Abstand zu nehmen und statt dessen die Verlängerung der Linie über den Bahnhof Friedrichstraße hinaus bis zur Schloßbrücke näher ins Auge zu fassen.[60]

1897 legte Siemens & Halske die neuen Pläne für dieses Projekt vor.[61] Entsprechend der alten Planung von 1891 sollte die gesamte Strecke Potsdamer Platz – Schloßbrücke als Unterpflasterbahn ausgeführt und am Reichstagsufer galerieartig zur Spree geöffnet werden (Abb. 24–26). Wie aus den Entwurfszeichnungen und Photomontagen hervorgeht[62], beabsichtigte man jetzt, die gleichförmigen Säulenreihen der Galerieöffnungen durch kräftige Steinpfeiler mit aufgesetzten Maskenreliefs und schlanke, zwischen den Pfeilern angeordnete Eisenstützen zu ersetzen (Abb. 25).[63]

Die Linie sollte außer den bereits 1891 festgelegten unterirdischen Haltestellen Potsdamer Platz, Brandenburger Thor (Abb. 27) und Friedrichstraße bzw. Weidendammer Brücke[64] als neuen Endbahnhof die Station Schloßbrücke (Abb. 28) umfassen. Dieser Bahnhof war als Kopfbahnhof mit drei Gleisen und zwei breiten, durch Stützenreihen unterteilten Bahnsteigen geplant. Die Bahnsteige sollten an einem Ende durch einen Quersteig verbunden werden, von dem aus eine Treppe zur Straße hinaufführte.

Für die übrigen Bahnhöfe dieser Unterpflasterstrecke waren entsprechend der ursprünglichen Planung zwei schmale Seitenbahnsteige vorgesehen, die durch getrennte Treppenanlagen zugänglich gemacht werden sollten. Die Treppenöffnungen sollten mit kleinen tonnenüberwölbten Häuschen aus Eisenfachwerk überdeckt werden, deren Eingangsseiten als Bekrönung zierliche schmiedeeiserne Ornamente trugen.

Vorbild hierfür waren die kioskartigen Treppenhäuschen der Budapester Unterpflasterbahn, die anläßlich der Millenniumsfeier Ungarns in den Jahren 1894–96 von der Firma Siemens & Halske gebaut worden war. Während man sich bei der Konzeption dieser Bahn eng an die Berliner Planungen aus dem Jahre 1891 hielt, wurde für die Gestaltung der Treppenabgänge eigens eine Konkurrenz ausgeschrieben, deren Ergebnis sich in einer Reihe reizvoller Bauten niederschlug. Auf diese soll hier genauer eingegangen werden, da sie uns besser als alles noch vorhandene Entwurfsmaterial[65] eine Vorstellung vom Aussehen der für Berlin geplanten Treppenhäuschen geben können.

Es handelte sich bei den Budapester Treppenhäuschen[66] um zierliche tonnenüberwölbte Eisenfachwerkbauten mit Ausfachungen aus farbigen Keramikplatten[67] und Glasfüllungen an den hohen, schmalen Eingangsseiten. Man kann dabei sowohl formal als auch stilistisch drei verschiedene Typen unterscheiden, wobei Typ A von den Architekten Albert Schickedanz und Fülöp Ferenc Herzog[68], Typ B und C von György Brüggemann stammten.

Typ A (Gizella-Platz (Abb. 30) und Oktogon-Platz), eine einfache, aus Kubus und Tonne zusammengesetzte Konstruktion, war von der Grundform her sehr zurückhaltend, zeigte aber mit seinen über den gesamten Baukörper verteilten Renaissanceornamenten ein reiches Angebot an dekorativen Zutaten. Bei Typ B (Abb. 31), der die meisten Stationen (z. B. Arenastraße) umfaßte, wurde dagegen das Dekorationsprogramm auf wenige, überwiegend in Schmiedeeisen ausgeführte Details beschränkt, das konstruktive Gefüge jedoch durch die unterschiedliche Dachhöhe, mit der auf die darunter angeordnete Treppe aufmerksam gemacht werden sollte, wesentlich auffälliger gestaltet. Typ C, allein repräsentiert durch die Station Franz-Deák-Platz (Abb. 32), nahm insofern eine Sonderstellung ein, als hier die beiden stark an Typ B angelehnten Treppenhäuschen durch einen pavillonartigen Kuppelbau verbunden wurden, der dem Eingang einen besonderen Akzent verlieh. Während dieser Bau, der nur in direktem Zusammenhang mit den typischen Stilerscheinungen des Budapester Sezessionismus ver-

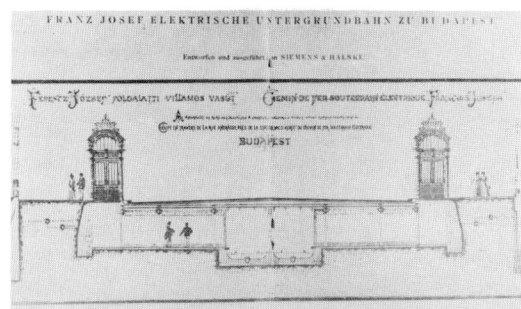

Abb. 29 Budapest, Schnitt durch die Station Váczikörút, 1896

Abb. 27 Entwurf für den U-Bahnhof Brandenburger Thor, 1897

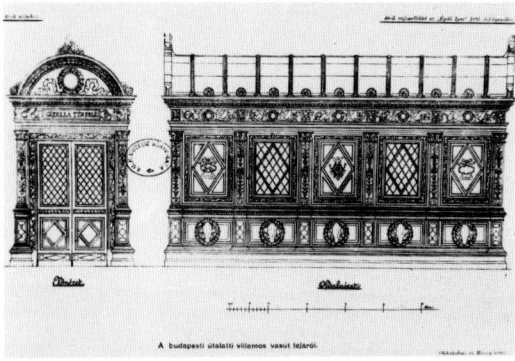

Abb. 30 Budapest, Entwurf für das Treppenhäuschen der Station Gizellaplatz, Frontal- und Seitenansicht, 1895
Arch. Schickedanz u. Herzog

Abb. 26 Entwurf für die Galeriestrecke am Reichstagsufer, Querschnitt, 1897

Abb. 28 Entwurf für den U-Bahnhof Schloßbrücke, 1897

Abb. 31 Budapest, Schnitt durch die Station Arenastraße mit Blick auf die Andrássystraße, 1896
Arch. G. Brüggemann

Abb. 32 Budapest, Eingang zur Station Franz-Deák-Platz, 1896, Arch. G. Brüggemann

standen werden kann, für die Berliner Treppenhäuschen keinerlei Relevanz hatte, sind Typ A und B für das Verständnis der Berliner Entwürfe um so wichtiger – wobei Typ B mit seinen zierlichen Ornamenten den Berliner Planungen zweifellos stilistisch näher gestanden hat als Typ A mit seinen stark ausgeprägten Renaissanceanklängen. Anhand eines Querschnittvergleichs zwischen den Stationen Brandenburger Thor in Berlin und Váczikörút in Budapest (Abb. 29) läßt sich dieser enge architektonische Zusammenhang überzeugend nachweisen.

Da sich die Firma Siemens & Halske von derartigen Anschlußstrecken ins Stadtzentrum, wie sie die projektierte Linie zur Schloßbrücke darstellte, große wirtschaftliche Vorteile versprach, trat sie im Jahre 1898 mit dem Entwurf für zwei weitere Anschlußlinien an die Öffentlichkeit. Es handelte sich hierbei um die Strecken Potsdamer Platz – Spittelmarkt – Köpenicker Brücke sowie Brandenburger Tor[69] – Stettiner Bahnhof – Warschauer Brücke.

Die direkt durch das Hauptgeschäftszentrum führende Linie Potsdamer Platz – Spittelmarkt – Köpenicker Brücke sollte zunächst als Unterpflasterbahn durch die Voß- und Mohrenstraße, vom Spittelmarkt ab jedoch als Hochbahn entlang der Spree bis zur Köpenicker Brücke geführt werden.[70] Vorgesehen waren auf dieser Strecke fünf Haltestellen, von denen die Stationen Wilhelmplatz und Gendarmenmarkt (Abb. 33) als Unterpflasterbahnhöfe, die Stationen Spittelmarkt, Brückenstraße (Abb. 34) und Köpenicker Brücke als Hochbahnhöfe konzipiert waren.[71] Die Hochbahnhöfe entsprachen in ihrer Anlage im wesentlichen den Entwürfen für die Bahnhöfe der Hochbahnstrecke Warschauer Brücke – Zoologischer Garten, die Untergrundbahnhöfe denen der Strecke zur Schloßbrücke.

Die »vom Brandenburger Thor nach dem Stettiner Bahnhof und durch den Norden Berlins nach der Warschauer Brücke«[72] führende Linie sollte zusammen mit dem östlichen Teil der Linie Warschauer Brücke – Zoologischer Garten einen Ring ergeben. Sie sollte ab Stettiner Bahnhof dem großen Ringstraßenzug der Bernauer, Eberswalder, Danziger, Elbinger, Petersburger und Warschauer Straße folgen, bis zur Danziger Straße als Untergrundbahn ausgeführt werden, dann auf einer kurzen Strecke in der Danziger Straße im offenen Einschnitt verlaufen und schließlich zwischen Wins- und Greifswalder Straße zur Hochbahn ansteigen.[73] Untergrundbahnhöfe waren am Brandenburger Tor, Neuen Tor, Stettiner Bahnhof, an der Brunnenstraße (Abb. 35), Schönhauser Allee und Prenzlauer Allee, Hochbahnhöfe an der Greifswalder Straße, Landsberger Allee und Frankfurter Allee vorgesehen.

Trotz der Königlichen Genehmigung zur Weiterverfolgung des Planes für die Schloßbrückenstrecke[74] lehnte der Magistrat von Berlin den Bau aller drei Erweiterungslinien in der vorliegenden Form ab. Ausschlaggebend waren jetzt weniger die ursprünglichen Argumente gegen den Bau von Untergrundbahnen[75] als vielmehr die Absicht der Stadt Berlin unter ihrem neuen Stadtbaurat Friedrich Krause[76], eine eigene, vom Siemensschen Projekt völlig unabhängige elektrische Schnellbahn zu bauen. Anlaß für diesen plötzlichen Gesinnungswandel war der erfolgreiche Bau der oben erwähnten Budapester Untergrundbahn, mit der die Firma Siemens & Halske einen klaren Beweis für die Realisierbarkeit einer solchen unterirdischen Bahn auch bei schlechten Bodenbedingungen[77] erbracht hatte.

Mit der Ablehnung der vom Potsdamer Platz ausgehenden Unterpflasterlinien kam auch der Bau der geplanten Galeriestrecke entlang der Spree nicht zur Ausführung. Die Idee einer solchen Galeriebahn war jedoch so reizvoll, daß sie, wenn auch nicht in Berlin, so doch an anderer Stelle schon wenige Jahre später ihre Verwirklichung fand: 1901 wurde in Wien die Donaukanallinie der Stadtbahn eröffnet, die nach den Entwürfen von Otto Wagner gebaut worden war und sich zwischen dem Hauptzollamt und der Brigitta-Brücke[78] galerieartig zum Vorkai des Donaukanals hin öffnet (Abb. 36). Eine Verbindung zu Berlin läßt sich hier unschwer nachweisen. Wagners Entwürfe für die Galeriestrecke gehen bis in das Jahr 1894 zurück[79] und fallen damit zeitlich genau in das Jahr, in dem Heinrich Schwieger, Ingenieur und eisenbahntechnischer Berater der Firma Siemens & Halske, mehrfach in Wien war, um dort Verhandlungen mit den Behörden wegen der geplanten Wiener Stadtbahn zu führen.[80] Wagners Galeriestrecke mit ihrem rhythmischen Wechsel von massiven Steinpfeilern und dazwischengesetzten schlanken Eisenstützen bot jedoch eine architektonische Variante, die andererseits wiederum von großem Einfluß auf die Berliner Pläne war. Beweis dafür sind die oben erwähnten Entwurfsänderungen von 1897 für die Galeriestrecke am Reichstagsufer.

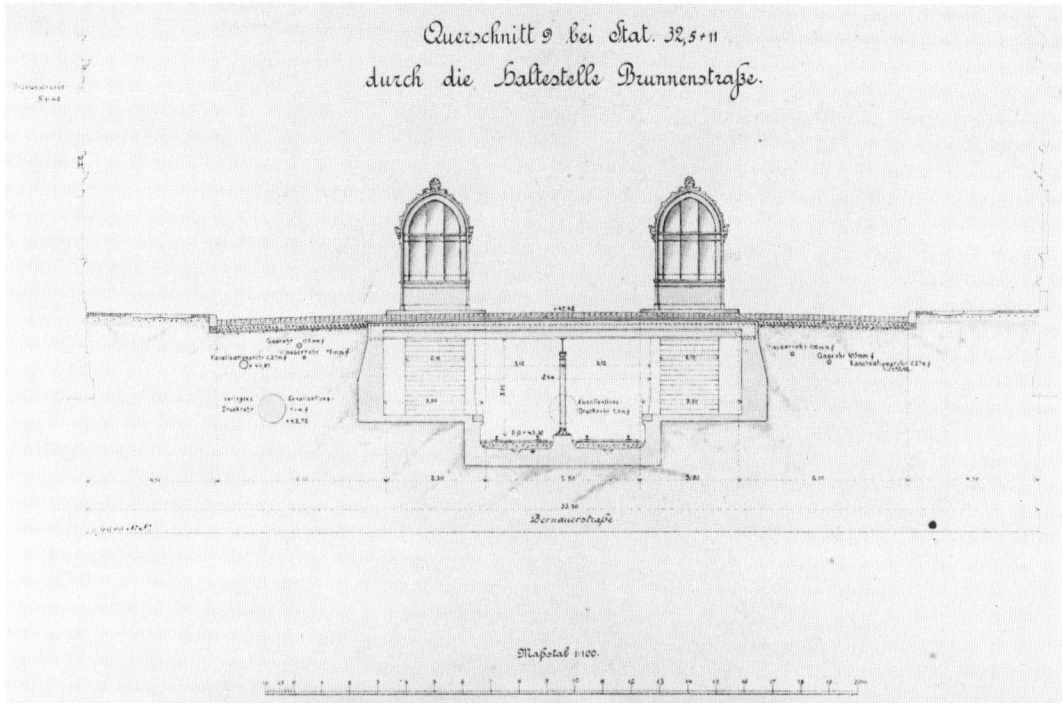

Querschnitt 9 bei Stat. 32,5+11
durch die Haltestelle Brunnenstraße.

Maßstab 1:100.

Abb. 35 Entwurf für die Haltestelle Brunnenstraße, Querschnitt, 1898

Abb. 33 Entwurf für die Haltestelle Gendarmenmarkt, Längsschnitt, 1898

Abb. 36 Wien, Galeriestrecke der Stadtbahn am Donaukanal, 1901, Arch. Otto Wagner

BRÜCKENSTRASSE

Abb. 34 Entwurf für die Haltestelle Brückenstraße, Querschnitt, 1898

3 Verwirklichung der Siemens-Pläne durch den Bau der Stammlinie

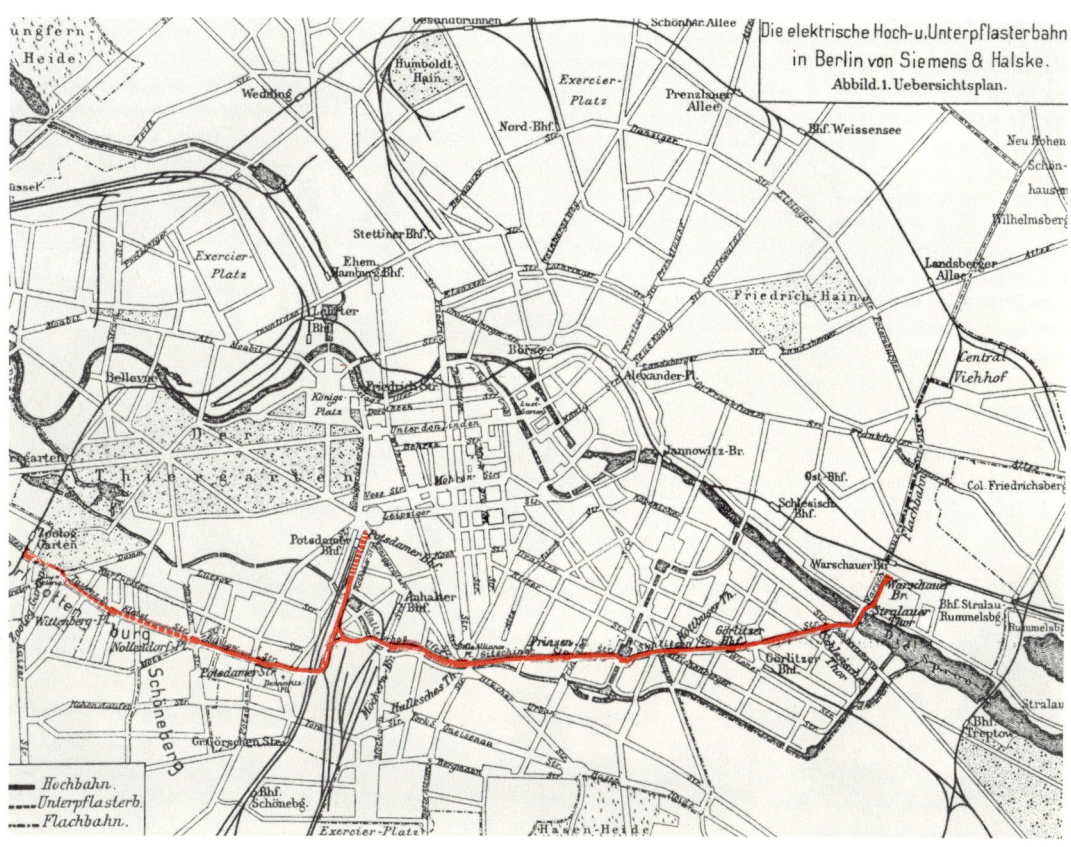

Streckenverlauf der Stammlinie

3.1 Die Probleme während des Bauablaufs

Am 10. September 1896 wurde trotz der noch fehlenden Genehmigung für die westliche Teilstrecke mit dem Bau der Ost-West-Linie Warschauer Brücke – Zoologischer Garten, der sogenannten »Stammlinie«, begonnen. Die Reaktion der Bevölkerung auf dieses Bauvorhaben war von Anfang an ungewöhnlich stark. Schon der Anblick der ersten Viadukte in der Gitschiner Straße löste heftige Kritik aus, wobei ästhetische Gesichtspunkte klar im Vordergrund standen: »Es hat früher immer geheißen, daß die Konstruktion der Bahn eine gefällige, relativ leichte, das Straßenbild in keiner Weise beeinträchtigende sein werde, und es wird nun darauf hingewiesen, wie wenig die in der Gitschinerstraße pp. fertig gestellten bezw. im Bau begriffenen Strecken diesen allgemeinen Erwartungen entsprechen, eine wie gewaltige Verunstaltung der Straße durch die Bahn daselbst geschieht . . .«[1]

Als weitere Argumente gegen den Bau der Hochbahn wurden die zu erwartende Lärmbelästigung sowie die Verschlechterung der Lichtverhältnisse in den Straßen angeführt, zwei schwerwiegende Nachteile, die eine empfindliche Wertminderung der anliegenden Häuser befürchten ließen.

Die Firma Siemens & Halske ließ sich jedoch durch diese Kritik zunächst nur wenig beirren. Um vielmehr das gesamte Hochbahnprojekt auf eine breitere finanzielle Basis zu stellen und damit die Zukunft des Unternehmens abzusichern, gründete sie im April 1897 zusammen mit der Deutschen Bank[2] die »Gesellschaft für elektrische Hoch- und Untergrundbahnen in Berlin«.[3] Dieser »Hochbahngesellschaft« – wie sie im folgenden kurz genannt wird – wurde auch die oben erwähnte landespolizeiliche Genehmigung für den Weiterbau der Hochbahn vom Nollendorfplatz bis zum Zoologischen Garten erteilt.[4]

Im Vertrag zwischen der Hochbahngesellschaft und Siemens & Halske vom 17. Juli/3. August 1897[5] mit Nachtragsabkommen vom 17. August 1899[6] wurden die Pflichten beider Vertragspartner klar festgelegt. Zu den Aufgaben Siemens & Halskes gehörte es, »die Bahnanlage für Rechnung der Gesellschaft nach Massgabe der von der Fa. erworbenen Genehmigungsurkunden zur Ausübung zu bringen, hierfür alle Verhandlungen zu führen, die Entwürfe für die Ausführung anzufertigen, weiterhin den Betrieb nach eigenem Ermessen einzurichten und zu entwickeln und zu diesem Zwecke während des 1. Betriebsjahres selbständig zu führen«.[7] Die Hochbahngesellschaft hatte dagegen alle Arbeiten auszuführen, »welche zur Freilegung des Weges der Bahn durch Privatgelände nöthig wurden, Arbeiten, welche die Beschaffung des Grund und Bodens, den Ankauf und den Umbau der darauf befindlichen Gebäude und alle sonst damit zusammenhängenden Angelegenheiten betreffen«.[8] Außerdem wurde der Hochbahngesellschaft das Mitspracherecht in allen Fragen grundsätzlicher Bedeutung, insbesondere die Einflußnahme auf die architektonische Ausgestaltung, eingeräumt.[9]

Obwohl mit diesem Zusammenschluß zwischen Kapital und Industrie günstigere Voraussetzungen für die Fortführung des Vorhabens geschaffen waren, spitzte sich die Diskussion um die Hochbahn und deren ästhetische Wirkung so zu, daß man schließlich für den Weiterbau der Bahn die Umwandlung in eine Unterpflasterbahn forderte, ja sogar den Abriß der bereits bestehenden Hochbahnviadukte ernsthaft in Erwägung zog.[10]

Den Anstoß hierzu gab im wesentlichen die gerade fertiggestellte Budapester U-Bahn, deren großer Erfolg auch in Berlin nicht übersehen werden konnte. Während die Stadt Berlin sich allerdings erst langsam mit dem Gedanken an eine Unterpflasterbahn anfreundete, hatte die Gemeinde Charlottenburg, durch deren Gebiet der westliche Abschnitt der Stammlinie vom Nollendorfplatz bis zum Bahnhof Zoologischer Garten führen sollte, von Anfang an eine positive Einstellung gegenüber unterirdischen Bahnen gezeigt.[11] In Budapest ließ sich die Charlottenburger Stadtverwaltung von den Vorzügen einer solchen Bahn schließlich soweit überzeugen, daß für sie trotz des bereits abgeschlossenen Vertrages mit Siemens & Halske vom 23. Mai/30. Juni 1896 über eine Hochbahn jetzt kaum noch eine andere Form als die der Unterpflasterbahn in Frage kam.

Da sich mit dem Weiterbau der Hochbahn am Zoologischen Garten ohnehin erhebliche Probleme ergeben hätten, schien eine Vertragsänderung zugunsten einer Untergrundbahn auf Charlottenburger Gebiet auch nicht ganz aussichtslos zu sein.

Zu den Hauptproblemen gehörte die Umfahrung der nach den Entwürfen von Franz Schwechten gerade fertiggestellten Kaiser-Wilhelm-Gedächtniskirche, deren freier Anblick durch die Hochbahn

Abb. 37 Entwurf für ein Durchfahrthaus
am Auguste-Viktoria-Platz, ca. 1897
Arch. Franz Schwechten

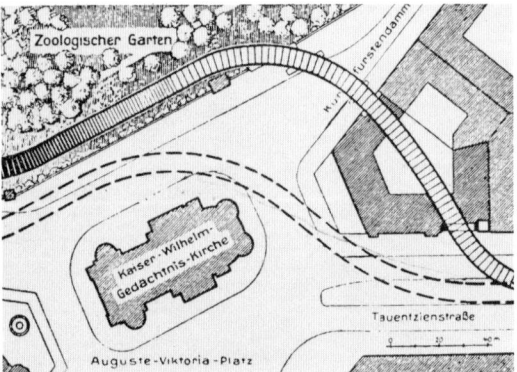

Abb. 38 Bahnführung auf dem Auguste-Viktoria-Platz
Schraffierte Linie: Geplanter Viadukt
Gestrichelte Linie: Ausgeführte Unterpflasterbahn

keinesfalls beeinträchtigt werden durfte. Aus diesem Grunde war der Hochbahngesellschaft die Genehmigung zum Bau der Hochbahnstrecke Nollendorfplatz – Zoologischer Garten auch nur unter der Bedingung erteilt worden, daß sie sich verpflichtete, »behufs Vermeidung einer Beeinträchtigung des Anblicks der Kaiser-Wilhelm-Gedächtniskirche das Eckgrundstück der Tauentzienstraße und des Kurfürstendamms zu erwerben und mit einem Neubau zu versehen, welcher in Verbindung mit dem anschließenden Hochbahnviadukt und der Umwehrungsmauer des Zoologischen Gartens am Auguste-Viktoriaplatz nach den von dem Königlichen Baurath Schwechten aufgestellten, von Sr. Majestät dem Kaiser und König genehmigten Projekt in echtem Material auszuführen und dauernd in gutem baulichen Zustande zu erhalten ist.«[12] Der auf romanische Bauformen zurückgehende Entwurf von Schwechten (Abb. 37, 38), der sich stilistisch an die Gedächtniskirche anschloß, stellte jedoch trotz aller Bemühungen keine besonders glückliche Lösung dar, so daß die Charlottenburger Entscheidung zugunsten der Unterpflasterbahn nur begrüßt werden konnte.[13]

Auch die beiden bisher noch ungeklärten Fragen einer Kreuzungsmöglichkeit zwischen Hochbahn und Stadtbahn am Stadtbahnhof Zoologischer Garten einerseits sowie das Problem einer eventuellen Verlängerung der Bahn bis ins Zentrum von Charlottenburg andererseits sollten mit dem Bau einer Untergrundbahn gegenstandslos werden. Als die Gemeinde Charlottenburg zudem noch erklärte, daß sie dem Weiterbau der Stammlinie bis ins Zentrum Charlottenburgs nur dann zustimmen wolle, wenn die gesamte auf ihrem Gebiet liegende Strecke als Unterpflasterbahn ausgeführt würde, war die Entscheidung zugunsten der Untergrundbahn endgültig gefallen.

Die Hochbahngesellschaft, für die gerade die Charlottenburger Anschlußstrecke von größter Bedeutung war, willigte notgedrungen in diese Planänderung ein – zumal die Hochbahntrasse wegen der übertriebenen finanziellen Forderungen[14] der Anlieger ohnehin kaum Kostenvorteile geboten hätte – und ließ von der Firma Siemens & Halske im Jahre 1898 die ersten Entwürfe für eine Unterpflasterbahn vom Nollendorfplatz bis zum Wilhelmplatz in Charlottenburg, dem heutigen Richard-Wagner-Platz, ausarbeiten.

Als besonders schwieriges Problem, das Anlaß zu zahlreichen Auseinandersetzungen gab, erwies sich der Übergang von der Hochbahn zur Unterpflasterbahn. Denn hierbei war eine Höhendifferenz von ca. 10 m zu überwinden. Man entschied sich schließlich für den Bau einer Rampe, die westlich des Nollendorfplatzes angelegt werden und eine Verschiebung des Hochbahnhofs Nollendorfplatz um 60 m nach Westen in die Platzanlage hinein zur Folge haben sollte.[15] Dieser Plan stieß zunächst auf heftigen Widerstand der Anliegergemeinde Schöneberg[16], die den Nollendorfplatz in seiner Wirkung als einheitlichen vornehmen Schmuck- und Erholungsplatz[17] bedroht sah.

Erst nach Beilegung des Konflikts mit Schöneberg kam es am 13./17. Februar 1899 zu einer vertraglichen Einigung über die Umwandlung der westlichen Hochbahnstrecke vom Nollendorfplatz ab in eine Unterpflasterbahn.[18] Daraufhin wurde am 4. Dezember 1899 die Allerhöchste Genehmigung für die Unterpflasterstrecke erteilt.[19] Die landespolizeiliche Genehmigung erfolgte am 1. November 1900[20], nachdem schon im August desselben Jahres mit den Bauarbeiten an der Weststrecke begonnen worden war.

Die Eröffnung der Stammlinie fand etappenweise im Jahre 1902 statt. Am 18. Februar 1902 wurde die Strecke Stralauer Tor – Potsdamer Platz für den öffentlichen Verkehr freigegeben, am 11. März die Strecke Potsdamer Platz – Zoologischer Garten. Der Durchgangsverkehr vom Stralauer Tor über das Gleisdreieck bis zum Zoologischen Garten fand erstmalig am 25. März 1902 statt. Am 14. Dezember 1902 konnte schließlich der Verkehr auf der gesamten Strecke Warschauer Brücke – Zoologischer Garten und sogar noch darüber hinaus bis zum »Knie«, dem heutigen Ernst-Reuter-Platz, aufgenommen werden. Die Baukosten für diese 11,2 km lange Strecke hatten 25 000 000 Goldmark betragen.[21]

Die Stammstrecke Warschauer Brücke – Zoologischer Garten umfaßte insgesamt dreizehn Bahnhöfe, von denen die drei Stationen Potsdamer Platz, Wittenbergplatz und Zoologischer Garten als Untergrundbahnhöfe, alle anderen Haltestellen als Hochbahnhöfe konzipiert waren. Die Namen der Hochbahnhöfe hießen in der Reihenfolge von Ost nach West[22]: Warschauer Brücke, Stralauer Tor, Schlesisches Tor, Görlitzer Bahnhof, Kottbusser Tor, Prinzenstraße, Hallesches Tor, Möckernbrücke, Bülowstraße und Nollendorfplatz. Der Bahnhof Knie, der noch 1902 der Stammstrecke als vorläufiger neuer Endpunkt im Westen angefügt worden war, wurde wie die drei vorangehenden Stationen als Untergrundbahnhof ausgebildet.

3.2 Die architektonische Gestaltung der Hochbahnstrecke

Die vielfachen Änderungen, die die Siemens-Entwürfe seit 1891 bis zu ihrer Verwirklichung im Jahre 1902 erfahren haben, spiegeln sich deutlich in der architektonischen Gestaltung der Stammlinie wider.

Hatten bei der Entwurfsarbeit zunächst rein technische und wirtschaftliche Aspekte im Vordergrund gestanden, die ihren Niederschlag in einfachen, als schlichte Eisen-Glas-Konstruktionen ausgeführten Bahnhöfen und in ausschließlich zweckorientierten Eisenviadukten fanden, so entwickelte sich unter dem Druck einer zwar zunehmend kritisierenden, dem Stildenken jedoch noch stark verhafteten und deshalb dem reinen Ingenieurbau verständnislos gegenüberstehenden Öffentlichkeit eine Hochbahnarchitektur, die mehr und mehr von künstlerischen Einflüssen geprägt war und sich in immer stärkerem Maße historisierender Stilformen bediente.

Mit der Einbeziehung architektonischer Elemente in die Gestaltung der Hochbahn wurde in erster Linie den ästhetischen Vorstellungen des Großbürgertums Rechnung getragen, auf dessen wirtschaftliche Unterstützung man angewiesen war. Eine nackte Eisenkonstruktion, wie sie die Hochbahn zunächst darstellte, mußte in diesen Gesellschaftskreisen nicht nur als häßlich, sondern geradezu als Herausforderung empfunden werden. Der Ruf nach »echten Materialien«[23] wie Sandstein oder Marmor wurde immer lauter und damit das Eisen, das ohnehin als »ästhetisch minderwertig«[24] galt und allenfalls als Konstruktionselement geduldet wurde, als Mittel der architektonischen Gestaltung noch mehr abgewertet.

Mit Rücksicht auf diese öffentliche Kritik, die das Hochbahnprojekt insgesamt zu gefährden drohte, sah sich die Hochbahngesellschaft gezwungen, in immer stärkerem Maße trotz der damit verbundenen finanziellen Mehrbelastung Architekten zur Mitarbeit heranzuziehen. Auf diese Weise hoffte man, das Vertrauen des Publikums zurückzugewinnen, das aufgrund seiner Ressentiments gegenüber der äußeren Gestalt der Hochbahn bereits an deren technischen Qualitäten zu zweifeln begann.

Da die Viadukte im östlichen Streckenabschnitt zu diesem Zeitpunkt bereits weitgehend fertiggestellt waren, beschränkte sich die ästhetische Rettung der Hochbahn überwiegend auf die westlich der Potsdamer und Anhalter Bahn gelegenen Strecken. In diesem Gebiet erschien – nicht zuletzt aus wirtschaftlichen Überlegungen – eine architektonische Überarbeitung auch sinnvoller, sollte hier doch eine Bevölkerungsschicht für die Benutzung der Bahn gewonnen werden, die aufgrund ihrer sozialen Lage weitaus weniger auf öffentliche Verkehrsmittel angewiesen war als die Arbeiterschaft des Berliner Ostens.

3.2.1 Die Oststrecke

Die Viadukte

Die Viadukte der Oststrecke zwischen dem Hochbahnhof Warschauer Brücke und dem Gleisdreieck entsprechen in ihrer Gestaltung noch am genauesten der ursprünglichen, auf Heinrich Schwieger zurückgehenden Form. Über die Konstruktion dieser Viadukte war im Zusammenhang mit dem Entwurf von 1891 bereits das Wesentliche gesagt worden.[25] Es wurde auch schon betont, daß man sich um eine möglichst gefällige Viaduktform bemühte, die sich dem Straßenbild gut einfügte, wenig Platz in Anspruch nahm, die Straße nicht zu sehr verdunkelte und im übrigen ohne allzu großen Materialaufwand die erforderliche Stand- und Betriebssicherheit gewährleistete. So war eine leichte und durchsichtige Fachwerkkonstruktion aus genieteten Stahlträgern entstanden (Abb. 39, 40)[26], die sich in gleichförmiger Aneinanderreihung kilometerlang hinzog. Die Haltestellen konnten zur Unterbrechung dieser Monotonie nur wenig beitragen, zumal sie die gleiche nüchterne Denkungsart des Konstrukteurs verrieten wie die Viadukte selbst.

Als man sich schließlich zur stärkeren Mitarbeit von Architekten entschloß, ließ sich an der Gesamtgestaltung nur noch wenig ändern. Man beschränkte sich im wesentlichen auf die künstlerische Überarbeitung der Viaduktstützen, die sich als selbständige Konstruktionselemente für diese Auf-

Abb. 39 Normalviadukt der Elektrischen Hochbahn, Ansicht, Ingenieur Schwieger (Siemens & Halske)

Abb. 40 Normalviadukt der Elektrischen Hochbahn, Querschnitt, Ingenieur Schwieger (Siemens & Halske)

Abb. 41 Portalstützen am Sedanufer, 1902
Arch. A. Grenander

Abb. 42 Portalstütze am Sedanufer, Detail, 1902
Arch. A. Grenander

gabe am besten eigneten. Im Gegensatz zu den Stützen der Berliner Stadtbahn, bei denen antikisierende, in Gußeisen gepreßte Formen noch vorherrschten (Abb. 6)[27], waren die Viaduktstützen der Hochbahn aus einfachen Stahlprofilen, Winkeleisen und Blechen zusammengenietet, die in ihrer knappen Formgebung nicht nur der Konstruktion gerecht wurden, sondern auch wirkungsvoll die spezifischen Eigenschaften und Reize des Eisens zur Geltung brachten. Eine nachträgliche Überarbeitung dieser Viadukte durch die Hand des Architekten, dessen Aufgabe sich überwiegend auf das bloße Anheften dekorativer Zutaten beschränkte, mußte nicht zwangsläufig zu einer Verbesserung, sondern konnte ebensogut zu einer völligen Zerstörung dieses einheitlichen Formgefüges führen. Daß die Hochbahnviadukte dieser Gefahr entgingen und nicht zu einem ästhetischen Greuel wurden, ist vornehmlich den gestalterischen Fähigkeiten Alfred Grenanders, eines Architekten schwedischer Herkunft, zu verdanken.[28]

Grenander, der im Jahre 1900 zur Lösung der künstlerischen Probleme in die Bauleitung der Hochbahngesellschaft berufen wurde, leitete von diesem Zeitpunkt an genau dreißig Jahre lang die künstlerisch-architektonischen Geschicke des Unternehmens. Durch die jahrzehntelange Auseinandersetzung mit dieser spezifischen Aufgabe wurde Grenanders künstlerische Entwicklung so entscheidend geprägt, sein Werk so unlöslich mit der Baugeschichte der Berliner Hoch- und Untergrundbahn verbunden, daß eine Untersuchung dieser Bauten unumgänglich zur Studie über Alfred Grenander selbst werden muß.

Für den Architekten Grenander, der zur Zeit seiner Berufung in die Hochbahngesellschaft Lehrer an der Berliner Kunstgewerbeschule war und sich in dieser Position immer mehr dem Kunstgewerbe, speziell der Entwurfsarbeit von Inneneinrichtungen, zugewandt hatte, bedeutete die neue Aufgabe die entscheidende Wende in seinem künstlerischen Schaffen. Aus der Wallotschule stammend[29], war er anfangs noch stark den historisierenden Baustilen verhaftet. In der Erkenntnis, daß diese jedoch den Bedürfnissen des Ingenieurbaus nicht gerecht wurden, suchte er nach neuen Gestaltungsformen, die die konstruktiven und funktionalen Zusammenhänge deutlicher zum Ausdruck brachten.

Ansätze für diese Entwicklung zeichnen sich bereits bei Grenanders ersten Arbeiten für die Hochbahn ab. Es handelt sich hierbei zunächst um einzelne, überwiegend an Straßenkreuzungen – das heißt an exponierter Stelle – angeordnete Viaduktstützen der Oststrecke, deren Grundform bereits weitgehend festgelegt war und die nachträglich eine »künstlerische Überarbeitung« durch den Architekten erfahren sollten. Entsprechend seinem neuen Formverständnis hängte Grenander diesen Stützen nicht irgendein architektonisches Gewand um, sondern bemühte sich um eine Gestaltung, die dem Charakter des Bauwerks sowie den Eigenarten von Konstruktion und Material gerecht wurde.

Wie schwer sich dieses Ziel zunächst verwirklichen ließ, beweisen die Portalstützen am Sedanufer (Abb. 41, 42), mächtige Stahlrahmenkonstruktionen, deren architektonisches Programm deutliche Widersprüche erkennen läßt. Neben rein dekorativen gußeisernen Schmuckelementen, die noch weitgehend in der Tradition des 19. Jahrhunderts stehen, schuf Grenander hier in Gestalt der Rosetten an den großflächigen Rahmenecken eine neuartige Ornamentik, die über ihren dekorativen Wert hinaus den Kräftefluß einer Bogenkonstruktion nachempfindet und damit die konstruktiven Zusammenhänge verdeutlicht. Einen ganz neuen Weg der architektonischen Gestaltung beschritt Grenander bei der Anordnung der Nietbilder, deren monotone Regelmäßigkeit er durch eine ornamentale Gruppierung aufzulösen versuchte. Hierbei gelang es ihm erstmalig, rein konstruktive Elemente unmittelbar in den künstlerischen Gestaltungsprozeß einzubeziehen und mit ihrer Hilfe eine dekorative Wirkung zu erzielen.

Stehen die Portalstützen am Sedanufer noch am Anfang dieser Entwicklung, so lassen andere Stützenbeispiele wie die am Kottbusser Tor (Abb. 43, 44), am Wassertorplatz (Abb. 45) oder an der Dresdener Straße (Abb. 46) bereits ein sehr viel klareres formales Konzept erkennen. Grenander ging hier noch stärker auf die spezifischen Eigenschaften von Material und Konstruktion ein. Es gelang ihm dabei, mit so einfachen Mitteln wie »Biegen, Spalten, Aufrollen der Flanschen, durch Verkröpfen, Ausklaffen und Lochen«[30] der maschinell gefertigten Stahlprofile die verschiedensten ornamentalen Lösungen zu finden, die zudem eine klare Aussage über die lineare Struktur des Eisens und seine konstruktiven Möglichkeiten machen.

Am deutlichsten kommen Grenanders Formvorstellungen in den Stützenköpfen zum Ausdruck, deren unkonventionelle zangen- oder klammerartige Ausbildung weitgehend von der Funktion her bestimmt wurde. Vergleicht man Lösungen wie die am Kottbusser Tor (Abb. 43) oder am Görlitzer Bahnhof (Abb. 47) mit den von Solf und Wichards[31] gestalteten Viaduktstützen am Halleschen Tor (Abb. 49), die noch ganz dem eklektizistischen Stildenken des Historismus verhaftet sind, oder auch denen von Necker (Abb. 48)[32], so wird Grenanders neuer Ansatz klar erkennbar.

Auf seine hervorragenden Leistungen beim Bau der Berliner Hoch- und Untergrundbahn wird im einzelnen noch zurückzukommen sein.

Die Hochbahnbrücke über den Landwehrkanal (Abb. 50), deren künstlerische Überarbeitung ebenfalls nachträglich – angeblich auf Empfehlung des Kaisers[33] – durch den Architekten Paul Wittig[34] erfolgt war, zeigt indes in ihrem Dekorationsprogramm gegenüber den Lösungen Grenanders eine sehr viel stärkere Traditionsgebundenheit. Wittig sah seine Aufgabe vor allem darin, diesen zunächst als reine Fachwerkträgerkonstruktion mit trapezförmigen Tragwänden konzipierten Bau durch farbliche Akzentuierung in direkte Beziehung zu dem anschließenden Torhaus am Tempelhofer Ufer zu bringen, dessen Durchfahrt gleichfalls nach seinen Plänen mit einem Sterngewölbe in leuchtenden Blau- und Goldtönen ausgestattet worden war. Er beschränkte sich deshalb bei der architektonischen Ausgestaltung der Brücke ganz auf das Anheften dekorativer Schmuckelemente wie vergoldeter Gehänge oder farbiger Kartuschen und Wappen aus Email, mit denen er einzelne Details – insbesondere die Knotenpunkte der Trägerkonstruktion sowie die portalartig ausgebildeten Brückenenden – wirkungsvoll hervorheben wollte (Abb. 51). Von diesen Verzierungen ist heute leider nichts mehr vorhanden.

Die Bahnhöfe

Die Oststrecke umschließt die acht Hochbahnhöfe Warschauer Brücke, Stralauer Tor, Schlesisches Tor, Görlitzer Bahnhof, Kottbusser Tor, Prinzenstraße, Hallesches Tor und Möckernbrücke. Mit Ausnahme der drei Bahnhöfe Warschauer Brücke, Schlesisches Tor und Hallesches Tor, die architektonisch eine Sonderstellung einnehmen, wurden alle Bahnhöfe entsprechend der Siemensschen Planung von 1891 errichtet.

Die Frage, wem diese Bahnhofsentwürfe im einzelnen zuzuschreiben sind, läßt sich trotz eingehender Nachforschungen heute nicht mehr eindeutig beantworten.

Denn man betrachtete die Hochbahn – wie bereits angedeutet – zunächst ausschließlich unter dem technischen Aspekt und maß dabei der architektonischen Seite nur wenig Bedeutung bei. Dies läßt sich schon allein aus der Tatsache ersehen, daß das heute noch zugängliche Quellenmaterial kaum Hinweise auf die Mitarbeit von Architekten liefert.

Fest steht nur soviel, daß Siemens & Halske »schon bei den anfänglichen Entwürfen« – wie durch zwei signierte Entwurfsblätter aus dem Jahre 1891 bestätigt wird – den Architekten Friedrich Laske »zur Entwicklung der ersten künstlerischen Grundzüge zugezogen« hatte.[35] Weiterhin findet sich in der Literatur der Hinweis, daß während der ganzen Ausführungszeit der »Regierungsbaumeister Nekker für Hochbahnaufgaben der Bahn bei der Firma tätig« war.[36] Genausowenig jedoch, wie sich Laskes Tätigkeit klar umreißen läßt, ist Neckers Anteil an der Entwurfsarbeit faßbar. Direkte Hinweise auf seine Mitarbeit gibt es – abgesehen von seiner Beteiligung an der Gestaltung von Portalstützen – nur im Zusammenhang mit der Haltestelle Stralauer Tor, und auch dort nur hinsichtlich einer von der üblichen Ausbildung der Bahnhöfe abweichenden architektonischen Besonderheit.[37]

Alles deutet darauf hin, daß die eigentliche Entwurfsarbeit für den auf der Oststrecke verwendeten, »nach einer Normalie«[38] ausgeführten Bahnhofstyp im wesentlichen Aufgabe des Ingenieurs war. In diesem Zusammenhang muß neben Heinrich Schwieger, auf dessen umfangreiche Tätigkeit bereits mehrfach hingewiesen wurde, vor allem der Ingenieur Emil Dominik genannt werden.[39]

Der auf den Entwürfen von 1891 basierende Normaltypus, wie er durch die fünf Bahnhöfe Stralauer Tor, Görlitzer Bahnhof, Kottbusser Tor, Prinzenstraße und Möckernbrücke – in teilweise abgewandelter Form – repräsentiert wird, trägt weitgehend noch die Züge dieser ersten Planungen. Es handelt

Abb. 43 Portalstütze am Kottbusser Tor, 1902
Arch. A. Grenander

Abb. 44 Portalstütze am Kottbusser Tor, 1902
Arch. A. Grenander

Abb. 45 Portalstütze am Wassertor, 1902
Arch. A. Grenander

Abb. 46 Portalstütze an der Dresdener Straße, 1902
Arch. A. Grenander

Abb. 50 Hochbahnbrücke über den Landwehrkanal und
die Anhalter Bahn, 1902, Arch. P. Wittig

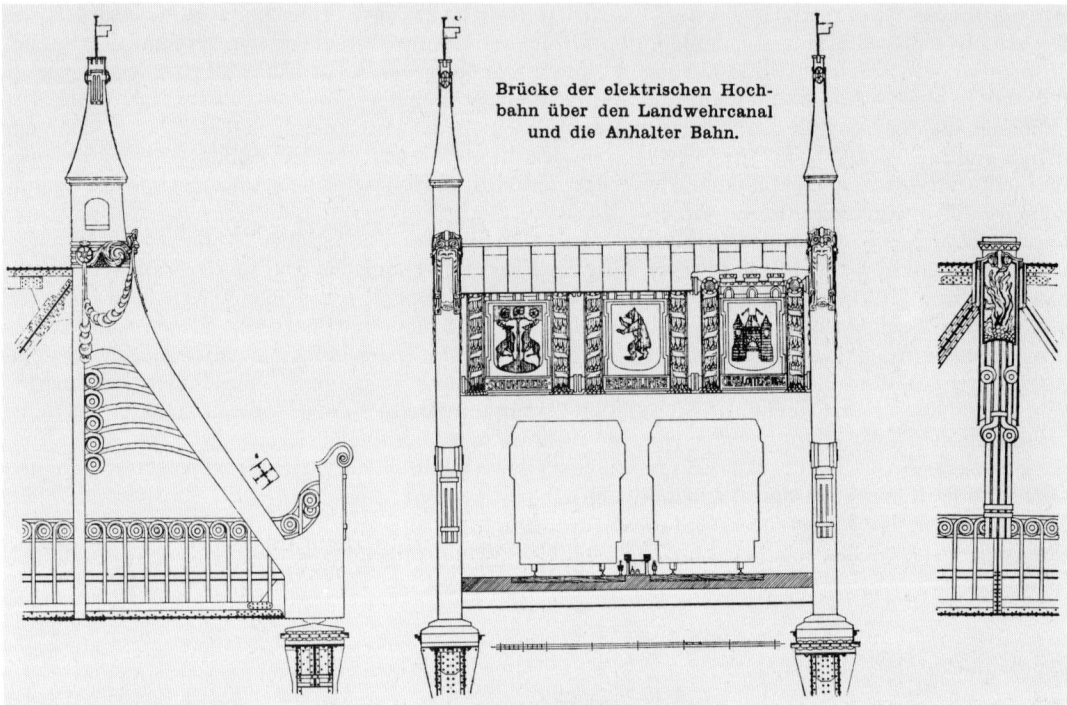

Brücke der elektrischen Hochbahn über den Landwehrcanal und die Anhalter Bahn.

Abb. 51 Hochbahnbrücke über den Landwehrkanal, Details, Arch. P. Wittig

Abb. 47 Portalstütze am
Hochbahnhof Görlitzer Bahnhof, 1902
Arch. A. Grenander

Abb. 48 Portalstütze der Hochbahn,
1902, Standort unbekannt
Arch. Necker

Abb. 49 Viaduktstütze
am Halleschen Tor, 1902
Arch. Solf u. Wichards

Abb. 52 Hochbahnhof Görlitzer Bahnhof, 1902

Abb. 53 Hochbahnhof Görlitzer Bahnhof, Zustand 1961

Abb. 54 Hochbahnhof Görlitzer Bahnhof, Bahnsteighalle, Zustand 1972

Abb. 55 Hochbahnhof Kottbusser Tor mit provisorischem Fahrkartenhäuschen, 1902 (1929 abgerissen)

Abb. 56 Hochbahnhof Kottbusser Tor, Neubau 1929
Arch. A. Grenander

Abb. 57 Hochbahnhof Kottbusser Tor, Innenansicht, 1929
Arch. A. Grenander

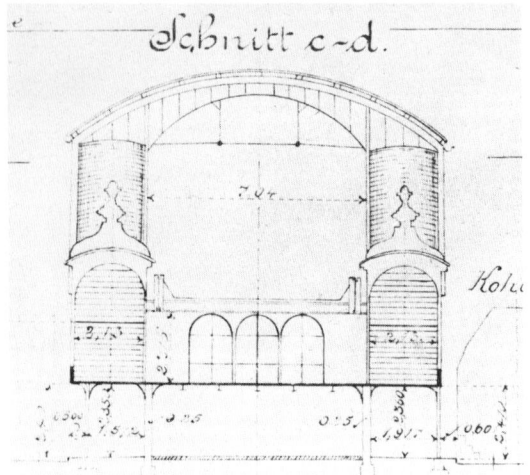

Abb. 58 Entwurf für den Hochbahnhof Kottbusser Tor,
ca. 1897, Querschnitt

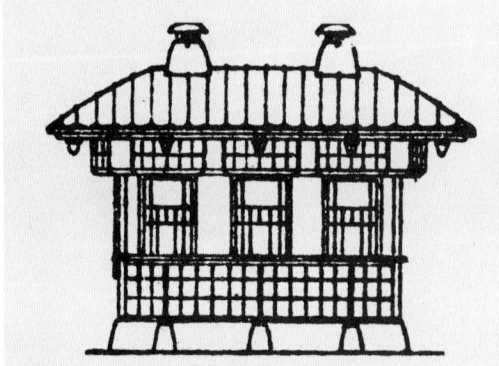

Abb. 59 Hochbahnhof Görlitzer Bahnhof, Fahrkartenhäuschen, 1902, Arch. A. Grenander

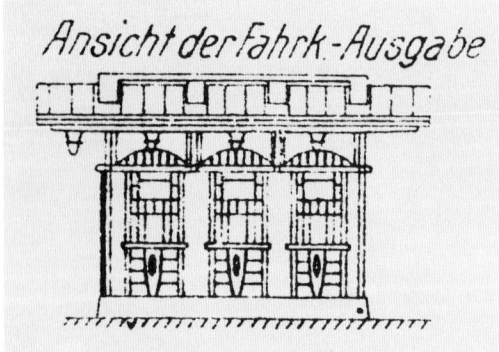

Abb. 60 Hochbahnhof Kottbusser Tor, Fahrkartenhäuschen, 1902, Arch. A. Grenander

sich bei diesem Einheitstyp um eine leichte Hallenkonstruktion aus Eisen und Glas, die auf einem einfachen, dem normalen Eisenviadukt entsprechenden Unterbau lagert. Am Kopfende dieser von einer Wellblechabdeckung überwölbten Bahnhofshalle befindet sich eine Treppenanlage, die allerdings abweichend von der ursprünglichen Planung in ihrem oberen, in zwei Läufe getrennten Teil überdacht ist und durch kleine aufgesetzte Turmbauten noch akzentuiert wird. Die in den Entwürfen von 1891 vorgesehenen filigranartigen Schmuckelemente an den Dachrändern sind jetzt einer sehr viel knapperen Formgebung gewichen. Lediglich die auffallende Gliederung der langen verglasten Seitenwände durch Arkaden wurde – zumindest bei einigen Bahnhöfen – beibehalten.
Eine solche Bahnhofskonzeption entsprach ebensowenig wie die nüchternen Eisenviadukte dem Geschmack des Publikums. Noch Jahre nach der Eröffnung der Hochbahnstrecke lehnte man diese Bahnhöfe mit »ihren stets blinden Glasscheiben und stets rostigem Eisengerippe« als »plumpe und unbeholfene Architektur« ab[40], die zudem noch, da sie sich auf die durch ärmere Wohngegenden führende Oststrecke beschränkte, als bewußte Diskriminierung der Anwohner betrachtet wurde.
Bis heute hat sich der Charakter dieser Gegend nicht wesentlich geändert. Die Bahnhöfe haben jedoch inzwischen einen neuen Stellenwert erhalten, da sie in ihrer formalen Schlichtheit der modernen Architektur bedeutend näher stehen als die üblichen Prunkbauten der Wilhelminischen Ära.
Die Stationen *Görlitzer Bahnhof* (Abb. 52, 53)[41] und *Kottbusser Tor* (Abb. 55), die beide in der Skalitzer Straße liegen, repräsentierten den Siemensschen Normaltyp in seiner reinsten Form. Während der Bahnhof Kottbusser Tor im Jahre 1929 im Zusammenhang mit dem Bau einer Querlinie abgerissen und durch einen von Grenander entworfenen Neubau (Abb. 56, 57) ersetzt wurde[42], blieb die Haltestelle Görlitzer Bahnhof, die westlich des Lausitzer Platzes liegt, bis heute im wesentlichen in ihrer ursprünglichen Gestalt erhalten. Mit seiner auf knappe Formen reduzierten Eisenkonstruktion, die nur durch die Arkadengliederung der verglasten Seitenwände und die geometrisch-ornamentale Unterteilung der Stirnseiten (Abb. 54) belebt wird, wird dieser Bahnhof zum überzeugenden Beispiel einer vom fortschrittlichen Denken des Ingenieurs geprägten und damit von traditionellen Stilformen weitgehend befreiten Bauweise.
Die kleinen Turmaufbauten über den überdachten Treppenabgängen[43] fehlen heute. Sie sollten entsprechend dem Entwurf für den Bahnhof Kottbusser Tor (Abb. 58)[44] ursprünglich barock geschwungene Helme tragen, erhielten dann aber hier wie dort einfache steile Zeltdächer. Das Fahrkartenhäuschen, das wie am Kottbusser Tor unter dem Viadukt direkt vor dem Treppenaufgang angeordnet war, ist heute ebenfalls nicht mehr vorhanden.
Der Entwurf für diese beiden Fahrkartenhäuschen stammte von Alfred Grenander, der damit die Reihe seiner typischen, im Laufe der Jahre vielfach variierten und für unterschiedliche Zwecke bestimmten Kioskbauten einleitete.[45] Es handelte sich hierbei um kleine Eisenfachwerkbauten mit Fliesenverkleidungen in den geschlossenen Zonen und großen, jeweils an den Längsseiten angeordneten Fensteröffnungen für die Fahrkartenausgabe. In ihrer formalen Gestaltung verraten diese Häuschen eine wesentlich strengere Auffassung als beispielsweise die zierlichen, filigranartig ornamentierten Treppenhäuschen für die Untergrundbahn, wie sie uns aus den Planungen der neunziger Jahre bekannt sind. Vergleicht man die beiden Kassenhäuschen jedoch miteinander, so zeichnet sich auch hier bereits eine gewisse Entwicklung ab. Während das Häuschen am Görlitzer Bahnhof (Abb. 59) mit seinem aufgesetzten, an den Seiten weit überstehenden Walmdach noch eine sehr konventionelle Form aufweist, wird beim Kottbusser Tor das abgeschrägte Dach vom Kubus des Unterbaus völlig durchdrungen und damit ein stereometrischer Baukörper geschaffen, in dem die Form des Flachdaches bereits deutlich anklingt (Abb. 60, 61). Eine Weiterentwicklung dieser kubischen Form zeigt das Kassenhäuschen am U-Bahnhof Potsdamer Platz, auf das an anderer Stelle noch ausführlicher eingegangen wird.
Die beiden Hochbahnhöfe Stralauer Tor und Prinzenstraße gehen in ihrer Grundkonzeption ebenfalls auf den Siemensschen Normaltyp zurück. Sie lassen jedoch, vor allem hinsichtlich der Treppengestaltung, deutliche Abweichungen erkennen, die sich in beiden Fällen aus den beengten Platzverhältnissen ergaben.
Der heute nicht mehr vorhandene Bahnhof *Stralauer Tor*[46], der nur 300 m vom Endbahnhof Warschauer Brücke entfernt und wie dieser am rechten Ufer der Spree lag, schloß unmittelbar an die Ober-

Abb. 61 Hochbahnhof Kottbusser Tor, Fahrkartenhäuschen, 1902, Arch. A. Grenander

Abb. 63 Hochbahnhof Stralauer Tor mit dem Treppenhäuschen von Necker, 1902 (zerstört)

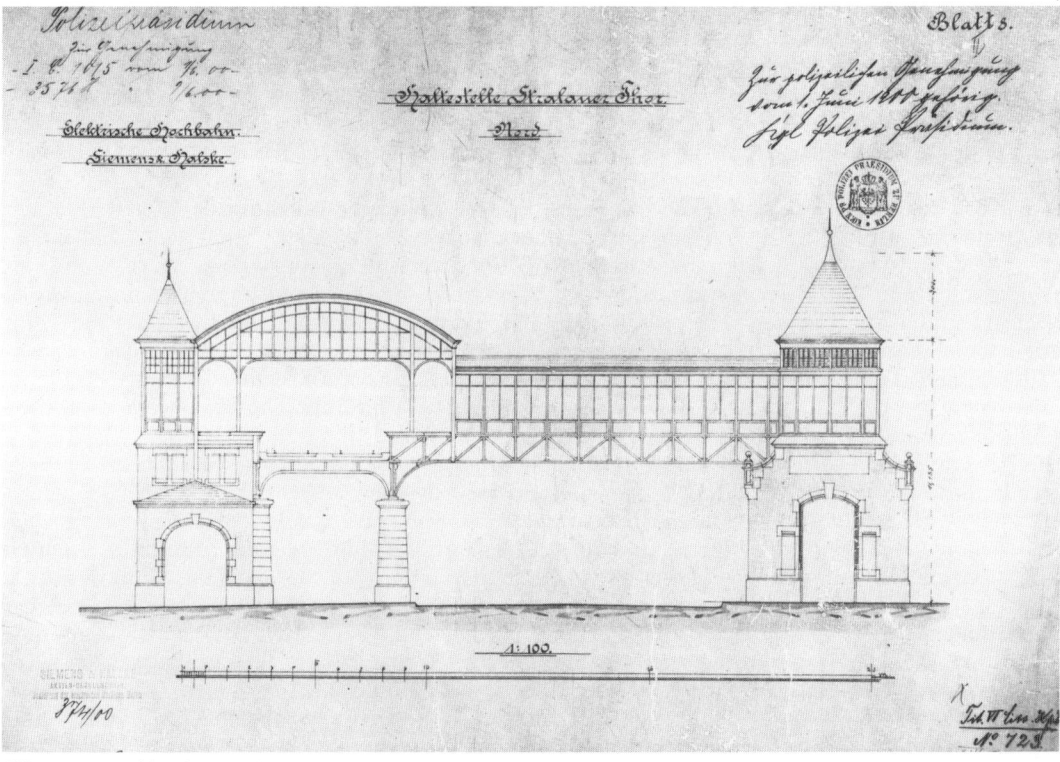

Abb. 62 Oberbaumbrücke, 1896
Arch. O. Stahn

Abb. 64 Entwurf für den Hochbahnhof Stralauer Tor, Querschnitt

Abb. 65 Hochbahnhof Prinzenstraße, 1902

Abb. 66 Hochbahnhof Prinzenstraße, Treppengebäude, 1902, Arch. P. Wittig

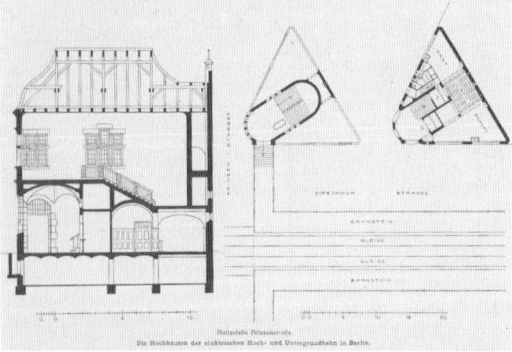
Abb. 67 Hochbahnhof Prinzenstraße, Grundriß und Schnitt des Treppengebäudes

baumbrücke[47] an, mit der zusammen er ein höchst ungewöhnliches Bild abgab. Die im Stile der märkischen Backsteingotik von Otto Stahn in den Jahren 1894–96 erbaute Brücke[48], auf deren zinnengeschmücktem Obergeschoß die Hochbahn entlanggeführt wurde (Abb. 62), stand in krassem Gegensatz zu der nüchternen Eisen-Glas-Konstruktion des benachbarten Hochbahnhofs (Abb. 63), der sich weitgehend an die Prinzipien des Siemens-Entwurfs von 1891 hielt. Ausnahmen bildeten jedoch die massiven Steinstützen des Unterbaus, die offensichtlich auf die Brückenarchitektur vorbereiten sollten, sowie die seitliche Anordnung der Treppen. Da für die übliche Unterbringung unter dem Hochbahnviadukt am Kopf der Haltestelle nicht genügend Platz vorhanden war, entschied man sich hier für separate Treppenhäuschen rechts und links des Bahnhofs, von denen das eine so weit entfernt aufgestellt werden mußte, daß es vom Bahnsteig aus nur über eine lange glasüberdeckte Brücke zu erreichen war (Abb. 64).

Die kleinen Treppengebäude, die auf einen Entwurf von Regierungsbaumeister Necker zurückgingen, waren zweigeschossig. Sie hatten einen klinkerverkleideten massiven Unterbau, der an der Eingangsseite portalartig ausgebildet und mit in Werkstein gefertigten Renaissancemotiven geschmückt war. Darüber befand sich ein einfacher, in Eisen und Glas ausgeführter und mit Walmdachabschluß versehener Aufbau, der in seiner schlichten Gestaltung dem strengen Charakter des Bahnhofs angepaßt war.

Beim Hochbahnhof *Prinzenstraße* (Abb. 65), der in der Gitschiner Straße neben dem Gelände der ehemaligen Englischen Gasanstalt liegt[49] und ebenfalls dem Normaltyp entspricht, waren ähnliche Treppenprobleme zu lösen wie am Stralauer Tor. Wie dort wurden die Treppenabgänge wegen der beengten Platzverhältnisse auf die seitlichen Bürgersteige verlegt und durch überdachte Brücken mit den Bahnsteigen verbunden. Da die dichte Bebauung auf der nördlichen Straßenseite kein separates Treppenhäuschen zuließ, wurde der Treppenabgang hier so angeordnet, daß er in das Haus Gitschiner Straße Nr. 71 einmündet – eine Lösung, wie sie auch bei der Londoner Untergrundbahn häufig zu finden ist.[50]

Die unbebaute Fläche an der Südseite des Bahnhofs erlaubte dagegen die Anlage eines großzügigen Treppengebäudes. Der Entwurf für diesen sehr konventionellen, in reichem Maße historisierende Stilformen verwendenden Backsteinbau (Abb. 66), der im 2. Weltkrieg stark zerstört und nur teilweise wiederaufgebaut wurde (Abb. 68), stammt von Paul Wittig. Sein Treppengebäude erhielt einen der dreieckigen Form des Grundstücks angepaßten Grundriß (Abb. 67), wurde jedoch nur im Mittelteil zweigeschossig, in den verbliebenen Zwickelflächen an den Seiten dagegen eingeschossig angelegt.

Der an den Schmalseiten abgerundete, das eigentliche Treppenhaus aufnehmende Mittelteil erhielt an der zur Gasanstalt gerichteten Südwestseite eine Giebelfront im Stil der Renaissance und ein hohes, geschwungenes Dach. Die eingeschossigen Seitenteile wurden indes flach gedeckt und mit schmiedeeisernen, rankenverzierten Gittern brüstungsartig umgeben. Sandsteineinfassungen an den reich geschmückten Bogenfenstern und Türen erhöhten den dekorativen Effekt dieses Gebäudes, das mit der nüchternen Eisen-Glas-Konstruktion des Hochbahnhofs stark kontrastierte. Da das Treppenhaus nur einen kleinen Teil des geräumigen Untergeschosses einnimmt, wurde die übrige Fläche als Gastwirtschaft ausgebaut und von der Hochbahngesellschaft verpachtet. Dieser gastronomische Betrieb stellte eine willkommene zusätzliche Einnahmequelle dar.

Die Haltestelle *Möckernbrücke* (Abb. 69), letzter der fünf nach dem Siemensschen Einheitsentwurf gestalteten Hochbahnhöfe, hat heute ein völlig anderes Aussehen.

1937 wurde der Bahnhof durch einen Stahlneubau ersetzt (Abb. 70)[51], der nach starken Kriegsbeschädigungen in den Jahren 1965–1968 im Zusammenhang mit einer Linienerweiterung einen erneuten Umbau erfuhr.[52] Der ursprüngliche Bau, der wie der Neubau unmittelbar an der Böschung des Landwehrkanals in einer leichten Krümmung lag, stand in seinem knappen Aufbau dem Bahnhof Stralauer Tor besonders nahe. Wie dort wurde auch hier auf eine Arkadengliederung der verglasten Seitenwände verzichtet. Außerdem wurden die Turmaufbauten über den Treppenabgängen so niedrig gehalten, daß ihnen nur noch ein geringer Dekorationswert zukam. Das Fahrkartenhäuschen fand seine Aufstellung in direkter Verlängerung der Treppe – einem für den Normaltypus ebenfalls ungewöhnlichen Standort, der durch die beengten Platzverhältnisse am Landwehrkanal bedingt war.

Abb. 68 Hochbahnhof Prinzenstraße, Zustand 1969

Abb. 71 Hochbahnstrecke zwischen Oberbaumbrücke und Warschauer Brücke, Bauzustand ca. 1901

Abb. 69 Hochbahnhof Möckernbrücke, 1902

Abb. 72 Hochbahnhof Warschauer Brücke, 1902
Ansicht von der Rudolfstraße

Abb. 70 Hochbahnhof Möckernbrücke, Neubau von 1937

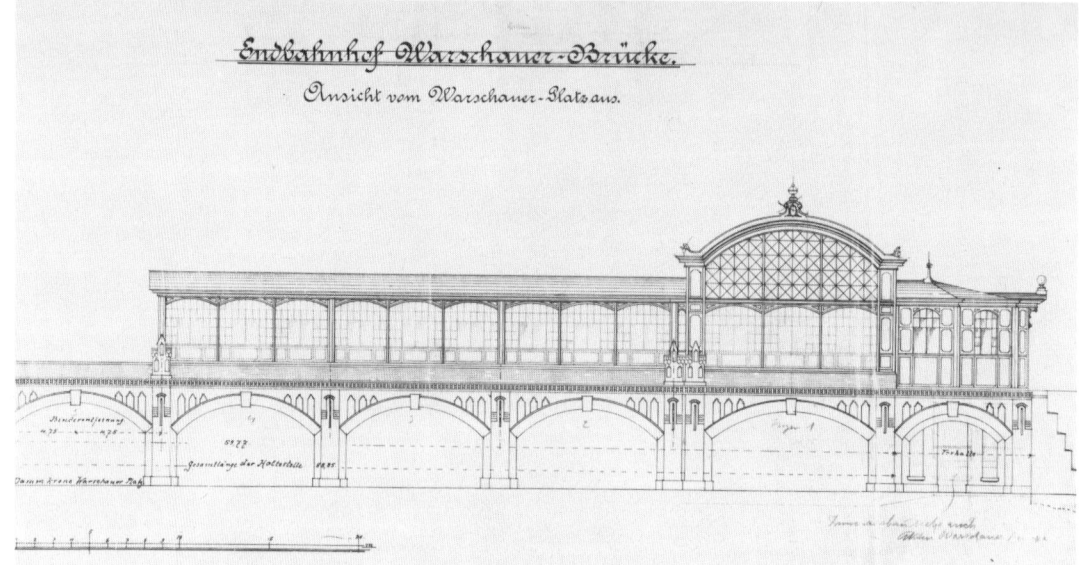

Abb. 73 Entwurf für den Hochbahnhof Warschauer Brücke, Ansicht vom Warschauer Platz aus

TREPPENHÄUSCHEN
AM
WARSCHAUER PLATZ

Rudolfstraße

Warschauer Platz

OBERER AUSGANG
NACH DER
RUDOLFSTRASSE

Abb. 74 Hochbahnhof Warschauer Brücke,
Treppenhäuschen, 1902, Arch. P. Wittig

Die übrigen drei Bahnhöfe der Oststrecke sind nach so unterschiedlichen Prinzipien gestaltet worden, daß sie sich nur schwer zu einer gemeinsamen Gruppe zusammenfassen lassen. In allen drei Fällen war jedoch die Lage des Bahnhofs ausschlaggebend für die individuelle architektonische Ausbildung.

So erfuhr der Hochbahnhof *Warschauer Brücke*, dem als Endstation naturgemäß eine andere Bedeutung zukam[53] als der normalen Durchgangsstation, schon von der Anlage her eine andere Gestaltung. Am Ende der langsam ansteigenden Warschauer Straße liegend[54], bildet dieser Bahnhof den Abschluß einer über 300 m langen, auf massiven Viadukten ruhenden Anlage (Abb. 71), zu der außer der Haltestelle verschiedene Wagenhallen und Werkstätten sowie umfangreiche Gleisanlagen zählen. Der Bahnhof selbst wurde in einfacher, rein zweckmäßiger Form als Kopfbahnhof mit ursprünglich drei, später zwei Bahnsteigen[55] und einem abschließenden Querbau (Abb. 72, 73) angelegt. Während die Bahnsteige zunächst nur eine leichte Wellblechabdeckung erhielten, die die Gleise offenließ[56], wurde der quergestellte Kopfbau als hohe bogenüberwölbte Halle ausgebildet. Diesem Kopfbau wurde an der Längsseite zusätzlich eine Eingangshalle mit polygonalem Grundriß und schräg abfallendem Dach angegliedert.[57] Zur Überwindung des Höhenunterschiedes zwischen der Eingangshalle, die wie die gesamte Bahnhofsanlage auf erhöhtem Niveau liegt, und dem östlich anschließenden, wesentlich tiefer liegenden Warschauer Platz wurde an der Nordostecke des Platzes außerdem ein Treppenhäuschen (Abb. 74) angeordnet. Es handelt sich hierbei um einen pavillonartigen, doppelstöckigen Mauerwerksbau, der sich mit seinem oblongen Grundriß, dem geschwungenen Dach und den reich geschmückten Sandsteinportalen eng an die Treppenanlage des Bahnhofs Prinzenstraße anlehnt und wie diese auf einen Entwurf von Paul Wittig zurückgeht.[58] Waren die bisher beschriebenen Hochbahnhöfe der Oststrecke – mit geringen Einschränkungen – reine Ingenieurbauten, so sind die Bahnhöfe Schlesisches Tor und Hallesches Tor erster Ausdruck einer neuen, überwiegend nach künstlerischen Aspekten entwickelten Gestaltungsweise. Beide Bahnhöfe nehmen schon aufgrund ihrer Lage an verkehrsmäßig wichtigen Plätzen eine gewisse Sonderstellung ein. Sie boten somit Anlaß genug für eine aus dem üblichen Rahmen fallende aufwendige Gestal-

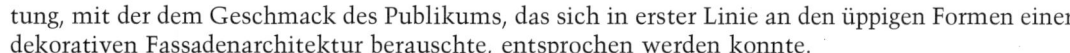
Abb. 76 Hochbahnhof Schlesisches Tor, Südansicht, 1901, Arch. Grisebach & Dinklage

Abb. 75 Hochbahnhof Schlesisches Tor, Zustand 1951

tung, mit der dem Geschmack des Publikums, das sich in erster Linie an den üppigen Formen einer dekorativen Fassadenarchitektur berauschte, entsprochen werden konnte.

Der Bahnhof *Schlesisches Tor*, der nahe der Spree an einem kleinen Platz liegt und bis zur Teilung Berlins eine wichtige Position als Ausgangspunkt für Spreefahrten einnahm, sollte als besonders repräsentativer und einladender Bau gestaltet werden. Um dieses Ziel zu erreichen, schrieb die Hochbahngesellschaft einen internen Wettbewerb aus[59], aufgrund dessen sie die Aufgabe den Architekten Hans Grisebach[60] und August Georg Dinklage[61] übertrug.

Da der Bahnhof diagonal zur Achse des ohnehin sehr beengten Platzes am Schlesischen Tor angeordnet werden sollte, schienen die gestalterischen Möglichkeiten zunächst sehr begrenzt. Mit der Anlage eines als Ziegelrohbau mit Werksteingliederung ausgeführten und in die »reizvollen Formen deutscher Renaissance«[62] gehüllten Gebäudekomplexes (Abb. 75–77) boten Grisebach und Dinklage trotz der erschwerten Bedingungen eine zwar ungewöhnliche, im Sinne der Zeit aber durchaus überzeugende Lösung an. Besonderen Beifall fand der Bahnhof wegen seines malerischen Aussehens.[63] Die stark bewegte Fassade, in der sich der unregelmäßige Grundriß widerspiegelt, die zahlreichen Polygonalvorsprünge, der emporragende runde Treppenturm, die großen Arkadenöffnungen im Untergeschoß, die galerieartig angeordneten Bogenfenster im Obergeschoß sowie der reiche plastische Schmuck[64] an Portalen und Kapitellen entsprachen ganz den Stilvorstellungen der Zeit.[65]

Läßt dieser Bau mit seiner auf den ersten Blick etwas unorganisch wirkenden Fassade von der eigentlichen Zweckbestimmung als Bahnhof zunächst auch nur wenig erkennen, so findet er zweifellos eine Rechtfertigung in seinem Standort, der – wie Wittig formulierte – hinreichend Anlaß gab »zu einer reich gruppierten Bauanlage mit mehreren Ausbauten, überdeckten Bürgersteigen und einem Treppenturm, der den Zugang zum Obergeschoß vermittelt. Um die für die Gleise und den Bahnsteig nötige Grundfläche zu gewinnen, treten einzelne Teile der Fahrbahn, durch eine Säulen-Architektur unterstützt, aus dem Gebäudekern heraus, während andere von der Fahrbahn nicht beanspruchte Flächen durch höher geführte Bauteile ausgenutzt werden konnten.«[66]

Wittig deutet hier an, daß die kühne asymmetrische Komposition über ihre ästhetische Begründung

Abb. 77 Hochbahnhof Schlesisches Tor, Haupteingang, 1902, Arch. Grisebach & Dinklage

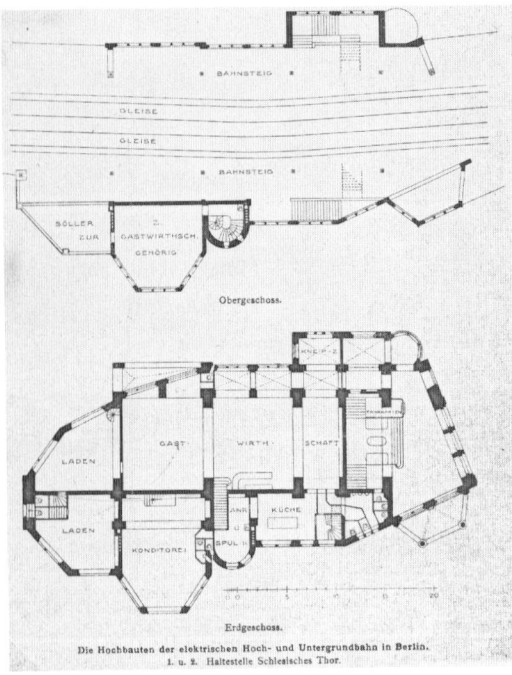

Abb. 78 Hochbahnhof Schlesisches Tor, Grundriß

Abb. 80 Hochbahnhof Schlesisches Tor,
Trägerdecke der Eingangshalle, 1902

hinaus klaren Bezug auf den Bauplatz nimmt und der Bahnhof auch als Versuch sozialer Integration in die Umgebung zu begreifen ist. Anordnung und Funktion der Innenräume (Abb. 78) veranschaulichen diese für die damalige Zeit neuartige Konzeption: In dem Gebäude befanden sich neben den für den Bahnbetrieb notwendigen Räumlichkeiten ein Café und ein Restaurant mit Kegelbahn für die von hier aus startenden Spreeausflügler.

Der Bahnhof Schlesisches Tor ist bis auf einige heute fehlende Dachaufbauten[67] in seinem ursprünglichen Zustand noch gut erhalten (Abb. 79). Allerdings erfuhr sein Inneres nach dem 2. Weltkrieg verschiedene Änderungen. In den alten Restaurationsräumen, die ursprünglich einen großen Teil des Erdgeschosses und Teile des Obergeschosses eingenommen hatten, wurde eine Kaufhalle untergebracht, ohne daß dabei die Gestalt dieser Räume nennenswert geändert wurde. Noch heute fallen die flachen Deckengewölbe ins Auge, hinter denen sich die Trägerkonstruktion der Decke verbirgt. Die Gewölbe, die durch einen Hohlraum von der Trägerkonstruktion getrennt sind, sollten in erster Linie der Schallisolierung dienen, hatten aber auch dekorativen Wert.

In der Eingangshalle an der Ostseite des Gebäudes wurde die eigentliche Konstruktionsweise der Trägerdecke offen gezeigt, da der komplizierte Grundriß dieser Halle mit dem anschließenden großzügig angelegten Treppenaufgang[68] zum Bahnsteig eine Einwölbung unmöglich machte. Um den einheitlichen Charakter dieses historisierenden Bauwerks zu wahren, setzte man alles daran, die nüchterne Trägerdecke ihrer Sachlichkeit zu entkleiden, indem man die Eisenträger mit einem braunen »Holzanstrich« versah und die »ca. 6000 Nietköpfe«[69] vergoldete. Um den Eindruck einer Holzbalkendecke der Renaissance perfekt zu machen, wurden die zwischen den Balken liegenden Flächen reich mit ornamentaler Malerei geschmückt (Abb. 80). Deckenmalereien überzogen auch das Gewölbe des anschließenden kleinen Nebenraumes, in dem ein Zigarrenladen untergebracht war.

Der Bahnhof Schlesisches Tor zählt zu den wichtigsten Bauten der Architekten Grisebach und Dinklage. Er steht, was die Konsequenz und Kompromißlosigkeit betrifft, mit der hier historische Stilformen auf einen Zweckbau angewendet werden, einzig unter den Berliner Hochbahnhöfen da. Aus diesem Grunde betrachten wir ihn heute als typisches Beispiel eklektizistischer Bauweise. Zur Zeit seiner Entstehung wurde er als eine »ansprechende, allgemein verständliche und im besten Sinne neuzeitliche Anlage« gepriesen[70] – ja, man sprach sogar vom schönsten Bahnhof der Hochbahn.[71]

Hatte man schon am Schlesischen Tor eine reichere architektonische Ausbildung für angemessen gehalten, so forderte der weiter westlich gelegene Bahnhof *Hallesches Tor* noch entschiedener eine solche Lösung. Der Bahnhof liegt südlich des Belle-Alliance-Platzes, dem heutigen Mehringplatz, unmittelbar am Landwehrkanal, der hier von der Belle-Alliance-Brücke (Mehringbrücke) überquert wird (Abb. 81). Der Platz zählte bis 1945 nicht nur zu den größten und historisch bedeutendsten, sondern auch zu den verkehrsmäßig wichtigsten Plätzen Berlins. In ihn münden vier große, von Norden kommende Straßen ein[72], die in der Belle-Alliance-Straße, dem heutigen Mehringdamm, jenseits des Kanals ihre gemeinsame Fortsetzung finden.

Der Hochbahnhof und die Belle-Alliance-Brücke mit ihrem reichen Skulpturenschmuck sollten architektonisch möglichst aufeinander abgestimmt werden. Berücksichtigt werden sollten bei der Bahnhofsgestaltung außerdem die beiden symmetrisch zueinander angelegten Torgebäude[73], die den Durchgang zwischen Brücke und Platz flankierten und mit ihren prachtvollen, im Renaissancestil ausgeführten Fassaden die Umgebung wesentlich mitbestimmten (Abb. 82). Damit war das Programm für den Hochbahnhof weitgehend festgelegt.

Da der Bahnhof wegen der geringen Breite der Uferstraße dicht an die Kanalböschung herangeschoben werden mußte und damit relativ wenig Spielraum für größeren architektonischen Aufwand blieb, konzentrierte sich die künstlerische Ausgestaltung ganz auf die der Brücke zugewandte Stirnseite. Die eigentliche Bahnhofshalle wurde notgedrungen in einer dem Siemensschen Normaltyp nahestehenden, raumsparenden Konstruktionsweise ausgeführt (Abb. 83). Anstelle des gewölbten Daches wählte man hier allerdings ein Walmdach. Außerdem mußten die eisernen Stützen des Hallenunterbaus an der Kanalböschung auf zusätzliche, im Kanalbett gegründete Steinpfeiler gestellt werden. Über die architektonische Gestaltung des repräsentativen Ostabschlusses konnte man sich hingegen nicht so schnell einigen. Zunächst wurde die künstlerische Bearbeitung Alfred Messel übertragen[74], dessen Entwurf in einer aquarellierten Federzeichnung aus dem Jahre 1899[75] erhalten ist.

Abb. 82 Hochbahnhof Hallesches Tor mit Blücherplatz, 1902

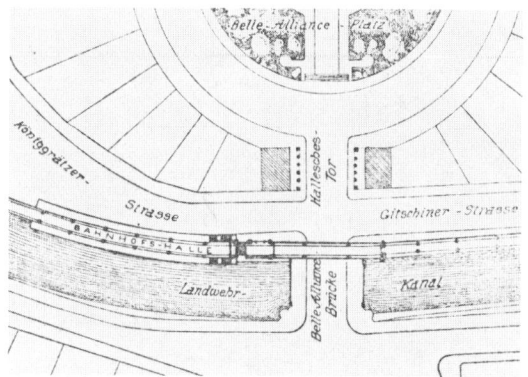

Abb. 81 Hochbahnhof Hallesches Tor, Lageplan

Abb. 83 Hochbahnhof Hallesches Tor, 1902
Arch. Solf & Wichards

Abb. 79 Hochbahnhof Schlesisches Tor, Zustand 1971

Abb. 84 Hochbahnhof Hallesches Tor,
Kopfbau von der Königgrätzer Straße aus
Arch. Solf & Wichards

Abb. 86 Hochbahnhof Hallesches Tor, Entwurf von A. Messel, 1899

Abb. 85 Hochbahnhof Hallesches Tor, Zustand 1955

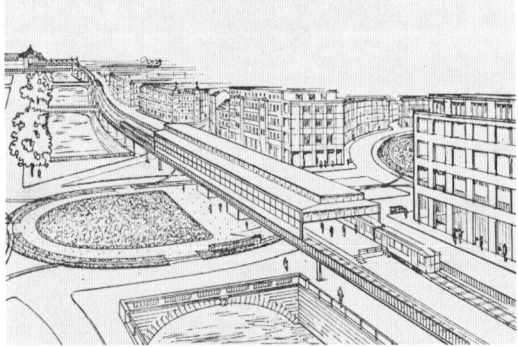

Abb. 87 Hochbahnhof Hallesches Tor,
Entwurf für einen Neubau, 1929

Messel nahm eine klare räumliche Trennung zwischen der nach reinen Sachlichkeitskriterien gestalteten Bahnhofshalle und dem stärker zu akzentuierenden Kopfbau vor, indem er diesen nicht unmittelbar an die Halle anfügte, sondern im Anschluß an einen langgestreckten, überdachten Treppenabgang als separates, turmähnliches Gebäude mit hohem Giebeldach und Dachreiter plante (Abb. 86). Dieses sollte im Erdgeschoß die Eingangshalle und im Obergeschoß eine Tordurchfahrt für die Hochbahn aufnehmen. Der eigentliche Zweck der separaten Aufstellung war jedoch so wenig einsichtig, daß der Messel-Entwurf von den Behörden abgelehnt wurde.[76]

Man entschied sich statt dessen für einen Entwurf, der am 1. Dezember 1899 als Gemeinschaftsarbeit der beiden Architekten Hermann Solf[77] und Franz Wichards[78] eingereicht und als »allseitig befriedigendes Project«[79] akzeptiert worden war. Solf und Wichards setzten der Bahnhofsstirnseite in unmittelbarem Anschluß an das Hallendach eine eiserne Giebelkonstruktion vor, die von zwei ungewöhnlich hohen, reich gegliederten und mit den Emblemen der Hochbahn – dem geflügelten Rad – bekrönten Sandsteinpfeilern flankiert wurde (Abb. 83, 84). Diese waren von so monumentaler Wirkung, daß sie die Umgebung entscheidend mitprägten.

Da der Giebelvorbau wegen der beengten Platzverhältnisse nicht die ganze Hallenbreite einnehmen konnte und insofern keine Einbeziehung der Treppenanlagen zuließ, wurden die oberen Treppenläufe und Zwischenpodeste von außen erkerartig an die massiven Pfeiler angelehnt, um sich dann in einer unter dem Hochbahnviadukt liegenden geräumigen Eingangshalle zu einem gemeinsamen Lauf zu vereinen. Das Äußere dieser Eingangshalle wurde in Renaissanceformen gekleidet. Sie fanden ihre stärkste Ausprägung in dem reich geschmückten Scheinportal (Abb. 84)[80] an der Nordseite. Außerdem wurden die vier Ecken der Halle durch kartuschengeschmückte, über das Geländer des Hochbahnviadukts hinausragende pylonartige Pfeiler gekennzeichnet, die an der anderen Seite der Belle-Alliance-Straße, die hier von der Hochbahn überbrückt wird, ihre Entsprechung fanden.

Der heutige Zustand zeigt den Bahnhof Hallesches Tor in stark abgewandelter Form. Schon im Jahre 1923 wurde anläßlich des Baus der Nord-Süd-Linie die Eingangshalle erweitert und dabei die große Fensterfront an der Kanalseite durch drei kleine giebelbekrönte Einzelfenster ersetzt (Abb. 85). Der 1929 im Zusammenhang mit der Fertigstellung der Nordsüdbahn geplante Neubau des Bahnhofs (Abb. 87)[81] sowie die damit verbundene Platzumgestaltung blieben dagegen unausgeführt.

Im 2. Weltkrieg wurde der Bahnhof so stark zerstört, daß man bei seiner Wiederherstellung gar nicht erst den Versuch machte, den Giebelvorbau sowie die hochaufragenden Pfeiler oder auch nur einzelne Schmuckmotive zu retten.

3.2.2 Die Weststrecke

Im Gegensatz zur Oststrecke mit ihren unterschiedlichen Bahnhofstypen gibt die Weststrecke der Hochbahn, die den Streckenabschnitt zwischen dem Gleisdreieck und dem Hochbahnhof Nollendorfplatz umschließt, ein architektonisch einheitliches Bild ab. Die Ursache hierfür lag einmal im späteren Baubeginn, der gegenüber dem ersten Streckenabschnitt grundlegende Änderungen zuließ. Zum anderen konnte die einflußreiche Bevölkerung des Westens von vornherein größeren Druck auf die Gestaltung der Hochbahn ausüben als die Arbeiterschaft des Ostens.

Hatte der Osten die nackten, als häßlich geltenden Eisenkonstruktionen noch weitgehend hinnehmen müssen, so zeigte der Westen als eine vornehme, durch prunkvolle und auf Repräsentation bedachte Stuckfassaden auffallende Wohngegend keinerlei Neigung, diesen Fremdkörper, der die Straßen verunzierte und die »Gipsschönheit der Fassaden« entwertete[82], zu dulden. Die Firma Siemens & Halske sah sich deshalb gezwungen, eine vollständige architektonische Überarbeitung der gesamten Weststrecke vorzunehmen – wollte sie nicht ganz auf das Hochbahnprojekt verzichten.[83]

Zu diesem Zwecke schrieb Siemens & Halske im Oktober 1897 einen Wettbewerb »unter den Architekten und Ingenieuren deutscher Reichsangehörigkeit« aus, dessen Gegenstand die Neugestaltung des Hochbahnviadukts in der Bülowstraße und des dazugehörigen Bahnhofs an der Potsdamer Straße war.[84] Man erhoffte sich von dieser Ausschreibung eine Fülle neuer Vorschläge und Anregungen für die künstlerische Gestaltung künftiger Hochbahnbauten.

Das Ergebnis dieser bis zum 2. Januar 1898 terminierten Ausschreibung war jedoch – ganz abgesehen von der unerwartet geringen Beteiligung – wenig befriedigend und zeigte nur noch einmal mit aller Deutlichkeit die ganze Problematik, die das neue Material Eisen als architektonisches Gestaltungsmittel mit sich brachte.

Von den zehn eingereichten Entwürfen[85], von denen sich sechs allein auf den Viadukt, einer auf die Haltestelle und drei auf beide Aufgaben bezogen, wurden fünf von vornherein als unbrauchbar ausgeschieden.[86] Unter den übrigen fünf Entwürfen, die in die engere Wahl kamen, befand sich jedoch auch keiner, der »im Ganzen betrachtet als eine in architektonischer und konstruktiver Beziehung gleichmässig einwandfreie Lösung der gestellten Aufgabe angesehen werden« konnte.[87] Vielmehr erwiesen sich die fünf im Gutachten vom 11. Februar 1898 »anerkennend besprochenen Entwürfe nur in wenigen Einzelheiten für die Ausführung verwertbar«.[88]

Das Preisgericht entschloß sich deshalb, die Vergabe der Preise einzuschränken und auf einen 1. Preis ganz zu verzichten.[89] Statt dessen wurden zwei Arbeiten mit dem 2. Preis ausgezeichnet. Es handelte sich um den Bahnhofsentwurf mit dem Kennwort »Halt« (Abb. 88), eine Gemeinschaftsarbeit des Architekten Bruno Möhring und der Ingenieure Friedrich Schumacher und E. Schellewald, sowie den ebenfalls von Möhring, Schumacher und Schellewald stammenden Entwurf »Strom« (Abb. 89), der eine Lösung für den Viadukt anbot. Der Entwurf »Berlin W.« (Abb. 90, 91), den der Architekt Otto Stahn[90] gemeinsam mit dem Ingenieur Karl Bernhard[91] erstellt hatte und in dem ebenfalls nur der Viadukt Berücksichtigung fand, erhielt den 3. Preis. Die Entwürfe »Einfach« (Abb. 93) und »Steindekke«, deren Verfasser ungenannt blieben und die jeweils Lösungen für den Viadukt und die Haltestelle anboten, wurden als ästhetisch weniger ansprechend nur bedingt akzeptiert und erhielten deshalb keinen Preis.[92] Der Entwurf »Steindecke« (Abb. 94) stammt jedoch von keinem Geringeren als August Orth[93], dem geistigen Vater der Berliner Stadtbahn. An die Stadtbahn erinnern auch die Viadukte mit ihren flachen gemauerten Bögen und den etwas plumpen, gußeisernen Säulen, mit denen Orth »dem Bauwerk die dem Eisen fehlende Masse« verleihen wollte.[94]

Trotz des unbefriedigenden Gesamtergebnisses dieser Ausschreibung ergaben sich doch einige grundlegend neue Erkenntnisse, die bei der weiteren Gestaltung des Hochbahnviadukts und der Bahnhöfe ihren Niederschlag finden sollten. So wurden beim Viadukt in der Bülowstraße aufgrund der Wettbewerbsentwürfe zwei wesentliche Änderungen vorgenommen, von denen man sich sowohl in konstruktiver als auch in ästhetischer Hinsicht eine Verbesserung gegenüber den Viadukten der Oststrecke versprach.

Man betraute mit dieser Aufgabe Johannes Bousset[95], der als Nachfolger Schwiegers jetzt für die konstruktive Bearbeitung der Viadukte verantwortlich war. Er bildete die Stützenpaare dem Vorschlage

Abb. 93 Wettbewerb für den Viadukt in der Bülowstraße, 1897, Entwurf »Einfach«, Arch. unbekannt

Abb. 92 Wien, Stadtbahnbrücke über die Nußdorfer Straße, 1896/97, Arch. Otto Wagner

Abb. 88 Wettbewerb für den Hochbahnhof Bülowstraße, 1897, Entwurf »Halt«, Arch. B. Möhring

Abb. 89 Wettbewerb für den Viadukt in der Bülowstraße, 1897, Entwurf »Strom«, Arch. B. Möhring

Abb. 90 Wettbewerb für den Viadukt in der Bülowstraße, 1897, Entwurf »Berlin W.«, Arch. O. Stahn

Abb. 91 Wettbewerb für den Viadukt in der Bülowstraße, 1897, Entwurf »Berlin W.«, Arch. O. Stahn

Abb. 94 Wettbewerb für den Hochbahnhof Bülowstraße, 1897, Entwurf »Steindecke«, Arch. A. Orth

Abb. 95 Hochbahnviadukt in der Bülowstraße, 1901
Entwurf J. Bousset und B. Möhring

Abb. 96 Steinportal am Dennewitzplatz/Blumenstraße,
1902, Arch. B. Möhring

Abb. 97 Steinportal am Nollendorfplatz, 1902
Arch. A. Grenander

Möhrings folgend gering nach außen gespreizt aus (Abb. 95). Durch diese Schrägstellung wurde nicht nur eine gefälligere, bewegtere Linienführung erzielt, sondern auch mehr Platz für den als Promenade vorgesehenen Mittelstreifen zwischen den Stützen gewonnen. Außerdem wurde die Monotonie der gleichförmigen Eisenstützen durch massive Steinportale (Abb. 96, 97) und hoch aufragende, pylonartige Steinpfeiler (Abb. 98–102) unterbrochen, die vornehmlich an den Straßenkreuzungen aufgestellt wurden. Durch derartige Portal- und Pfeilerkonstruktionen ließ sich der ingenieurhafte Charakter der Viadukte weit wirkungsvoller verändern als durch die dekorativen Verkleidungsversuche an den Eisenstützen der Oststrecke.

Sowohl Bruno Möhring als auch Otto Stahn wandten in ihren Entwürfen dieses neue architektonische Prinzip an, dessen Grundidee von Otto Wagners Wiener Stadtbahnbauten übernommen worden sein dürfte. Insbesondere Stahns Entwurf »Berlin W.« mit seiner breit angelegten, portalartig durchbrochenen Pfeilerarchitektur zeigt Übereinstimmungen mit den Wagnerschen Viaduktbauten (Abb. 92), deren Entwürfe im Mai 1897 – also wenige Monate vor der Berliner Ausschreibung – publiziert worden waren.[96]

Aber auch in anderer Hinsicht war die Wiener Stadtbahn beispielhaft für das Berliner Unternehmen. Denn dort wurde erstmalig ein Architekt mit Aufgaben betraut, die bislang allein dem Ingenieur vorbehalten waren. In Otto Wagner, der nicht nur für die architektonische Überarbeitung der fertigen Konstruktionen, sondern auch für deren unmittelbaren Entwurf zuständig war[97], hatte man einen besonders fortschrittlichen und aufgeschlossenen Architekten gefunden, der sich intensiv mit konstruktiven und verkehrstechnischen Fragen auseinandersetzte, ohne dabei das ästhetische Moment zu vernachlässigen. Damit war man in Wien den eigentlichen Problemen des Ingenieurbaus bedeutend näher gerückt als in Berlin, wo von einer konstruktiven Zusammenarbeit zwischen Ingenieur und Architekt zu diesem Zeitpunkt noch wenig zu spüren war.

Die schweren, fast archaisch strengen Formen, die Wagner für seine Pfeilerarchitekturen verwendete und die auch in Stahns Entwurf anklingen, entsprachen jedoch kaum den Vorstellungen des Berliner Publikums. Man bevorzugte hier vielmehr die stark bewegten Pfeilerformen Möhrings, deren allzu kühne Auswüchse – wie etwa die in dem Entwurf »Strom« vorgesehenen Pfeilerbekrönungen in Gestalt züngelnder, in ihrer Symbolik stark übertriebener Blitze (Abb. 89) – allerdings eine gewisse Mäßigung erfahren mußten. Die Pfeiler, die Möhring als endgültige Lösung anbot, zählen mit ihren auffallenden vegetabilisch stilisierten Bekrönungen (Abb. 99) noch heute zu den bemerkenswertesten Arbeiten des Berliner Jugendstils – sieht man von den ungewöhnlichen, teilweise bis ins Maskenhaft-Skurrile gesteigerten Pfeilerausbildungen ab, die Grenander wenig später für die Weststrecke schuf (Abb. 98, 100, 101).

Hatte man, angeregt durch die Wettbewerbsentwürfe, für die Hochbahnviadukte bald eine endgültige Form gefunden, so traf dieses für den geplanten Hochbahnhof *Bülowstraße*[98] nur bedingt zu. Obwohl als einziger unter den Bahnhofsentwürfen preisgekrönt, mußte sich Möhrings Entwurf »Halt« noch eine ganze Reihe von Änderungen gefallen lassen, bevor er voll akzeptiert wurde.

Bruno Möhring[99], der seine Lehrzeit im Berliner Schloßbüro verbracht und sich dort zunächst überwiegend dem Studium historischer Stile gewidmet hatte, schlug mit diesem Bahnhofsentwurf einen ganz neuen, für einen Architekten bis dahin völlig ungewöhnlichen Weg ein. Sein Interesse am Ingenieurbau konzentrierte sich von nun an auf den Verkehrs- und Industriebau, wie seine Mitarbeit an der Rheinbrücke bei Bonn in den Jahren 1896–98[100] sowie seine Beteiligung an der 1901 eröffneten Wuppertaler Schwebebahn, für die er den Entwurf der Haltestelle Döppersberg lieferte, oder auch an den Bauten der Zeche Zollern 2/4 in Dortmund-Bövinghausen beweisen.

Entsprechend Möhrings Entwurf wurde der Bahnhof Bülowstraße als langgestreckte Halle aus Eisen und Glas errichtet (Abb. 103), die auf kräftigen, konstruktiv recht ungewöhnlichen Sandsteinpfeilern ruht (Abb. 104, 105). Diese Pfeiler, deren breite Sockel portalartig durchbrochen sind, haben zwei unterschiedlich hoch angeordnete Auflagerpunkte, die durch schwungvoll ansteigende, in Voluten endende Profile miteinander verbunden und optisch hervorgehoben sind. Auf dem inneren »tieferen Auflagerpunkt ruhen die Hauptträger, die die Fahrbahnlast aufnehmen, auf dem äußeren höheren Punkt wird die leichtere Last der Bahnhofswand aufgenommen«.[101]

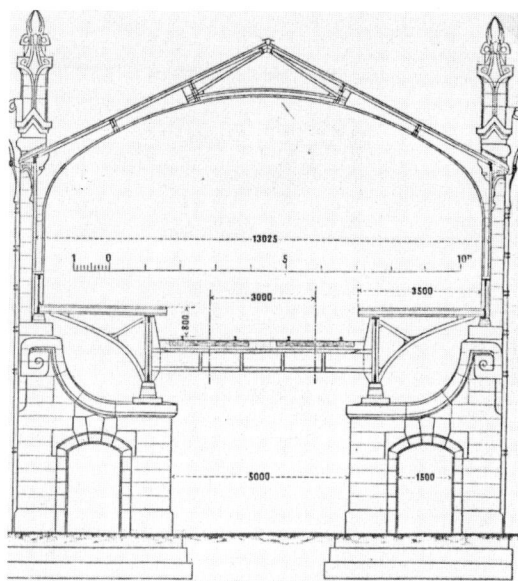

Abb. 98 Steinpfeiler in der Bülowstraße/Frobenstraße, 1902, Arch. A. Grenander

Abb. 99 Steinpfeiler in der Bülowstraße/Steinmetzstraße, 1902, Arch. B. Möhring

Abb. 100 Steinpfeiler in der Bülowstraße/Zietenstraße, 1902, Arch. A. Grenander

Abb. 101 Steinpfeiler am Nollendorfplatz, 1902 Arch. A. Grenander

Abb. 102 Hochbahnpfeiler am Dennewitzplatz, 1902 Arch. B. Möhring

Abb. 104 Hochbahnhof Bülowstraße, Querschnitt

Abb. 105 Hochbahnhof Bülowstraße, Pfeilerkonstruktion Arch. B. Möhring

Abb. 103 Hochbahnhof Bülowstraße, 1902, Arch. B. Möhring

Abb. 106 Hochbahnhof Bülowstraße, 1902
Arch. B. Möhring

Abb. 107 Hochbahnhof Bülowstraße, Kopfbau, 1902
Arch. B. Möhring

Möhrings aufwendige Pfeilerkonstruktion hatte gegenüber der sonst üblichen weit auskragenden Konsolausbildung den Vorteil, daß sich die Pfeiler ohne weiteres über die Hallenwand hinaus emporziehen ließen und mit hoch aufragenden zierlichen Aufbauten versehen werden konnten, die ihre Herkunft vom fialgeschmückten Strebepfeiler des Mittelalters deutlich verrieten. Darüber hinaus kam diesen Pfeilern eine bestimmte Funktion als Gliederungselement zu. Sie unterteilten die Halle in drei Joche, die Möhring in seinem Entwurf durch aufgesetzte Giebel noch zusätzlich betont hatte.
Bei der Ausführung wurde jedoch auf diese quer zur Bahnhofslängsachse gestellten Giebel zugunsten eines einfachen Satteldaches verzichtet. Nicht dagegen verzichtete man auf die hohen, das Bahnhofsdach fialartig überragenden Pfeileraufbauten, die in der endgültigen Fassung allerdings eine etwas andere Form erhielten. Dem ursprünglichen Entwurf folgend wurde die Pfeilergliederung nach Osten über den unbedachten Teil des Bahnhofs hinaus bis zur anschließenden Brückenüberführung der Steinmetzstraße fortgesetzt, die Höhe der Pfeiler jedoch reduziert.
An ihrer Westseite sollte die Bahnhofshalle als repräsentativen Abschluß einen Giebelvorbau erhalten, dessen Flanken durch zwei wuchtige Doppelpfeiler stark akzentuiert wurden. Die Pfeiler stießen aber wegen ihrer »etwas abenteuerlichen, unschönen, zu hohen und im Maßstab vergriffenen Krönungen«[102], die in krassem Mißverhältnis zu der anschließenden, rein nach sachlichen Gesichtspunkten gestalteten Straßenüberführung – wie sie der Entwurf vorgesehen hatte – standen, auf so starken Protest, daß Möhring den Kopfbau neu gestalten mußte.[103]
Zur Ausführung kam schließlich ein kreuzförmig sich durchdringender Vorbau mit Giebelabschlüssen an allen vier Seiten (Abb. 106, 107), der in seiner formalen Gestaltung gegenüber dem Entwurf »Halt« sehr viel zurückhaltender war. Möhring beschränkte sich jetzt im wesentlichen darauf, die Giebel nach antikem Vorbild mit palmettenartigen, an den Eckabschlüssen durch zusätzliche Löwenköpfe hervorgehobenen Akroteren zu dekorieren.
Die Palmette gehörte, wie auch die Viaduktstütze am Dennewitzplatz zeigt (Abb. 108), zu Möhrings bevorzugten Schmuckmotiven.[104] Sie erfuhr durch ihn eine immer stärkere Stilisierung bis hin zu völlig eigenständigen, ganz im Sinne des Jugendstils zu verstehenden Formen, wie sie etwa an den Geländern der Brückenüberführungen über die Potsdamer (Abb. 110) und die Steinmetzstraße (Abb. 111) sowie an der Tunnelmündung in der Kleiststraße (Abb. 112) zum Ausdruck kommen. Leider ist von den genannten Beispielen, die im Gegensatz zu Grenanders bereits stark abstrahierenden Gitterausführungen (Abb. 113–115) noch einen ausgeprägten floralen Charakter aufweisen, nur noch das Tunnelmundgeländer in der Kleiststraße erhalten.[105]
Die beiden dem Kopfbau angefügten Treppenabgänge des Bahnhofs Bülowstraße wurden ebenfalls mit geringerem Aufwand als ursprünglich vorgesehen gestaltet. So ließ man die im Entwurf »Halt« geplanten überkuppelten Zwischenpodeste fort und versah die dadurch sehr viel kürzeren Abgänge statt mit einem Satteldach mit einer einfachen Wellblechabdeckung (Abb. 107, 109). Die eisernen Eingangsportale am unteren Treppenabsatz wurden in sanft fließenden Jugendstilformen ausgebildet, die durchaus einen Vergleich mit den überdachten Pariser Metroeingängen von Hector Guimard erlauben. Infolge verschiedener Umbauten und späterer Kriegseinwirkungen sind diese Portale heute leider nicht mehr vorhanden.
Erhalten sind dagegen noch die vier mächtigen, mit Frauenköpfen geschmückten Sandsteinpfeiler (Abb. 106, 116), die rechts und links der unmittelbar an den Hochbahnhof anschließenden Überführung über die Potsdamer Straße stehen und noch etwas vom Geist der prunkvollen Stuckfassaden der Umgebung verspüren lassen. Konstruktiv haben diese Pfeiler jedoch keine Bedeutung, da die Last der weitgespannten Brücke hauptsächlich von den dazwischengeschalteten eisernen Pendelstützen (Abb. 117, 118) abgefangen wird. Mit diesen zierlichen Eisenstützen schuf Möhring erstmalig Formen, die trotz ihrer künstlerisch-dekorativen Ausbildung ein gewisses Verständnis für die konstruktiven Zusammenhänge erkennen lassen. »Kapital und Fuss der schlanken, nach unten verjüngten Streben sind aus Formationen, wie die Statik sie forderte, aus den Lagerungs- und Materialbedingungen abgeleitet.«[106] Damit stehen sie durchaus den Stützenformen nahe, die Grenander für die Oststrecke entwickelt hatte.

Abb. 110 Geländer der Hochbahnüberführung über die Potsdamer Straße, Mittelteil, 1902, Arch. B. Möhring
(Federzeichnung von Dietrich Franke)

Abb. 111 Geländer der Hochbahnüberführung über die Steinmetzstraße, 1902, Arch. B. Möhring

Abb. 112 Tunnelmundeinfassung in der Kleiststraße, 1902
Arch. B. Möhring

Abb. 113 Geländer der Hochbahnüberführung über die Frobenstraße, 1902, Arch. A. Grenander

Abb. 114 Geländer des Hochbahnviadukts am Sedanufer, 1902, Arch. A. Grenander

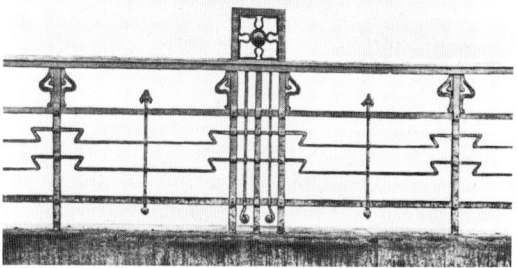

Abb. 115 Geländer in der Kleiststraße, 1902
Arch. A. Grenander

Abb. 109 Hochbahnhof Bülowstraße, Innenansicht, Zustand 1968

Abb. 123 Weltausstellung Paris 1878,
Ausstellungspavillon, Ingenieur G. Eiffel

Abb. 116 Steinpfeiler an der Potsdamer Straße, 1902
Arch. B. Möhring

Abb. 117 Pendelstütze an der Potsdamer Straße, 1902
Arch. B. Möhring

Abb. 118 Pendelstütze in der Bülowstraße, 1902
Arch. B. Möhring

Abb. 108 Viaduktstütze am Dennewitzplatz, 1902
Arch. B. Möhring

Mit diesem Bahnhofsbau, der der Bülowstraße einen neuen künstlerischen Akzent verlieh, hatte man schließlich eine allgemein befriedigende, repräsentative Lösung gefunden, die ganz entschieden zur Popularität des Siemensschen Hochbahnunternehmens beitrug.

Der Bahnhof *Nollendorfplatz*, der westlichste der zehn Hochbahnhöfe, sollte als Abschluß der Hochbahnstrecke ein besonders imposantes, der parkartigen Anlage des Nollendorfplatzes (Abb. 119) angemessenes Aussehen erhalten. Siemens & Halske übertrug diese wichtige Aufgabe den beiden erfolgreichen Berliner Architekten Wilhelm Cremer und Richard Wolffenstein[107], die einen weithin sichtbaren, die Platzanlage völlig beherrschenden Kuppelbau vorschlugen, der alle Voraussetzungen für ein repräsentatives Bauwerk erfüllte.

Die Bahnsteighalle (Abb. 120) mit ihren kräftigen, bis über die Dachtraufe emporgezogenen Sandsteinpfeilern verrät noch deutlich ihre Herkunft von Möhrings Bülowstraßenentwurf. Anstelle des Giebeldaches wählten Cremer und Wolffenstein jedoch ein einfaches gewölbtes Wellblechdach nach dem Muster des Siemensschen Einheitsentwurfs, das in diesem Falle allerdings nicht als Ausdruck einer neuen Sachlichkeit verstanden werden darf, sondern lediglich den Übergang zu dem mächtigen Kuppelbau, der sich der Halle am Kopfende anschloß, erleichtern sollte.

Bei diesem Kuppelbau, der ebenso wie die Halle im 2. Weltkrieg völlig zerstört wurde, handelte es sich um eine aus vier sphärischen Dreiecken zusammengesetzte, auf genieteten Eisenträgern ruhende Walmkuppel, die von einer hohen Laterne bekrönt wurde. Diese höchst ungewöhnliche Kuppelform »ergab sich aus der Verwendung des Trägerwellblechs als Bedachungsstoff«.[108] Infolge des nicht ganz quadratischen Kuppelgrundrisses war außerdem eine unterschiedliche Gestaltung der vier Stirnseiten notwendig. Während die Stirnbinder an der Nord- und Südseite als volle Halbkreise ausgebildet wurden (Abb. 121), erhielten der unmittelbar an die Bahnsteighalle anschließende östliche sowie der entsprechende westliche Stirnbinder eine Korbbogenform (Abb. 122), die der Form des Hallendaches

Abb. 120 Hochbahnhof Nollendorfplatz, 1902, Arch. Cremer & Wolffenstein

Abb. 124 Hochbahnhof Nollendorfplatz, Kuppelbau, 1902 (zerstört), Arch. Cremer & Wolffenstein

Abb. 125 Brunnenwand am Nollendorfplatz, 1904 Pfeiler von Cremer & Wolffenstein

angepaßt war. Die Kuppel wurde an den vier Ecken von hoch aufragenden minarettartigen Pylonen[109] abgefangen, die mit ihren sezessionistischen Schmuckmotiven in merkwürdigem Kontrast zu der barock gestalteten und damit eindeutig dem Historismus verpflichteten Laterne standen.

Unmittelbares Vorbild für diese Kuppelkonstruktion waren zweifellos die vier von Eiffel konstruierten Eckpavillons des Hauptgebäudes auf der Pariser Weltausstellung von 1878 (Abb. 123). In den gleichen konstruktiven Zusammenhang gehört auch die Kuppel des Treppengebäudes der Station Franz-Deák-Platz in Budapest (Abb. 32).[110]

Nach dem Vorbild des Bahnhofs Bülowstraße wurden dem Kuppelbau zwei getrennt angelegte Treppenabgänge angefügt, die sich hier allerdings zu einer gemeinsamen Vorhalle vereinten (Abb. 124). Diese wurde an den Seiten von zwei barocken Kuppeltürmchen flankiert, die deutlich auf Möhrings ersten Entwurf für den Bahnhof Bülowstraße zurückgingen, hier jedoch im Zusammenhang mit der Ausgestaltung des Nollendorfplatzes als gärtnerischer Schmuckanlage eine neue Bedeutung bekamen.

Im gleichen Sinne muß auch die Brunnenanlage verstanden werden, die sich westlich der Haltestelle nischenförmig an die Stirnwand der hier beginnenden Rampe anlehnte und sich zum Bahnhof hin als großes Wasserbecken öffnete (Abb. 125).[111] Diese als Märchenbrunnen im Grottencharakter konzipierte, mit Delphinen und dem Kopf eines grotesken wasserspeienden Ungeheuers geschmückte Anlage wurde seitlich von hohen Steinpfeilern flankiert, die sich formal bereits eng an Grenanders Pfeilerbildungen anlehnten.

Die Erhaltung des Nollendorfplatzes als Grünanlage hatte von Anfang an zu den wichtigsten Faktoren bei der Gestaltung des Hochbahnhofs gezählt. In diesem Zusammenhang sei auf den in seiner Originalität besonders bemerkenswerten Vorschlag Wilhelm Cauers hingewiesen, den Platz zu einer künstlichen Felseninsel aufzuschütten, in die die Hochbahn einfahren sollte, um sich im Inneren im Kreis langsam zur Untergrundbahn herabzusenken (Abb. 126).[112] Mit diesem Vorschlag hoffte Cauer außerdem, das heftig umstrittene Rampenproblem umgehen zu können.[113]

Aber auch ohne Verwirklichung dieses kühnen Planes war es gelungen, den Nollendorfplatz als vornehmen Schmuckplatz nicht nur zu erhalten, sondern ihn »durch die hervorragenden Bauwerke, die jetzt auf ihm dastehen, zu einem besonderen Anziehungspunkt in dem Bilde der vornehmen westlichen Stadtgegend« zu machen.[114]

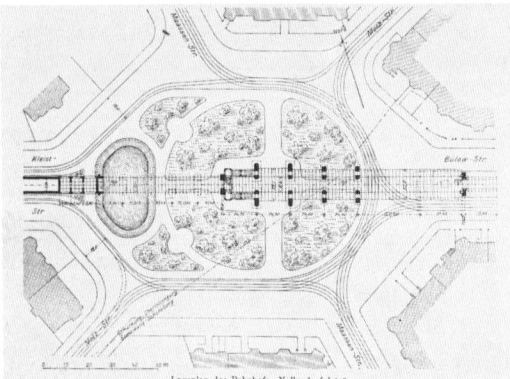

Abb. 119 Hochbahnhof Nollendorfplatz, Lageplan

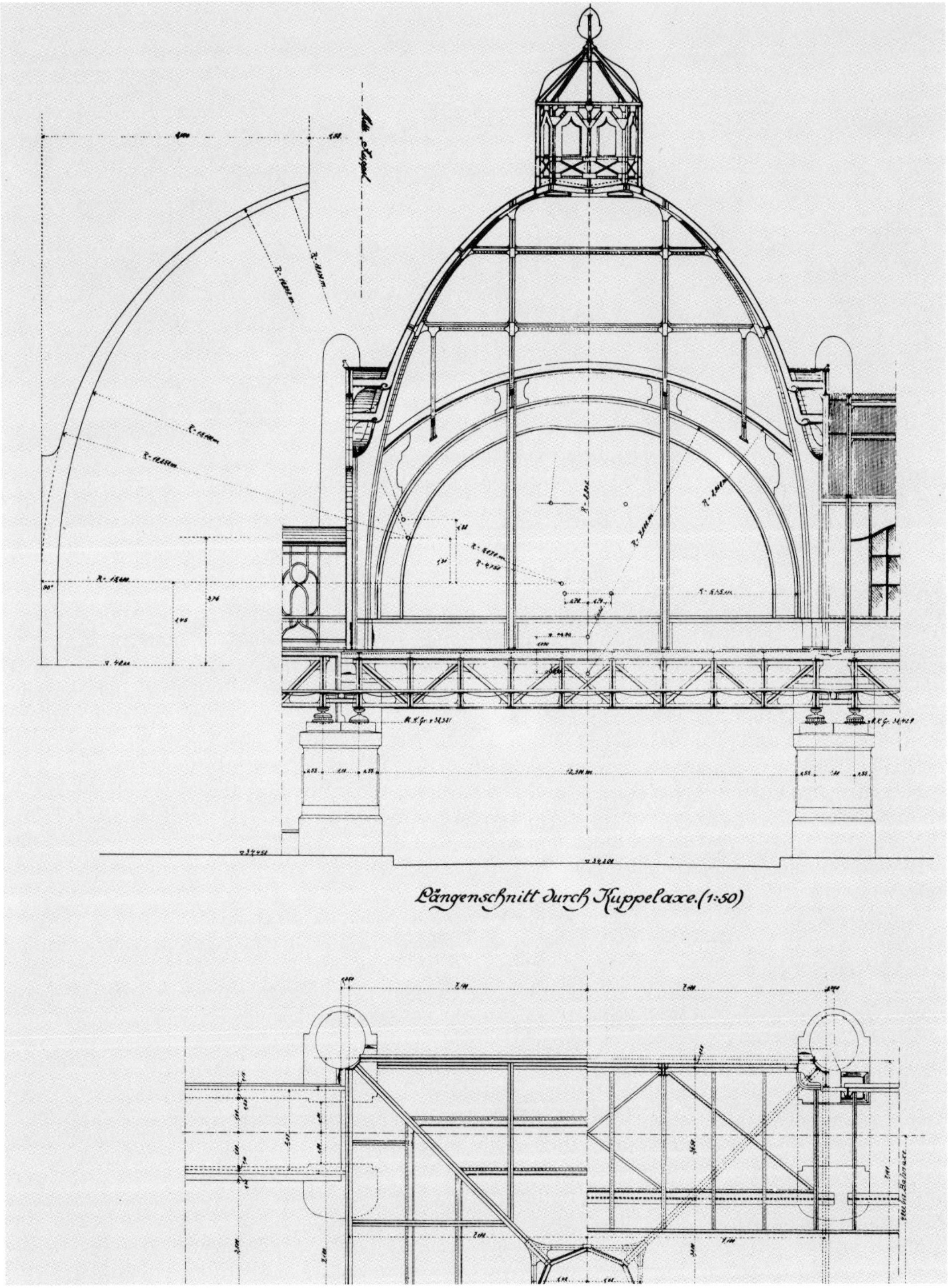

Längenschnitt durch Kuppelaxe.(1:50)

Abb. 121 Hochbahnhof Nollendorfplatz, Längsschnitt durch die Kuppel

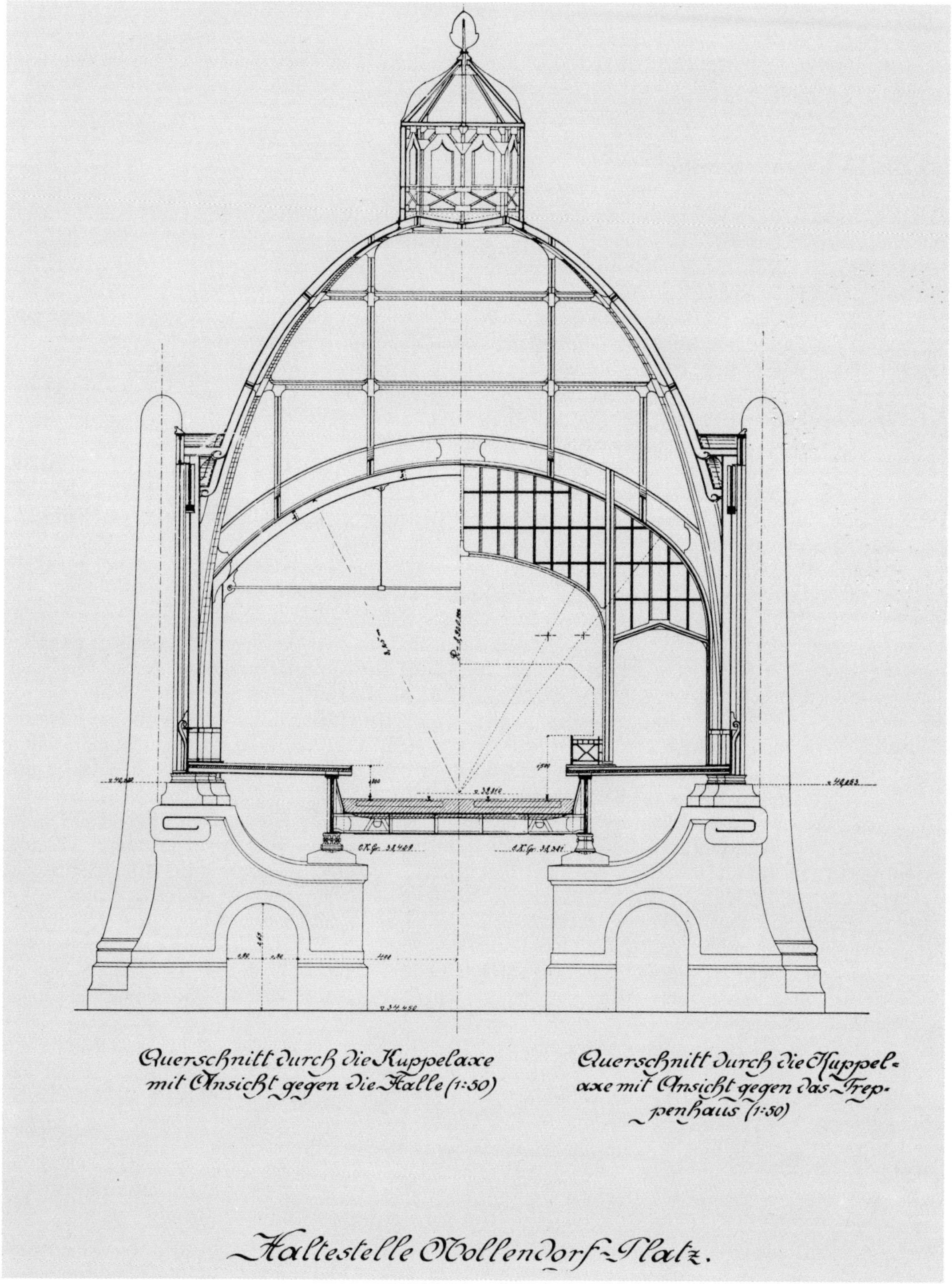

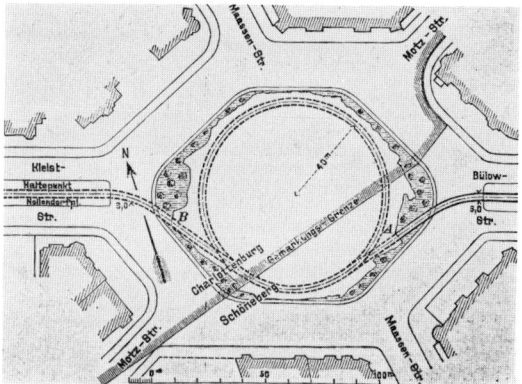

Abb. 126 Vorschlag für die Führung der Hoch- und Untergrundbahn am Nollendorfplatz, Entwurf von W. Cauer

Querschnitt durch die Kuppelaxe mit Ansicht gegen die Halle (1:50)

Querschnitt durch die Kuppelaxe mit Ansicht gegen das Treppenhaus (1:50)

Haltestelle Nollendorf-Platz.

Abb. 122 Hochbahnhof Nollendorfplatz, Querschnitt durch die Kuppel

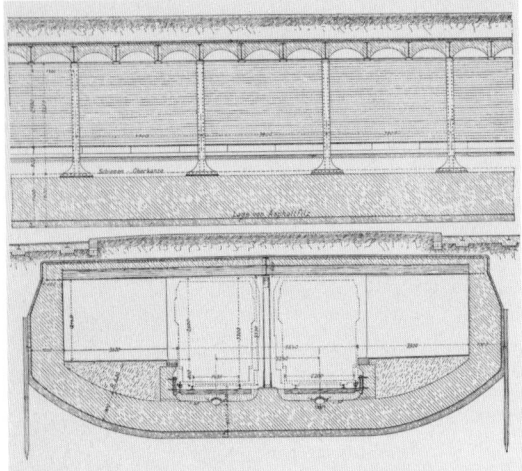
Abb. 127 Haltestelle der Berliner U-Bahn, 1902
Längs- und Querschnitt

Abb. 128 Budapest, Haltestelle der Untergrundbahn, 1896

Abb. 129 U-Bahnhof Zoologischer Garten, Bahnsteighalle,
1902

Die Hochbahnhöfe Nollendorfplatz und Bülowstraße, die auf der seit dem Bau der Berliner Mauer abgeschnittenen Strecke zum Potsdamer Platz liegen, wurden am 1. Januar 1972 stillgelegt. Sie haben als Trödelmärkte inzwischen neue Attraktivität gewonnen. Außerdem sind seit kurzem Überbauungsvorschläge für die stillgelegte Strecke im Gespräch.[115]

3.3 Die Untergrundbahnhöfe

Mit dem Absenken der Hochbahn zur Untergrundbahn am Nollendorfplatz und am Potsdamer Platz trat eine entscheidende Wende in der gesamten Siemensschen Schnellbahnplanung ein. Der Bau dieser U-Bahnstrecke, die die drei Bahnhöfe Wittenbergplatz, Zoologischer Garten und Potsdamer Platz umfaßte, brachte zwangsläufig neue technische Probleme mit sich. Auf der anderen Seite jedoch ließ er in architektonischer Hinsicht gewisse, durch die unterirdische Lage bedingte Vereinfachungen erwarten, da der Tunnel wegen seiner Abgeschlossenheit nach außen weit weniger Möglichkeiten der künstlerischen Gestaltung bot als die von allen Seiten sichtbaren Hochbahnanlagen.

Da die Konstruktion der Haltestellen sowie ihre Abmessungen durch die Tunnellage weitgehend vorgegeben waren, blieb dem Architekten nur wenig Spielraum für die Verwirklichung eigener Ideen. Neben der Ausgestaltung der unterirdischen Bahnsteighallen beschränkte sich seine Arbeit im wesentlichen auf die künstlerische Durchbildung der U-Bahneingänge. Diesen galt verständlicherweise die größte Aufmerksamkeit, da sie – auf offener Straße angeordnet – nicht nur den ständigen Blicken der Passanten ausgesetzt waren, sondern als weithin sichtbare Zeichen auf die Untergrundbahn aufmerksam machen sollten.

Bei der Anlage der Untergrundbahn hielt sich die Firma Siemens & Halske im wesentlichen an das Vorbild der Budapester Unterpflasterbahn, deren Konzept wiederum auf die ersten Entwürfe für Berlin aus dem Jahre 1891 zurückging.[116] Entsprechend dieser ursprünglichen Planung erhielt der Berliner U-Bahntunnel einen rechteckigen, in den Abmessungen jedoch etwas größeren Querschnitt als in Budapest[117] und wurde wie dort in der Mittelachse durch eine Stützenreihe unterteilt. An den Haltestellen wurde der Tunnel verbreitert und so der nötige Platz für die seitlich angeordneten Bahnsteige gewonnen (Abb. 127). Hatte man in Budapest noch – je nach Bedeutung der Station – bis zu 8 m breite Bahnsteige angelegt, die durch zusätzliche Stützenreihen unterteilt wurden, so begnügte man sich in Berlin mit einer durchschnittlichen Bahnsteigbreite von 3,50 m, die durch Verdoppelung der normalen Tunnelbreite von 6,24 m auf 12,64 m erzielt wurde.

Für die Bahnhofsdecken und -stützen wählte man die gleiche einfache Konstruktionsweise wie in Budapest. Die Decken bestehen aus einem System preußischer Kappen[118], die zwischen quergespannten Eisenträgern angeordnet sind. Die Eisenträger lagern in der Mittelachse auf einem kräftigen Unterzug, der seine Last an die Stützen abgibt. Für die Stützen selbst verwendete man auch hier einfache, zusammengenietete Doppel-T-Träger mit kapitellartig ausgebildeten Köpfen.

Gegenüber Budapest (Abb. 128) legte man in Berlin jedoch größeren Wert auf formale Strenge. So wurden die Stützenköpfe hier weniger dekorativ ausgebildet und die Bahnhofsdecken nicht bunt bemalt, sondern mit einem einfachen weißen Anstrich versehen, der farblich mit den Fliesenverkleidungen der Wände übereinstimmte.

Zur Belebung dieser recht nüchtern wirkenden Bahnhöfe schmückte man die nackten Wände mit großen rechteckigen Holztafeln, die zur Aufnahme bunter Reklameschilder bestimmt und im Wechsel mit den Stationsschildern angebracht waren. Die Einbeziehung solcher Reklametafeln in die Architektur war etwas grundsätzlich Neues.[119] Die Tafeln stellten ein eigenes dekoratives Element mit vielfältigen Möglichkeiten der Wandgestaltung dar und boten mit ihren ständig wechselnden Bildern und Informationen dem wartenden Fahrgast eine willkommene Abwechslung. Da sie von der Hochbahngesellschaft vermietet wurden, war auch ihr Wert als zusätzliche Einnahmequelle nicht zu unterschätzen.

Während die beiden U-Bahnhöfe Zoologischer Garten (Abb. 129) und Wittenbergplatz (Abb. 130) genau dem oben beschriebenen Schema entsprachen[120], wies der U-Bahnhof Potsdamer Platz eine Reihe von Abweichungen auf, die sich aus seiner Funktion als vorläufiger Endstation ergaben.

Nachdem dieser Bahnhof aufgrund behördlicher Beschlüsse zunächst als einfacher Endbahnhof ohne jede Rangiermöglichkeit angelegt werden sollte, gelang es Siemens & Halske schließlich doch, die Genehmigung für eine Anlage zu erhalten, die jederzeit eine Verlängerung der Linie in Richtung Stadtmitte erlaubte.[121] Von welcher Wichtigkeit die Möglichkeit eines solchen Anschlusses an das Stadtzentrum für den Erfolg des Siemens-Unternehmens war, wurde bereits an anderer Stelle betont. Denn der Potsdamer Platz war nicht nur Sammelpunkt zahlreicher Eisenbahnlinien (Potsdamer, Wannsee-, Ring-, Vorort- und Fernbahn), sondern auch vieler aus dem Westen kommender Straßenbahnlinien, für die die U-Bahn ins Stadtzentrum eine willkommene Weiterführung bedeutete.

Abb. 130 U-Bahnhof Wittenbergplatz, Innenansicht nach einem Holzschnitt von G. Tippel, ca. 1906

Der U-Bahnhof erhielt durch die Anordnung zusätzlicher Rangiergleise eine unterschiedliche, zwischen 7,25 m und 20,9 m variierende Breite und dementsprechend – je nach den statischen Erfordernissen – mehrere Stützenreihen.[122] Die übrige Ausstattung stimmte mit der der anderen U-Bahnhöfe weitgehend überein (Abb. 131).

Eine Zuordnung der U-Bahnhöfe zu einem bestimmten Architekten ist kaum möglich, da die Entwürfe zunächst – ähnlich wie bei den ersten Hochbahnhöfen – ganz aus der Anonymität des Siemensschen Konstruktionsbüros hervorgegangen waren. Erst später erfolgte die eigentliche Mitarbeit des Architekten, die sich auch hier im wesentlichen auf die Überarbeitung von Details beschränkte. Dankbares Objekt für eine nachträgliche künstlerische Ausschmückung waren vor allem die Stützen, deren Köpfe bereits in Budapest reich dekoriert worden waren. Im Gegensatz zu den dort noch verwendeten gußeisernen Schmuckformen bemühte man sich in Berlin um eine Gestaltung, die den Materialeigenschaften des Eisens als eines linearen und äußerst biegsamen Baustoffs gerecht wurde. Hervorzuheben sind insbesondere die Stützenköpfe der U-Bahnhöfe Wittenbergplatz (Abb. 132) und Zoologischer Garten (Abb. 133), die Paul Wittig zugeschrieben werden [123] und bei denen auf originelle Weise versucht wurde, ein antikes Schmuckmotiv in eine moderne, aus der spezifischen Funktion heraus entwickelte Formensprache umzusetzen. Eine derartige, für Wittig höchst ungewöhnliche Lösung [124] ist nur in engem Zusammenhang mit Grenanders Bemühungen um eine zeitgemäße Form erklärbar.

Abb. 131 U-Bahnhof Potsdamer Platz, Eröffnungsfahrt, 1902

Ein noch dankbareres Betätigungsfeld für den Architekten boten die Eingänge zur U-Bahn, die – wie bei der Hochbahn – jeweils nur an einem Bahnsteigende angeordnet wurden. In Abänderung der ursprünglichen Pläne sollte jetzt allerdings auf eine Überdachung der Eingänge mit kleinen pavillonartigen Bauten, wie sie nach Budapester Vorbild zunächst auch für Berlin vorgesehen waren,[125] verzichtet werden. Diese Maßnahme erfolgte weniger aus ästhetischen als vielmehr aus Sicherheitsgründen. Von ihrer Richtigkeit konnte man sich schon wenig später angesichts des großen Brandunglücks auf der Pariser Métropolitain im Jahre 1903 überzeugen, bei dem sich die überdachten Zugänge als ausgesprochen hinderlich für den Rauchabzug und damit für die gesamten Rettungsarbeiten erwiesen.[126]

Als Ersatz für diese kleinen pavillonartigen Überdachungen, die – wie gerade die Pariser Beispiele zeigen – viele reizvolle Möglichkeiten der Gestaltung boten, entschloß man sich in Berlin, neben den Eingängen, die nur durch ein großes Portal gekennzeichnet werden sollten, kleine separate Häuschen für den Fahrkartenverkauf aufzustellen. Diese sollten eine entsprechende architektonische Ausbildung erhalten.

Der Entwurf der Fahrkartenhäuschen und der Portale wurde Alfred Grenander übertragen. Damit erhielt Grenander, dessen Tätigkeit sich bisher vorwiegend darauf beschränkt hatte, bereits vorhandene Ingenieurkonstruktionen künstlerisch zu überarbeiten, erstmals die Gelegenheit, unabhängig von vorgegebenen Plänen, eigene architektonische Vorstellungen zu verwirklichen. Hierbei zeigte sich eine immer stärkere Abkehr von traditionellen Architekturformen bis hin zur Entwicklung eines sehr eigenwilligen persönlichen Stils, der sich insbesondere durch die Berücksichtigung und konsequente Ausnutzung spezifischer Materialeigenschaften sowie der daraus resultierenden gestalterischen Möglichkeiten auszeichnete.

Dieser Entwicklungsprozeß begann mit dem Entwurf für die Zugänge des U-Bahnhofs *Potsdamer Platz*. Sie mündeten direkt auf den Vorplatz des Potsdamer Bahnhofs ein, der an dieser Stelle durch den Alten Dreifaltigkeitsfriedhof[127] und die hohe Abschlußmauer der zur Köthener Straße gehörenden Grundstücke besonders eingeengt war.[128] Da die Treppenanlage auf der Ostseite (Ankunftsbahnsteig) allein als Ausgang diente (Abb. 134)[129], wurde nur am westlichen Zugang ein Kassenhäuschen aufgestellt.

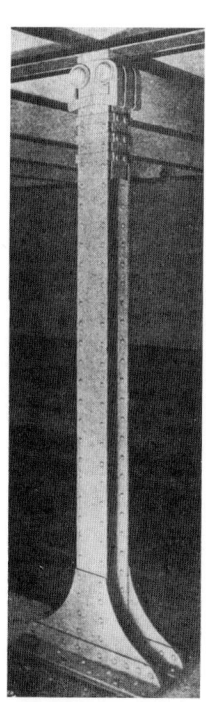 

Abb. 132 U-Bahnhof Wittenbergplatz, Mittelstütze, 1902 Arch. P. Wittig

Abb. 133 U-Bahnhof Zoologischer Garten, Mittelstütze, 1902, Arch. P. Wittig

Abb. 135 U-Bahnhof Potsdamer Platz, Eingangsportal, 1902 (1907 abgerissen), Arch. A. Grenander

Abb. 134 U-Bahnhof Potsdamer Platz, Ein- und Ausgang (1907 abgerissen), Arch. A. Grenander

Bei der Gestaltung der beiden den Ein- und Ausgang kennzeichnenden Portale[130] bemühte sich Grenander um eine eigenständige architektonische Lösung, die jedoch nur teilweise überzeugte. Die Portale verrieten noch deutlich ihre Herkunft aus der Formensprache des 19. Jahrhunderts (Abb. 135). Die aus dünnen, gebündelten Eisenstäben zusammengesetzten Portalstützen, die unten reich mit kranzförmig angeordneten, konventionellen Pflanzenmotiven verziert waren und in bizarr geformten, starr in die Luft ragenden Spitzen endeten, ließen erkennen, daß Grenander mit den spezifischen Gestaltungsmöglichkeiten des Eisens hier noch wenig vertraut war. Durch das auffallend große Stationsschild, das zwischen den Stützen hing und im Verhältnis zu deren schlanker Proportionierung ein wenig schwerfällig wirkte, wurde dieser Eindruck noch bestärkt.

Dagegen vermittelte das neben dem Westeingang direkt an der Friedhofsmauer gelegene Kassenhäuschen einen sehr viel geschlosseneren Eindruck. Es handelte sich hierbei um einen langgestreckten Flachbau aus Eisenfachwerk, dessen Wände mit farbigen Mosaiksteinchen[131] ausgekleidet waren (Abb. 136, 137). Die Fassade erfuhr eine lebhafte Gliederung durch drei arkadenartig ausgebildete Nischen, die durch schmale eiserne Trenngitter voneinander abgegrenzt wurden. In den Nischen befanden sich jeweils zwei Fahrkartenschalter, die durch leichte Schrägstellung der Wände besser zugänglich gemacht wurden. Der flache Aufbau auf dem weit vorkragenden, leicht geneigten Dach muß als Weiterentwicklung der eigenwilligen, vom Kubus durchdrungenen Giebeldachform verstanden werden, wie sie Grenander kurz zuvor beim Fahrkartenhäuschen des Hochbahnhofs Kottbusser Tor verwendet hatte.

Abb. 137 Entwurf für das Kassenhäuschen am U-Bahnhof Potsdamer Platz, Arch. A. Grenander

Abb. 136 U-Bahnhof Potsdamer Platz, Kassenhäuschen, 1902 (1907 abgerissen), Arch. A. Grenander

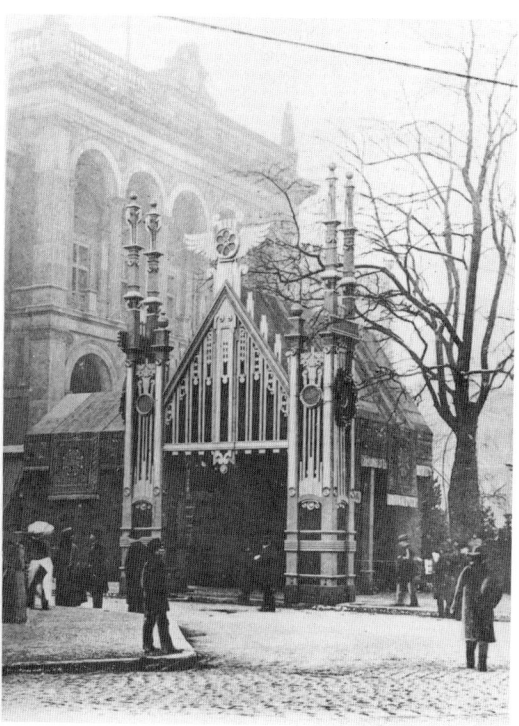

Abb. 138 U-Bahnhof Potsdamer Platz, Ehrenpforte, 1902 Arch. O. Rieth

Da bei der Eröffnung der Stammlinie am 18. Februar[132] 1902 der Eingang in der oben beschriebenen Form noch nicht fertig war, errichtete man über dem Treppenabgang eine provisorische hölzerne Empfangshalle mit reich geschmückter Ehrenpforte (Abb. 138), die nach dem Entwurf von Otto Rieth[133] gestaltet worden war. Durch diese Pforte betraten die Ehrengäste erstmalig die Berliner Untergrundbahn, deren Eröffnungsfahrt am Potsdamer Platz begann, einem U-Bahnhof, der sich schon bald größter Beliebtheit erfreute – nicht zuletzt wegen der unterirdisch eingerichteten »Stehbierkneipe«, die neben den eigentlichen Fahrgästen viele neugierige Besucher anlockte.

Bei den Eingängen zu den U-Bahnhöfen *Wittenbergplatz* und *Zoologischer Garten* gelangte Grenander zu wesentlich überzeugenderen Lösungen. Dies traf insbesondere auf die Portale zu, für die Grenander ein einheitliches Konzept entwickelte. Gegen eine gleiche Gestaltung der Fahrkartenhäuschen sprachen indes die unterschiedlichen örtlichen Verhältnisse. Denn während am Wittenbergplatz durch die großzügige Weite des Platzes ideale Bedingungen für die Anlage von U-Bahneingängen vorlagen, ergab sich am Zoologischen Garten durch den Stadtbahnhof bzw. den Stadtbahnviadukt, der hier die Hardenbergstraße kreuzt, eine Reihe von Problemen.

Die engen Platzverhältnisse am Zoologischen Garten machten zunächst eine räumliche Trennung zwischen Zugang und Fahrkartenverkauf notwendig. Während die Treppenabgänge östlich des Stadtbahnviadukts auf den schmalen, die Straßenbahnschienen seitlich begrenzenden Mittelinseln in der Hardenbergstraße angeordnet wurden[134], fand das Fahrkartenhäuschen seinen Platz direkt zwischen den Stützen des Eisenbahnviadukts. Es handelte sich bei diesem Häuschen um einen schmalen, lang-

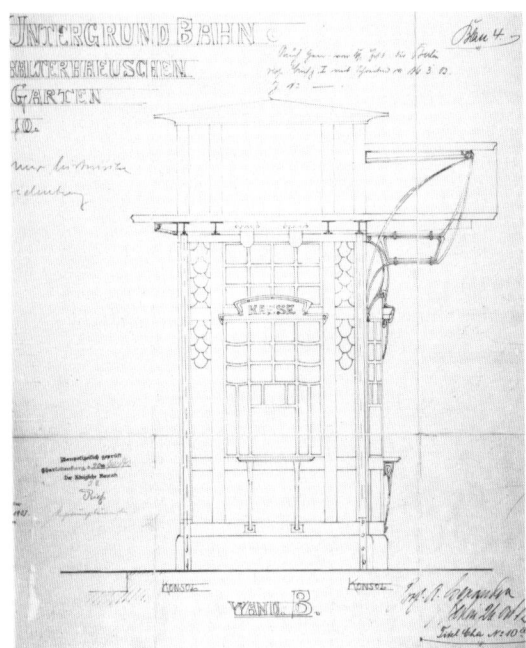

Abb. 140 Entwurf für das Kassenhäuschen am U-Bahnhof
Zoologischer Garten, Oktober 1902, Seitenansicht
Arch. A. Grenander

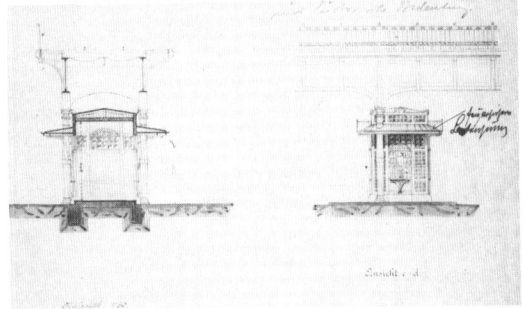

Abb. 141 Entwurf für das Kassenhäuschen am U-Bahnhof
Zoologischer Garten, Februar 1902, Arch. A. Grenander

Abb. 139 U-Bahnhof Zoologischer Garten, Kassenhäuschen, 1902, Arch. A. Grenander

gestreckten Bau (Abb. 139, 140), der von seiner ganzen Konzeption her – der Fachwerkbauweise, den Fliesenverkleidungen sowie der Dachkonstruktion – stark an das Fahrkartenhäuschen am Potsdamer Platz erinnerte.[135] Mit Rücksicht auf die zu umbauenden eisernen Stützen des Stadtbahnviadukts nahm Grenander hier allerdings eine asymmetrische Fassadengliederung vor, die durch das stark geschwungene, dem Bogenabschluß der Fassade folgende, weit vorkragende Schutzdach ihren besonderen Akzent bekam.

Wegen der recht schwierigen Umbauung der Stadtbahnstützen hatte Grenander zunächst versucht, statt des einen langgestreckten Gebäudes jedem Zugang ein kleineres, im Grundriß fast quadratisches Fahrkartenhäuschen zuzuordnen, das genau zwischen zwei Stützen paßte (Abb. 141). Dieser Entwurf wurde jedoch aus unbekannten Gründen von den Behörden abgelehnt.[136]

Die Portale und Treppeneinfassungen (Abb. 142), die mit der für den U-Bahnhof Wittenbergplatz gewählten Lösung völlig identisch sind, erfuhren dagegen keine Entwurfsänderung. Nach dem weniger geglückten Versuch am Potsdamer Platz hatte Grenander für die Portale und Gitter hier endlich eine Form gefunden, die nicht nur das Material Eisen in seinen spezifischen Eigenschaften klar zur Geltung brachte, sondern die sich zugleich in ihrer bewegten Linearität vorzüglich in die Formensprache des Jugendstils einfügte.

Die seitlichen Portalstützen, die aus zarten gebündelten Eisenstäben zusammengesetzt waren, wuchsen jetzt stengelartig empor und endeten in großen tropfenförmigen Lampen, deren Blütenkronen einen starken floralen Akzent setzten. Wie die Lampen, so entwickelte sich auch der flach gespannte,

Abb. 143 Paris, Eingang zur Métropolitain, 1900
Arch. Hector Guimard

Abb. 144 U-Bahnhof Zoologischer Garten, Eingangsportal, 1928, Arch. A. Grenander

Abb. 142 U-Bahnhof Zoologischer Garten, Eingangsportal, 1902 (ca. 1928 entfernt), Arch. A. Grenander

Abb. 145 U-Bahnhof Wittenbergplatz, Eingänge, 1902

im Ansatz heftig geschwungene Bogen, der das Stationsschild trug, aus den gebündelten Eisenstäben der Stützen heraus. Anstelle einer massiven Steinumwehrung wie am Potsdamer Platz wählte Grenander als Treppeneinfassung ein eisernes Schutzgitter, dessen unregelmäßig angeordneten lockeren Spiralornamente an zartes Rankenwerk erinnerten.

Vorbild für diese Eingänge waren zweifellos die berühmten Untergrundbahnzugänge, die Hector Guimard seit 1900 für die Pariser Métropolitain geschaffen hatte (Abb. 143).[137] Gegenüber diesen ungemein grazilen, vegetabilischen Gebilden, die zu den phantasievollsten und charakteristischsten Arbeiten des Art Nouveau gehören, wirkten die Berliner Beispiele allerdings sehr viel strenger, ohne dabei jedoch an Reiz zu verlieren.[138]

Ein grundlegender Unterschied – wenn nicht sogar Fortschritt – gegenüber Guimards Schöpfungen liegt auch in der Behandlung des Materials Eisen. Während Guimard den Eisenguß wählte und dessen »knetbaren Charakter« ausnutzte[139], ging Grenander in konsequentem Bemühen um eine konstruktions- und materialgerechte Ausbildung weitgehend von den gestalterischen Möglichkeiten aus, die das serienmäßig vorgefertigte Walzeisen aufgrund seiner Biegsamkeit und Elastizität bot.

Daß Grenanders U-Bahneingänge trotz ihres unbestreitbaren künstlerischen Wertes bis heute kaum eine Würdigung fanden, hat seine Ursache vermutlich in ihrem frühen Abriß. Die Eingänge am Zoologischen Garten wurden 1928 – zu einem Zeitpunkt also, als der Jugendstil weitgehend verpönt war – im Zusammenhang mit einer Bahnhofsverlängerung durch zeitgemäßere, nach rein funktionalen Gesichtspunkten gestaltete Portale ersetzt, die im Entwurf ebenfalls von Grenander stammten (Abb. 144).

Abb. 151 U-Bahnhof Wittenbergplatz, Detail des Eingangs-
gitters, Arch. A. Grenander

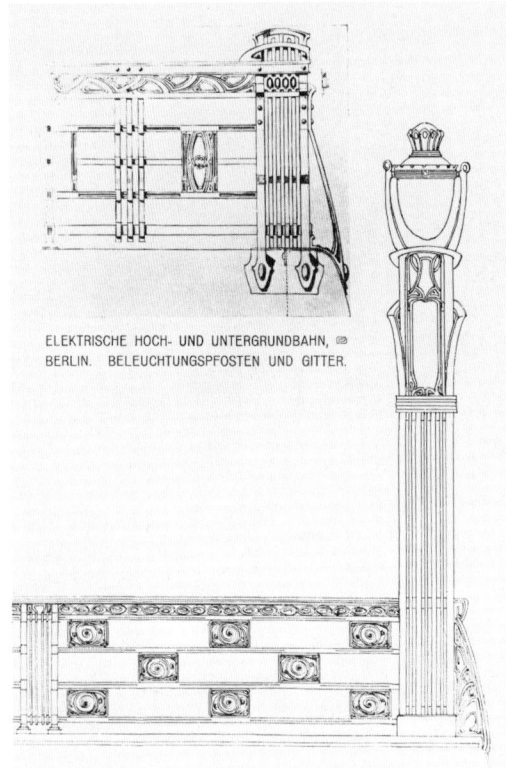

ELEKTRISCHE HOCH- UND UNTERGRUNDBAHN,
BERLIN. BELEUCHTUNGSPFOSTEN UND GITTER.

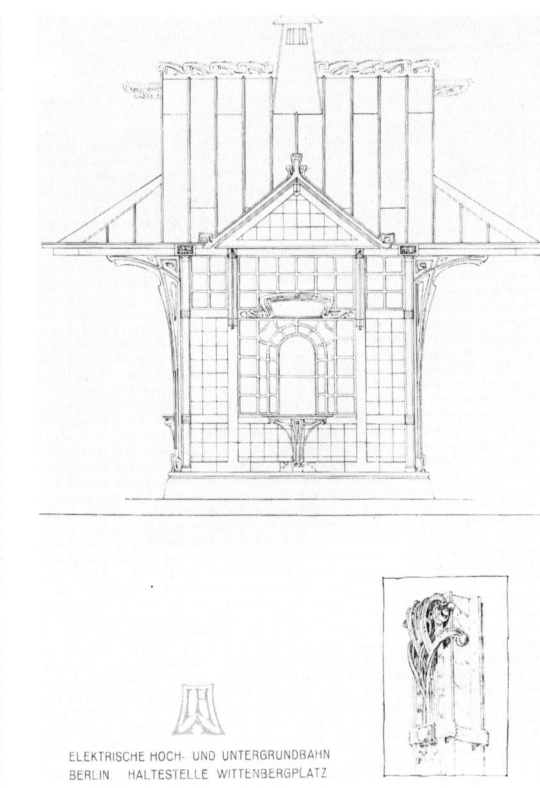

ELEKTRISCHE HOCH- UND UNTERGRUNDBAHN
BERLIN. HALTESTELLE WITTENBERGPLATZ

Abb. 147 U-Bahnhof Wittenbergplatz, Eingangsportal und
Gitterdetails, Arch. A. Grenander

Abb. 149 U-Bahnhof Wittenbergplatz, Kassenhäuschen,
Arch. A. Grenander

Abb. 152 Entwürfe für die Untergrundbahn in Paris, 1899
Arch. E. Lewicki

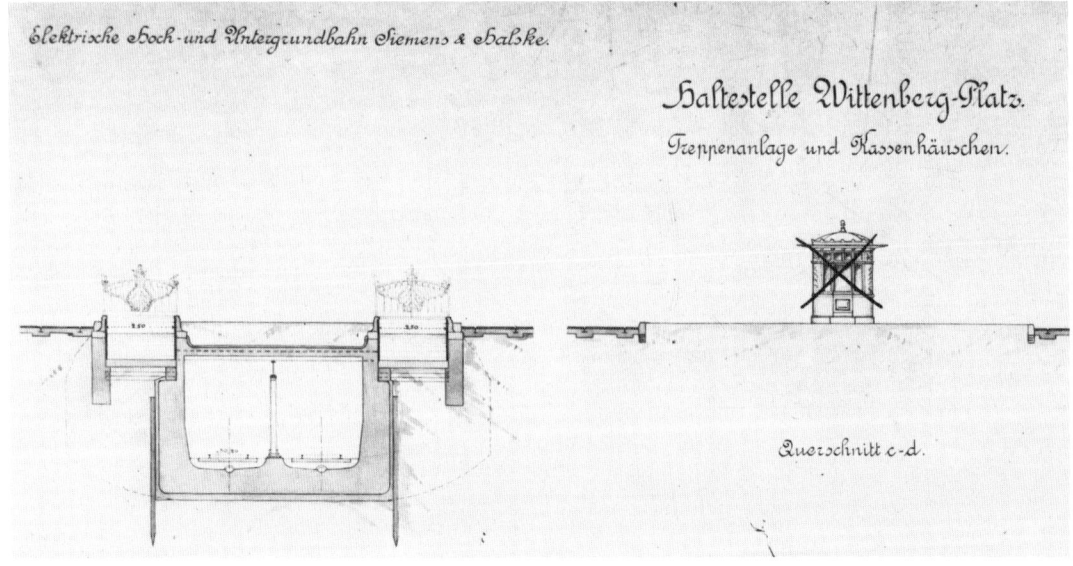

Abb. 153 Entwurf für die Eingänge am U-Bahnhof Wittenbergplatz, April 1901, Arch. A. Grenander

Abb. 148 U-Bahnhof Wittenbergplatz, Kassenhäuschen, 1902 (ca. 1912 entfernt), Arch. A. Grenander

Abb. 146 U-Bahnhof Wittenbergplatz, Eingangsportal, 1902, Arch. A. Grenander

Abb. 150 Zeitungskiosk am Zoologischen Garten, ca. 1905, Arch. A. Grenander

Abb. 154 U-Bahnhof Knie, Innenansicht, 1902
Arch. A. Grenander

Abb. 155 U-Bahnhof Knie, Eingangsportal, 1902/03
(ca. 1928 entfernt), Arch. A. Grenander

Die Eingänge am Wittenbergplatz (Abb. 146, 147), die abgesehen vom Kassenhäuschen formal mit denen am Zoologischen Garten übereinstimmten, fielen sogar schon ein Jahrzehnt nach ihrer Errichtung dem inzwischen erforderlich gewordenen völligen Um- bzw. Neubau des U-Bahnhofs Wittenbergplatz zum Opfer.

Gerade hier am Wittenbergplatz, einer sehr weiträumigen Platzanlage, die in ost-westlicher Richtung von der breiten Tauentzienstraße durchschnitten wurde, waren Grenanders U-Bahneingänge mit den reizvollen Portalschöpfungen besonders gut zur Geltung gekommen (Abb. 145). Die breiten Mittelstreifen der Tauentzienstraße boten genügend Platz, um das Kassenhäuschen am südlichen Zugang in unmittelbarem Anschluß an die eiserne Treppeneinfassung aufzustellen.[140]

In seinem formalen Aufbau unterschied sich dieses Häuschen weitgehend von dem am Zoologischen Garten und am Potsdamer Platz verwendeten Typus.

Hatte Grenander dort noch besondere Rücksichten auf die bereits vorhandene enge Bebauung nehmen müssen, so konnte er hier sein gestalterisches Konzept frei und unabhängig entwickeln. Das Ergebnis war ein eigenwillig gestalteter, zierlicher Bau (Abb. 148, 149) auf quadratischem Grundriß, der sich jedoch harmonisch in die Gesamtkonzeption der Eingänge einfügte und deren dekorative Wirkung noch wesentlich erhöhte. Die Besonderheit dieses Baus, der nach dem Vorbild der anderen Kassenhäuschen in Eisenfachwerk mit farblich gut aufeinander abgestimmten Fliesenverkleidungen ausgebildet war, lag in seinem hoch aufragenden Dach, dessen unruhige Form durch zwei sich kreuzförmig durchdringende, unterschiedlich hohe Giebeldächer mit weit auskragenden Walmansätzen an den Hauptgiebelflächen bestimmt wurde. Diese mehrfache Brechung des Daches erinnerte in gewisser Weise an die abgestuften Dächer norwegischer Stabkirchen.[141] Bestärkt wurde dieser Eindruck durch die wellenbandartigen Firstverzierungen, die dem nordischen Motivkreis entstammten. Trotz ihrer germanischen Herkunft fügten sich diese Ornamente, die von Grenander häufiger verwendet wurden (Abb. 150)[142], gut in den Gesamtzusammenhang ein, wobei insbesondere an die Eisengitter mit ihren Spiralen und Flechtbandmotiven gedacht ist (Abb. 151).

Nicht ohne Einfluß waren offensichtlich auch die Entwürfe von E. Lewicki für die Pariser Untergrundbahn (Abb. 152), die im Jahre 1900 in der Zeitschrift »Dekorative Kunst« publiziert wurden[143] und Grenander vermutlich bekannt waren. Bevor er jedoch derartige Anregungen verarbeitete, lieferte er im April 1901 für die Eingänge am Wittenbergplatz einen Entwurf (Abb. 153)[144], der von seinen Bemühungen um einen eigenen Stil noch wenig spüren ließ. Die niedrigen Eingangsportale dieses Entwurfs konnten ihre Herkunft von Möhrings sehr viel traditionsgebundenerer floraler Ornamentik nicht leugnen. Das Kassenhäuschen mit der flachen Kuppelabdeckung stand sogar noch ganz unter dem Einfluß der Siemens-Entwürfe aus den neunziger Jahren.

Obwohl mit dem U-Bahnhof Zoologischer Garten die eigentliche Stammlinie endete, soll an dieser Stelle noch kurz auf den U-Bahnhof *Knie*, den heutigen U-Bahnhof Ernst-Reuter-Platz[145], eingegangen werden, der in engem stilistischen Zusammenhang mit den bereits besprochenen U-Bahnhöfen gesehen werden muß. Er wurde am 14. Dezember 1902 der Stammlinie als neuer, allerdings nur vorübergehender Endbahnhof angeschlossen, da zu diesem Zeitpunkt bereits eine Verlängerung der Stammlinie bis zum Zentrum Charlottenburgs geplant war.

Der U-Bahnhof Knie, der im Innern nach dem Vorbild der anderen U-Bahnhöfe gestaltet wurde (Abb. 154), liegt am Ende der Hardenbergstraße, die hier in das »Knie«, den heutigen Ernst-Reuter-Platz, einmündet. Die beiden auf der Südseite der Hardenbergstraße angeordneten Eingänge wurden bis dicht an die Platzanlage herangerückt.[146] Während man jetzt allerdings auf ein oberirdisches Kassenhäuschen zugunsten einer unterirdischen Anlage, die eine wesentliche Neuerung darstellte, verzichtete, wiesen die zierlichen Eisenportale (Abb. 155) in ihrer lebhaft bewegten Formensprache deutliche Übereinstimmungen mit den Portalen am Zoologischen Garten und Wittenbergplatz auf. Neu war allerdings die Aufhängung der Lampen an weit ausladenden, schwungvoll bewegten Armen – eine Lösung, die den offensichtlichen Einfluß Guimards verriet und die zweifellos auch später als die Portalentwürfe für den Wittenbergplatz und Zoologischen Garten entstanden war.

Abb. 156 Entwurf für die Eingänge am U-Bahnhof Knie,
1902/03, Arch. F. Kritzler

Abb. 157 Entwurf für die Eingänge am U-Bahnhof Knie,
1902/03, Arch. F. Kritzler

Der spätere Eröffnungstermin dieses U-Bahnhofs und die damit verbundene späte Aufstellung der Portale hatte sicher auch den Ausschlag dafür gegeben, daß bei einer im Oktober 1902 vom Berliner Architekten-Verein ausgeschriebenen, bis zum 11. Februar 1903 befristeten Monats-Konkurrenz, deren Gegenstand der »Entwurf zu einer Ueberbauung der Treppen-Auf- und Abgänge für die elektrische Untergrundbahn« war[147], auch der U-Bahnhof Knie Berücksichtigung fand, obwohl dieser als einfache Durchgangsstation wohl kaum für eine derartig aufwendige Eingangsgestaltung in Frage kam. Wie noch näher dargestellt werden wird, hatte man bei dieser Ausschreibung auch weniger an den Bahnhof Knie als vielmehr an die Gestaltung des U-Bahnhofs Leipziger Platz gedacht.

Bei dem auf den U-Bahnhof Knie bezogenen Wettbewerbsbeitrag handelt es sich um den Entwurf »Blitzzug« (Abb. 156, 157) von Regierungsbaumeister Fritz Kritzler.[148] Kritzler plante als Überdachung der beiden Treppenabgänge seitlich offene, laubengangähnliche zierliche Konstruktionen, denen sich an der Kopfseite turmartige massive Steinbauten anschlossen. Sie waren durch ein frei gespanntes, nach vorn pultartig abfallendes Dach und darüber angebrachtem riesigen Stationsschild miteinander verbunden. Die turmartigen kleinen Bauten, von denen der eine als Fahrkartenhäuschen, der andere als Blumenhalle dienen sollte[149], erinnerten in ihrem barocken Formenreichtum deutlich an die Treppentürme des Hochbahnhofs Nollendorfplatz. Gegenüber den zierlichen Eingängen Grenanders, die das Straßenbild nur wenig beeinträchtigten, wirkten sie jedoch ausgesprochen aufdringlich und kamen schon deshalb für eine Verwirklichung nicht in Frage.

4 Die Verlängerung der Stammlinie in Richtung Stadtmitte

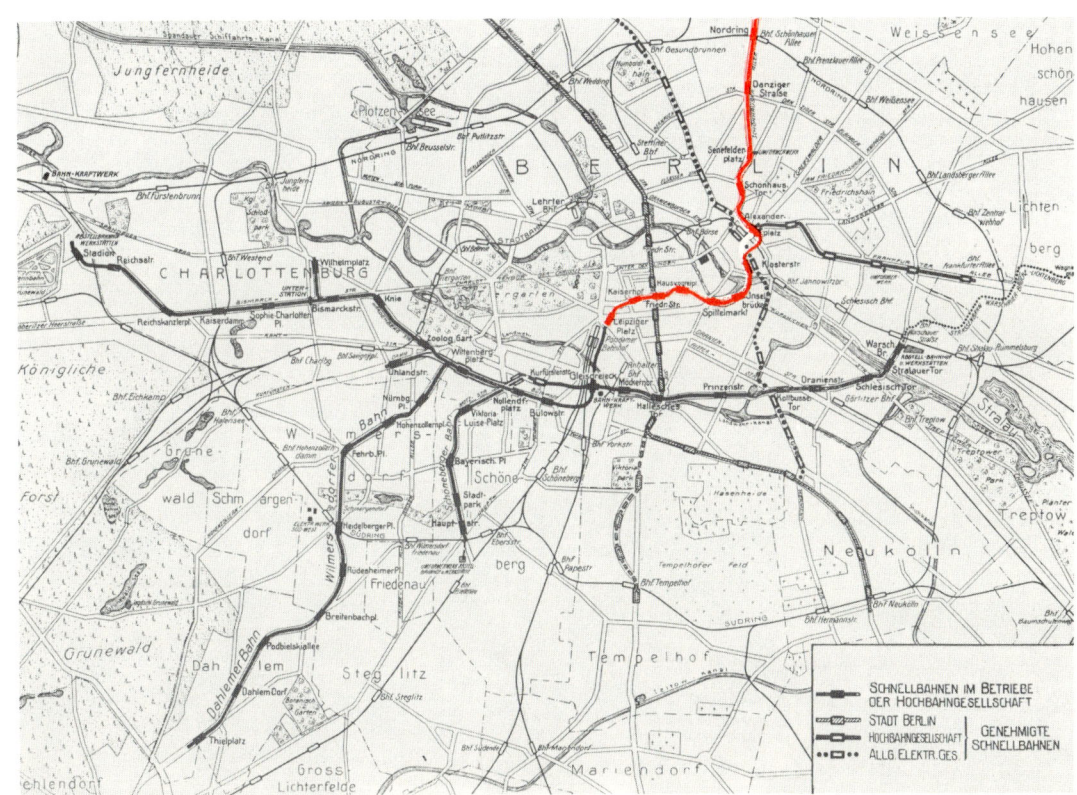

Streckenverlauf
der Erweiterungslinie
Potsdamer Platz – Nordring

4.1 Der Streckenabschnitt Potsdamer Platz–Spittelmarkt

Vorgeschichte und Linienführung

Mit dem Bau der Stammlinie Warschauer Brücke – Zoologischer Garten bzw. Knie und dem Abzweig zum Potsdamer Platz hatten sich die Bemühungen der Hochbahngesellschaft um ein Berliner Schnellbahnnetz keineswegs erschöpft. Es galt jetzt vielmehr, den dauerhaften Erfolg des Unternehmens durch einen konsequenten Weiterbau abzusichern. Voraussetzung hierfür war der unmittelbare Anschluß an die Verkehrsknotenpunkte des Berliner Stadtzentrums, d. h. eine Verlängerung der Untergrundbahn über den Potsdamer Platz hinaus in Richtung Spittelmarkt bzw. Alexanderplatz.
Schon vor der Eröffnung der Stammlinie waren verschiedene Möglichkeiten einer Streckenerweiterung ins Auge gefaßt worden.[1] Differenzen mit der Stadt Berlin, die plötzlich eigene U-Bahnpläne verfolgte, hatten jedoch alle derartigen Projekte zunächst verhindert.[2] Da andererseits die »völlig unhaltbaren«[3] Verkehrsverhältnisse zwischen Leipziger Platz und Alexanderplatz immer dringlicher nach einer neuen Lösung verlangten, sah sich die Stadt Berlin, deren U-Bahnpläne sich noch nicht weiter konkretisiert hatten, im Mai 1900 mehr oder weniger dazu gezwungen, der Hochbahngesellschaft eine generelle Genehmigung für die Weiterführung der Stammlinie über den Potsdamer Platz hinaus zu erteilen.[4]
Damit waren die Schwierigkeiten jedoch keineswegs aus dem Wege geräumt. Die eigentlichen Probleme tauchten erst bei der Festlegung der U-Bahntrasse auf, die ebenfalls von der Stadt Berlin genehmigt werden mußte. Die Stadtverwaltung lehnte die von der Hochbahngesellschaft als besonders günstig erachtete Weiterführung der U-Bahn vom Potsdamer Platz über den Leipziger Platz und durch die Leipziger Straße mit großer Entschiedenheit ab.[5] Man befürchtete nicht nur eine zu starke Behinderung des Verkehrs durch den U-Bahnbau, sondern vertrat außerdem die Ansicht, daß die Leipziger Straße mit 22 m Breite für eine Untertunnelung viel zu schmal sei.[6] Auch der Vorschlag von Siemens & Halske, den U-Bahnbau nach einem neuen, eigens dafür entwickelten Verfahren mit abgedeckter Fahrbahn durchzuführen, fand bei den städtischen Behörden, die ihre eigenen U-Bahnpläne verfolgten und insofern keine Konkurrenz dulden wollten, wenig Anklang.[7]
Die Hochbahngesellschaft ließ sich jedoch trotz dieser ablehnenden Haltung nicht von ihren Plänen abbringen – zumal die Verlängerung der Stammlinie über den Potsdamer Platz hinaus nach Osten zu einem immer dringlicheren Verkehrsbedürfnis wurde. Denn infolge der Abwanderung bestimmter Bevölkerungsschichten aus dem mittlerweile zum reinen Geschäftsbereich umgeprägten Stadtzentrum in die ruhigeren, als vornehm geltenden westlichen Vororte zeichnete sich ein immer stärker anwachsender Ost-West-Verkehr ab.[8]
Ein schnelles und bequemes Verkehrsmittel wie die U-Bahn konnte diese Entwicklung nur noch begünstigen. Außerdem wurde durch den zunehmenden Ost-West-Verkehr eine gewisse Rentabilität der Bahn gewährleistet, zumal damit zu rechnen war, daß ein großer Prozentsatz der neugewonnenen Fahrgäste den Komfort der teureren 2. Klasse[9] bevorzugen würde.
Um dem behördlichen Widerstand gegen die geplante U-Bahnverlängerung besser entgegentreten zu können, beschloß die Hochbahngesellschaft, die Leipziger Straße ganz zu meiden und statt dessen die etwas nördlichere Linienführung durch die Voß- und Mohrenstraße[10] zu wählen. Schwierigkeiten ergaben sich allerdings auch hier durch den Kurvenreichtum der Strecke und die damit verbundenen zahlreichen Unterfahrungen privater Grundstücke[11], die zusätzliche Verhandlungen und finanzielle Belastungen zur Folge hatten. Naturgemäß häuften sich diese Hindernisse beim Einbiegen in die Voß- und beim Verlassen der Mohrenstraße, die ihrerseits noch einen relativ geraden Straßenzug bildeten.
Zur Entlastung des verkehrsreichen und ohnehin beengten Potsdamer Platzes sollte zunächst der dort befindliche U-Bahnhof zum benachbarten Leipziger Platz hin verlegt werden. Eine solche Verschiebung ließ sich jedoch nicht ohne die Berührung bzw. die Untertunnelung privater Grundstücke der Firmen Aschinger und Wertheim sowie des Geländes des Reichsmarineamtes durchführen. Die notwendigen Verhandlungen wurden unerwartet rasch abgewickelt, da die Unterfahrung des Warenhauses Wertheim im Zusammenhang mit dem letzten Erweiterungsbau[12] in so geschickter Weise erfol-

Abb. 158 Entwurf einer Hochbahnbrücke über die Spree nahe der Fischerbrücke, ca. 1902

gen konnte, daß das Grundstück des Reichsmarineamtes kaum berührt wurde. Ebenso ließ sich der 1904 von Aschinger geplante Bau des Hotels Fürstenhof auf dem Gelände zwischen Königgrätzer Straße und Potsdamer Platz gut mit der genau an dieser Stelle vorgesehenen Anlage des neuen U-Bahnhofs koordinieren.[13]

Ähnliche Probleme wie am Beginn der Strecke ergaben sich am Ende der Mohrenstraße, wo die U-Bahn in Richtung Spittelmarkt abbiegen sollte. Hier im Bereich der alten Befestigungswerke[14] zwischen Hausvogteiplatz und Spittelmarkt gab es keinen Straßenzug, der sich auch nur annähernd für den Bau einer U-Bahn geeignet hätte. Aus diesem Grunde erwog man zunächst sogar die Fortsetzung der Bahn als Hochbahn. Hinter dem Hausvogteiplatz beginnend, sollte die Hochbahnstrecke den Bahnhof Spittelmarkt sowie im Anschluß daran eine Spreeüberführung (Abb. 158) umfassen, mit der Siemens & Halske den Schwierigkeiten einer Untertunnelung aus dem Wege gehen wollte.[15] Aber mit dem gleichen Engagement, mit dem sich Stadtbaurat Hobrecht noch wenige Jahre vorher gegen die U-Bahn gestellt hatte, wurde jetzt unter seinem Nachfolger Krause das Hochbahnprojekt bekämpft[16], so daß dieser Plan bald wieder fallengelassen und nach einer anderen Lösung gesucht werden mußte.

Gegen den Bau der Verlängerungslinie erhob sich noch von anderer Seite energischer Widerspruch. Die »Große Berliner Straßenbahn« sah in der Linienführung parallel zur Leipziger Straße eine direkte Konkurrenz für ihr eigenes Liniennetz – insbesondere für die geplante unterirdische Linie durch die Leipziger Straße[17] – und strengte deshalb gegen die Stadt Berlin einen Prozeß wegen angeblichen Vertragsbruchs an.[18] Am 10. Juli 1905 wurde jedoch in dritter Instanz durch ein Reichsgerichtsurteil entschieden, »daß die Stadtgemeinde berechtigt ist, in Straßen, welche parallel zu den, von der Straßenbahn benutzten laufen, Konkurrenzlinien herzustellen oder zu genehmigen«.[19] Somit stand der Genehmigung einer U-Bahn nichts mehr im Wege.

Am 18. April 1906 konnte schließlich der Vertrag zwischen der Hochbahngesellschaft und der Stadt Berlin über eine von Potsdamer Platz ausgehende Streckenverlängerung unterschrieben werden.[20] Die jahrelangen Verhandlungen hatten überdies zu dem Ergebnis geführt, daß man in den Vertrag über die Spittelmarktlinie zugleich die Erweiterung dieser Linie über den Spittelmarkt und den Alexanderplatz hinaus bis jenseits des Ringbahnhofs Schönhauser Allee aufnahm.[21] Dieser Anschluß an die Ringbahn lag letztlich im Interesse beider Seiten. Am 10. November 1906 wurde die landespolizeiliche Genehmigung für den Bau der Strecke Potsdamer Platz – Spittelmarkt erteilt.[22]

Entwurf und Bauausführung der Spittelmarktlinie erfolgten durch die Hochbahngesellschaft in Zusammenarbeit mit Siemens & Halske. Die Bauleitung hatte Regierungsbaumeister Johannes Bousset. Die Tunnelarbeiten wurden durch die »Gesellschaft für den Bau von Untergrundbahnen«[23] ausgeführt, die bereits den U-Bahnhof Potsdamer Platz hergestellt hatte.

Während der U-Bahnhof Leipziger Platz schon am 28. September 1907 fertiggestellt wurde, konnte die anschließende Strecke bis zum Spittelmarkt, die die U-Bahnhöfe Kaiserhof, Friedrichstraße, Hausvogteiplatz und Spittelmarkt umfaßte, erst am 1. Oktober 1908 eröffnet werden.

Mit dem Bau der Spittelmarktlinie wurde ein in technischer Hinsicht besonders schwieriges Projekt abgeschlossen, das zudem mit einem Kostenaufwand von ca. 10 Millionen Mark pro Kilometer erheblich über den bisherigen Kosten für den U-Bahnbau lag.[24] Diese hohen Investitionskosten sollten sich aber insofern bezahlt machen, als mit dieser Linie durch das Stadtinnere die größten Verkehrszentren Berlins erfaßt wurden und damit eine sichere Gewähr für den wirtschaftlichen Erfolg des Unternehmens gegeben war.

Die architektonische Gestaltung der Bahnhöfe

Die architektonische Ausgestaltung der Bahnhöfe wurde Alfred Grenander übertragen, der inzwischen über umfangreiche Kenntnisse im U-Bahnbau verfügte.[25] Obwohl sich Grenander im wesentlichen an den bereits vorhandenen U-Bahnhöfen orientierte, nahm er schon beim ersten Bahnhof, der Station Leipziger Platz, eine grundlegende Änderung in der Anordnung vor. Statt der bisher üblichen Außenbahnsteige wählte er jetzt einen Mittelbahnsteig. Bei dieser Anordnung, die sich auch günstig auf die Krümmungsverhältnisse des in einer Kurve liegenden Bahnhofs auswirken sollte, hatten in erster Linie betriebstechnische Gründe eine Rolle gespielt. Man wollte sich die Möglichkeit offen lassen, den Bahnhof Leipziger Platz als Umsteigebahnhof zwischen dem Zoologischen Garten und der Warschauer Brücke zu benutzen. Infolge der Mittellage des Bahnsteigs konnte auch die Zahl der Zugänge verringert werden, was nicht nur Einsparungen an Personal und an Betriebsanlagen zur Folge hatte, sondern sich letztlich auch vorteilhaft auf die Gestaltung des Leipziger Platzes auswirkte, dessen Grünanlagen durch eine zu große Anzahl von U-Bahneingängen sicher nicht gewonnen hätten. Die Mittellage der Bahnsteige erwies sich als so vorteilhaft, daß sie auch bei den übrigen Bahnhöfen der Spittelmarktlinie, die durchweg im Bereich enger Straßen mit vielen Krümmungen liegen, beibehalten wurde.

Überhaupt zeichnete sich bei den Bahnhöfen der Spittelmarktlinie eine gewisse Einheitlichkeit in der Gestaltung ab, die richtungweisend für die späteren U-Bahnhöfe werden sollte. Anders als bei den kurz zuvor konzipierten Entwürfen für die Charlottenburger U-Bahn versuchte Grenander hier, den Bahnhöfen durch eine möglichst straffe und einheitliche Durchbildung das charakteristische Gepräge von Verkehrsbauten zu geben. Es ging ihm hierbei nicht allein darum, die einzelne Form von allem überflüssigen Beiwerk zu befreien, sondern sie folgerichtig aus der Konstruktion heraus zu entwickeln. Nur vereinzelt durchbrach er dieses Prinzip, sei es als Zugeständnis gegenüber offiziellen Stellen, die andere architektonische Ziele verfolgten, sei es aus Rücksichtnahme gegenüber der Bahnhofsumgebung, die eine individuellere Gestaltung erforderte.

Der Grundtypus dieser U-Bahnhöfe zeichnete sich durch flache Decken, eiserne Mittelstützen und eine Wandverkleidung aus weißen Fliesen aus. In Anlehnung an die Deckenausbildung der ersten U-Bahnhöfe auf der Stammlinie wurde die offene Konstruktion der Trägerdecke mit dazwischengespannten Betonkappen (Preußische Kappen) beibehalten. Eine Ausnahme bildete allerdings der Bahnhof Leipziger Platz, dessen Decke aufgrund der komplizierten Gesamtstruktur dieses Bahnhofs mit einer glatten Putzschicht überzogen wurde.

An der Ausbildung der Stützen, die aus Doppel-T-Trägern zusammengenietet wurden, läßt sich die klare Konzeption, die den Bahnhöfen der Spittelmarktlinie zugrunde liegt, besonders deutlich ablesen. Obwohl sie jetzt nicht mehr auf dem Gleiskörper, sondern in der Mittelachse des Bahnsteigs angeordnet und damit stärker dem Auge des Betrachters ausgesetzt sind, verzichtete Grenander weitgehend auf dekorative Zutaten. Entsprechend seinem stark ausgeprägten Empfinden für technisch-konstruktive Zusammenhänge versuchte er vielmehr, die Funktion der Stütze als Tragelement zu unterstreichen, indem er sie in ihrer kraftvollen Form als Eisenträger mit derbem Nietbau offen zur Schau stellte. Außerdem wurden die Stützenköpfe nicht wie bisher dekorativ geschmückt, sondern mehr funktional ausgebildet. Grenander versah sie mit seitlich auskragenden, an Volutenkapitelle erinnernden Auflagerplatten, die zugleich als Aufhänger für die tropfenförmigen Beleuchtungskörper dienten.[26] Als Fußplatten wurden lediglich schlichte Bleche verwendet, die die Betoneinfassungen der Stützen abdeckten.

Die Verkleidung der Wände mit kleinen, rechteckigen Fliesen, die vom Format und der Anordnung her an den typischen Mauerwerksverband erinnerten, entsprach der Wandgestaltung der ersten Bahnhöfe. Von dort übernommen wurden auch die großen Reklametafeln, die im Wechsel mit den Stationsschildern angeordnet und wie diese von einem farbigen Rahmen eingefaßt wurden.

Überhaupt spielte die Farbe bei den Bahnhöfen der Spittelmarktlinie eine ganz wesentliche Rolle. Zur besseren Unterscheidung der einzelnen Stationen erhielt jeder Bahnhof eine bestimmte Kennfarbe[27], mit der außer den Stationsnamen und den Umrahmungen der Reklametafeln auch einzelne Details der Eisenkonstruktionen, wie etwa die Auflagerplatten der Eisenstützen, gekennzeichnet wurden. Auch die von Grenander entworfenen Kioske, Schaffnerhäuschen, Schaltkästen und Bänke wurden in diese Farbgebung einbezogen. Man begann mit Grün am Leipziger Platz, es folgten in der Reihenfolge der Bahnhöfe Kaiserhof, Friedrichstraße, Hausvogteiplatz und Spittelmarkt die Farben Schwarz, Rot, Gelb und Blau.[28]

Auch bei den Eingängen zeichnet sich der erste Ansatz zur Typisierung ab, wenn auch zunächst nur zögernd, da Grenander gerade hier spezielle Rücksichten auf die Umgebung zu nehmen hatte, die sich in teilweise sehr individuellen Portalschöpfungen niederschlugen. Dennoch gelang es ihm bald, seine eigenen Formvorstellungen durchzusetzen und einen Portaltypus zu schaffen, der trotz seiner relati-

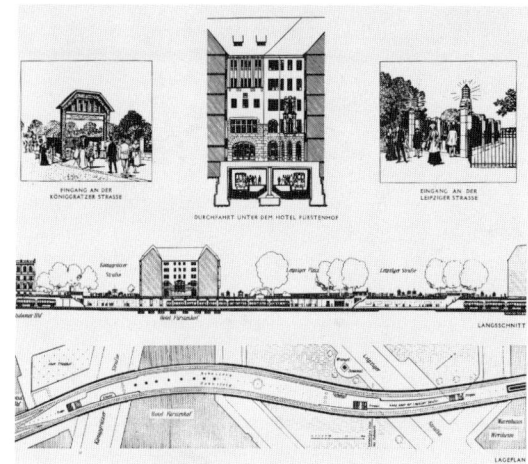

Abb. 159 U-Bahnhof Leipziger Platz, Lageplan, Schnitte und Ansichten

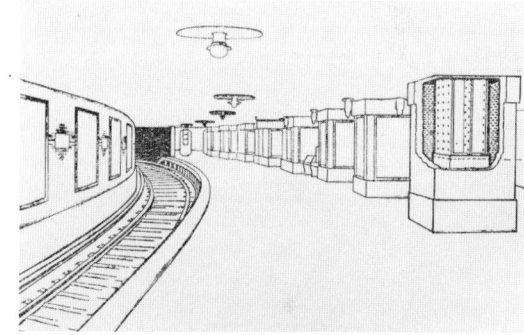

Abb. 160 U-Bahnhof Leipziger Platz, Innenansicht mit Blick in einen Hohlpfeiler

Abb. 161 U-Bahnhof Leipziger Platz, Westlicher Vorraum, 1907, Arch. A. Grenander

Abb. 162 U-Bahnhof Leipziger Platz, Westeingang, 1907
Arch. A. Grenander

Abb. 163 U-Bahnhof Leipziger Platz, Osteingang, 1907
Arch. A. Grenander

ven Strenge so überzeugte, daß er in der Folgezeit immer wieder verwendet und damit gewissermaßen zum Symbol der U-Bahn wurde.

Dies traf um so mehr zu, als die Kassenhäuschen jetzt in Anlehnung an die Charlottenburger U-Bahnhöfe ins Bahnhofsinnere verlegt wurden und damit als Kennzeichen der U-Bahn ausfielen. Mit dem Standortwechsel änderte sich auch das Konzept dieser Häuschen: Sie stehen nicht mehr frei im Raum, sondern sind in die Wand einbezogen, von der sie sich als Halboval oder auch als unregelmäßiges Rechteck abheben. Die Fassade ist jetzt weniger stark bewegt und das Eisenfachwerk in ein einfaches konstruktives Liniensystem aufgelöst, dessen dekorative Wirkung allein in seiner Rhythmisierung liegt.

Trotz der vielen Übereinstimmungen, die ein deutliches Bemühen um Typisierung erkennen lassen, tragen die Bahnhöfe der Spittelmarktlinie noch genügend individuelle Merkmale. Leider ist heute davon nur noch wenig zu erkennen, da die Bahnhöfe teils durch Kriegseinwirkungen, teils durch spätere Umbauten[29] stark verändert wurden.

In der Gestaltung des U-Bahnhofs *Leipziger Platz*, der wie die Bahnhöfe Hausvogteiplatz und Spittelmarkt in einer stärkeren Krümmung liegt (Abb. 159), spiegeln sich die konstruktiven Schwierigkeiten wider, die sich aus der teilweisen Überbauung des Bahnhoftunnels durch das Hotel Fürstenhof ergaben. Um das Hotel weitgehend gegen die Erschütterungen und Geräusche des U-Bahnbetriebes abzuschirmen, mußte der Tunnel völlig von der Abfangekonstruktion und Gründung des Hotelneubaus getrennt werden. Zu diesem Zwecke wurde die Bahnhofskonstruktion als zweite unabhängige Schale unter die Hotelüberbrückung gesetzt und konsequent auch um die statisch notwendigen Mittelstützen des 16 m breiten Bahnhofs[30] herumgeführt (Abb. 160).[31] Durch diese umlaufende Schale und den zur Trennung von der Abfangestütze notwendigen Hohlraum ergaben sich für die Bahnsteigstützen ungewöhnlich große Abmessungen. Mit rund 1,60 m Breite wirkten sie nicht nur sehr gedrungen, sondern störten auch die Übersichtlichkeit der Bahnsteiganlage. Man versuchte hier durch Verbesserung der Lichtverhältnisse einen Ausgleich zu schaffen, indem man auch die Stützen mit weiß glasierten Fliesen verkleidete und östlich des Hotelgebäudes im Bereich der Grünanlagen ein rundes Oberlicht von 5 m Durchmesser als zusätzliche Lichtquelle schuf. Über die so gewonnene unerwartete Lichtfülle zeigte man sich bei der Eröffnung des Bahnhofs Leipziger Platz »außerordentlich erstaunt«.[32]

Abgesehen von den ungewöhnlich kräftigen Stützen unter dem Hotel Fürstenhof und dem großen Oberlicht entsprach der Bahnhof in seiner Innenausstattung dem oben beschriebenen einheitlichen Typus. Ausgenommen hiervon waren die Zugänge sowie die westliche Vorhalle, deren Wände und Fahrkartenausgabe in Eisenfachwerk ausgeführt und mit einer weißen umlaufenden oberen Abschlußblende versehen waren, in die man runde Ventilationsöffnungen eingelassen hatte. Diese Ausstattung rief gewisse Assoziationen an die Inneneinrichtung von Schiffen hervor (Abb. 161).[33]

Die drei Eingänge des Bahnhofs Leipziger Platz waren sehr unterschiedlich ausgebildet. Der westliche, an der Königgrätzer Straße direkt vor dem 1911/12 von Franz Schwechten erbauten »Haus Potsdam«, dem späteren »Haus Vaterland«, gelegene Zugang (Abb. 162) wurde durch ein mächtiges Eisenportal mit abgeflachtem Giebel gekennzeichnet, das durch seine strenge, kantige Form auffiel. Wenn auch hier gegenüber den dekorativ verspielten Portalen von 1902 ein deutliches Bemühen um mehr Sachlichkeit erkennbar war, so muß diese Lösung doch als weniger geglückt bezeichnet werden, da sie in ihrer Schwerfälligkeit und Starrheit kaum etwas von den spezifischen Materialeigenschaften des Eisens ahnen ließ.

Zusammen mit dem »bärenzwingerartig«[34] hohen Umfassungsgitter verriet dieser Eingang vielmehr ganz neue, bei Grenander bisher ungewohnte wehrhaft-monumentale Züge[35], wie sie sich allerdings auch bei den zur selben Zeit entstandenen Charlottenburger U-Bahnhöfen nachweisen lassen.[36]

Diese Tendenz zum Monumentalisieren wird auch bei dem östlichen, inmitten der Grünanlagen des Leipziger Platzes gelegenen Eingang (Abb. 163) erkennbar. Um einen Bezug zur parkartigen Umgebung herzustellen, versah Grenander diesen Eingang mit einer pergolaartigen Architektur aus hohen, an der Eingangsseite besonders kräftig ausgebildeten, laternbekrönten Steinpfeilern, die durch ein schlichtes Eisengitter miteinander verbunden wurden. Die Tierreliefs, die die Pfeiler schmückten, sollten »auf das Wesen der Untergrundbahn hinweisen«. Man sieht u. a. Mäuse und Maulwürfe, die

Abb. 164 Entwurf für die Eingänge des U-Bahnhofs Leipziger Platz, 1902/03, Arch. M. Herrmann

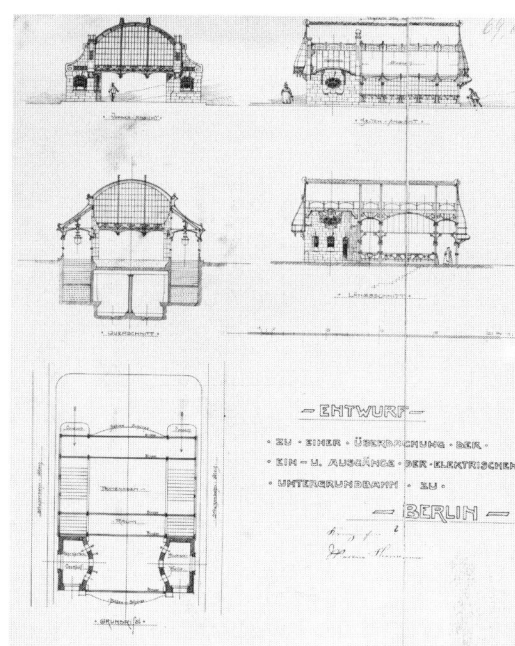

Abb. 165 Entwurf für die Eingänge des U-Bahnhofs Leipziger Platz, 1902/03, Arch. M. Herrmann

ihre unterirdische Arbeit verrichten und an den Bau der Bahn erinnern. Gruppen von fliegenden Schwalben sind Sinnbild für die Schnelligkeit, mit der die Bahn dahinfährt.«[37] Die symbolhafte Gestaltung des Eingangs zeigt, daß Grenanders sachlichkeitsbezogene Architektur durchaus auch aufnahmefähig war für plastisch-monumentale und figürlich-dekorative Elemente.

Der dritte Eingang, der sich lediglich durch ein schlichtes Eisengitter sowie zwei schlanke laternengeschmückte Eisenpfosten rechts und links des Zugangs auszeichnete, wurde auf der nördlichen Seite des Leipziger Platzes genau gegenüber dem Warenhaus Wertheim angelegt. Bevor man sich für diese einfache Lösung entschied, waren allerdings sehr viel aufsehenerregendere Pläne im Gespräch. Kemmann äußert sich dazu wie folgt: »Die Linie steht hier [am Leipziger Platz] noch nicht endgültig fest, aber aus der vom Berliner Architektenverein gestellten Preisaufgabe, der eine Vereinigung der zu errichtenden Haltestelle mit dem bis an den Leipziger Platz zu erweiternden Waarenhause von Wertheim in der Weise bearbeitet zu haben wünscht, dass die Fahrgäste aus dem Untergrundbahnhof auf unterirdischem Wege unmittelbar in das Waarenhaus gelangen können, läßt sich erkennen, in welche Richtung sich bereits die Gedanken einzelner Techniker bewegen.«[38] Kemmann spricht hier eine Idee an, die wenig später von der Hochbahngesellschaft tatsächlich erörtert wurde[39], aber erst viele Jahre danach in Berlin ihre Verwirklichung finden sollte.[40]

In der von Kemmann erwähnten Preisaufgabe des Berliner Architekten-Vereins zum 11. Februar 1903, in der ein »Entwurf zu einer Ueberdachung der Treppen-Auf- und Abgänge für die elektrische Untergrundbahn« gefordert wird[41], stellt sich diese Aufgabe, für die von der Hochbahngesellschaft ein Preis

Abb. 166 Wilhelmplatz mit den Eingängen
zum U-Bahnhof Kaiserhof, 1908

Abb. 167 U-Bahnhof Kaiserhof, Westeingang, 1908
(1934 abgerissen), Arch. A. Grenander

Abb. 168 U-Bahnhof Kaiserhof,
Westlicher Treppenaufgang, 1908, Arch. A. Grenander

ausgesetzt wurde, allerdings etwas anders dar. »Es soll eine Ueberdachung der in der Zeichnung dargestellten Eingänge zu einem Unterpflasterbahnhof geschaffen werden, die den Fahrgästen Schutz gegen Regen gewährt, indess die Licht- und Luftzufuhr nach dem unterirdischen Bahnhof möglichst wenig beschränkt. Der Ueberbau soll beide Treppeneingänge, sowie den dazwischen liegenden Promenadenraum überdachen, derart, dass der Fahrkartenschalter und die auf der gegenüberliegenden Seite anzuordnende Blumen- oder Zeitungsverkaufsstelle in die Ueberdachung mit einbezogen werden. Die Wahl der Baustoffe bleibt dem Bewerber anheimgestellt, doch wird, auf Grund anderwärts gemachter Erfahrungen, eine Ausstattung der Flächen mit Terracotta oder farbigen Fliesen nicht empfohlen.«[42]

Im Ausschreibungstext ist also weder vom Leipziger Platz direkt noch von der bei Kemmann erwähnten unterirdischen Verbindung zum Warenhaus Wertheim die Rede. Die wenige Wochen zuvor vom Architekten-Verein ausgeschriebene Monatskonkurrenz zur Umgestaltung des Leipziger Platzes forderte jedoch unter anderem auch die Anlage einer U-Bahnstation: »Da in Aussicht steht, dass die Fortführung der elektrischen Untergrundbahn den Platz von Süd nach Nord durchqueren und unter seiner Nordhälfte eine Haltestelle erhalten wird, ist die Anordnung von deren Ein- und Ausgang (dem Mosse'schen Hause gegenüber) in den Plan aufzunehmen.«[43]

Der Entwurf von Regierungsbaumeister Martin Herrmann[44] aus Mainz – neben Kritzlers Entwurf für die Eingänge am U-Bahnhof Knie der einzige erhaltene Entwurf zum Thema »Überdachung der Treppen-Auf- und Abgänge für die elektrische Untergrundbahn« (Abb. 164, 165) – läßt diesen direkten Bezug zum Leipziger Platz durch die Wiedergabe des Mosseschen Hauses im Hintergrund auch klar erkennen. Martin Herrmann plante eine monumentale, zu großen Teilen verglaste Halle, die auf einem massiven Unterbau aus Stein ruhte. Die formale Abhängigkeit dieses Entwurfs vom Hochbahnhof Bülowstraße ist unverkennbar.

Über den heutigen Zustand des U-Bahnhofs Leipziger Platz bzw. seit 1923 Potsdamer Platz[45] kann nichts gesagt werden, da der Bahnhof seit Errichtung der Berliner Mauer im Jahre 1961 nicht mehr zugänglich ist.

Bei der Ausgestaltung des U-Bahnhofs *Kaiserhof*[46] am Wilhelmplatz[47] in unmittelbarer Nähe der Ministerien, Reichsämter und zahlreicher vornehmer Hotels[48], ging Grenander weit über die Bedürfnisse eines reinen Verkehrsbaus hinaus. Man erwartete hier einen repräsentativen, der Bedeutung seiner Umgebung angepaßten Bau, der nicht nur bei den Berlinern selbst, sondern vor allem auch bei den auswärtigen Gästen einen nachhaltigen Eindruck hinterlassen sollte. Da der Grundtypus des Bahnhofs weitgehend festgelegt war, konzentrierten sich Grenanders Bemühungen um mehr Aufwand ganz auf die Gestaltung von Eingang und Vorhalle.

Der Wilhelmplatz, der im Zusammenhang mit dem U-Bahnbau umgestaltet worden war und eine ovale, von der neuen Verbindungsstraße zwischen Mohren- und Voßstraße umschlossene Mittelinsel erhalten hatte[49], ermöglichte eine ungewöhnlich großzügige Eingangsgestaltung. In Anlehnung an die elliptische Platzform wurde die Treppenöffnung zu einem großen Oval erweitert (Abb. 166) und von einer zierlichen Pergola (Abb. 167) aus schlanken, girlandengeschmückten Steinpfeilern mit einem in gleicher Weise verzierten dünnen Querbalkenabschluß umgeben. Zwischen den Pfeilern waren hohe, sparsam dekorierte Eisengitter angebracht, an denen Grün emporranken sollte. Die Pergola öffnete sich nach Westen hin. Ihre Eingangsseite erhielt als Markierung zwei laternenbekrönte Pfeilerpaare, die durch einen eisernen Bogen mit dem U-Bahntransparent verbunden waren.

Zusammen mit den gärtnerischen Anlagen der Mittelinsel stellte dieser Eingang einen neuen, wirkungsvollen Blickfang auf dem Wilhelmplatz dar.[50]

Ein breiter Treppenabgang, der das Öffnungsoval jedoch nicht ganz ausfüllte und deshalb von einem zusätzlichen schmiedeeisernen Gitter umgeben werden mußte (Abb. 168), führte vom Platz in die geräumige Vorhalle. Wände und Decke dieser Halle (Abb. 169) waren reich mit keramischen Platten aus der Königlichen Majolikafabrik in Cadinen ausgestattet.[51] Die Decke erhielt ihren besonderen Akzent durch starke Querträger, die mit farbig gemusterten Fliesen verkleidet waren. Zwischen den Querträgern hingen, in mehreren Reihen angeordnet, tropfenförmige, von bunten Kassettenfeldern umrahmte Beleuchtungskörper. Der Deckengliederung entsprachen an den Seitenwänden des Vorraums pilasterartig hervorgehobene senkrechte Keramikbänder, zwischen denen sich große, mit ei nem Rautenmuster in der lebhaften Farbzusammenstellung Gelb–Blau–Violett geschmückte Felder befanden. Den oberen Abschluß bildete ein durchlaufendes Zackenband in gleicher Farbabfolge. Der Fahrkartenschalter, der in leicht geschwungener Form aus der Wand hervorsprang, stellte die einzige Unterbrechung dieser Gliederung dar.

Pressenotizen anläßlich der Eröffnung der Spittelmarktlinie zufolge hatte Grenander bei der Ausgestaltung der Vorhalle offensichtlich keine freie Hand. Max Osborn betont, »daß dieser Bau zur Zeit der Marokko-Affäre zustande kam«[52], und weist auf den persisch-islamischen, »fast marokkanischen« Charakter der Flächenmuster hin.[53]

Es ist durchaus denkbar, daß Wilhelm II. die Lieferung von Fliesen aus den Cadiner Werkstätten zum Anlaß genommen hat, seine eigenen Vorstellungen hinsichtlich der dekorativen Ausgestaltung der Vorhalle zu verwirklichen. Damit würde auch die Abänderung des ursprünglichen Grenander-Entwurfs (Abb. 170), bei dem anstelle der bunten Rautenmuster an den Wänden einfarbige Felder vorgesehen waren, die in der oberen Hälfte jeweils mit einem Medaillon geschmückt werden sollten, ihre Erklärung finden. Auch die Deckenleuchten hatte Grenander bei seinem ersten Entwurf fortgelassen. Größere Übereinstimmungen zwischen Entwurf und Ausführung finden sich dagegen bei der Pilastergliederung der Wände sowie den von den Enden der Deckenträger tief herabhängenden Lampen.

Mit ihrem reichen künstlerischen Programm bildete die Vorhalle einen starken Kontrast zum Bahnhofsinneren (Abb. 171), das von Grenander in derselben sachlichen, die Konstruktion betonenden Art ausgestattet wurde wie alle Bahnhöfe der Spittelmarktlinie.

Zurückhaltung zeigte Grenander auch bei der Gestaltung des östlichen, an der Kanonierstraße gelegenen Eingangs (Abb. 172), der lediglich mit einem schmiedeeisernen Portal und Umwehrungsgitter versehen wurde. Während das Gitter mit seinen zarten, rhythmisch angeordneten Spiralornamenten noch deutlich auf die verspielten Jugendstilschöpfungen am Wittenbergplatz und Zoologischen Garten zurückging, wies das Portal eine vergleichsweise strenge, lediglich durch einen rankenverzierten Giebelaufsatz gekennzeichnete Form auf. Dieser neue Portaltypus fand eine so starke Resonanz, daß Grenander ihn auch für die übrigen Bahnhöfe der Spittelmarktlinie verwendete.

Schon bei der nächsten Station, dem U-Bahnhof *Friedrichstraße*, heute Stadtmitte[54], sollten sich die Vorteile der neuen Portalform bestätigen. Die Lage des Bahnhofs in der engen Mohrenstraße – zwischen Friedrich- und Charlottenstraße – hätte hier ohnehin keine aufwendigere Lösung zugelassen. Die Mittelinsel, auf der sich die Eingänge befinden, ist an dieser Stelle so schmal, daß Zugang und Abgang in Form zweier schmaler hintereinander liegender Treppen (Abb. 173) getrennt angelegt werden mußten. Durch Giebelportale gekennzeichnet wurden allerdings nur die beiden Zugänge.[55] Sie erhielten außerdem – wie auch einer der beiden Ausgänge – an der hinteren Schmalseite halbhohe bogenförmige Aufbauten (Abb. 174), die der zusätzlichen Anbringung von Stationsschildern sowie von Linien- und Zeitplänen dienten und in dieser Form einmalig in Berlin waren.[56]

Das Innere des Bahnhofs Friedrichstraße (Abb. 175) entsprach in seiner sachlichen und übersichtlichen Anordnung genau dem Bahnhof Kaiserhof. Man verzichtete hier auch auf eine aufwendigere Gestaltung der Vorhalle und paßte diese vielmehr der schlichten Ausstattung der Bahnsteighalle an. Damit wurden erstmalig Grenanders Vorstellungen von einem einheitlichen, funktionsgerechten Bahnhofstyp realisiert, wie er ihn speziell für die Spittelmarktlinie konzipiert hatte.

Der gleiche klare und straffe Aufbau findet sich im Innern des U-Bahnhofs *Hausvogteiplatz* (Abb. 176). Bei der Gestaltung der Eingänge orientierte sich Grenander allerdings nur bedingt an den neu entwickelten Formen. Lediglich der schmale, von vornherein als Nebeneingang geplante Zugang in der Taubenstraße, heute Johannes-Dieckmann-Straße, läßt sich auf die Vorbilder an der Friedrichstraße und am Kaiserhof zurückführen.

Der Haupteingang, der auf einer kleinen dreieckigen Insel an der Ostseite des Hausvogteiplatzes angelegt wurde, zeichnete sich dagegen durch ein völlig anderes Konzept aus. Sein Hauptmerkmal war ein oberirdisches Kassenhäuschen.[57] Es handelte sich hierbei um einen kleinen pavillonartigen Eisenfachwerkbau (Abb. 177, 178) mit sechseckigem Grundriß, großen sprossenunterteilten Fensterflächen an allen sechs Seiten und einem geschweiften, einmal gebrochenen Kuppeldach mit laternenartigem Aufsatz. Grenander setzte mit diesem Bau, der sich stark an die Gartenhausarchitektur nach der Jahrhundertwende anlehnte und auf dort vorhandene barocke Formelemente zurückgriff[58], die

Abb. 169 U-Bahnhof Kaiserhof, Vorhalle, 1908
Arch. A. Grenander

Abb. 170 Entwurf für die Vorhalle des U-Bahnhofs Kaiserhof, ca. 1906, Arch. A. Grenander

Abb. 171 U-Bahnhof Kaiserhof, Innenansicht, 1908
Arch. A. Grenander

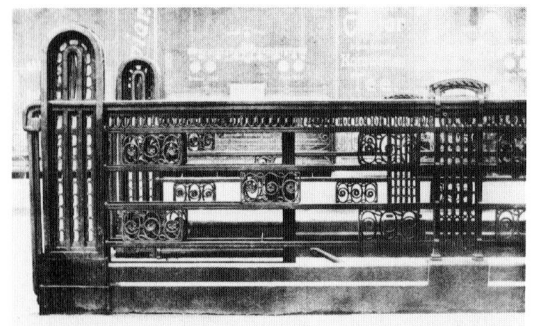
Abb. 172 U-Bahnhof Kaiserhof, Osteingang (Gitterdetail),
1908, Arch. A. Grenander

Abb. 173 U-Bahnhof Friedrichstraße, Westeingang
(nach einem Aquarell von F. Beckert)
Arch. A. Grenander

Abb. 174 U-Bahnhof Friedrichstraße, Westeingang,
späterer Zustand, Arch. A. Grenander

Reihe seiner reizvollen »Kleinarchitekturen«[59] fort, für die er schon zu Beginn seiner Tätigkeit bei der Hochbahngesellschaft eine große Vorliebe gezeigt hatte.[60]

Das Fahrkartenhäuschen am Hausvogteiplatz, mit dem Grenander dem Platz einen neuen Akzent gab, war der letzte im Zusammenhang mit der Untergrundbahn geschaffene Pavillonbau und zugleich auch der formal strengste. Denn Grenander verzichtete hier – abgesehen von den historisierenden Formen des Daches – auf jeden zusätzlichen Schmuck.

Fast etwas störend in diesem Zusammenhang wirkte das kantige Eingangsportal, das durch einen schwer lastenden Querbalken unmittelbar mit dem Fahrkartenhäuschen verbunden war und damit eine ungewöhnliche Lösung darstellte.

Der U-Bahnhof *Spittelmarkt*, dessen Eingänge beide durch den neuen einheitlichen Portaltypus gekennzeichnet waren[61], erfuhr aufgrund seiner Lage unmittelbar neben der Spreeufermauer im Innern eine von der üblichen Form abweichende Gestaltung.

Man durchbrach hier die Bahnhofsseitenwand sowie die parallel dazu verlaufende Kaimauer durch Fensteröffnungen, die in Dreiergruppen angeordnet wurden und Durchblicke auf die Spree und das gegenüberliegende Ufer gestatteten (Abb. 179). Um einen möglichst großen Lichteinfall durch die etwa 3 m tiefen, schräg nach unten geneigten Fensterschächte zu erzielen, wurden die Laibungen nach innen trichterförmig erweitert, so daß sie fast bis auf die Tiefe des Bahnkörpers herabreichten (Abb. 180). Zur besseren Lichtreflexion plante man außerdem eine Verkleidung der Fensterschächte mit weißen Marmorplatten, die jedoch nicht zur Ausführung kam.

Die Idee einer solchen galerieartigen Öffnung des U-Bahntunnels zum Wasser, die hier erstmalig in Berlin Verwirklichung fand[62], läßt sich klar auf die ersten U-Bahnpläne von Siemens & Halske aus dem Jahre 1891 zurückführen.[63] Die Fensteröffnungen wurden während des 2. Weltkrieges aus Sicherheitsgründen zugemauert. Sie sind heute nur noch von außen sichtbar, da der Bahnhof innen eine neue Plattenverkleidung erhielt.

In den zwanziger Jahren war außerdem der Bau einer Dampferanlegestelle direkt vor den Fenstern geplant.[64] Dadurch sollten U-Bahn und Spreeschiffahrt enger miteinander verknüpft werden. Diese Pläne wurden jedoch nie realisiert.

Abgesehen von den Galerieöffnungen, durch die im U-Bahnhof Spittelmarkt ungewöhnliche Lichtverhältnisse und damit eine eigenwillige Atmosphäre geschaffen wurden, erhielt der Bahnhof im Innern die gleiche straffe Form, die den anderen Bahnhöfen der Spittelmarktlinie eigen ist.

4.2 Der Streckenabschnitt Spittelmarkt–Alexanderplatz–Nordring

Vorgeschichte und Linienführung

Als eigentlichen Endpunkt der Verlängerungslinie über den Potsdamer Platz hinaus hatte die Hochbahngesellschaft von Anfang an den Alexanderplatz vorgesehen. Denn erst durch den Anschluß an diesen wichtigen Verkehrsknotenpunkt mit seinen zahlreichen radial verlaufenden Straßen, die ihrerseits günstige Voraussetzungen für weitere Verkehrsverbindungen boten, konnte die U-Bahn letztlich den Zuspruch gewinnen, der zur Absicherung eines dauerhaften Erfolges des gesamten Unternehmens notwendig war.

Noch während man sich um eine Realisierung derartiger Pläne bemühte, wurde eine weitere Verlängerung der Linie vom Alexanderplatz in Richtung Norden durch die Schönhauser Allee bis zur Ringbahn (Bahnhof Nordring) ins Auge gefaßt. Der Anschluß an die Ringbahn und damit an das gesamte Netz der Stadtbahn lag vor allem im Interesse der Hochbahngesellschaft, die damit einen ganz neuen Benutzerkreis für sich gewinnen konnte. Aber auch die Stadt Berlin versprach sich von dieser Erweiterungslinie durch die Schönhauser Allee große Vorteile, so daß man sich rasch darüber einigte, den Weiterbau der Linie bis zum Nordring in den Vertrag über die Spittelmarktlinie aufzunehmen.[65]

Die Festlegung der Trasse bis zum Alexanderplatz brachte insofern Probleme mit sich, als die Bahn hier einerseits das Gebiet der alten Befestigungswerke mit ihren engen, winkligen Straßen berührte,

Abb. 176 U-Bahnhof Hausvogteiplatz, Innenansicht, 1908
Arch. A. Grenander

Abb. 177 U-Bahnhof Hausvogteiplatz, Eingang mit
Fahrkartenhäuschen, 1908 (zerstört), Arch. A. Grenander

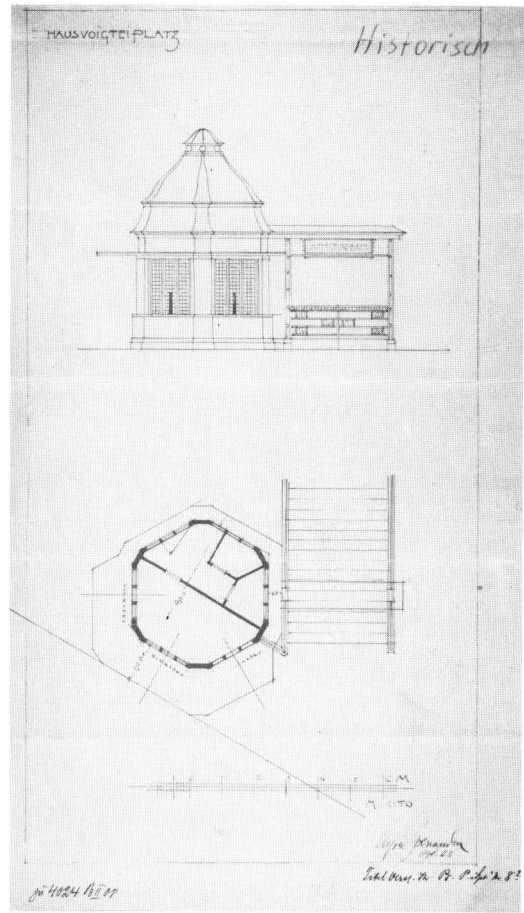

Abb. 178 Entwurf für das Fahrkartenhäuschen
am U-Bahnhof Hausvogteiplatz

Abb. 175 U-Bahnhof Friedrichstraße, Innenansicht, 1908
Arch. A. Grenander

Abb. 179 U-Bahnhof Spittelmarkt, Ansicht von der Spree

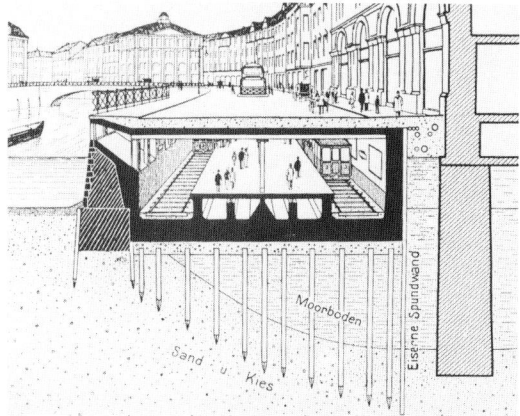

Abb. 180 U-Bahnhof Spittelmarkt, Querschnitt

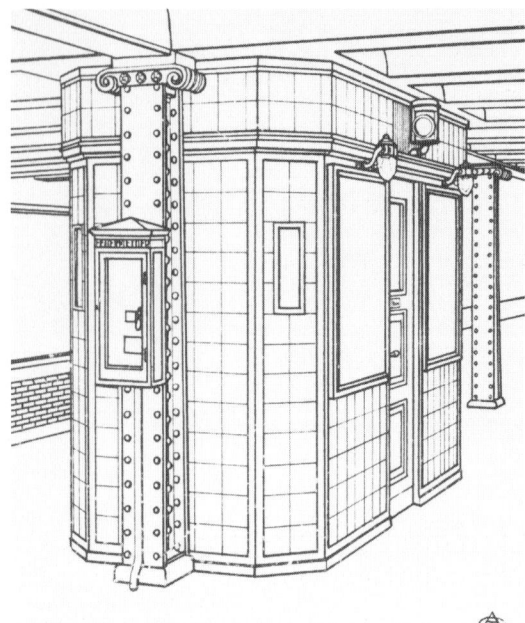

Abb. 181 U-Bahnhof Schönhauser Tor, Betriebshäuschen, 1913, Arch. A. Grenander

andererseits die Spree überquert werden mußte. Um allzu mühevolle und kostspielige Hausunterfahrungen zu vermeiden, wählte man den bereits am Hausvogteiplatz eingeschlagenen, etwas weiteren Weg über den Ring der alten Wallstraßen, die einen ziemlich kontinuierlichen Verlauf aufwiesen. Unklarheiten bestanden auch hinsichtlich der Spreeüberquerung. Wegen der zu erwartenden technischen Schwierigkeiten hatte sich Siemens & Halske bereits bei den ersten Verhandlungen gegen eine Untertunnelung der Spree ausgesprochen und statt dessen hier eine Weiterführung als Hochbahn vorgeschlagen.[66] Man wollte damit nicht nur dem mit einer Untertunnelung verbundenen technischen Risiko aus dem Wege gehen, sondern insbesondere die zahlreichen aus dem 17. und 18. Jahrhundert stammenden Häuser retten, die rechts und links der Spree standen und noch einen recht geschlossenen Eindruck vom alten Berlin vermittelten. Die Stadt Berlin bestand jedoch auf einer Untertunnelung, was zugleich den Abriß der alten Bauten und damit einen entscheidenden Eingriff in das Stadtbild bedeutete.[67]

Jenseits der Spree folgte die Bahn zunächst der Klosterstraße in Richtung Norden, schwenkte dann in scharfer Kurve in die Grunerstraße ab und mußte, bevor sie den Alexanderplatz erreichte, ein letztes Mal die alten Befestigungsmauern durchbrechen. Wie schon auf der Strecke Potsdamer Platz – Spittelmarkt mußten auch hier wegen des ungünstigen Straßenverlaufs zahlreiche Grundstücke unterfahren und zu diesem Zwecke häufig angekauft werden. Dadurch sollte sich der Bau der U-Bahn erheblich verteuern. Außerdem traten durch die mit langwierigen Verhandlungen verbundenen Grundstückunterfahrungen zusätzliche Bauverzögerungen ein, die sich durch die wiederholten Proteste der Großen Berliner Straßenbahn, die erneut einen Prozeß anstrengte und verlor, immer weiter ausdehnten.[68]

Nördlich des Alexanderplatzes wurde die Verlängerungslinie zunächst durch die Alexander- bzw. Münzstraße (heute Memhardstraße), die Kaiser-Wilhelm-Straße (heute Karl-Liebknecht-Straße) sowie das Gebiet des alten Scheunenviertels geführt, das man in diesem Zusammenhang niederriß und zur Hankestraße ausbaute. Sie sollte dann dem Verlauf der gesamten Schönhauser Allee bis zum Bahnhof Nordring folgen, vom Senefelderplatz ab jedoch langsam zur Hochbahn emporsteigen, da die tiefe Lage von großen, nicht verlegbaren Sammelkanälen der Kanalisation in der Fransecki- (heute Sredskistraße), Eberswalder und Stargarder Straße sowie der Bahneinschnitt der Ringbahn am Bahnhof Nordring eine unterirdische Weiterführung der Bahn nicht zuließen.[69]

Obwohl die Bewohner der Schönhauser Allee erhebliche Proteste anmeldeten[70], hielt die Hochbahngesellschaft – unterstützt von den Behörden – an ihren Hochbahnplänen fest, zumal sich die Schönhauser Allee als breite, vom Stadtzentrum entfernte Straße mit Mittelstreifen für den Bau einer Hochbahn geradezu anbot. In Wirklichkeit ging es hierbei jedoch um Finanzierungsfragen. Mit dem Bau der billigeren und in der Anlage einfacheren Hochbahn wollte man die erhöhten Kosten des Untergrundbahnbaus im Stadtzentrum möglichst wieder auffangen.[71]

Nachdem sich die Stadt Berlin und die Hochbahngesellschaft schon am 18. April 1906 im Zusammenhang mit dem Vertrag über die Spittelmarktlinie über die Verlängerung bis zum Nordring in der genannten Form als Hochbahn geeinigt hatten und am 22. Dezember 1907 auch die landespolizeiliche Genehmigung erfolgt war[72], wurde trotz anhaltender Proteste seitens der Bevölkerung im März 1910 mit den Bauarbeiten auf der Strecke Spittelmarkt – Nordring begonnen. Die Bauausführung erfolgte wiederum durch die Hochbahngesellschaft in Zusammenarbeit mit Siemens & Halske.

Eröffnet wurde die Linie am 1. Juli 1913. Die Strecke umfaßte neben den fünf U-Bahnhöfen Inselbrükke, Klosterstraße, Alexanderplatz, Schönhauser Tor und Senefelderplatz die beiden Hochbahnhöfe Danziger Straße und Nordring.

Die architektonische Gestaltung der Bahnhöfe

Mit der architektonischen Bearbeitung der Bahnhöfe wurde wieder Alfred Grenander betraut. Er verfolgte bei der Ausgestaltung die gleichen strengen Prinzipien, die schon für die Spittelmarktlinie maßgebend waren. Jedoch erfuhr der dort entwickelte Bahnhofstypus jetzt durch noch stärkere Straffung der Form und weitgehende Zurückhaltung in der Verwendung dekorativen Beiwerks einen noch klareren Aufbau. Gerade in dieser Reduzierung auf einfache Formen zeigte sich Grenanders besonderes Verständnis für technisch-funktionale Zusammenhänge, das in zunehmendem Maße bestimmend für sein Schaffen werden sollte.

Die Bahnsteighallen der neuen U-Bahnhöfe unterscheiden sich mit Ausnahme des Bahnhofs Inselbrücke, heute Märkisches Museum[73], nur geringfügig von denen der Spittelmarktlinie. Decken und Seitenwände wurden in gleicher Weise wie dort gestaltet. Nur die Form der Stationsschilder variierte. Sie erhielten einfache Rechteckrahmen, die denen der Reklametafeln angepaßt wurden. Auch bekam jede Station ihre bestimmte, in gleicher Reihenfolge wie auf der Spittelmarktlinie wiederkehrende Kennfarbe, beginnend mit Grün am Bahnhof Inselbrücke, über Schwarz, Rot und Gelb bis hin zu Blau für die Bahnhöfe Klosterstraße, Alexanderplatz, Schönhauser Tor und Senefelderplatz.

Die übrige Innenausstattung der Bahnhöfe mit Sperrenanlagen, Betriebshäuschen (Abb. 181), Schaltkästen, Zeitungskiosken, Hydranten, Bänken usw. entspricht sowohl in der Anordnung als auch in der Ausführung ebenfalls den vorangegangenen Bahnhöfen. Dagegen wurde die Form der Mittelstützen bzw. der Stützenköpfe leicht variiert, indem Grenander die in Voluten endenden Auflagerplatten jetzt verkürzte und auf die Lampen verzichtete.

Bei der Gestaltung der Eingänge und Vorhallen verfolgte Grenander sein einheitliches Konzept mit ähnlicher Konsequenz. Ausnahmen bilden hier nur die südliche Vorhalle des Bahnhofs Klosterstraße sowie der Westeingang am Alexanderplatz. Alle übrigen U-Bahneingänge wurden nach dem gleichen Prinzip wie auf der Spittelmarktlinie gestaltet. Abweichungen hiervon lassen sich nur im Detail feststellen. Grenander übernahm die Form der hohen Eisenportale unmittelbar vom Osteingang des Bahnhofs Kaiserhof, schmückte jetzt allerdings außer dem Giebel auch die Flanken der seitlichen Stützen mit Rankenmotiven (Abb. 182). Umgekehrt verzichtete er bei den eisernen Schutzgittern auf die bisher verwendeten bewegten Spiralornamente zugunsten ruhigerer Bogenformen an der Ober- und Unterkante des Gitters sowie knotenartiger Verdickungen an den einzelnen Gitterstäben.

Die erste Station der neuen Verlängerungslinie, der U-Bahnhof *Inselbrücke*, nimmt – wie bereits angedeutet – aufgrund ihrer ungewöhnlichen Tiefenlage[74], die durch die Anordnung im Bereich der Rampenabsenkung zur Spreeuntertunnelung bedingt ist, eine absolute Sonderstellung ein. Infolge dieser Tiefenlage wurde hier nämlich anstelle der sonst üblichen Flachdecke das wesentlich stärker belastbare und insofern statisch günstigere Korbbogengewölbe (Abb. 183) gewählt, das die Bahnsteighalle in ihrer ganzen Breite in elegantem Bogen überspannt und bis tief in die Wandzone herabgezogen ist. Gewölbe und Wände sind einheitlich mit kleinen weißen glasierten Fliesen verkleidet, die das Licht besonders gut reflektieren und eine auffallende Helligkeit in der Halle erzeugen.

Diese für Berlin ungewöhnliche Deckenlösung, die zweifellos auf Pariser Vorbild (Abb. 184) zurückgeht[75], darf somit keineswegs als ein spezifisches Bedürfnis Grenanders nach ausgefallenen architektonischen Lösungen verstanden werden – was sich kaum mit Grenanders strenger Architekturauffassung vereinen ließe –, sondern ist vielmehr als eine konsequent nach statischen Gesetzen entwickelte Konstruktionsform zu betrachten. Bevor man sich für diese Gewölbeform entschied, hatte man – wie ein Entwurf von 1908 zeigt – versucht, das Bahnhofsproblem durch die Anlage von zwei getrennten Tunnelröhren nach dem System der Londoner Untergrundbahn zu lösen.[76]

Infolge der Tiefenlage des Bahnhofs Inselbrücke erfuhren auch die beiden Treppenabgänge (Abb. 185) an den Bahnsteigenden eine neuartige Gestaltung. Zur Vermeidung allzu langer Treppenläufe fügte Grenander jeweils auf halber Höhe ein größeres Podest ein, das zugleich die Funktion einer Vorhalle übernahm und dementsprechend mit Fahrkartenschalter und Sperren ausgestattet wurde. Von hier aus führt eine Freitreppe mit schmiedeeisernen Geländern unmittelbar zum Bahnsteig hinab. Gegenüber der bisher üblichen Anordnung, bei der die Treppen nie direkt auf den Bahnsteig, sondern immer in einen zwischen Bahnsteighalle und Abgang vermittelnden Gang einmündeten, bekam die Treppe hier als raumgestaltendes Element eine völlig neue Bedeutung.

Die neue Treppenlösung fand auch beim U-Bahnhof *Klosterstraße*, der sich nördlich der Spree in ähnlicher Tiefenlage wie der Bahnhof Inselbrücke befindet[77], Anwendung. Die Anlage von Zwischenpodesten, die zusätzliche Gestaltungsmöglichkeiten boten, sollte sich hier als doppelt günstig erweisen, da die Lage des Bahnhofs in unmittelbarer Nähe des gerade errichteten Stadthauses[78] ohnehin zu einer aufwendigeren Gestaltung aufforderte.

Abb. 182 U-Bahnhof Inselbrücke, Westeingang, 1913
Arch. A. Grenander

Abb. 183 U-Bahnhof Inselbrücke, Innenansicht, 1913
Arch. A. Grenander

Abb. 184 Pariser Métropolitain, Station Place de l'Étoile, 1900

83

Abb. 185 U-Bahnhof Inselbrücke, Treppe zum Bahnsteig
Arch. A. Grenander

Abb. 187 U-Bahnhof Klosterstraße, Treppe zum Bahnsteig,
1913, Arch. A. Grenander

Abb. 186 U-Bahnhof Klosterstraße, Südliche Vorhalle, 1913, Arch. A. Grenander

Die besondere Aufmerksamkeit galt dem südlichen, direkt vor dem Stadthaus gelegenen U-Bahneingang. Hier wurde das Zwischenpodest zu einer ungewöhnlich großen repräsentativen Vorhalle aus-
geweitet (Abb. 186), die mit ihrer Ausstattung unmittelbaren Bezug auf das Stadthaus nimmt. Wie die
Vorhalle des Bahnhofs Kaiserhof, die ihr auffallendes Aussehen gleichfalls aus Repräsentationsgrün-
den erhalten hatte, wurde auch diese Vorhalle mit farbigen Keramikplatten aus den Königlichen
Werkstätten in Cadinen ausgekleidet. Fiel die Kaiserhof-Vorhalle jedoch im wesentlichen durch die
Vielfalt der Farben auf, so suchte Grenander jetzt durch sorgfältig ausgewählte Farbkombinationen
und ausgefallene Schmuckmotive eine besondere Raumwirkung zu erzielen.
Dies trifft insbesondere auf den vorderen Teil der Halle zu, der durch große stilisierte Pflanzenornamente in leuchtenden Blautönen vor gelbem Hintergrund einen kräftigen Farbakzent erhielt. Hier
zeigen sich – wie schon am Bahnhof Kaiserhof – deutlich fremde Einflüsse. Das Pflanzenmotiv ist eine
genaue Wiedergabe der stilisierten Palmen von der Fassade des Thronsaals in Babylon, deren Frag-
mente sich im Pergamon-Museum, nicht weit entfernt vom U-Bahnhof Klosterstraße, befinden. Gelb
und Blau sind auch die bestimmenden Farben der mit breiten Ornamentbändern geschmückten
Decke der Vorhalle.
Der hintere erweiterte Hallenteil, der durch einen dicken Pfeiler und die Zugangssperren vom Vorder-
teil abgetrennt ist, wurde höchst ungewöhnlich mit vier großen Ölbildern ausgestattet, die die Halle
in einen kleinen »Futuristischen Kunstsalon«[79] verwandelten. Mit der Bezeichnung »futuristisch«
sollte angedeutet werden, daß es sich bei den Darstellungen um »städtebauliche Zukunftsbilder«[80]
handelte. Sie gaben die Ansichten und Pläne solcher Stadtgebiete wieder, »deren Besiedlung durch
den Schnellbahnverkehr gefördert oder erst ins Leben gerufen werden sollte«.[81] Dargestellt sind – jeweils von verschiedenen Künstlern – vier zukünftige Endpunkte des Berliner Schnellbahnnetzes: die
beiden im Westen Berlins gelegenen neuen Kolonien Dahlem und Neu-Westend, gemalt von dem bekannten Münchener Plakatkünstler Ludwig Hohlwein, das Schöneberger Südgelände, eine Arbeit von
E. Fader, und die geplante Siedlung Neu-Tempelhof[82] mit ihrem Parkgürtel, ein Bild des Berliner
Landschaftsmalers Willi Obronski.[83]
Mit diesen vier Bildern sollte der Bezug zum Stadthaus hergestellt werden, wo alle wichtigen städtebaulichen Fragen entschieden wurden.

Mit einer Bronzetafel dicht am Eingang gedachte man außerdem der historischen Entwicklung des Berliner Schnellbahnnetzes. Die von dem Bildhauer August Vogel geschaffene, heute nicht mehr auffindbare Tafel[84] sollte daran erinnern, »daß die Erweiterung des großberliner Untergrundbahnnetzes im Jahre des Kaiserl. Regierungsjubiläums stattfand«.[85] Sie zeigte außer einem Diagramm des Berliner Schnellbahnnetzes und einer Reihe von Inschriften zwei ovale Reliefs mit dem Portrait Kaiser Wilhelms II. bzw. einer Allegorie auf die Elektrizität zum Gedenken an Werner von Siemens. Die Tafel sollte später noch mit den Köpfen aller am U-Bahnbau maßgeblich Beteiligten umrahmt werden.[86]

Im Gegensatz zu der ungewöhnlich reichen Ausstattung der südlichen Vorhalle des Bahnhofs Klosterstraße erfuhr die nördliche eine sehr schlichte Ausführung.[87] Beiden Vorhallen gemeinsam sind jedoch die doppelten Treppenläufe (Abb. 187), die auf den auffallend breiten, in einer leichten Krümmung liegenden Bahnsteig hinabführen.

Abb. 188 U-Bahnhof Alexanderplatz, Innenansicht, 1913
Arch. A. Grenander

Die ungewöhnliche Breite dieses Bahnsteigs von fast 12 m geht auf eine Planung aus dem Jahre 1910 zurück, in der der Bahnhof Klosterstraße als Ausgangspunkt für eine Zweiglinie durch die Frankfurter Allee in Richtung Lichtenberg vorgesehen war.[88] In Hinblick auf diese Zusatzlinie wurde der Bahnhof dreigleisig angelegt, das in der Bahnsteigmitte angeordnete dritte Gleis zunächst jedoch abgedeckt gelassen. Da die Linie durch die Frankfurter Allee aufgrund späterer Änderungen erst am Alexanderplatz eingesetzt und außerdem in Großprofilbauweise konzipiert wurde, besteht der Bahnsteig heute noch in dieser durchgehend breiten Form. Die Treppenanordnung, die Markierungen der beiden vorgesehenen Bahnsteigkanten und die aus der Mittelachse herausgerückte Stützenreihe erinnern noch an die ursprüngliche Planung.

Wegen der übermäßigen Breite der Bahnsteighalle wurde die Decke nicht – wie bei dem in ähnlicher Tiefe liegenden Bahnhof Inselbrücke – eingewölbt, sondern in der üblichen Art mit Doppel-T-Trägern und dazwischengespannten Betonkappen ausgebildet.

Obwohl auch der U-Bahnhof *Alexanderplatz* an exponierter Stelle liegt und damit eine reichere Ausstattung durchaus gerechtfertigt gewesen wäre, verzichtete Grenander hier fast völlig auf repräsentative Dekorationsformen. Bezeichnend für diesen Bahnhof ist die einfache Ausbildung der Vorhallen und die knappe Ausstattung der Bahnsteighalle, die allerdings in ihrer Gesamtwirkung durch die intensive Tönung der roten Kennfarbe, die alle eisernen Konstruktionsglieder sowie die Umrahmungen der Reklametafeln und Stationsschilder und die Kachelverblendungen der Betriebshäuschen überzieht, stark mitbestimmt wird.

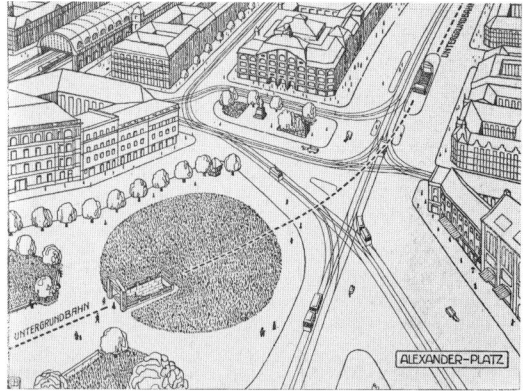

Abb. 189 Alexanderplatz mit den Eingängen zur U-Bahn, 1913

Außerdem fällt die Halle durch ihre extreme, den Bahnhof Klosterstraße noch weit übertreffende Breite auf, die nur mit Hilfe einer doppelten Stützenreihe überbrückt werden konnte (Abb. 188). Die ungewöhnliche Bahnsteigbreite stand auch hier in direktem Zusammenhang mit der geplanten Linie durch die Frankfurter Allee, die den Bahnhof Alexanderplatz allerdings in einer zweiten, unter dem Bahnsteig angeordneten Ebene kreuzen sollte.[89] Der Kreuzungspunkt sollte im südlichen Bahnhofsteil liegen. Er wurde durch Arkadenbögen gekennzeichnet, die heute jedoch ohne jede Funktion sind, da man die Frankfurter-Allee-Linie bei der erst sehr viel später erfolgten Bauausführung mehr zur Bahnhofsmitte hin verschob.[90]

Ohne jeden künstlerischen Akzent sollte aber auch dieser Bahnhof nicht bleiben. Eine willkommene Gelegenheit für eine aufwendigere Gestaltung bot sich bei dem inmitten des Alexanderplatzes auf einer runden Rasenfläche angeordneten Südeingang (Abb. 189). Grenander hob diesen durch ein hohes, giebelgeschmücktes und mit Ranken verziertes Steinportal (Abb. 190) hervor, das dem Platz einen zusätzlichen architektonischen Blickfang gab.

Abb. 190 U-Bahnhof Alexanderplatz, Südeingang, 1913
Arch. A. Grenander

Von ähnlichen Vorstellungen ging offensichtlich auch der Plan der Architekten Kayser und von Großheim aus dem Jahre 1910 aus, die Gontardschen Königskolonnaden in die »Ausmündung einer U-Bahnstation auf dem Alexander-Platz« einzubeziehen (Abb. 191).[91] Dieser Vorschlag ist insofern bemerkenswert, als er zeigt, welchen Wert man dem U-Bahnhof Alexanderplatz neben seiner reinen Verkehrsbedeutung[92] auch aus der Sicht städtebaulicher Gestaltung beimaß.

Der nördliche, vor dem Warenhaus Tietz in der Alexanderstraße (heute Memhardstraße) auf einer Straßeninsel angeordnete Eingang entsprach dagegen dem bereits bekannten Normaltypus mit Eisenportal.

Abb. 192 U-Bahnhof Schönhauser Tor, Innenansicht, 1913, Arch. A. Grenander

Abb. 193 U-Bahnhof Senefelderplatz, Innenansicht, 1913 Arch. A. Grenander

Abb. 194 U-Bahnhof Senefelderplatz, Eingangsportal, 1913, Arch. A. Grenander

Abb. 191 Vorschlag zur Aufstellung der Königskolonnaden als Ausmündung einer U-Bahnstation auf dem Alexanderplatz, 1910, Arch. Kayser u. von Großheim

Die beiden folgenden U-Bahnhöfe *Schönhauser Tor*[93], heute Rosa-Luxemburg-Platz, und *Senefelderplatz* repräsentieren Grenanders neuen Bahnhofstyp in der bisher wohl reinsten Form. Die Anordnung beider Bahnhöfe im Bereich breiter Straßenzüge, die teilweise – wie etwa die Hankestraße – erst infolge der Sanierung des alten Scheunenviertels entstanden waren, warf keine wesentlichen Probleme auf und gab insofern auch keinen Anlaß zu ausgefallenen architektonischen Lösungen.

Die als einfache Durchgangsstationen ausgelegten Bahnhöfe sind in ihrer architektonischen Gestaltung und Ausstattung so einheitlich (Abb. 192, 193), daß man sie nur durch ihre Kennfarbe unterscheiden kann.[95] Die Übereinstimmungen betreffen auch die Gestaltung der eisernen Eingangsportale (Abb. 194), die jeweils auf kleinen Inseln in der Straßenmitte oder an Straßengabelungen angeordnet waren und deren Form ebenfalls auf den bereits bekannten Einheitstypus zurückging.[95]

Die beiden Bahnhöfe *Danziger Straße* (Abb. 197), heute Dimitroffstraße[96], und *Nordring* (Abb. 198), heute Schönhauser Allee[97], liegen im Bereich der Viaduktstrecke im nördlichen Teil der Schönhauser Allee und sind folglich als Hochbahnhöfe ausgebildet. Auch hier macht sich – wie bei den Untergrundbahnhöfen dieser Strecke – eine in technischer und künstlerischer Hinsicht fortschrittlichere Bauweise gegenüber der elf Jahre früher eröffneten Hochbahnstrecke in der Bülowstraße bemerkbar.

So wurde das schwer gegen Korrosion zu schützende offene Fachwerk der ersten Eisenviadukte jetzt durch vollwandige Blechträger ersetzt (Abb. 195, 196). Damit orientierte man sich an den Bauten der 1912 eröffneten Hamburger Hochbahn.[98] Außerdem mußten die Viadukte wegen der inzwischen allgemein üblichen Mittellage der Bahnsteige im Bereich der Bahnhöfe auseinandergezogen werden (Abb. 199), so daß an diesen Stellen ein insgesamt wesentlich breiterer Unterbau entstand.

Die neue Mittellage der Bahnsteige (Abb. 200, 201), die jetzt mit rund 120 m sehr viel länger als bei den alten Hochbahnhöfen bemessen waren, brachte weitere Änderungen mit sich. Da nämlich die Hallenwände wegen der seitlichen Gleisanordnung jeweils von den einfahrenden Zügen verdeckt wurden und damit keine ausreichende Lichtzufuhr durch die Seitenfenster gewährleistet war, mußten zusätzliche Lichtquellen geschaffen werden. Man entschied sich für hochgelegene schmale Lichtbänder und Oberlichter, die als durchlaufende, satteldachartige Aufbauten dem leicht gewölbten Hallendach aufgesetzt wurden und den Bahnsteig von oben her mit Tageslicht ausleuchteten. Die Binderkonstruktion des Hallendaches machte auch hier – wie schon bei den ersten Hochbahnhöfen – die Anordnung von Mittelstützen überflüssig. Im übrigen entspricht die Innenausstattung der Bahnsteighallen ganz den strengen Maßstäben, die bereits bei den U-Bahnhöfen angelegt worden waren.

Abb. 195 Hochbahnviadukt in der Schönhauser Allee /
Ecke Gleim- und Stargarder Straße, 1913
Arch. A. Grenander

Abb. 196 Viadukt in der Schönhauser Allee, 1913
Entwurf J. Bousset

Abb. 197 Hochbahnhof Danziger Straße, 1913
Arch. A. Grenander

Auch das Äußere der beiden Bahnhöfe Danziger Straße und Nordring zeigt eine deutliche Abkehr vom ursprünglichen Formenreichtum, durch den sich vornehmlich die Hochbahnhöfe der westlichen Stammstrecke ausgezeichnet hatten. Insbesondere verzichtete Grenander jetzt auf eine zusätzliche rein dekorative Gliederung der Hallenseitenwände, wie sie bei den Bahnhöfen Bülowstraße und Nollendorfplatz durch das pylonartige Hochziehen der steinernen Pfeilerunterbauten erzielt worden war. Die relativ schmale Mittelpromenade der Schönhauser Allee, auf der die beiden Bahnhöfe angeordnet sind, hätte ein solches stärkeres Ausladen der massiven Unterbauten ohnehin kaum gestattet.
Wegen der Enge der Mittelpromenade war auch eine großzügigere Ausbildung der Treppenanlagen etwa mit Türmchen oder Kuppelaufbauten wie bei der Stammlinie nicht angebracht. Die jeweils nur an einem Bahnhofsende[99] angeordneten, auf massivem Unterbau ruhenden Treppenaufgänge wurden vielmehr geschickt und wenig auffällig in das System der an dieser Stelle bereits um eine Bahnsteigbreite auseinandergezogenen Gleise eingebaut: Zwei getrennt unter den beiden Viaduktsträngen beginnende Treppenläufe führen über ein quer gespanntes Zwischenpodest und einen gemeinsamen – in der Bahnhofsachse liegenden – oberen Lauf zum Bahnsteig.
Die Zwischenpodeste sind an der Stirnseite verglast und jeweils mit einem ranken- bzw. palmettengeschmückten Segmentgiebel bekrönt.[100] Diese Giebel, deren Form mit der des leicht geschwungenen Hallendaches korrespondiert, sollten der Anlage ein portalartiges Aussehen verleihen und damit zum Betreten der unter dem Bahnhof gelegenen Viaduktzone einladen.
Die Ausbildung der Viadukte im Bereich der beiden Bahnhöfe erfolgte nach unterschiedlichen Prinzipien. Während beim Bahnhof Danziger Straße noch in Anlehnung an die Stammlinie für den Unterbau eine Konstruktion aus gemauerten Bögen verwendet wurde, erforderte die brückenartige Lage des Bahnhofs Nordring über dem Einschnitt der Ringbahn eine andere, durch die unterschiedliche Fundamentierung bedingte Konstruktion. Sie zeichnet sich durch einfache Eisenstützen mit rechteckigem Grundriß aus (Abb. 198).
Von den genannten Tendenzen zum Monumentalisieren abgesehen verrät die Gesamtkonzeption der beiden Hochbahnhöfe doch die gleiche klare Formensprache, die schon für die U-Bahnhöfe dieser Linie bezeichnend war. Allerdings dürften bei der Gestaltung neben künstlerisch-ästhetischen Gesichtspunkten auch finanzielle eine nicht unwesentliche Rolle gespielt haben. Denn nicht umsonst hatte man sich hier für den Bau der sehr viel billigeren Hochbahn entschlossen. Mit ihr wollte man den finanziellen Ausgleich für die teilweise beträchtlichen Kosten des U-Bahnbaus im Stadtzentrum sowie für die zunächst noch unrentablen westlichen Anschlußstrecken[101] schaffen und damit dem gesamten Unternehmen eine gesündere wirtschaftliche Basis geben.[102]

Abb. 198 Hochbahnhof Nordring (heute Schönhauser Allee), Arch. A. Grenander

Abb. 199 Hochbahnhof Danziger Straße, Treppenaufgang, 1913, Arch. A. Grenander

Abb. 201 Hochbahnhof Nordring, Innenansicht, 1913,
Arch. A. Grenander

Abb. 202 Hochbahnviadukt zwischen den Bahnhöfen
Nordring und Pankow, 1930, Arch. A. Grenander

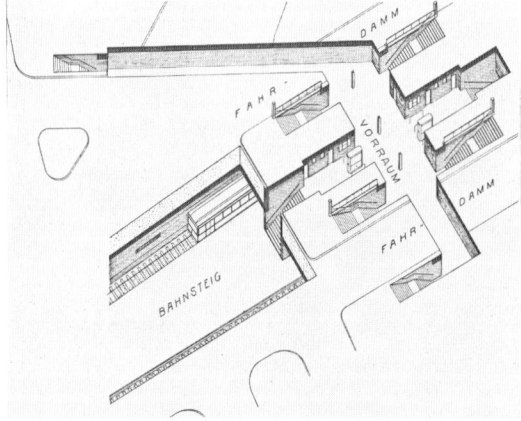

Abb. 203 U-Bahnhof Pankow (Vinetastraße),
Perspektivischer Schnitt, Arch. A. Grenander

Abb. 200 Hochbahnhof Danziger Straße, Innenansicht, 1913, Arch. A. Grenander

Mit dem Hochbahnhof Nordring, der schon bald zu den verkehrsreichsten Bahnhöfen des Berliner Schnellbahnnetzes zählte[103], sollte die Verlängerungsstrecke durch die Schönhauser Allee nur ihren vorläufigen Abschluß finden. Schon 1905 hatte man sich mit dem Gedanken befaßt, die Linie bis nach Pankow fortzuführen. Diese Pläne wurden jedoch immer wieder zurückgestellt. Erst 1927, als sich der fehlende Anschluß nach Pankow zu einem echten Verkehrsproblem auszuweiten drohte, entschloß sich die Stadt Berlin[104] zur Verlängerung der Linie wenigstens bis zur Gabelung der Schönhauser Allee mit der Mühlenstraße und zum Bau eines neuen Endbahnhofs an dieser Stelle.[105]

Diese Station, die die Bezeichnung »Pankow (Vinetastraße)« erhielt, wurde als Untergrundbahnhof angelegt, da für einen späteren Zeitpunkt eine unterirdische Weiterführung der Linie bis ins Zentrum von Pankow vorgesehen war.

Der Übergang von der Hochbahn zur Untergrundbahn erfolgte erst kurz vor dem neuen U-Bahnhof an der Kreuzung der Schönhauser Allee mit der Kaiser-Friedrich-Straße, heute Thulestraße. Die bis dorthin fortgeführten eisernen Viadukte zeichnen sich durch senkrecht eingespannte Hohlkastenstützen (Abb. 202) aus, wobei man auf die früher noch üblichen Bogenverbindungen verzichtete.

Am 29. Juni 1930 wurde der U-Bahnhof *Pankow* eröffnet – eine schmucklose, dem nüchternen Spätstil Grenanders angepaßte Anlage mit sechs Zugängen, die alle in einen zentralen, im Zwischengeschoß genau über der Bahnsteigmitte angeordneten langgestreckten Vorraum führen (Abb. 203). Von dort aus erreicht man über zwei gegenüberliegende Treppen den Bahnsteig. Zugänge, Vorraum und Bahnsteig sind mit weißen Fliesen ausgekleidet und die sechs Eingänge, die teils auf der Mittelpromenade, teils auf den seitlichen Bürgersteigen liegen, durch schlichte Portale gekennzeichnet.

5 Die Erweiterungslinien im Westen

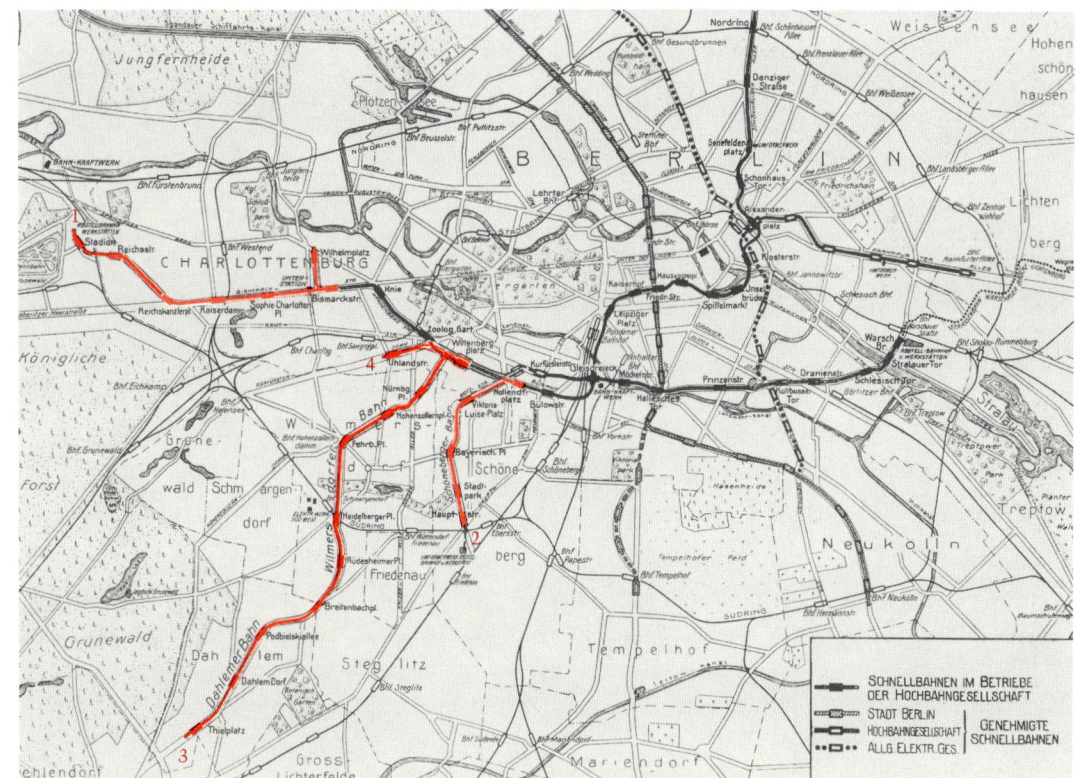

1 Streckenführung der
Charlottenburger U-Bahn

2 Streckenführung der
Schöneberger U-Bahn

3 Linienführung der
Wilmersdorf – Dahlemer Schnellbahn

4 Linienführung der Strecke
Wittenbergplatz – Uhlandstraße

Hatte die Verlängerung der Stammlinie in Richtung Stadtmitte im wesentlichen der Befriedigung eines echten Verkehrsbedürfnisses gegolten, so waren für den Bau der drei westlichen Verlängerungslinien – der Charlottenburger, der Schöneberger und der Wilmersdorfer U-Bahn – andere Faktoren ausschlaggebend gewesen. Hier ging es weniger um den Ausbau bzw. die Entlastung bereits bestehender innerstädtischer Verkehrswege durch leistungsfähigere Verkehrsmittel, als vielmehr um die verkehrsmäßige Erschließung nur spärlich oder noch gar nicht besiedelter Randbezirke.

Mit dem Bau solcher Erschließungsbahnen, deren Kosten zum größten Teil von den Gemeinden selbst getragen wurden, verfolgten die drei genannten Gemeinden konkrete Ziele. Waren durch den Bahnbetrieb selbst zunächst auch keine direkten Gewinne zu erwarten, so versprach man sich von der verkehrsmäßigen Erschließung durch die Schnellbahn doch eine nicht unerhebliche Wertsteigerung des Geländes und damit positive Auswirkungen auf die zukünftige Bautätigkeit in den betreffenden Gebieten. Nicht zuletzt hoffte man, mit einem gut erschlossenen Bauland den finanzkräftigen Steuerzahler anlocken zu können.

Im übrigen ließ sich mit so kostspieligen Projekten, wie sie die Schnellbahn darstellte, die finanzielle Überlegenheit der wohlhabenden westlichen Gemeinden gegenüber der Reichshauptstadt gut dokumentieren. Aber auch die Rivalität der einzelnen Gemeinden untereinander spielte hierbei eine wichtige Rolle.[1] Denn durch sie wurde eine Koordinierung der verschiedenen Linien und damit eine wirklich sinnvolle Verkehrsplanung außerordentlich erschwert.

5.1 Die Charlottenburger U-Bahn

Die Entstehung der Linienverzweigung zum Wilhelmplatz und nach Westend

Die Charlottenburger U-Bahn, die erste der drei westlichen Verlängerungslinien, war von ihrer ursprünglichen Konzeption her keine Erschließungs-, sondern eine Verbindungsbahn zwischen den Zentren Berlins und Charlottenburgs. Sie entsprach damit einem direkten Verkehrsbedürfnis beider Städte. Die Pläne für diese Bahn, die die Strecke vom Bahnhof Zoologischer Garten über das Knie und weiter durch die Bismarck-, Sesenheimer und Spreestraße bis zum Wilhelmplatz, dem heutigen Richard-Wagner-Platz, umfassen sollte, gehen bis ins Jahr 1899 zurück und müssen in unmittelbarem Zusammenhang mit der Umwandlung der Charlottenburger Hochbahnstrecke in eine Untergrundbahn gesehen werden. Denn nur unter der Voraussetzung, daß die gesamte Charlottenburger Strecke vom Nollendorfplatz ab – entgegen dem ursprünglichen Vertrag von 1896 – als U-Bahn angelegt wurde[2], war Charlottenburg überhaupt zu einem derartigen Weiterbau der Stammlinie bis zum Wilhelmplatz, dem als damaligen Zentrum Charlottenburgs eine besonders große Bedeutung zukam[3], bereit.

Jedoch schon bald nachdem die Hochbahngesellschaft und Charlottenburg sich über diese Verlängerungslinie und die daran geknüpften Bedingungen geeinigt hatten, zeichneten sich für Charlottenburg völlig neue Perspektiven ab, die das ganze Projekt zunächst ins Wanken brachten und schließlich zu einschneidenden Änderungen der bisherigen Planung, d. h. zu einer Linienverzweigung führten.

Vor allem zwei Faktoren – die Erschließung neuer, im Westen Charlottenburgs gelegener Gebiete sowie der geplante Ausbau der Heerstraße nach Döberitz – waren hierbei von ausschlaggebender Bedeutung.

Im Westen von Charlottenburg befand sich die Kolonie Westend, eine Gründung der sechziger Jahre des 19. Jahrhunderts[4], deren Weiterentwicklung im Gegensatz zu anderen westlichen Neugründungen wie Grunewald oder den Zehlendorfer Villenkolonien seit den neunziger Jahren stagnierte. Die Ursache hierfür war im wesentlichen in den äußerst ungünstigen, durch die isolierte Lage Westends[5] bedingten Verkehrsverbindungen mit Charlottenburg und der Reichshauptstadt zu suchen.[6]

Trotz dieser offensichtlichen Nachteile begann die Deutsche Bank plötzlich mit dem Ankauf umfangreicher Gebiete im Westen, Osten und Süden Westends. Was die Deutsche Bank als Mitbegründerin der Hochbahngesellschaft mit dieser Maßnahme bezweckte, war rasch durchschaubar. Hand in

Hand mit der Bebauung der angekauften Gebiete sollte eine verkehrsmäßige Erschließung Westends durch die Hochbahngesellschaft erfolgen, von der man sich eine entscheidende Wertsteigerung des billig erworbenen Geländes erhoffte. Um sicherzugehen, daß man sich mit derartigen Überlegungen nicht verkalkuliert hatte, wurde in den Jahren 1898/99 zusätzlich eine Rentabilitätsstudie aufgestellt, in der man zu günstigen Prognosen hinsichtlich der geplanten Schnellbahn kam.[7]

Aber noch bevor diese Pläne voll ausgereift waren, zeichnete sich von anderer Seite her eine Entwicklung ab, die noch positivere Auswirkungen auf das Unternehmen haben sollte. Im Jahre 1901 bekundete Wilhelm II., angeregt durch eine Idee Ludwig Herchers[8], die Absicht, die Bismarckstraße als Verlängerung der Straße Unter den Linden und der Charlottenburger Chaussee als 50 m breite Prachtstraße auszubauen und in gerader Linie über Westend hinaus bis zur Havel zu verlängern. Mit dieser Straße, der heutigen Heerstraße, sollte eine schnelle Verbindung zwischen der Stadtmitte und dem Döberitzer Truppenübungsplatz geschaffen werden.[9]

Mit Rücksicht auf die Wünsche des Kaisers beschloß die Gemeinde Charlottenburg am 28. Mai 1902, den durch ihr Gebiet führenden Teil der geplanten Heerstraße auf eigene Kosten auszubauen. Vorgesehen war eine Anlage mit drei Fahrbahnen, die auf der Nordseite durch den Gleiskörper der Straßenbahn und auf der Südseite durch einen Reitweg getrennt wurden.

Der geplante Straßenausbau kam der Deutschen Bank und der Hochbahngesellschaft natürlich sehr gelegen. Die neue Straße ließ nicht nur eine Neuorientierung Charlottenburgs nach Westen und damit eine raschere Entwicklung Westends, d. h. insbesondere der geplanten Kolonie »Neu-Westend«, erwarten, sondern mußte sich auch auf den U-Bahnbau selbst positiv auswirken. Denn was lag näher, als den Bau von U-Bahn und Straße zu koordinieren und damit die Kosten für den U-Bahnbau erheblich zu senken!

Zu einem Problem wurde jedoch die Verknüpfung dieser neuen Linie mit der vertraglich schon vorher festgelegten Verlängerung der Stammlinie bis zum Wilhelmplatz.[10] Da Charlottenburg auf den Abzweig zum Wilhelmplatz unter keinen Umständen verzichten wollte, die Hochbahngesellschaft sich jedoch nach Lage der Dinge von der Strecke nach Westend eine wesentlich günstigere Entwicklung versprach[11], blieb der Gesellschaft keine andere Wahl, als den Bau beider Strecken durchzuführen und diese durch einen Abzweigungsbahnhof zu verknüpfen.

Während der Abzweig zum Wilhelmplatz die Zentren Berlins und Charlottenburgs miteinander verbinden und damit einem echten Verkehrsbedürfnis zugute kommen sollte, handelte es sich bei der Linie nach Westend um eine sogenannte Erschließungsbahn, die einen für Berlin bis dahin unbekannten Bahntypus darstellte. Profitieren sollte von dieser Bahn neben der Deutschen Bank und der Hochbahngesellschaft, die ihren Bau in die Wege geleitet hatte, insbesondere die »Neu-Westend-Gesellschaft«[12], die im Jahre 1903 eigens für die Bebauung der neu erworbenen Gebiete gegründet worden war. Sie plante in Neu-Westend den Bau komfortabler Mietwohnungen, die in erster Linie für finanzkräftige Steuerzahler in Frage kamen und somit auch der Gemeinde Charlottenburg gewisse Vorteile erbringen sollten.

Da der Bau der U-Bahn nur positive Auswirkungen auf die Entwicklung Charlottenburgs haben konnte[13], andererseits jedoch mit keinem sofortigen Gewinn durch den U-Bahnbetrieb zu rechnen war[14], wandte sich die Hochbahngesellschaft mit finanziellen Forderungen an Charlottenburg und die »Neu-Westend-Gesellschaft«. Nach längeren, wiederum mit genauen Ermittlungen[15] verbundenen Verhandlungen wurden am 20. Mai 1905 die gewünschten Zuschüsse in Höhe von 1 425 000 Mark gewährt[16] und damit das Plazet für den Bau der neuen Untergrundbahn gegeben.

Die landespolizeiliche Genehmigung für die Strecke bis zum Reichskanzlerplatz wurde am 6. Mai 1906[17] erteilt, der Vertrag zwischen der Neu-Westend-Gesellschaft und der Hochbahngesellschaft am 23. Juni 1906 abgeschlossen. Laut Vertrag sollte die Eröffnung der Strecke Bismarckstraße – Reichskanzlerplatz am 1. April 1908 erfolgen.[18] Die Verlängerung über den Reichskanzlerplatz hinaus wurde von der Entwicklung Neu-Westends abhängig gemacht, sollte jedoch spätestens in 10 Jahren abgeschlossen sein. Die Strecke vom Knie über die Bismarckstraße bis zum Wilhelmplatz wurde hingegen schon am 14. Mai 1906 eröffnet.

Welche große Bedeutung man gerade der Westendstrecke beimaß, läßt sich aus der feierlichen Eröffnungszeremonie am 16. März 1908 in Anwesenheit des Kaisers ersehen.[19] Bei der offiziellen Eröffnung am 19. März 1908 wurde noch einmal mit Nachdruck auf das Besondere dieser U-Bahnlinie hingewiesen. Die Presse kommentierte wie folgt: »Der Grundsatz, daß die Besiedlung den Verkehrsmitteln folgen soll, ist in kühner Weise verwirklicht.«[20]

Die Baukosten der 2,9 km langen Westendstrecke, die dem Verlauf der Bismarckstraße und des Kaiserdamms folgt und nach Überbrückung des Ringbahngeländes am Reichskanzlerplatz ihren vorläufigen Endpunkt fand, betrugen insgesamt 6450000 Mark. Diese vergleichsweise niedrige Summe[21] war im wesentlichen den oben angeführten günstigen Bedingungen zu verdanken, unter denen der Bau ausgeführt werden konnte.

Dennoch verliefen die Bauarbeiten, die im Auftrage der Firma Siemens & Halske von der Gesellschaft für den Bau von Untergrundbahnen ausgeführt wurden, nicht völlig problemlos. Technische Schwierigkeiten gab es vor allem beim Bau des Abzweigungsbahnhofs Bismarckstraße, bei der Durchquerung des Lietzengrabens[22] und bei der Überbrückung des Ringbahnkörpers. Die U-Bahn wurde hier nicht im Tunnel unter den Ringbahngleisen entlanggeführt, sondern galerieartig unter die neue Brücke gehängt, die die Ringbahn im Zuge des Kaiserdamms überquert.

Die architektonische Gestaltung

Die architektonische Bearbeitung der fünf Charlottenburger U-Bahnhöfe Bismarckstraße und Wilhelmplatz sowie Sophie-Charlotte-Platz, Kaiserdamm und Reichskanzlerplatz erfolgte durch Alfred Grenander, der schon beim Bau der Stammlinie auf überzeugende Weise sein ungewöhnliches künstlerisch-technisches Verständnis unter Beweis gestellt hatte.

Obwohl die Eröffnung der beiden Charlottenburger Zweiglinien zeitlich um zwei Jahre differiert, entstammen die fünf Bahnhöfe einem einheitlichen Konzept, das gegenüber der Stammlinie eine deutliche Weiterentwicklung der künstlerischen Vorstellungen Grenanders aufweist. Grundsätzlich neu gegenüber den U-Bahnhöfen der Stammlinie ist die Verlegung der Fahrkartenhäuschen von den Bürgersteigen in die Bahnhofsvorräume, eine Maßnahme, die aufgrund polizeilicher Bestimmungen notwendig wurde[23] und seitdem in Berlin üblich ist. Damit wurden die Portale und Geländer, die die Treppenabgänge einfaßten, zum einzigen nach außen hin sichtbaren Erkennungszeichen der unterirdischen Haltestellen und bedurften insofern einer besonders sorgfältigen Ausbildung.

Im übrigen schließen sich die Charlottenburger Bahnhöfe in ihrer Anordnung und Ausstattung eng an die Bahnhöfe der Stammlinie an. Sie sind – im Gegensatz zu den etwa gleichzeitig entstandenen Bahnhöfen der Spittelmarktlinie – noch mit Außenbahnsteigen versehen und nur von einer Seite her zugänglich. Eine Ausnahme bilden allerdings die Bahnhöfe Bismarckstraße und Wilhelmplatz, die wegen ihrer besonderen Funktion als Abzweigungs- bzw. Endbahnhof eine abweichende Bahnsteig- und Gleisanordnung erhielten.

Auch in der architektonischen Grundausstattung des Bahnhofsinneren hat sich gegenüber der Stammlinie nur wenig geändert. Unmittelbar übernommen wurden die weißen Fliesenverkleidungen der Wände, die einfache Deckenkonstruktion aus preußischen Kappen sowie die in der Mittelachse angeordneten Stützen. Abweichungen gibt es nur im Detail, so etwa bei der mehrfach wechselnden Anordnung der Reklametafeln und Stationsschilder oder bei der Gestaltung der genieteten Eisenstützen bzw. Stützenköpfe, für die Grenander immer wieder neue reizvolle Lösungen fand. Dabei gelang es ihm in noch überzeugenderer Weise als bisher, durch einfaches Biegen, Stauchen und Bündeln der Eisenstäbe neue Formen und Strukturen zu entwickeln, die in ihrer ausgeprägten Linearität zwar noch typische Züge des Jugendstils tragen, in ihrem klaren Aufbau jedoch schon eine deutliche Abkehr von dieser Stilrichtung ankündigen.

Die Eingänge, insbesondere jedoch die Vorhallen, fallen durch eine teilweise ungewöhnlich großzügige Ausstattung auf. Sie steht sicher nicht nur im Zusammenhang mit der neuen Anordnung der Fahrkartenhäuschen im Bahnhofsinneren, sondern ist zweifellos auch aus dem zunehmenden Repräsentationsbedürfnis der westlichen Gemeinden zu erklären.

Der U-Bahnhof *Bismarckstraße*, heute Deutsche Oper[24], der in der Bismarckstraße unmittelbar vor der Verzweigung der beiden Linien nach Westend und zum Wilhelmplatz liegt, wurde als Abzwei-

Abb. 204 U-Bahnhof Bismarckstraße, Innenansicht, 1906
Arch. A. Grenander

Abb. 205 U-Bahnhof Bismarckstraße, Stützenkopf
Arch. A. Grenander

Abb. 206 U-Bahnhof Bismarckstraße, Vorraum mit
Fahrkartenschalter, 1906, Arch. A. Grenander

gungsbahnhof besonders großzügig ausgestattet. Mit vier, durch die doppelte Linienführung bedingten Gleisen und zwei Mittelbahnsteigen war dieser Bahnhof wesentlich geräumiger als alle bisherigen Berliner U-Bahnhöfe (Abb. 204). Der Verkehr wurde hier im Richtungsbetrieb angeordnet, wobei das Umsteigen von einer zur anderen Linie ohne Bahnsteigwechsel erfolgte.[25]

Wegen der außergewöhnlichen Breite von 24,35 m wurde die Bahnsteighalle durch drei Stützenreihen unterteilt, von denen die eine zwischen den beiden Mittelgleisen, die beiden anderen auf den Bahnsteigen angeordnet sind. Bei der Ausbildung der eisernen Stützen orientierte sich Grenander an der Stammlinie, ohne allerdings die dort verwendete Form der Stützenköpfe zu übernehmen. Er umkleidet die Köpfe mit einem gitterartigen System aus zarten, leicht gebogenen Eisenstäben (Abb. 205), die in Dreiergruppen angeordnet sind und in kleinen Ovalen bzw. wulstartigen Verdickungen enden. In ihrer Linearität, der Eleganz der schlanken Stäbe und ihrer straffen Organisation erinnern diese Stützenköpfe an die subtilen, abstrahierenden Dekorationsformen Charles Rennie Mackintoshs, die Grenander nicht unbekannt gewesen sein dürften.[26]

Grenander begnügte sich aber nicht allein damit, die »technisch-konstruktiv notwendigen Eisenteile in eine gefällige Form zu bringen«[27], sondern zeigte auch einen ausgeprägten Sinn für technisch-funktionale Lösungen. Beweis dafür sind die Lampen, die er in regelmäßigen Abständen als seitlich auskragende Elemente an den Stützenköpfen aufhängte – eine Konzeption, die sich auch bei den Bahnhöfen der Spittelmarktlinie nachweisen läßt.

Es handelte sich bei diesen Lampen jedoch nicht um die einzigen Lichtquellen. Die Lage des U-Bahnhofs Bismarckstraße unter der breiten, mit Mittelstreifen versehenen Bismarckstraße erlaubte die zusätzliche Anordnung von Oberlichtern, wie sie in Berlin bis dahin unbekannt waren. In Abständen von ca. 10 m wurden in die Decke über den Bahnsteigen große rechteckige, mit Rohglas abgedeckte Öffnungen eingelassen, durch die das Tageslicht einfallen konnte. Diese Oberlichter, die auf New Yorker Vorbilder zurückgingen[28], spendeten so viel Licht, daß tagsüber eine künstliche Beleuchtung überflüssig war.[29]

An der nach Westen orientierten Eingangsseite[30] des Bahnhofs Bismarckstraße münden die beiden Bahnsteige in zwei separate Vorhallen ein, deren ursprüngliche Ausstattung eine enge Verwandtschaft mit dem an Schiffseinrichtungen erinnernden Westeingang des U-Bahnhofs Leipziger Platz aufwies (Abb. 206). 1929 wurden diese Vorhallen nach neuen Plänen Grenanders umgebaut und durch ein tunnelartiges Zwischengeschoß miteinander verbunden. Anlaß war die Verlegung der Zugänge von den Mittelstreifen auf die seitlichen Bürgersteige.

In diesem Zusammenhang wurden auch die alten Portale durch schlichte Transparente wie am Zoologischen Garten ersetzt. Die ursprünglichen Portale waren noch eng an den Jugendstil angelehnt (Abb. 207), gegenüber den stark bewegten, vegetabilischen Formen der Stammlinie jedoch sehr viel ruhiger im linearen Ausdruck. Bestimmend für ihren tektonischen Aufbau war der kleine, nur leicht geschwungene Giebelaufsatz, der eine fast ädikulahafte Wirkung hervorrief, sowie die sparsame Verwendung von zusätzlichem Dekor. Auch die Treppeneinfassungen zeigten mit ihren weitgehend geschlossenen Flächen und dem streng gegliederten Gittersystem nicht mehr die Verspieltheit und filigranartige Leichtigkeit, die für die Gitter der Stammlinie so charakteristisch waren.

Formal noch strenger sind die Eingänge des nächstfolgenden Bahnhofs (Abb. 208), der Station *Wilhelmplatz*, dem späteren Richard-Wagner-Platz.[31] Dieser Bahnhof, der 1970 abgerissen wurde, um einem neuen, wesentlich tiefer angeordneten Bahnhof[32] zu weichen, lag in der Nähe des neu errichteten Rathauses und damit direkt im Zentrum Charlottenburgs. Seine exponierte Lage rechtfertigte somit einen größeren Aufwand. Durch die Verwendung von Stein anstelle des bisher üblichen Eisens erzielte Grenander bei den Portalen die gewünschte monumentale Wirkung, die durch eine straffe Gliederung und die strenge Form des Dreieckgiebels noch erhöht wird. Die zarten Ornamentbänder auf den Steinflächen sowie die Ovale, mit denen die Steinpfeiler und Eisengitter der Umwehrung dekoriert sind, ordnen sich der Gesamtform völlig unter und haben insofern nur noch geringen Schmuckwert.

Ähnliche monumentalisierende Lösungen finden sich bei Grenander häufiger, insbesondere dann, wenn es – wie bei den Bahnhöfen Kaiserhof, Alexanderplatz oder Reichskanzlerplatz – darum ging, Repräsentationsbedürfnisse zu befriedigen. Insgesamt entsprechen aber derartige Portalformen weni-

Abb. 207 U-Bahnhof Bismarckstraße, Eingangsportal,
1906 (1929 entfernt), Arch. A. Grenander

Abb. 208 U-Bahnhof Wilhelmplatz, Eingangsportal, 1906
Arch. A. Grenander

Abb. 209 U-Bahnhof Richard-Wagner-Platz (früher Wilhelmplatz), Bahnsteighalle vor dem Abriß 1970 Arch. A. Grenander

Abb. 210 U-Bahnhof Wilhelmplatz, Stützenkopf (Werkstattaufnahme), Arch. A. Grenander

ger der Architekturauffassung Grenanders. Er bevorzugte weiterhin das Eisen, mit dessen Hilfe er besonders zierliche und dennoch sehr markante Eingänge schuf, die sich dank ihrer Transparenz und Leichtigkeit überall in das Straßenbild einfügten.

Das Innere des Bahnhofs Wilhelmplatz entsprach in seiner Weiträumigkeit und großzügigen Ausgestaltung weitgehend dem Bahnhof Bismarckstraße. Um einen reibungslosen und schnellen Verkehrsablauf zu ermöglichen, wurde die als Kopfbahnhof angelegte Station (Abb. 209) mit drei Gleisen sowie einem Seiten- und einem Mittelbahnsteig ausgestattet. Die dadurch bedingte Breite der Bahnsteighalle machte die Anordnung von zwei Stützenreihen notwendig, von denen sich die eine zwischen den Gleisen, die andere auf dem Mittelbahnsteig befand. Die Stützen selbst waren nach dem Vorbild des Bahnhofs Bismarckstraße zum Teil mit Lampen kombiniert, die Stützenköpfe allerdings sehr viel kantiger und derber in der Formgebung (Abb. 210).

An der Gestaltung der Wände und Decken hat sich indes nichts geändert. Eine Ausnahme bildete lediglich die breite, am Kopfteil gelegene Vorhalle (Abb. 211, 212), die durch eine hohe teilweise verglaste und mit schlanken Eisenstäben in der Decke verankerte Barriere von den Bahnsteigen abgetrennt war. Dieser Sperre gegenüber befand sich die Fahrkartenausgabe, die im flachen Bogen aus der Bahnhofsstirnwand hervorsprang, im übrigen jedoch in das Dekorationssystem der Wand harmonisch eingefügt war. Rechts und links der Fahrkartenausgabe lagen die beiden Treppenaufgänge.

Insgesamt machte diese Vorhalle, die in der Mitte durch zwei Stützen unterteilt wurde, die in Achsenverlängerung der Bahnsteigstützen standen und wie diese statisch bedingt waren, einen in sich sehr geschlossenen Eindruck – nicht zuletzt durch die feinsinnigen und sorgfältig aufeinander abgestimmten Schmiedearbeiten, die die Trenngitter, Türen, die schmalen Stützen unter den Schalteröffnungen sowie die Stützenköpfe zierten.

Die beiden auf der Westendlinie nächstfolgenden U-Bahnhöfe, *Sophie-Charlotte-Platz* und *Kaiserdamm*, sind als einfache Durchgangsstationen mit Seitenbahnsteigen und einer Stützenreihe zwischen den Mittelgleisen angelegt. Die Ausstattung beider Haltestellen bringt gegenüber den bisherigen Bahnhöfen keine grundlegenden Neuerungen. Ihre Lage unter dem Kaiserdamm, der Verlängerung der Bismarckstraße, machte auch hier wiederum den Einbau von Oberlichtern möglich.[33] Bei der Konstruktion mußte allerdings Rücksicht darauf genommen werden, »daß unter Umständen auch Lastwagen und Pferde die Oberlichter passieren können«.[34]

Lediglich im Detail, d. h. bei der Ausbildung der Eingangsportale und der Stützenköpfe, bietet Grenander neue Lösungen an. Im Gegensatz zum Wilhelmplatz, wo die Stützenköpfe noch mit aufgesetzten Ornamenten geschmückt wurden, schuf Grenander jetzt Formen, die in sinnvoller Beziehung zur Konstruktion stehen und die Funktion der Stütze auf überzeugende Weise veranschaulichen, ohne dabei ihren dekorativen Anspruch aufzugeben. Dies trifft insbesondere auf die Stützen am Bahnhof Sophie-Charlotte-Platz (Abb. 213) zu: Während die senkrechten Stäbe von der Kraft der Stütze zeugen sollen, wird die zu tragende Last eindrucksvoll durch die eingeschobenen Horizontalplatten und die vier flachgedrückten Kugeln an den Ecken demonstriert.

Die Stützenköpfe am Kaiserdamm (Abb. 214) sind noch knapper in der Formgebung. Grenander verwendete hier dünne, sattelförmig gebogene Auflagerplatten, die beidseits an den Stirnseiten durch zwei Klammern mit der Decke verankert sind.

Die Gestaltung der Portale am Sophie-Charlotte-Platz (Abb. 215) und am Kaiserdamm (Abb. 216) erfolgte ebenfalls nach etwas strengeren Prinzipien als bisher.[35] Grenander verwendete jetzt wiederum nur Eisen, wählte aber statt der Giebelform als Portalabschluß steile, an den Schmalseiten mit Giebeln bzw. Walm versehene Dächer, von denen insbesondere das am Sophie-Charlotte-Platz aufgrund seiner zierlichen, leicht geschwungenen Formen Assoziationen an ostasiatische Tempeltore hervorrief.

Mit dem U-Bahnhof *Reichskanzlerplatz* (heute Theodor-Heuss-Platz), der am gleichnamigen Platz liegt[36], endete zunächst die Erschließungslinie nach Westend. Der Reichskanzlerplatz sollte zum neuen beherrschenden »Mittelpunkt von Groß-Westend« werden[37], was sich auch in der Gestaltung des U-Bahnhofs, d. h. insbesondere in der reichen Ausstattung der Eingänge und Vorräume, niederschlug.

Die Bahnsteighalle, die in einer leichten Krümmung liegt[38], wurde dagegen in der für die Westendstrecke üblichen Form eingerichtet – mit Ausnahme der jetzt fehlenden Oberlichter. Nur die Stüt-

Abb. 212 U-Bahnhof Wilhelmplatz, Vorraum, 1906, Arch. A. Grenander

Abb. 211 U-Bahnhof Wilhelmplatz, Entwurf für die Vorhalle, 1906, Arch. A. Grenander

Abb. 213 U-Bahnhof Sophie-Charlotte-Platz, Innenansicht, Arch. A. Grenander

Abb. 214 U-Bahnhof Kaiserdamm, Innenansicht, 1908 Arch. A. Grenander

Abb. 215 U-Bahnhof Sophie-Charlotte-Platz,
Eingangsportal, 1908 (1937/38 entfernt), Arch. A. Grenander

Abb. 216 U-Bahnhof Kaiserdamm, Eingangsportal, 1908 (1937/38 entfernt), Arch. A. Grenander

Abb. 221 U-Bahnhof Reichskanzlerplatz, Eingangsportal,
1908, Arch. A. Grenander

Abb. 219 U-Bahnhof Reichskanzlerplatz, Entwurf für den Vorraum, 1908, Arch. A. Grenander

Abb. 217 U-Bahnhof Reichskanzlerplatz, Stützenkopf
Arch. A. Grenander

Abb. 218 U-Bahnhof Reichskanzlerplatz, Vorraum, 1908
Arch. A. Grenander

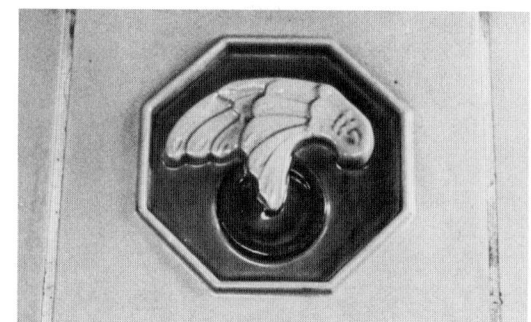

Abb. 220 U-Bahnhof Reichskanzlerplatz,
Medaillon mit Hochbahnemblem

zenköpfe (Abb. 217) erfuhren eine individuelle Gestaltung. Grenander legte diesmal das Schwergewicht auf die Auflagerplatten, die er in einzelne Stäbe zerlegte und an den Enden nach oben bog, so daß ein klammerartiger Effekt erzielt wurde.

Die Bahnsteighalle öffnet sich am Ostende zu einer geräumigen, allerdings durch den Gleiskörper geteilten Vorhalle (Abb. 218, 219), die durch ihre Wandverkleidungen aus farbigen keramischen Platten auffällt. Die Platten stammen aus den Kgl. Majolika-Werkstätten in Cadinen und fanden hier erstmalig an einem öffentlichen Bauwerk in Berlin Verwendung.[39] Sicherlich war dies auch der Hauptgrund für die Anwesenheit des Kaisers bei der feierlichen Eröffnung der Westendlinie, die am 16. März 1908 mit der sogenannten Kaiserfahrt erfolgte.

Die Farbigkeit der Vorhalle wird bestimmt durch gut aufeinander abgestimmte Gelb-, Blau- und Brauntöne. Die Decke ist in Kassetten unterteilt, die Wände sind durch pilasterartige Einlagen gegliedert. Den oberen Wandabschluß bildet ein Fries mit eingelegten Medaillons, deren Reliefdarstellungen den Schnellbahnverkehr symbolisieren (Abb. 220). Brauner Marmor diente zur Verkleidung der Fahrkartenschalter, die an den Trennwänden zum Bahnsteig angebracht wurden. Die Schalter sind heute nicht mehr in Betrieb, der südliche ist gar nicht mehr vorhanden.

Die Eingangsportale (Abb. 221), die direkt auf dem Reichskanzlerplatz, einer großen, mit Rasenflächen und Blumenrabatten versehenen Anlage, angeordnet sind, knüpfen in ihrer Form – dem hohen Walmdach und den zierlichen Schmuckaufsätzen an den seitlichen Walmflächen sowie den hohen Eckpfeilern an den hinteren Schmalseiten der Umwehrung[40] – unmittelbar an die Portale des Bahnhofs Kaiserdamm an, sind jedoch wie am Wilhelmplatz in Muschelkalk ausgeführt – einem für repräsentative Zwecke weitaus angemesseneren Material als dem Eisen.

Die Weiterführung der Westendlinie über den Reichskanzlerplatz hinaus in Richtung Spandau war bereits bei Eröffnung der Strecke im Zuge der Reichsstraße in Angriff genommen worden. Allerdings sollte die neue kurze Verlängerungsstrecke vorerst nicht dem regelmäßigen Linienverkehr dienen, sondern vielmehr den Anschluß an den Betriebsbahnhof Grunewald[41] sowie an die großen Sportanlagen[42] auf dem Gelände des heutigen Olympiastadions ermöglichen. Der neue Streckenabschnitt wurde deshalb ohne Zwischenstation angelegt und mit einer Endhaltestelle versehen, die nur im Bedarfsfalle, d. h. bei sportlichen Veranstaltungen, benutzt werden durfte.[43] Diese Bedarfshaltestelle erhielt den Namen »Bahnhof Stadion« und wurde am 8. Juni 1913 zusammen mit der feierlichen Einweihung des Deutschen Stadions[44] eröffnet. Es handelte sich bei diesem Bahnhof um eine provisorische Anlage, die im Zuge eines späteren Streckenausbaus einem Neubau weichen und deshalb mit möglichst geringen Kosten verbunden sein sollte. Als vorteilhaft erwies sich hierbei zweifellos die oberirdische Weiterführung der Bahn nach Verlassen der Reichsstraße, da sie eine Anlage des Bahnhofs zu ebener Erde ermöglichte.

Abb. 222 U-Bahnhof Stadion, Provisorisches Fahrkartenhäuschen, 1913, Arch. S. Kaiser

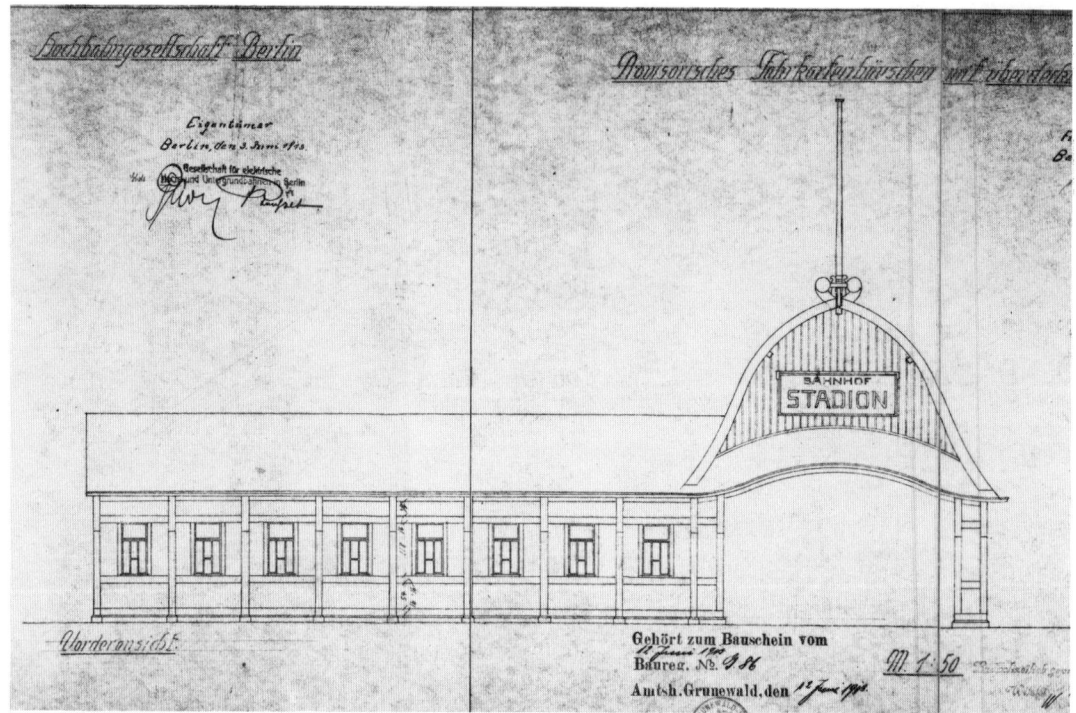

Abb. 223 U-Bahnhof Stadion, Entwurf für das Provisorische Fahrkartenhäuschen mit überdeckter Sperre, 1913, Arch. S. Kaiser

Zwei Gründe waren für diese oberirdische Linienführung ausschlaggebend gewesen: Einmal war mit einer stärkeren Besiedlung des Geländes zwischen den Eisenbahnanlagen[45] und den Sportstätten kaum zu rechnen, zum anderen hätte der unmittelbar an den Bahnhof anschließende Betriebsbahnhof mit seinen umfangreichen Anlagen eine unterirdische Lage ohnehin kaum gestattet.

Mit dem Entwurf für den Bahnhof Stadion wurde Sepp Kaiser betraut, ein junger, aus der Schweiz stammender Architekt[46], der sich mit den Problemen des Schnellbahnbaus in Berlin bereits verschiedentlich auseinandergesetzt hatte.[47] Für das Gebäude am Stadion, einem »Provisorischen Fahrkartenhäuschen mit überdeckter Sperre« (Abb. 222, 223)[48], wählte Kaiser eine einfache Holzkonstruktion. Sie bestand aus einem langgestreckten barackenartigen Trakt für die zahlreichen Fahrkartenschalter und einem rechtwinklig dazu gestellten Sperrenteil, der ein auffallend hohes, stark gewölbtes Giebeldach mit geschnitztem First- und Giebelschmuck trug und gewisse Ähnlichkeiten mit schnell errichteten zeltähnlichen Pavillons für Ausstellungen und Festveranstaltungen aufwies. Der Sperrentrakt war durch eine breite Holzbrücke mit dem Bahnsteig verbunden, der zwischen den Gleisen lag und nicht überdacht war.

Am 20. Mai 1922 wurde der provisorische Bahnhof Stadion offizielle Endhaltestelle der inzwischen bis hierhin voll ausgebauten und mit einer weiteren Zwischenstation versehenen Westendstrecke.[49] Im Jahre 1929 wurde der alte Bahnhof im Zusammenhang mit der Streckenerweiterung bis nach Ruhleben durch einen Neubau ersetzt.[50]

5.2 Die Schöneberger U-Bahn

Entstehungsgeschichte und Linienführung

Die Schöneberger Untergrundbahn ist im Gegensatz zur Westendlinie eine auf rein kommunaler Ebene entstandene, völlig selbständige Bahn, die durch den Anschluß an das Netz der Hochbahngesellschaft allerdings erst ihre Bedeutung erhielt. Die Initiative für den Bau dieser Bahn ging allein von der Gemeinde Schöneberg aus.

Der erste Anstoß kam durch die Eröffnung der Stammlinie im Februar 1902. Weitere Anregungen gaben die seit dem Sommer 1902 kursierenden Meldungen über eine von der Stadt Berlin geplante Nord-Süd-Untergrundbahn, die von der Seestraße über den Belle-Alliance-Platz und von dort weiter in westliche Richtung bis zur Kreuzung der Schöneberger Hauptstraße mit der Eisenacher Straße geführt werden sollte[51] und damit günstige Voraussetzungen für eine Anschlußbahn bot. In Hinblick auf diese Anschlußmöglichkeit erwog Schöneberg den Bau einer eigenen U-Bahn, die von der Hauptstraße ausgehend durch Schöneberg, Wilmersdorf und Schmargendorf bis zum Grunewald gehen sollte. Sie wurde jedoch in dem Moment hinfällig, als Berlin in Abänderung seiner ursprünglichen Pläne den Kreuzberg anstelle der Hauptstraße als Endpunkt seiner Bahn ins Auge faßte.[52]

Unabhängig von diesem Projekt hatte sich Schöneberg schon vorher mit zwei anderen Plänen auseinandergesetzt, von denen der eine abgelehnt wurde, der andere dagegen die volle Billigung der Behörden finden sollte.

Auf Ablehnung stießen die Entwürfe der »Continentalen Gesellschaft für elektrische Unternehmungen« vom Frühjahr 1904, die auf Vorschlag des Magistrats[53] in Zusammenarbeit mit Stadtbaurat Friedrich Gerlach ausgearbeitet worden waren und eine Schwebebahn nach dem Langenschen System vorgesehen hatten.[54]

Dem stand ein Entwurf gegenüber, der genau den Vorstellungen und Beschlüssen der Schöneberger Stadtverordnetenversammlung vom 27. Juni 1904 entsprach[55] und schon deswegen eine wesentlich günstigere Aufnahme finden mußte. Es handelte sich hierbei um ein U-Bahnprojekt, das von Stadtrat Adalbert Erler angeregt worden war und von Siemens & Halske ausgearbeitet werden sollte.[56]

Die Bahn sollte entsprechend den Richtlinien vom 27. Juni 1904 vom Nollendorfplatz aus in südliche Richtung bis zur Ringbahn geführt werden und damit den Schöneberger Westen – insbesondere das gerade im Entstehen begriffene vornehme »Bayerische Viertel«[57] – sowie den Südwesten mit dem Gelände um den zukünftigen Stadtpark herum verkehrsmäßig erschließen und damit einer rascheren Bebauung zugänglich machen.[58]

Bei der Wahl dieser Trasse war somit der gleiche Grundgedanke ausschlaggebend gewesen wie beim Bau der Westendstrecke – allerdings mit dem Unterschied, daß in Westend rein privatwirtschaftliche Interessen im Vordergrund gestanden hatten, während sich Schöneberg als Kommune mehr oder weniger von dem Bestreben leiten ließ, eine »schnelle und zweckmäßige Aufschließung der Bauflächen um den geplanten Stadtpark herum«[59] zu bewirken, wobei man sich durchaus darüber im klaren war, daß ein derartig gut erschlossenes Baugebiet gerade den finanzkräftigen Steuerzahler anziehen mußte.

Die Hochbahngesellschaft, deren Netz am Nollendorfplatz berührt werden sollte, zeigte sich indes an dem Schöneberger Projekt wenig interessiert und war insofern auch zu keinen Verhandlungen über einen eventuellen gemeinsamen Tarifvertrag, wie ihn Schöneberg begrüßt hätte, bereit. Ungeachtet dessen hielt Schöneberg an seinen Plänen fest und ließ sich von Siemens & Halske genaue Entwürfe, Kostenanschläge und Ertragsberechnungen aufstellen.[60] Ermutigt durch die Pläne der Nachbargemeinde Wilmersdorf, die sich noch im Januar 1906 darum bemüht hatte, gemeinsam mit Schöneberg einen Anschluß an die geplante Nord-Süd-Bahn der Stadt Berlin zu suchen, dann aber durchblicken ließ, daß sie einer eigenen Schnellbahn im Anschluß an das Netz der Hochbahngesellschaft den Vorzug geben wollte, beschloß Schöneberg am 7. September 1908, sein eigenes U-Bahnprojekt entsprechend dem ursprünglichen Konzept völlig selbständig durchzuführen und Siemens & Halske mit dem Bau der Strecke Nollendorfplatz – Hauptstraße zu beauftragen.

Der Bauvertrag zwischen Schöneberg und Siemens & Halske wurde am 21. Oktober/24. November 1908 unterzeichnet.[61] Die landespolizeiliche Genehmigung erfolgte am 28. Februar 1910 mit Nachtrag vom 15. Juni 1910.[62]

Nachdem bereits alle Entscheidungen hinsichtlich der Linienführung getroffen waren, meldete die Hochbahngesellschaft im Herbst 1908 grundsätzliche Bedenken gegen den Nollendorfplatz als Endpunkt der Schöneberger U-Bahn an und versuchte unter Hinweis auf angeblich bessere Bedingungen für eine spätere Tarifgemeinschaft, Schöneberg dazu zu bewegen, statt des Nollendorfplatzes den Wittenbergplatz als Endpunkt der Bahn zu wählen.[63] Die Hochbahngesellschaft verfolgte damit jedoch ganz klare Eigeninteressen. Sie plante am Nollendorfplatz den Bau eines Abzweigungsbahnhofs für die neue Verstärkerlinie zum Gleisdreieck[64] und sah sich durch die Schöneberger Pläne in ihren Entfaltungsmöglichkeiten stark eingeschränkt.

Schöneberg selbst lehnte die Linienführung über den Wittenbergplatz mit größter Entschiedenheit ab, da diese vor allem in Hinblick auf die geplante Verlängerung der Schöneberger Bahn in Richtung Berliner Stadtmitte einen großen Umweg bedeutet hätte.[65] Außerdem lag der Nollendorfplatz sehr viel verkehrsgünstiger als der Wittenbergplatz und bot damit wesentlich bessere Anschlußmöglichkeiten für die Schöneberger Bahn.[66]

Trotz dieser Differenzen mit der Hochbahngesellschaft gingen die im Herbst 1908 begonnenen Bauarbeiten zügig voran, so daß die Schöneberger U-Bahn pünktlich zum vorgesehenen Termin, dem 1. Dezember 1910, eröffnet werden konnte.

Damit war es Schöneberg als erster Gemeinde im Raum »Groß-Berlin« gelungen, völlig ohne fremde Mittel den Bau einer U-Bahn zu finanzieren und erfolgreich durchzuführen. Mit besonderer Genugtuung wurde festgestellt, daß die von Siemens & Halske veranschlagten Baukosten von 13 900 000 M nicht überschritten worden waren.[67] Im übrigen kam am Vortage der Eröffnung auch der erwünschte, zunächst auf soviel Ablehnung gestoßene Tarifvertrag mit der Hochbahngesellschaft zustande[68], in dem auch eine Regelung über die Betriebsführung der Schöneberger Bahn durch die Hochbahngesellschaft ab 30. November 1911 getroffen wurde.[69]

Die 2,99 km lange U-Bahnstrecke zwischen Nollendorfplatz und Hauptstraße, die am Nollendorfplatz das Gebiet der Nachbargemeinde Charlottenburg berührte, war von Anfang an als Teilstrecke einer Linie betrachtet worden, die später an beiden Enden über Schöneberg hinaus verlängert werden sollte.[70] Bei der Eröffnung der Schöneberger Bahn sprach man deshalb auch von einem »Mittelstück«[71], dessen Verlängerung nach Süden entweder in Richtung Südende – Lankwitz – Marienfelde oder in Richtung Steglitz – Lichterfelde – Teltow – Stahnsdorf und nach Norden in Richtung Potsdamer Platz – Behrenstraße/Friedrichstraße geplant war. Zu diesen Verlängerungen, vor allem zu dem für die Rentabilität der Schöneberger Bahn so wichtigen Anschluß an das Zentrum Berlins, sollte es allerdings nie kommen.[72]

Die Schöneberger Bahn verläuft vom Nollendorfplatz kommend zunächst in westliche Richtung zum Viktoria-Luise-Platz und schwenkt dann nach Süden ab. Dabei folgt sie der Münchener und Speyerer Straße, überquert den Bayerischen Platz und nimmt ihren weiteren Verlauf durch die Innsbrucker Straße, um schließlich südlich der Hauptstraße an der Ringbahnbrücke zu enden. Die Strecke umfaßt insgesamt fünf U-Bahnhöfe in der Reihenfolge Nollendorfplatz, Viktoria-Luise-Platz, Bayerischer Platz, Stadtpark und Hauptstraße.

Die architektonische Gestaltung der Bahnhöfe

Obwohl als selbständige Bahn konzipiert, weist die Schöneberger U-Bahn in ihrer Anlage, ihren Abmessungen sowie ihren technischen Einrichtungen weitgehende Übereinstimmungen mit der Berliner Hoch- und Untergrundbahn auf. In Hinblick auf eine spätere Betriebs- und Tarifgemeinschaft orientierte man sich bewußt am Vorbild der Hoch- und Untergrundbahn, zumal diese sich im Betrieb bestens bewährt hatte. Außerdem konnte die Firma Siemens & Halske, die nahezu alle Arbeiten im Eigenbetrieb ausführen sollte, ihre bei der Hochbahngesellschaft gesammelten Erfahrungen beim Bau der Schöneberger U-Bahn nutzbar machen. Die oberste Bauleitung lag jedoch in den Händen Schönebergs, vertreten durch Stadtbaumeister Paul Ewerbeck und Stadtbaurat Friedrich Gerlach, der auch die allgemeinen Entwürfe aufgestellt hatte.

Für die Gestaltung der einzelnen Bahnhöfe zog Schöneberg – zum Zeichen der Unabhängigkeit gegenüber der Hochbahngesellschaft – eigene Architekten heran. Neben Johannes Kraaz, Ernst Deneke, Paul Jatzow und Fritz Freymüller beauftragte man den Hamburger Architekten Emil Schaudt, der schon aufgrund seiner besonderen Aufgabe, der Gestaltung des völlig aus dem Rahmen fallenden Bahnhofs Stadtpark, eine gewisse Sonderstellung einnahm. Die Arbeit der anderen Architekten, unter denen Kraaz offensichtlich eine führende Position innehatte, läßt sich dagegen nicht immer klar voneinander abgrenzen.

Im wesentlichen hielt man sich aber bei der Gestaltung an das Vorbild der Hoch- und Untergrundbahn, d. h., man wählte die Innenausstattung der Haltestellen so, wie sie bei den bereits im Betriebe befindlichen Haltestellen der Untergrundbahn in Berlin und Charlottenburg ausgeführt worden war, wobei man jedoch die Verwendung von Cadiner Fliesen und Marmor nicht vorgesehen hatte.[73]

In Anlehnung an die neueren, durch die Stadtmitte führenden Bahnhöfe der Hochbahngesellschaft wählte man in Schöneberg Mittelbahnsteige. Bei ca. 7 m Breite haben diese jedoch nur eine Länge von 45 m.[74]

Eine Ausnahme bildet der Bahnhof Bayerischer Platz, der mit 95 m gleich in voller Länge ausgebaut wurde.[75] Er erhielt deshalb auch als einzige Haltestelle an beiden Seiten einen Zugang.[76]

Wie bei den Bahnhöfen der Hochbahngesellschaft sind die Bahnsteige jeweils in der Mitte von Stützen unterteilt, die aus einfachen zusammengenieteten Doppel-T-Trägern bestehen. Die Stützenköpfe, die nach dem Entwurf von Johannes Kraaz[77] für alle Bahnhöfe gleich gestaltet wurden, haben eine sehr ausgeprägte, an klassische Volutenkapitelle erinnernde Form.

Für die Bahnhofsdecken verwendete man wie bei der Hochbahngesellschaft einfache preußische Kappen. Die Wände wurden mit grauen Keramiksteinen verkleidet und jeder Bahnhof nach dem Vorbild der Linie durch die Stadtmitte durch eine bestimmte farbige Umrahmung der Stationsschilder und Reklametafeln gekennzeichnet. In der Reihenfolge der Bahnhöfe wählte man – beim Nollendorfplatz beginnend – die Farben Dunkelgrün, Olivgrün, Blau, Blaugrün und Weinrot.[78] Die Diensträume sowie die anderen Aufbauten auf den Bahnsteigen wurden wie die Bauten Grenanders für die Hochbahngesellschaft in Eisenfachwerk ausgeführt und mit farbigen Fliesen verkleidet. Individuelle Lösungen finden sich dagegen bei den Vorräumen und den Eingängen, auf deren Gestaltung man in Schöneberg besondere Sorgfalt verwandte. Die Eingangsportale und Treppenumwehrungen wurden in großzügiger Weise in Muschelkalk ausgebildet, und Muschelkalkplatten dienten auch zur Verkleidung der Treppenschächte.[79] Mit der Verwendung des teuren Natursteins verband sich ein eindeutiges Repräsentationsbedürfnis. Die Gemeinde Schöneberg wollte damit demonstrieren, daß sie den teilweise sehr viel wohlhabenderen Nachbargemeinden durchaus ebenbürtig war.

Der Bau des U-Bahnhofs *Nollendorfplatz*, Endbahnhof der Schöneberger U-Bahn, war insofern mit Schwierigkeiten verbunden, als hier die Bahn einmal Charlottenburger Gebiet berührt[80], zum anderen die unmittelbare Nähe des Hochbahnhofs Nollendorfplatz zu berücksichtigen war. Da die Hochbahngesellschaft der Schöneberger U-Bahn gegenüber zunächst wenig Interesse zeigte, mußte Schöneberg für seinen Bahnhof eine eigene Lösung finden, die jedoch unter den gegebenen Umständen nur unbefriedigend ausfallen konnte. Schöneberg war sich dessen durchaus bewußt und betrachtete den U-Bahnhof Nollendorfplatz von Anfang an als ein Provisorium, das später einem großen Gemeinschaftsbahnhof weichen sollte.[81]

Das Hauptproblem bei der Anlage des Bahnhofs lag in der Schaffung einer günstigen Verbindung zwischen dem vorhandenen Hochbahnhof und dem geplanten U-Bahnhof. Eine solche Verbindung, die von seiten der Hochbahngesellschaft zunächst nur wenig Unterstützung fand, wurde vor allem durch den extremen Höhenunterschied von fast 10 m und die versetzte Lage der beiden Bahnhöfe zueinander erschwert. Denn der U-Bahnhof sollte südwestlich der eigentlichen Platzanlage in der Motzstraße angeordnet werden.

Um den Fahrgästen das Umsteigen zu erleichtern – die Entfernung von Bahnsteigmitte zu Bahnsteigmitte betrug 145 m – entschied sich Schöneberg für den Bau einer langen, sanft ansteigenden, in der Mitte durch eine kurze Treppe[82] unterbrochenen Rampe, die den U-Bahnhof mit den Treppenaufgängen des Hochbahnhofes verband (Abb. 224) und in ihrer ganzen Länge überdacht war.[83] Die Überdachung erfolgte in so geschickter Form, daß nach außen hin von dem Anstieg nichts zu erkennen war.

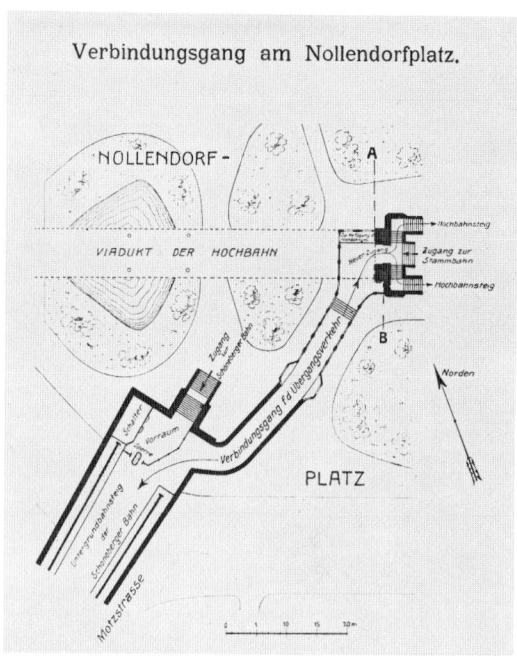

Abb. 224 U-Bahnhof Nollendorfplatz, Grundriß des Verbindungsganges zur Hochbahn

Abb. 225 U-Bahnhof Nollendorfplatz,
Übergang zur Hochbahn, 1910, Arch. Fr. Freymüller

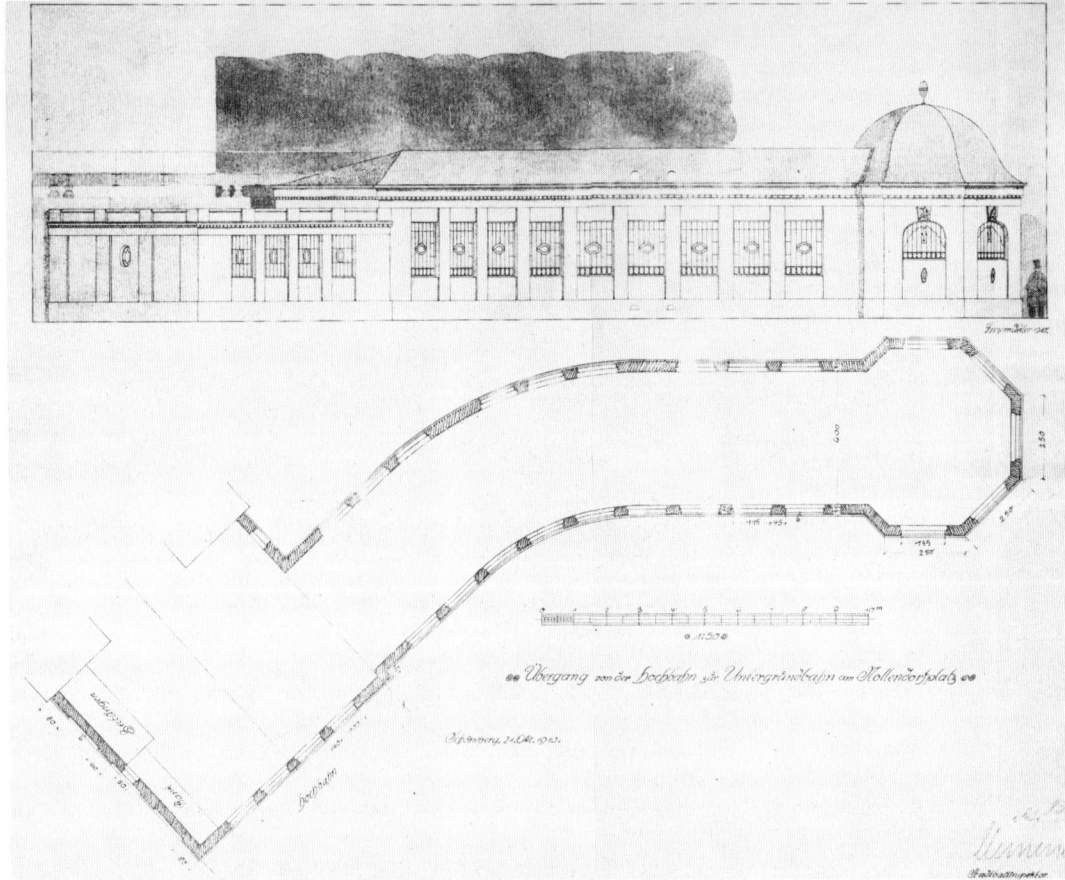

Abb. 226 U-Bahnhof Nollendorfplatz, Entwurf für den Übergang von der Hochbahn zur Untergrundbahn, 1910
Arch. Fr. Freymüller

An dem Punkt, wo die Rampe das Straßenniveau berührte, errichtete man einen kleinen polygonalen Kuppelbau (Abb. 225), an den sich ein hallenartiger, mit großen Fenstern versehener Gang anschloß. Dieser beschrieb eine leichte Kurve und mündete direkt in die überdachten Treppenaufgänge der Hochbahn ein.

Die ganze Anlage, die »der Oertlichkeit entsprechend in vornehmer Weise auszubilden« war[84], geht auf einen Entwurf von Stadtbaurat Fritz Freymüller zurück (Abb. 226).[85]

Der kleine Kuppelbau erfuhr später einige Veränderungen. Anstelle der flachen Rippenkuppel trat ein höheres zeltartiges Dach, das leicht geschwungen und einmal gebrochen war (Abb. 227). Außerdem wurde in Höhe des Straßenniveaus ein Fußboden und zum Gang hin eine Trennwand eingezogen, so daß ein separater Raum entstand, der als Bankgebäude genutzt wurde. Im gleichen Zusammenhang wurden die beiden Kuppelbauten über den Treppenaufgängen zur Hochbahn entfernt.

Ein zweiter, etwas westlich des Verbindungsganges gelegener Ausgang (Abb. 228) führte vom U-Bahnhof direkt auf den Nollendorfplatz. Obwohl auch er nur als Provisorium galt, erhielt er entsprechend den Ausführungsbestimmungen[86] eine feste Steinbrüstung mit eingesetzten schmiedeeisernen Schmuckgittern und hohen, laternengeschmückten Steinpfeilern an der Eingangsseite.

Abb. 227 Hoch- und Untergrundbahnhof Nollendorfplatz, Zustand 1924

Abb. 228 U-Bahnhof Nollendorfplatz, Westeingang, 1910

Abb. 229 U-Bahnhof Nollendorfplatz, Innenansicht, 1910

Das Innere des Bahnhofs (Abb. 229) wurde in der bereits beschriebenen, für alle Schöneberger U-Bahnhöfe einheitlichen Form gestaltet. Allerdings wurde in Hinblick auf eine eventuelle spätere Stillegung des Bahnhofs die Fliesenverkleidung durch einfachen Putz ersetzt.

Am 24. Oktober 1926 wurde der Schöneberger U-Bahnhof Nollendorfplatz geschlossen. Noch am selben Tag wurde ein zweistöckiger Gemeinschaftsbahnhof für die Schöneberger Linie und die neue Entlastungsstrecke über die Kurfürstenstraße zum Gleisdreieck eröffnet.

Der U-Bahnhof *Viktoria-Luise-Platz* liegt noch im Zuge der Motzstraße an der Ostseite des Viktoria-Luise-Platzes, der hier von der U-Bahn diagonal unterfahren wird (Abb. 230). Bei der Anordnung des U-Bahnhofs mußte darauf geachtet werden, daß die eigentliche Platzanlage (Abb. 231), die auf einen Entwurf des Kgl. Garteninspektors Fritz Encke aus dem Jahre 1899 zurückging[87], in ihrer Geschlossenheit möglichst wenig beeinträchtigt wurde.

Die Enckesche Anlage bekommt ihren besonderen Akzent durch zwei große Exedren[88], die den Platz an den beiden Schmalseiten abschließen. Die westliche Exedra hat einen hohen Säulenaufbau, der der Anlage eine gewisse Monumentalität und Würde verleiht. Die östliche, heute nicht mehr vorhandene Exedra war dagegen niedrig gehalten. Mit dem U-Bahneingang, der direkt neben ihr und damit etwas

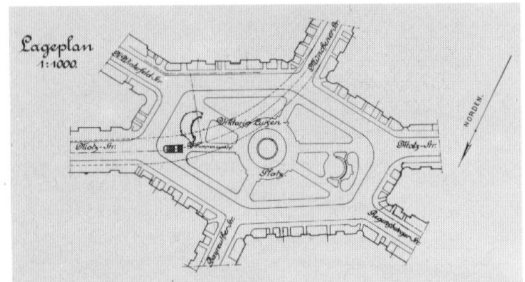

Abb. 230 U-Bahnhof Viktoria-Luise-Platz, Lageplan

Abb. 231 Viktoria-Luise-Platz, 1903, Gestaltung Fr. Encke

Abb. 232 U-Bahnhof Viktoria-Luise-Platz, Eingang
Arch. E. Deneke

versetzt zur Platzachse liegt, sollte ein Gegengewicht zur repräsentativen Architektur an der Westseite des Platzes geschaffen werden.

Mit der Gestaltung des U-Bahneinganges wurde der Architekt Ernst Deneke beauftragt. Er schuf eine hohe, pergolaartige Pfeilerarchitektur (Abb. 232) aus Muschelkalk, die sich der langgestreckten Form der Treppenöffnung anpaßt. Die Pfeilerkranzumwehrung ist durch den Wechsel von je einem dickeren und zwei dünneren Pfeilern rhythmisch gegliedert und zur Eingangsseite hin durch mächtige laternengeschmückte Pfeiler[89] mit vorgelagerten Voluten begrenzt. Die Pfeilerzwischenräume sind bis über die halbe Höhe mit schmiedeeisernen Gittern gefüllt. Die Pfeiler selbst tragen figürlichen Schmuck, der »den vom Himmel kommenden und in die Tiefe fahrenden elektrischen Funken, ferner die Vorsicht und die Unvorsichtigkeit als Kurzschluß, die gefesselte und entfesselte Kraft u. a. m.«[90] versinnbildlicht. Außerdem wurde wie am U-Bahnhof Kaiserhof rund um den Eingang Grün angepflanzt, das an den Pfeilern emporranken sollte. Von der ursprünglich geplanten oberirdischen Aufstellung des Kassenhäuschens[91] nahm man indes wieder Abstand, da man den Charakter des Viktoria-Luise-Platzes als gärtnerische Anlage nicht allzu sehr verfälschen wollte. Ebenfalls nie zur Ausführung kam der am anderen Bahnhofsende in der Nähe der Geisbergstraße vorgesehene zweite Eingang.

Die Innenausstattung (Abb. 233) der Haltestelle Viktoria-Luise-Platz entspricht ganz dem einheitlichen, für alle Schöneberger U-Bahnhöfe maßgeblichen Konzept. Für die Vorhalle typisch sind die vertieften Felder am oberen friesartigen Wandabschluß sowie das aus der Wand hervortretende, an den Ecken abgerundete Kassenhäuschen (Abb. 234).

Der U-Bahnhof Bayerischer Platz, dessen Entwurf allein in den Händen von Johannes Kraaz lag, weist dagegen diverse Abweichungen von der üblichen Form auf.

Hingewiesen sei zunächst noch einmal auf die voll ausgebaute Länge des Bahnhofs (Abb. 235) und die beiden Zugänge. Man begründete diese Maßnahme damit, daß das umliegende Gebiet bei Errichtung der Bahnlinie bereits weitgehend besiedelt war und man insofern hier mit einer hohen Benutzerzahl rechnen mußte.[92] Wie weitsichtig man hier plante, beweist auch die Tunnelkonstruktion des Bahnhofs Bayerischer Platz. Auf Verlangen der Aufsichtsbehörden erhielt der Tunnelkörper unter der Grunewaldstraße »mit Rücksicht auf die etwaige spätere Ausführung einer unter ihm hinwegführenden Untergrundbahn brückenartige Eiseneinlagen in den Tunnelwänden und zwischen den Gleisen«.[93] Der Einbau von derartigen zusätzlichen Versteifungen sollte sich rund 60 Jahre später beim Bau der Querlinie Fehrbelliner Platz – Rudow (Linie 7) als durchaus richtige Überlegung herausstellen.

Die beiden Zugänge, von denen der eine an der Südseite des Bayerischen Platzes, der andere nördlich auf einer Mittelinsel in der Speyerer Straße angeordnet wurde[94], fallen abgesehen von den Portalen vor allem durch die sorgfältige künstlerische Gestaltung der unterirdischen Vorräume (Abb. 236) auf. Diese sind mit großformatigen azurblauen Fliesen ausgekleidet, die von den »Keramischen Kunstwerkstätten Richard Mutz & Rother G. m. b. H.« in Liegnitz stammen[95] und deren typische unregelmäßige Oberflächenbehandlung erkennen lassen. Um die dekorative Wirkung der Vorräume noch zu erhöhen, sind die Wände in der oberen Zone galerieartig geöffnet und mit kleinen reliefierten Balustern aus Mutzkeramik geschmückt.

Die Eingangsportale selbst erfuhren, ähnlich wie am Viktoria-Luise-Platz, eine den Repräsentationsansprüchen Schönebergs gerecht werdende Ausbildung. Der nördliche Eingang (Abb. 237) an der Speyerer Straße erhielt eine hohe pergolaartige Umwehrung aus Muschelkalk. Diese lehnte sich mit ihren teilweise rustizierten Pfeilern, den dekorativen steinernen Blumenkörben als Bekrönung und dem an Holzspaliere erinnernden Gebälk deutlich an die Gartenarchitektur auf dem Platz an. Ebenfalls dem gärtnerischen Charakter der Umgebung angepaßt war das in einen schmiedeeisernen Rahmen eingefügte Stationsschild, das von einem kleinen Rundgiebel mit Rankendekor bekrönt wurde.[96]

Der südliche, direkt auf dem Bayerischen Platz inmitten von Grün gelegene Eingang (Abb. 238)[97] nahm mit seinen an den Flanken rustizierten vorderen Pfeilerpaaren klaren Bezug auf die achteckige offene Halle in der Platzmitte.

Die Haltestelle Stadtpark, heute Rathaus Schöneberg[98], zählt sowohl technisch als auch künstlerisch zu den bedeutendsten Bauwerken des gesamten Berliner U-Bahnnetzes. Das außergewöhnliche Aus-

Abb. 233 U-Bahnhof Viktoria-Luise-Platz, Innenansicht, 1910

Abb. 234 U-Bahnhof Viktoria-Luise-Platz, Vorraum, 1910

Abb. 236 U-Bahnhof Bayerischer Platz, Vorhalle, 1910
Arch. J. Kraaz

Abb. 235 U-Bahnhof Bayerischer Platz, Innenansicht, 1910, Arch. J. Kraaz

Abb. 237 U-Bahnhof Bayerischer Platz, Nordeingang, 1910, Arch. J. Kraaz

Abb. 238 U-Bahnhof Bayerischer Platz, Südeingang, 1910
Arch. J. Kraaz

Abb. 239 Entwurf für den U-Bahnhof Stadtpark, 1907 (Entwurf A), Arch. E. Schaudt

sehen dieses Bahnhofs, der schon am Tage der Eröffnung unter die Sehenswürdigkeiten Schönebergs eingereiht wurde[99], ist in erster Linie auf die besonderen Geländeverhältnisse im Bereich dieser Haltestelle zurückzuführen.

Die Schöneberger U-Bahn durchquert hier den sogenannten »Schwarzen Graben«, ein altes Fenngelände, das sich in Verlängerung der Grunewaldseen und des Wilmersdorfer Fenngeländes als Talmulde mit moorigem Untergrund bis nach Schöneberg hinzieht. Da das Fenngelände für eine normale Bebauung ungeeignet war, plante man hier die »Anlage eines Stadtparks mit teilweise landhausmäßiger Randbebauung«.[100] Mit Hilfe von Aufschüttungen aus dem beim U-Bahnbau gewonnenen Sand gab man dem Boden die für eine Bepflanzung nötige Festigkeit. Im übrigen aber wollte man den Talcharakter des Geländes wahren. Das bedeutete, daß die U-Bahn die Talmulde brückenartig überqueren mußte, da ein Absenken des U-Bahntunnels unter die etwa 7 m dicke Moorschicht nicht in Frage kam. Da auch die über der U-Bahntrasse entlanglaufende Innsbrucker Straße über die Stadtparkmulde nach Süden weitergeführt werden sollte, lag es nahe, beide Verkehrsanlagen in einem gemeinsamen Bauwerk zu vereinen. Dies wirkte sich allerdings erschwerend auf die Entwurfsarbeit aus.

Die Schwierigkeiten waren zunächst rein technischer Natur. Denn der stark säurehaltige Moorboden des Stadtparkgeländes erforderte eine Fundamentierung, die den Angriffen des Bodens standhielt. Da die sonst üblichen Holzpfähle diesen Anforderungen nicht gewachsen waren, entschied man sich für eine sehr kostspielige, dafür aber äußerst zuverlässige Konstruktion, die auf einen Vorschlag Siemens & Halskes zurückging: Man gründete die gesamte Anlage auf drei parallel angeordnete, bis auf den tragfähigen Grund reichende Betonpfeiler von 70 m Länge und 1,5 m Breite und umgab diese mit einer zusätzlichen Isolierschicht aus Spundwänden. Auf diese Gründung legte man eine horizontale Eisenbetonplatte, die als Fundament für den Bahnhof und die darüber angeordnete Straßenbrücke diente.

Abb. 240 Entwurf für den U-Bahnhof Stadtpark, 1907 (Entwurf B), Arch. E. Schaudt

Eine so aufwendige Fundamentierung verlangte nach einer ähnlichen Großzügigkeit bei der Gestaltung des Oberbaus – und dies um so mehr, als man bei der Randbebauung des Stadtparkgeländes allergrößten Wert auf eine künstlerische Ausbildung der Fassaden legte und eigens zu diesem Zwecke namhafte Architekten herangezogen hatte.[101] Der Bahnhof sollte sich in seinem äußeren Erscheinungsbild dieser Randbebauung anpassen und gleichzeitig zum architektonischen Blickfang der Parkanlage werden, die er durchschnitt.

Um dem Bau den gewünschten brückenartigen Charakter zu verleihen, war eine gewisse Transparenz des Baukörpers erforderlich, die letztlich bestimmend für die Gesamtgestaltung des Bahnhofs werden sollte. Denn die Durchsichtigkeit des Bauwerks konnte nur durch große Fensteröffnungen erreicht werden, die einen Blick in die Bahnsteighalle und von dort auf die Parkanlage gewährten. Außerdem sah die Planung eine direkte Treppenverbindung zwischen der im Obergeschoß entlangführenden Straße und dem Park vor. Durch sie sollte der Bau in direkte Beziehung zur Parkanlage gebracht werden.

Die Lösung dieser vielseitigen Aufgabe wurde Emil Schaudt, dem Erbauer des Bismarckdenkmals in Hamburg, übertragen. Er hatte sich in Berlin vor allem durch den Bau des 1907 eröffneten »Kaufhauses des Westens« (KaDeWe) einen Namen gemacht.[102] Schaudt reichte im Sommer 1907 drei Entwürfe ein[103], die alle drei den Forderungen nach einer beidseitig zum Stadtpark geöffneten Haltestelle nachkamen.[104]

Entwurf A (Abb. 239) sah einen mächtigen, viaduktähnlichen Bau mit großen gemauerten Bogenöffnungen vor, in die die Fenster des Bahnhofs tief eingeschnitten waren. Die beiden Enden dieses etwas schwerfällig wirkenden Viadukts, über den die Innsbrucker Straße hinwegführen sollte, wurden durch hohe durchbrochene Türme mit pyramidal abgestuftem Dachabschluß gekennzeichnet. Von

Abb. 242 U-Bahnhof Stadtpark, 1910
Arch. E. Schaudt

Abb. 241 Entwurf für den U-Bahnhof Stadtpark, 1907 (Entwurf C), Arch. E. Schaudt

diesen Tortürmen aus führten Treppenläufe in den Stadtpark hinab, in dessen westlichem Teil ein künstlicher See vorgesehen war. Zwischen See und Bahnhof sollte eine Promenade angelegt werden, die sich in Schaudts Entwurf A in der Mitte zu einem Oval ausdehnte, das an der zum Bahnhof gerichteten Seite durch eine mächtige, mit Löwen geschmückte Exedra abschloß.

Mit Entwurf B (Abb. 240) bot Schaudt eine Lösung an, die zwischen dem oben beschriebenen Entwurf A und Entwurf C steht. Er ersetzte die riesigen Bogenöffnungen jetzt durch Arkaden und ordnete diese in Dreiergruppen zwischen kräftigen Pfeilern an. Auf diese Weise wurde die langgestreckte Fassade rhythmisch gegliedert. Da Schaudt außerdem die Mauerstärke der Bahnhofslängswände – bei gleichbleibender lichter Weite der Bahnhofshalle – gegenüber Entwurf A erheblich reduzierte, mußten die seitlichen, von durchbrochenen Geländern begrenzten Bürgersteige der Innsbrucker Straße auf weit auskragende Konsolen gelegt werden.

In Entwurf C (Abb. 241), der schließlich zur Ausführung kam, verzichtete Schaudt auf jede Art von Arkadenbildung. Er entschied sich hier für eine strenge Horizontal- und Vertikalgliederung, die eine wesentlich sachlichere Auffassung verriet. Die Wände wurden jetzt in ein System von Pfeilern aufgelöst und die Zwischenräume mit Glas gefüllt. Die Pfeiler erhielten eine ungewöhnliche Tiefe, so daß bei Schrägsicht auf die Anlage die Fenster vollständig verdeckt wurden. Um die langgestreckte Fassade in ihrer Gleichförmigkeit etwas zu beleben, unterteilte Schaudt sie durch zwei kräftige, von Skulpturen gekrönte Vorsprünge in drei gleiche Abschnitte. Den seitlichen Fassadenabschluß bildeten breite, im rechten Winkel zum Bahnhof angeordnete, durch Vasen markierte Treppen, die zum Park hinabführten. Die unterschiedliche Form der beiden Parkseiten beeinflußte auch die Gestaltung

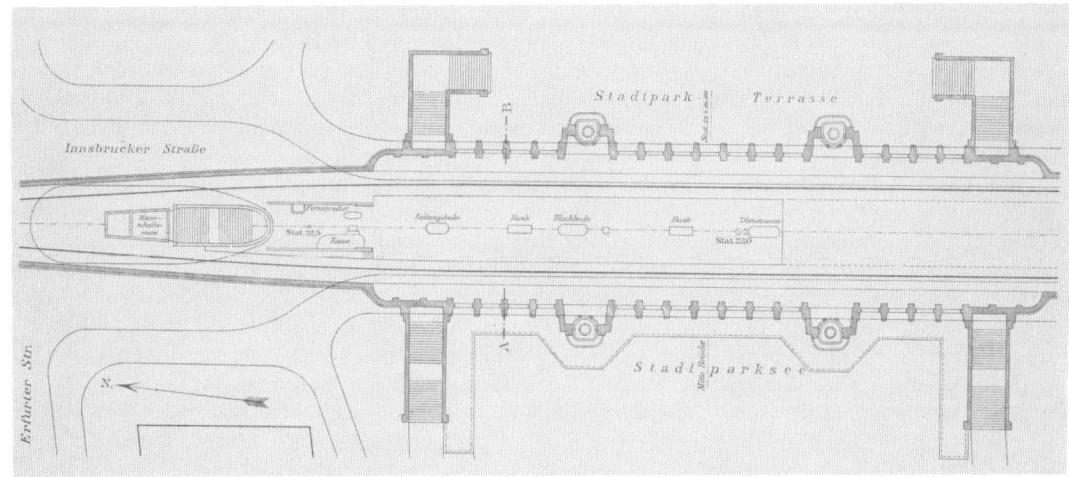

Abb. 243 U-Bahnhof Stadtpark, Grundriß

Abb. 244 U-Bahnhof Stadtpark, Innenansicht, 1910
Arch. E. Schaudt

Abb. 245 U-Bahnhof Stadtpark, Vorraum mit Kassenhäuschen, 1910, Arch. E. Schaudt

Abb. 246 U-Bahnhof Stadtpark, Eingang, 1910 (zerstört)
Arch. E. Schaudt

der Treppenläufe. Während die Treppen an der Ostseite des Bahnhofs noch einmal nach innen ab-
knickten, um direkt auf die Stadtparkterrasse einmünden zu können, wurden sie auf der Westseite im
geraden Verlauf herabgeführt. Denn der hier geplante See ließ keinen Knick zu.
Bekrönt wurde die Anlage von einer steinernen Brüstung, die der oben verlaufenden Straße als seitliche Begrenzung diente. Über den vier Fassadenvorsprüngen wurde die Brüstung zu balkonartigen Nischen ausgebaut, die man mit Figurengruppen schmückte. Der plastische Schmuck ging auf einen
Entwurf von Richard Guhr[105] zurück. Die Figuren »stellen Tritonen aus mythischer Zeit dar, die auf
ihrem Rücken Nymphen über das einstmals aus einer Seenkette bestehende Fenngelände von einem
Ufer zum anderen tragen, und sollen die vier menschlichen Temperamente versinnbildlichen«.[106]
Dieser Entwurf wurde bei der Ausführung (Abb. 242, 243) nur geringfügig geändert. Man verschob
jetzt die beiden Fassadenvorsprünge weiter an die Seiten und erreichte dadurch eine stärkere Rhythmisierung der Fassade. Durch eine zusätzliche geringe Abstufung nahm man den Vorsprüngen außerdem etwas von ihrer Blockhaftigkeit. Weiterhin wurden die zum See führenden Treppen durch ein
Podest unterbrochen und die den Bau nach oben hin abschließende Brüstung stärker gegliedert. In der
Anordnung des plastischen Schmucks, den Figurengruppen auf den Fassadenvorsprüngen, den auf den
freien Feldern darunter angebrachten Medaillons sowie den Vasen als Bekrönung der Treppen änderte
sich dagegen kaum etwas. Man verzichtete nur auf die Wasserspeier über den Pfeilern und setzte an
deren Stelle kapitellartig ausgebildete Abschlüsse.
Das Bahnhofsinnere (Abb. 244), das sich konstruktiv nur durch eine größere Höhe der Bahnsteighalle,
die Seitenfenster und eine etwas reichere Deckengestaltung[107] von den anderen Bahnhöfen unterscheidet, bekommt durch das beidseitig einfallende Tageslicht eine große Lichtfülle. Die blaugrünen,
heute nicht mehr vorhandenen Fliesenverkleidungen an den seitlichen Pfeilern, den Wandsockeln
und den Betriebsanlagen auf dem Bahnsteig trugen zusätzlich zu dieser ungewöhnlichen Helligkeit
bei.
Blickfang des Vorraums war das Kassenhäuschen (Abb. 245) aus geschnitztem Eichenholz, das schon
aufgrund seines erlesenen Materials und der fein durchgebildeten Arkadengliederung starke Assoziationen an ein Möbelstück hervorrief und damit völlig aus dem bisher üblichen Rahmen fiel. Man
hatte sich für diese ungewöhnliche Form sehr kurzfristig entschieden, nachdem bereits die Genehmigung für eine Aufstellung des Kassenhäuschens auf der Straße – ähnlich wie am Viktoria-Luise-
Platz – erteilt worden war.[108]
Der Eingang zum U-Bahnhof Stadtpark (Abb. 246) wurde an der Nordseite auf dem hier beginnenden
Mittelstreifen der Innsbrucker Straße angeordnet. Er unterscheidet sich damit lagemäßig nicht von

Abb. 247 U-Bahnhof Hauptstraße, Innenansicht, 1910

Abb. 248 U-Bahnhof Hauptstraße, Eingang, 1910
Arch. P. Jatzow

Abb. 249 U-Bahnhof Hauptstraße, Vorraum, 1910
Arch. P. Jatzow

den Zugängen der anderen Bahnhöfe. Wie bei der Schöneberger U-Bahn üblich, war er ursprünglich durch zwei hohe Steinpfeiler gekennzeichnet, die von reich verzierten schmiedeeisernen Laternen bekrönt wurden.[109] Die steinerne Umwehrung des Treppenschachts hielt man bewußt niedrig, um nicht den Blick auf die Brücke bzw. das Bahnhofsgebäude zu verdecken. Mit ihren ovalen Öffnungen nahm sie deutlichen Bezug auf die lange Steineinfassung, die die große Spielwiese im Ostteil des Stadtparks abgrenzte. Hierdurch entstand der Eindruck großer architektonischer Geschlossenheit. Mit dem Bahnhof Stadtpark war es Schaudt gelungen, ein Bauwerk zu schaffen, das in seiner dreifachen Zweckbestimmung einmalig dasteht. Denn über seine eigentliche Funktion als Haltestelle der U-Bahn hinaus dient dieser Bau zugleich als Straßenbrücke und nicht zuletzt als architektonischer Blickfang des Stadtparks. Schaudts Lösung fand eine so große Resonanz, daß sie bereits wenig später anläßlich eines Wettbewerbs erneut aufgegriffen wurde.[110]

Der als vorläufige Endstation geplante U-Bahnhof *Hauptstraße,* heute Innsbrucker Platz[111], sollte wie der U-Bahnhof Nollendorfplatz möglichst schlicht gestaltet werden, da bei einer Verlängerung der Linie auch hier mit einem Umbau oder sogar einer Verlegung der Haltestelle zu rechnen war.[112]

Die Gestaltung des Bahnhofsinneren (Abb. 247) stimmt mit der der anderen Haltestellen weitgehend überein. Eine Ausnahme bildet nur die Decke. Die üblichen quergestellten Tonnen sind hier jeweils zu Dreiergruppen zusammengefaßt und werden einmal rechts und einmal links im Wechsel durch zwei Längstonnen unterbrochen, die direkt über der Bahnsteigkante angeordnet sind. Anstelle dieser längsgerichteten Tonnen waren ursprünglich Oberlichter vorgesehen[113], auf die man jedoch bei der Ausführung verzichtete.

Bei der Gestaltung des Eingangs, der zunächst auf einer kleinen ovalen Mittelinsel am Ende der Innsbrucker Straße lag und in den zwanziger Jahren bei einer Umgestaltung des Innsbrucker Platzes in die neu entstandene große kreisrunde Platzanlage einbezogen wurde, bemühte man sich in stärkerem Maße um eine dekorative Wirkung. Der Eingang wurde wie üblich durch ein hohes Steinportal (Abb. 248) an der Zugangsseite gekennzeichnet. Auffallend waren jedoch die reich verzierten Gitter, die in den schmalen Rechteköffnungen der niedrigen Steinbrüstung saßen.

Dieser Eingang sowie auch der Vorraum, der eine Wandverkleidung aus großformatigen Mutzschen Keramikplatten erhielt (Abb. 249)[114], ging auf einen Entwurf von Paul Jatzow zurück. Eingang und Vorraum verschwanden 1954 bei einer erneuten Umgestaltung des Innsbrucker Platzes. Sie wurden durch eine moderne, etwas nach Norden verschobene Glashalle ersetzt, die im Zuge der jüngsten, sehr gravierenden Bauarbeiten am Innsbrucker Platz gleichfalls abgerissen worden ist.

5.3 Die Wilmersdorf-Dahlemer Schnellbahn

5.3.1 Die Wilmersdorfer Strecke

Entstehungsgeschichte und Linienführung

Die Wilmersdorf-Dahlemer Schnellbahn, letzte der drei westlichen Anschlußstrecken, entstand unter ähnlichen Voraussetzungen wie die Westendlinie und die Schöneberger U-Bahn. Auch hier handelte es sich weitgehend um eine Erschließungsbahn, die Anreiz für eine Besiedlung unbebauter Gebiete schaffen und damit die Stadtentwicklung gezielt vorantreiben sollte.

Die Stadt Wilmersdorf, die wegen ihrer exponierten Lage als ruhiger, von Grünanlagen durchsetzter Vorort im Westen Berlins zum bevorzugten Wohngebiet wohlhabender ruhesuchender Bevölkerungsschichten geworden war, hatte zwischen 1885 und 1910 einen sprunghaften Bevölkerungsanstieg zu verzeichnen.[115]

Als Folge dieser Entwicklung sah sich Wilmersdorf zunehmenden Verkehrsproblemen ausgesetzt, deren befriedigende Lösung Voraussetzung für ein weiteres gesundes Anwachsen der Stadt war. Zu den dringlichsten Verkehrsbedürfnissen gehörte eine günstige Verbindung mit dem Zentrum Berlins, wo ein großer Teil der Wilmersdorfer Bevölkerung seinen Arbeitsplatz hatte.

Aus dieser Erkenntnis heraus entstanden in Wilmersdorf schon 1899, als die erste Berliner Hoch- und Untergrundbahn noch im Bau war, Bestrebungen, eine Schnellverkehrsverbindung nach Berlin zu schaffen. Nach der 1902 erfolgten Eröffnung der Stammlinie, die mit den Bahnhöfen Nollendorfplatz, Wittenbergplatz und Zoologischer Garten sowohl Schöneberger als auch Charlottenburger Gebiet berührte, intensivierten sich die Bemühungen um eine eigene Schnellbahn, da Wilmersdorf vor den konkurrierenden Nachbargemeinden nicht zurückstehen wollte. 1904 nahmen die Schnellbahnpläne konkretere Formen an. Man diskutierte den Entwurf für eine Hoch- und Untergrundbahn, die vom Zoologischen Garten ausgehend über Wilmersdorf, Schmargendorf und Dahlem bis nach Zehlendorf führen und in ihrem Linienverlauf etwa dem damals gerade im Entstehen begriffenen Hohenzollerndamm sowie dessen Verlängerung, der heutigen Clayallee, folgen sollte.[116]

Mit dieser Planung, mit der einerseits direkte Verkehrsbedürfnisse befriedigt, andererseits in größerem Umfange unbebaute Gebiete erschlossen werden sollten, verriet Wilmersdorf nicht nur großzügiges verkehrspolitisches Denken, sondern verfolgte ganz gezielte wirtschaftliche Eigeninteressen. In den Erläuterungen des Entwurfs von 1904 wird zu dieser Frage klar Stellung genommen: »Die großstädtischen Vororte zeigen, wie die Erfahrung lehrt, nur dann eine schnelle wirtschaftliche Entwicklung, wenn sie neben sonstigen guten Wohnbedingungen möglichst leistungsfähige Verkehrseinrichtungen aufweisen, denn nur dann wird eine steuerkräftige Bevölkerung sich dort ansiedeln.«[117]

So offensichtlich der wirtschaftspolitische Hintergrund auch ist, so deutlich kommt in den Erläuterungen bereits die Forderung nach einer direkten Koppelung von Bau- und Verkehrsplanung zum Ausdruck, die auf der einfachen, jedoch auch heute noch keineswegs allgemein bindenden Erkenntnis basiert, daß Schnellbahnen »umso leichter und billiger« herzustellen sind, je früher sie ausgeführt werden.[118]

Trotzdem blieben die Wilmersdorfer Schnellbahnpläne zunächst nur Entwurf. Aktuell wurde die Frage erst wieder im Sommer 1907, als die Hochbahngesellschaft die ersten Pläne für eine Erweiterungslinie zwischen Gleisdreieck und Wittenbergplatz vorlegte und in diesem Zusammenhang der Stadt Wilmersdorf Vorschläge für eine westliche Anschlußbahn unterbreitete.[119] Wilmersdorf stand diesen Vorschlägen durchaus positiv gegenüber, zumal sich hier die eigenen Interessen mit denen der Hochbahngesellschaft verbinden ließen.

Während sich die Hochbahngesellschaft von der Angliederung der Wilmersdorfer Bahn in erster Linie finanzielle Gewinne versprach, die zur Abdeckung der Baukosten der Erweiterungslinie beitragen sollten[120], erkannte Wilmersdorf in diesem Projekt sofort die günstige Anschlußmöglichkeit an das Berliner Stadtzentrum. Da die verschiedenen, von anderer Seite herangetragenen Konkurrenzvorschläge[121] nicht annähernd diese Vorteile boten, zögerte Wilmersdorf jetzt nicht länger und entschied sich für die von der Hochbahngesellschaft empfohlene, den eigenen Vorstellungen am ehesten entsprechende Linienführung im Anschluß an die Erweiterungslinie Gleisdreieck – Wittenbergplatz. Der genaue Linienverlauf dieser Bahn, für die von vornherein nur eine Ausführung als Untergrundbahn in Frage kam, wurde in verschiedenen Vertragsabschlüssen zwischen der Gemeinde Wilmersdorf und der Hochbahngesellschaft im Jahre 1908 festgelegt.[122]

Als Ausgangspunkt der Wilmersdorfer U-Bahn wählte man den Wittenbergplatz, von wo aus die Linie zunächst über den Nürnberger Platz und den Hohenzollerndamm bis zum Fehrbelliner Platz geführt werden sollte. Da die Bahn auf dem Abschnitt Wittenbergplatz – Nürnberger Platz ausschließlich Charlottenburger Gebiet berührte, sollte der Bau dieser Strecke von der Hochbahngesellschaft übernommen werden. Der Fehrbelliner Platz, den man als zukünftiges Zentrum von Wilmersdorf[123] schon immer in die Schnellbahnplanung einbeziehen wollte, war jedoch keineswegs als Endpunkt der Linie gedacht. Sie sollte vielmehr nach Süden bis zu einem zunächst nicht näher bestimmten Punkt fortgesetzt werden.[124] Man entschied sich schließlich für den Rastatter Platz, den heutigen Breitenbachplatz[125], der über den Heidelberger und Rüdesheimer Platz erreicht werden sollte.

Das Gebiet zwischen Fehrbelliner Platz und Rastatter Platz war zum Zeitpunkt der Planung bis auf wenige Gebäude am Heidelberger Platz, in dessen unmittelbarer Nähe die Ringbahnstation Schmargendorf liegt, noch völlig unbebaut. Durch die U-Bahn sollte dieses Gelände verkehrsmäßig besser erschlossen, und damit günstigere Voraussetzungen für eine spätere Bebauung geschaffen werden.[126] Verschiedene Terraingesellschaften hatten sich in Hinblick auf die zu erwartende Wertsteigerung

Abb. 250 U-Bahnhof Nürnberger Platz, Innenansicht, 1913
(1961 stillgelegt), Arch. A. Grenander

Abb. 251 U-Bahnhof Nürnberger Platz, Nordeingang,
1913, Arch. A. Grenander

noch rechtzeitig das billige Land gesichert. Als die U-Bahnplanung konkrete Formen annahm, erklärten sie sich bereit, 2 Millionen der auf ca. 15,5 Millionen Mark berechneten Baukosten zu tragen.[127]
Im Frühjahr 1909 wurde das gesamte Projekt der Wilmersdorfer U-Bahn noch einmal in Frage gestellt. Charlottenburg verweigerte plötzlich die Zustimmung zum Bau der Verbindungsstrecke Wittenbergplatz – Nürnberger Platz, die durch sein Gebiet führte und Voraussetzung für den Anschluß der Wilmersdorfer Bahn an das Netz der Hochbahngesellschaft war. Charlottenburg trug sich nämlich inzwischen mit dem Gedanken, eine eigene, vom Wittenbergplatz ausgehende Verlängerungslinie durch den Kurfürstendamm und die Giesebrechtstraße bis zum Lietzensee zu bauen und damit die rasche Entwicklung des Kurfürstendammbereichs[128] als neuem Geschäftszentrum voranzutreiben.
Um den Verkehrswert der geplanten Kurfürstendammlinie zu steigern, forderte Charlottenburg einen direkten Anschluß der Wilmersdorfer Bahn an diese Linie etwa in Höhe der Leibnizstraße. Hinter diesem Wunsch nach einer gemeinsamen Linienführung entlang dem Kurfürstendamm bis zum Wittenbergplatz stand vor allem das Bestreben nach einer gemeinsamen Finanzierung des Kurfürstendammprojekts. Wilmersdorf zeigte jedoch zu dieser Linienänderung, die eine Aufgabe des direkten, vertraglich bereits festgelegten Anschlusses an das Netz der Hochbahngesellschaft bedeutet hätte, wenig Bereitschaft.
Die Auseinandersetzungen endeten schließlich damit, daß die Hochbahngesellschaft, die verständlicherweise an einer Charlottenburger Anschlußlinie ein ähnlich starkes Interesse hatte wie an dem Wilmersdorfer Anschluß, der Stadt Charlottenburg insofern entgegen kam, als sie sich bereit erklärte, gleichzeitig mit der Verbindungslinie Wittenbergplatz – Nürnberger Platz einen Abzweig vom Wittenbergplatz über den Kurfürstendamm bis zur Uhlandstraße zu bauen.[129] Dieser sollte später bis nach Halensee verlängert werden.[130] Damit war der Weg für den Bau der Wilmersdorfer U-Bahn, deren feierliche Grundsteinlegung bereits am 5. Oktober 1909 erfolgt war[131], endlich freigegeben. Die offizielle Genehmigung für die Strecke Wittenbergplatz – Nürnberger Platz – Kaiser-Allee[132] wurde im unmittelbaren Anschluß an die Zustimmung Charlottenburgs, die Genehmigung für die Strecke Kaiser-Allee – Rastatter Platz allerdings erst ein Jahr später, im Juni 1911, erteilt.[133]
In der Zwischenzeit hatten sich jedoch durch das Einschalten fremder Institutionen für die Wilmersdorfer U-Bahn neue Aspekte ergeben. Bereits im Jahre 1908 hatte sich die »Königliche Kommission zur Aufteilung der Domäne Dahlem«, die sogenannte »Dahlem-Kommission«, die im Auftrage des Fiskus arbeitete, an die Verhandlungen angeschlossen und eine Weiterführung der Wilmersdorfer Bahn bis zum Thielplatz beantragt. Eine derartige Verlängerung wurde von Wilmersdorf natürlich begrüßt, zumal der Fiskus sich bereit erklärte, neben der Finanzierung der eigenen Strecke für den Bau der Wilmersdorfer Bahn einen Zuschuß von 2,5 Millionen Mark zu leisten – eine Summe, die bei den auf 15,5 Millionen Mark angesetzten Baukosten für die Wilmersdorfer Bahn nicht ganz unerheblich war. Da auch die Hochbahngesellschaft aus begreiflichen Gründen an dieser geplanten Erweiterung des Liniennetzes starkes Interesse zeigte, kam es schon bald zu den nötigen Vertragsabschlüssen zwischen den beteiligten Parteien.[134] Die offizielle Genehmigung für die Dahlemer Strecke erfolgte im Dezember 1911.[135]
Nachdem sich mit der Beteiligung des Fiskus bereits der erste Erfolg der Wilmersdorfer U-Bahn abzuzeichnen begann, konnte der Bahnbau jetzt mit noch größerem Engagement in Angriff genommen werden. Ihren Höhepunkt erreichte die Begeisterung für das Wilmersdorfer Schnellbahnprojekt am 9. Oktober 1913 in der feierlichen Eröffnung der Wilmersdorf-Dahlemer Bahn, die sich zu einer einzigen großen Lobeshymne auf das gelungene Werk ausweitete.[136]

Die architektonische Gestaltung der Bahnhöfe

Mit der Wilmersdorfer Untergrundbahn war im Bereich der Gemeinden Groß-Berlins, die sich 1912 zu einem Zweckverband zusammengeschlossen hatten[137], die zweite selbständig von einer Gemeinde gebaute Schnellbahn entstanden. Wilmersdorf war sich der Bedeutung dieser Bahn, mit der nicht nur die kommunale Selbständigkeit, sondern auch eine gewisse Überlegenheit gegenüber der Reichshauptstadt dokumentiert werden sollte, voll bewußt und von Anfang an darum bemüht, diese in angemessener Form zum Ausdruck zu bringen. In Konsequenz dieser Zielsetzung versuchte man, sich soweit wie möglich von den bereits vorhandenen Bahnhofsbauten zu distanzieren und eigenständige Gestaltungsprinzipien zu entwickeln.

Hierbei mußten allerdings von vornherein gewisse Einschränkungen gemacht werden, da die Bahnhöfe aufgrund des geplanten Linienzusammenschlusses mit dem Netz der Hochbahngesellschaft sowohl in ihren Abmessungen als auch in ihrer technischen und betrieblichen Ausstattung weitgehend an die Vorbilder der Hochbahngesellschaft gebunden waren. Denn eine gewisse Einheitlichkeit in der Bahnhofsform war Voraussetzung für einen reibungslosen Ablauf des Betriebs, der laut Vertrag von der Hochbahngesellschaft übernommen werden sollte.[138]

So erhielten die Wilmersdorfer Untergrundbahnhöfe entsprechend dem von der Hochbahngesellschaft entwickelten Muster Mittelbahnsteige, die in der Längsachse durch eine Stützenreihe unterteilt sind. An beiden Enden befinden sich kleine Vorräume, in denen die Fahrkartenhäuschen sowie die zur Straße führenden Treppen liegen. Wegen der damals noch für notwendig erachteten »Unterpflasterlage« der Bahnhöfe münden die Treppen, soweit nicht eine bestimmte Platzsituation eine andere Lösung gestattete, auf Mittelinseln im Fahrdamm.

Beim Bahntunnel auf freier Strecke wurden aus Sicherheitsgründen die bisher üblichen Mittelstützen fortgelassen und statt dessen ein kompliziertes stützenloses Konstruktionssystem gewählt, das zunächst zwar mit erheblichen Mehrkosten verbunden war, auf die Dauer aber größere Standfestigkeit – vor allem bei eventuellen Zugentgleisungen – bieten sollte.

Die Planung und Durchführung des gesamten Projekts erfolgte unter der Leitung des Wilmersdorfer Stadtbaurats Hermann Müller.

War aus technischen und organisatorischen Gründen eine bestimmte Bahnhofsform notwendig, so sollten in der architektonischen Ausgestaltung der Bahnhöfe die Wilmersdorfer Vorstellungen um so stärker präzisiert werden. Aus dem schon oben angedeuteten Geltungsbewußtsein heraus verzichtete man auf die Mitarbeit im U-Bahnbau bereits erfahrener und erfolgreicher Architekten wie Grenander und hoffte – wie schon in Schöneberg –, innerhalb der Gemeinde geeignetere Architekten finden zu können.

Die Wahl fiel auf Wilhelm Leitgebel[139], dessen Aufgabe es war, Bauten zu schaffen, die »der Eigenart der Stadt als vornehmer Wohngegend möglichst angepaßt«[140] sein und »von dem kräftigen Wachstum der Gemeinde zeugen«[141] sollten. Hier zeigte sich deutlich der Repräsentationsanspruch Wilmersdorfs, der sich in prunkvoll ausgestatteten, bis ins Monumentale gesteigerten Bauten bestätigt wissen wollte und Kennzeichen einer noch stark vom großbürgerlichen Denken geprägten Gesinnung war. Sie unterschied sich grundsätzlich vom Gewinnstreben der Hochbahngesellschaft, das in überwiegend zweckorientierten Bauten zum Ausdruck kam.

Seinen Niederschlag fand dieses Repräsentationsbewußtsein zunächst in der Verwendung bestimmter Baumaterialien. Bevorzugt wurde bei der Ausstattung der Bahnhöfe teurer Naturstein wie Muschelkalk, Sandstein, Granit und Marmor. Besondere Bedeutung gewann dieses Material schon bei den Eingängen, die als weithin sichtbare Monumente grundsätzlich mit Steinbrüstungen und hohen pylonartigen Steinpfeilern ausgestattet wurden und sich damit deutlich von den bisher weitgehend üblichen eisernen Portalschöpfungen der Hochbahngesellschaft unterschieden. Die Wandungen der Treppenabgänge erhielten Verkleidungen aus großen polierten Granitplatten, während die Wände der Vorräume verschiedentlich sogar mit farbigen Marmorinkrustationen geschmückt wurden.

Zu der weiteren Ausstattung der Vorräume gehörten halbovale Fahrkartenhäuschen aus Eichenholz[142], deren Vorbild in Schöneberg an der Haltestelle Stadtpark zu finden ist und die in ihrer gediegenen, an Renaissanceformen erinnernden Ausführung den Eindruck wertvoller Möbelstücke erwekken. Schmiedeeiserne Wandleuchten, deren Konsolen aus maskenartig ausgebildeten Köpfen bestehen, vervollständigten die Einrichtung dieser kleinen Vorräume, die durch reich geschmückte, schmiedeeiserne Gitter von den Treppenaufgängen abgetrennt sind.

Die aus einem stark ausgeprägten Selbstbewußtsein resultierende Großzügigkeit in der architektonischen Planung kommt in der aufwendigen Ausstattung der Bahnsteighallen noch besser zum Ausdruck. Hier wurden anstelle der nüchternen, sowohl für die Bahnhöfe der Hochbahngesellschaft als auch für die der Gemeinde Schöneberg charakteristischen Eisenstützen grundsätzlich Steinpfeiler

Abb. 252 U-Bahnhof Hohenzollernplatz, Osteingang, 1913 Arch. W. Leitgebel

Abb. 253 U-Bahnhof Hohenzollernplatz, Westeingang, alter Zustand, Arch. W. Leitgebel

Abb. 254 U-Bahnhof Hohenzollernplatz, Westeingang,
Neuer Zustand

Abb. 255 U-Bahnhof Hohenzollernplatz,
Westeingang, Detail

bzw. mit Stein ummantelte Eisenstützen verwendet, die eine gewisse Würde ausstrahlen sollten und
deren Gestalt von Bahnhof zu Bahnhof wechselt.

Auch den Bahnhofsdecken wurde erhöhte Sorgfalt zugewandt. Die sonst übliche offene Trägerkonstruktion ist bei den Wilmersdorfer U-Bahnhöfen hinter kassettierten Stuckdecken versteckt und die
bei jedem Bahnhof anders angeordneten Kassetten sind zur Erhöhung des dekorativen Effekts mit farbigen Mosaiken geschmückt. Damit wurden bewußt alle neuen Erkenntnisse funktionalen Bauens
zugunsten einer repräsentativen Scheinarchitektur mißachtet, die den Wohlstand einer selbstbewuß-
ten Gemeinde dokumentieren sollte.

Mit der auf eine geschickte Koordinierung von Stadt- und Verkehrsplanung zurückgehenden Anordnung der Bahnhöfe an größeren Plätzen[143], wo die stattlichen, bis ins Monumentale gesteigerten Eingänge besonders gut zur Geltung kamen, gelang es Wilmersdorf jedoch, neue städtebauliche Akzente
zu setzen und damit den Bahnhöfen einen zusätzlichen Stellenwert zu geben.

Bis zur Dahlemer Grenze umfaßt die Strecke Wittenbergplatz – Breitenbachplatz insgesamt sieben
Haltestellen, von denen die beiden ersten, die Bahnhöfe Wittenbergplatz und Nürnberger Platz, damals noch auf Charlottenburger Gebiet lagen und damit in den Zuständigkeitsbereich der Hochbahngesellschaft fielen.

Der Bahnhof Wittenbergplatz, der in seiner ursprünglichen Form als einfache Durchgangsstation den
zukünftigen Belastungen eines großen Umsteigebahnhofs nicht mehr gewachsen war, erfuhr eine
grundlegende Umgestaltung, auf die an anderer Stelle genauer eingegangen wird.

Der 1959 stillgelegte U-Bahnhof *Nürnberger Platz* (Abb. 250)[144] entsprach indes in seiner knappen architektonischen Form mit schlichten Stahlstützen und einfacher Kappendecke genau dem von Grenander nach 1908 entwickelten Bahnhofstypus, wie er erstmalig auf der 1913 eröffneten Linie zum
Nordring realisiert wurde.

Eine derartige Gestaltung stand natürlich im Widerspruch zum architektonischen Konzept Wilmersdorfs, das in seinen Bauten weniger den Funktionswert als vielmehr eine willkommene Repräsenta-
tionsmöglichkeit sah. Der Konflikt zwischen diesen beiden konträren Auffassungen spiegelt sich
deutlich in den Zugängen des Bahnhofs Nürnberger Platz wider, für deren Gestaltung sich Wilmersdorf wegen der Lage des Bahnhofs direkt an der Gemarkungsgrenze ein gewisses Mitspracherecht
hatte zusichern können. So wurde der Zugang in der Spichernstraße von Grenander nach dem Muster
der U-Bahnhöfe im Berliner Stadtzentrum mit einem Eisenportal in Giebelform versehen. Der zweite
direkt auf dem Nürnberger Platz liegende Eingang (Abb. 251) erhielt dagegen mit seiner durch große
runde Löcher gekennzeichneten, in hohen Pylonen endenden Steinumwehrung eine sehr viel reprä-
sentatievere, der Architekturauffassung Wilmersdorfs entgegenkommende Form.[145]

Bei den fünf auf Wilmersdorfer Gebiet liegenden U-Bahnhöfen Hohenzollernplatz, Fehrbelliner Platz,
Heidelberger Platz, Rüdesheimer Platz und Breitenbachplatz konnte Wilmersdorf seine architektonischen Vorstellungen uneingeschränkt realisieren.

Mit dem U-Bahnhof *Hohenzollernplatz*, der am gleichnamigen, damals den Beginn des Hohenzol-
lerndamms kennzeichnenden langgestreckten Platz liegt[146], wird die Reihe der Wilmersdorfer
U-Bahnhöfe eingeleitet. Schon in der Gestaltung der beiden Zugänge mit den gitterartig durchbrochenen Steinbrüstungen und den aufwendig dekorierten Pfeilern kam das Repräsentationsdenken
Wilmersdorfs klar zum Ausdruck.

Stellen die Pfeiler des Osteingangs (Abb. 252) mit den einfachen prismatischen Laternenaufsätzen
noch eine maßvolle Lösung dar, so erfuhren die Pfeiler des an der Uhlandstraße gelegenen Westeingangs (Abb. 253, 254) mit ihren antikisierenden Kapitellabschlüssen und den majestätisch darauf
thronenden Adlerfiguren (Abb. 255), die noch heute als weithin sichtbare Symbole von der einstigen
Macht der Hohenzollern zeugen, eine bis ins Denkmalhafte gesteigerte Gestaltung.[147] Im gleichen
Sinne müssen auch die friesartig angeordneten Adlerreliefs (Abb. 256) in den Vorräumen verstanden
werden, denen eine fast heraldische Bedeutung zukommt, sowie die als kriegerische Symbole zu
deutenden Darstellungen auf den schmiedeeisernen Toren (Abb. 257) am unteren Treppenabsatz.
Statt des Adlerfrieses hatte Leitgebel ursprünglich einfache ornamentale Reliefs vorgesehen
(Abb. 258).[148]

Abb. 257 U-Bahnhof Hohenzollernplatz, Abschlußtor, 1913, ausgeführt von Kunstschmied Golde

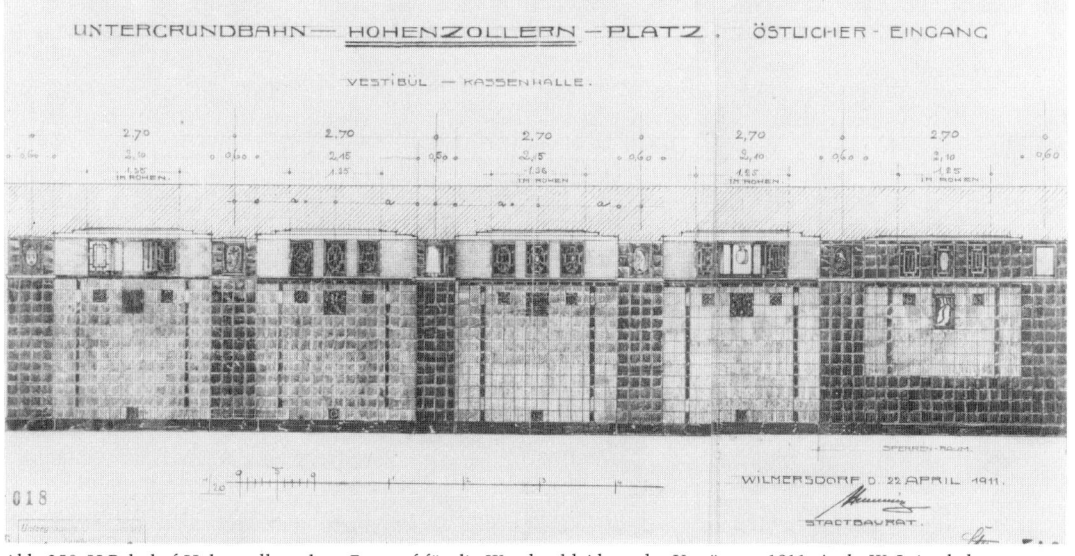

Abb. 258 U-Bahnhof Hohenzollernplatz, Entwurf für die Wandverkleidung der Vorräume, 1911, Arch. W. Leitgebel

Abb. 256 U-Bahnhof Hohenzollernplatz, Detail des Adlerfrieses im Vorraum

Abb. 260 U-Bahnhof Hohenzollernplatz, Wandverkleidung der Bahnsteighalle mit Grundstein

Abb. 259 U-Bahnhof Hohenzollernplatz, Innenansicht Arch. W. Leitgebel

Abb. 261 U-Bahnhof Fehrbelliner Platz, Westeingang, 1913 (zerstört), Arch. W. Leitgebel

Abb. 263 U-Bahnhof Fehrbelliner Platz, Innenansicht, Arch. W. Leitgebel

Abb. 265 U-Bahnhof Fehrbelliner Platz, Stationsschild (Mutz-Keramik)

Als weniger symbolträchtig erweist sich dagegen das Bahnhofsinnere (Abb. 259, 260). Beherrschendes Element sind hier die dicken, mit Zahnschnitt geschmückten Granitpfeiler, die in der Längsachse des Bahnsteigs stehen. Sie tragen eine kräftig profilierte Kassettendecke, die hell verputzt und mit gold-blauen Glasmosaiken geschmückt ist. Die Seitenwände des Bahnhofs, die eine Verkleidung aus ok-kerfarbenen glasierten Fliesen aufweisen, sind durch kartuschengeschmückte Pilaster in große roset-tenumrahmte Rechteckfelder unterteilt, die abwechselnd die Stationsschilder und die Reklametafeln aufnehmen. Die Fliesenverkleidung in den Vorräumen unterscheidet sich von dieser Ausstattung nur geringfügig – sieht man von den bereits erwähnten Adlerfriesen aus Majolikaplatten ab.

Der U-Bahnhof *Fehrbelliner Platz* liegt an einem schon damals für den Bau eines neuen Rathauses[149] vorgesehenen und deshalb besonders großzügig angelegten Platz. Hiermit erklärt sich auch die gegen-über dem Bahnhof Hohenzollernplatz wesentlich monumentalere Gestaltung der Eingänge (Abb. 261), insbesondere des direkt auf dem Platz angeordneten Westeingangs, dessen Gewichtigkeit durch die betonte Strenge der mächtigen Abschlußpfeiler sowie die wirkungsvollen, als gliedernde Elemente in die Umwehrung eingefügten Zwischenpfeiler noch gesteigert wird.

Im ersten Entwurf für die Wilmersdorfer U-Bahn von 1909 (Abb. 262)[150] war statt dieses Zugangs, der heute eine völlig andere Gestalt hat[151], eine großzügige, von einer kreisrunden, im Zwischengeschoß angeordneten Vorhalle aufsteigende Treppenanlage vorgesehen, deren weite Öffnung von einer Säu-lenreihe umgeben werden sollte. Die Vorhalle selbst sollte zu Umsteigezwecken für eine damals schon ins Auge gefaßte, jedoch erst 60 Jahre später verwirklichte Kreuzungslinie dienen.[152]

Das Innere (Abb. 263) des Bahnhofs fällt zunächst durch seine linienbedingte starke Krümmung auf. Die Deckenkassettierung erfolgt jetzt im Wechsel mit querlaufenden, konvex gekrümmten Kappen. Die Bahnhofslängsachse wird durch einen breiten Unterzug betont, der die Stützen – kräftige achteck-kige Pfeiler mit einer Verkleidung aus farbigen Keramikplatten (Abb. 264) – zu einer geschlossenen Reihe zusammenfaßt. Die Keramikplatten stammen von den keramischen Werkstätten Richard Mutz & Rother[153] und zeigen in ihrer grünlichen Sprenkelung auf rotbraunem Grund die typischen »durchflossenen matten Glasuren« dieser Werkstatt.[154]

Die im Wechsel mit den Reklametafeln angebrachten, auf barocke Formen zurückgreifenden Reliefs (Abb. 265), die den in Mosaikschrift ausgeführten Stationsschildern einen angemessenen Rahmen verleihen sollten, müssen aufgrund ihrer Oberflächenbehandlung ebenfalls den Mutzschen Werkstät-ten zugeschrieben werden, genau wie die kleinen, unter den Stationsnamen angeordneten Rechteck-reliefs, die mit ihren Motiven aus der Verkehrswelt[155] einen konkreten Hinweis auf die eigentliche Zweckbestimmung dieses Bauwerks liefern.[156]

In den Vorräumen, die ursprünglich mit farbigen Marmorinkrustationen ausgekleidet waren (Abb. 266)[157], erinnern heute – abgesehen von dem am Osteingang erhaltenen eichenen Fahrkarten-häuschen (Abb. 267) – nur noch die schmiedeeisernen, mit den Symbolen der Schlacht von Fehrbellin geschmückten Tore (Abb. 268) an den Originalzustand.

Vom Fehrbelliner Platz kommend durchquert die U-Bahn, bevor sie den Heidelberger Platz erreicht, das Wilmersdorfer Fenngelände, das sich als tiefer Graben bis zum Schöneberger Stadtpark hinzieht. Wie dort konnte der U-Bahntunnel wegen des stark moorhaltigen Untergrundes auch hier nicht un-terirdisch, sondern mußte oberirdisch auf einem tief gegründeten viaduktartigen Unterbau angelegt werden. Auf diese Weise entstand die Seeparkbrücke (Abb. 269, 270)[158], die wegen ihrer ungewöhnli-chen architektonischen Form in die Betrachtung miteinbezogen werden soll. Über ihre einfache Funktion als U-Bahnüberführung hinaus sollte diese Brücke den architektonischen Westabschluß des parkartig gestalteten Fenngeländes und damit einen wirkungsvollen Gegenpol zu der U-Bahnanlage am Schöneberger Stadtpark, dem östlichen Abschluß des Fenngeländes, bilden.

So versteht sich auch die ursprünglich aufwendige dreigeschossige Gliederung dieses heute unbedeu-tenden Bauwerks. Über dem mit Werkstein verkleideten Untergeschoß, das die hier zu einem kleinen See ausgebildete Fennmulde in flachem Bogen überspannte, erhob sich eine repräsentative, an den Seiten risalitartig vorspringende, von Säulenstellungen und Pfeileraufbauten bekrönte Arkaden-architektur, hinter der sich in zwei Verkehrsebenen übereinander das Tunnelgeschoß der U-Bahn so-wie die Straßenbrücke im Zuge der Barstraße verbargen. Die Arkaden hatten eine zweifache Funk-tion. Sie sollten einmal dem durch den Tunnel fahrenden U-Bahnbenutzer Ausblicke auf das Parkge-

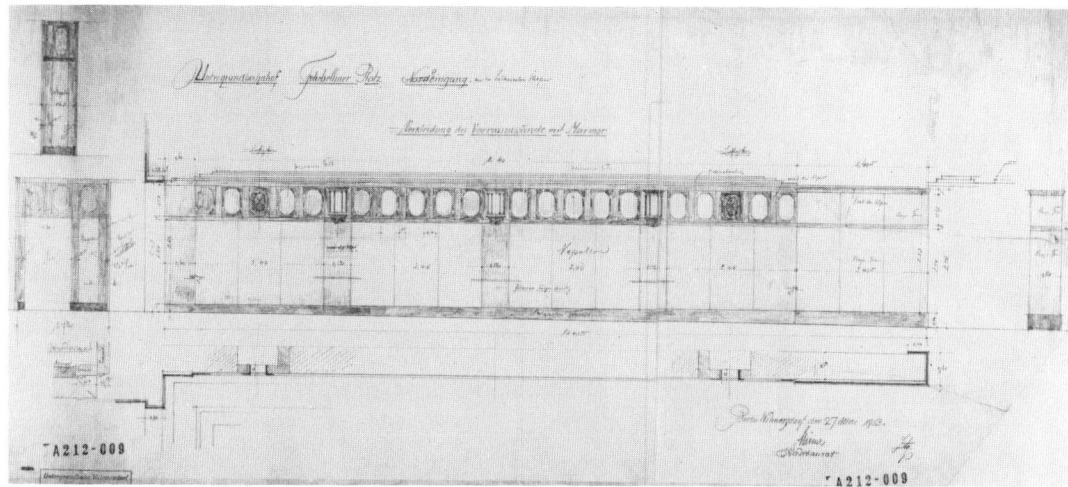

Abb. 266 U-Bahnhof Fehrbelliner Platz, Entwurf für die Wandverkleidung der Vorräume mit Marmor, Mai 1913, Arch. W. Leitgebel

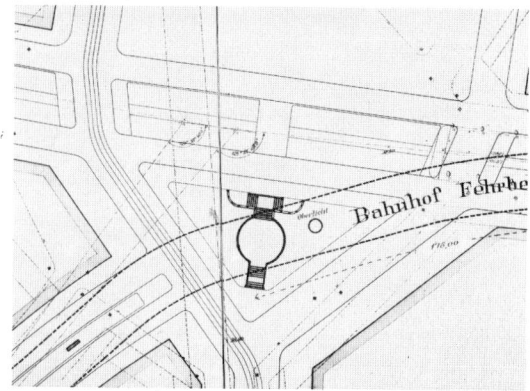

Abb. 262 U-Bahnhof Fehrbelliner Platz, Entwurf für den Westeingang, 1909

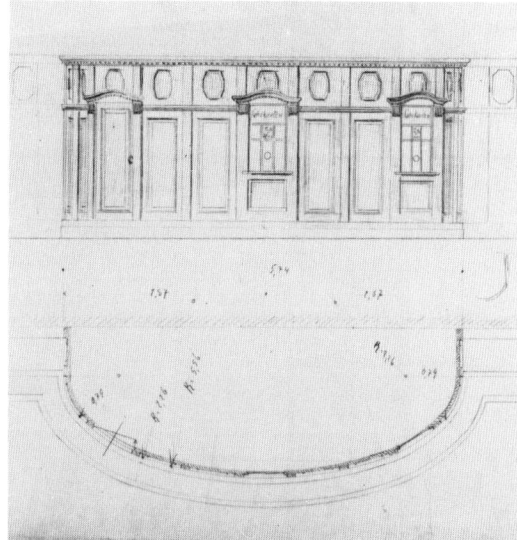

Abb. 267 U-Bahnhof Fehrbelliner Platz, Entwurf für das Kassenhäuschen, Juni 1913 Entwurf H. Müller

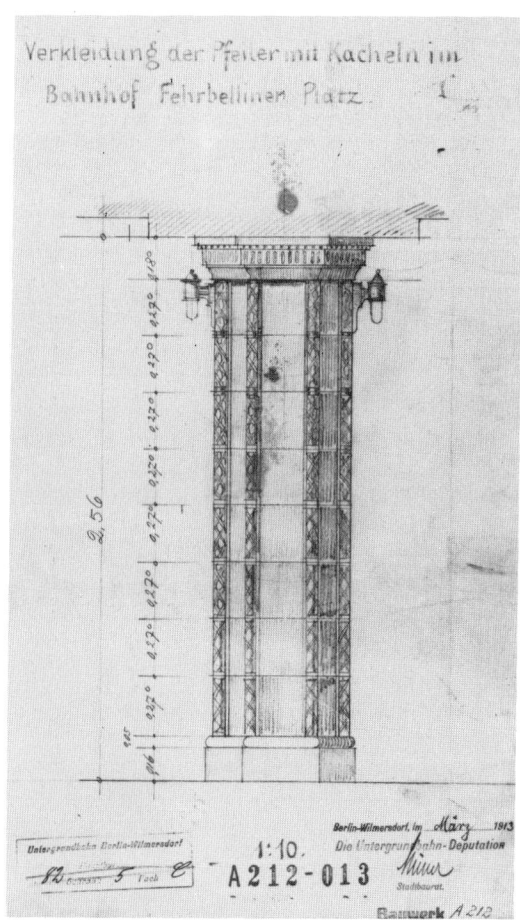

Abb. 264 U-Bahnhof Fehrbelliner Platz, Entwurf für die Verkleidung der Pfeiler mit Kacheln (Mutz-Keramik), März 1913

Abb. 268 U-Bahnhof Fehrbelliner Platz, Abschlußtor, 1913, ausgeführt von Kunstschmied Golde

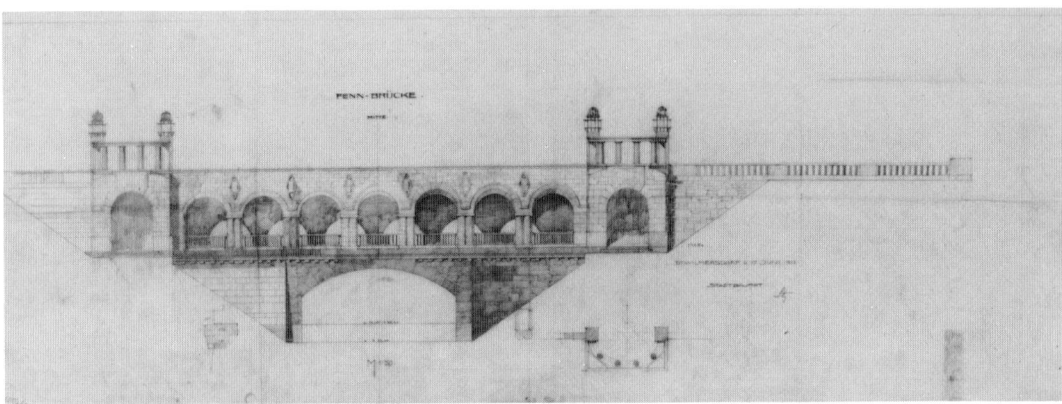

Abb. 269 Entwurf für die Seeparkbrücke, 1912, Arch. W. Leitgebel

Abb. 271 Seeparkbrücke, Wandelgang, 1913 (zerstört) Arch. W. Leitgebel

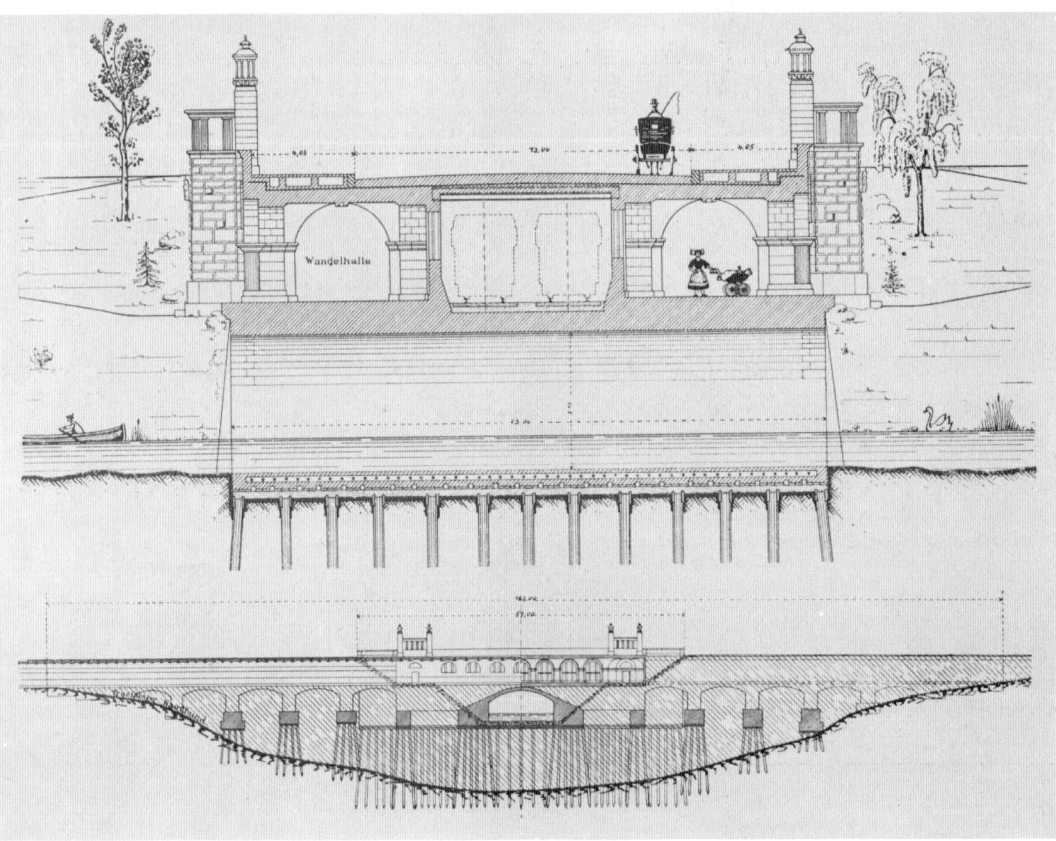

Abb. 270 Seeparkbrücke, Längs- und Querschnitt

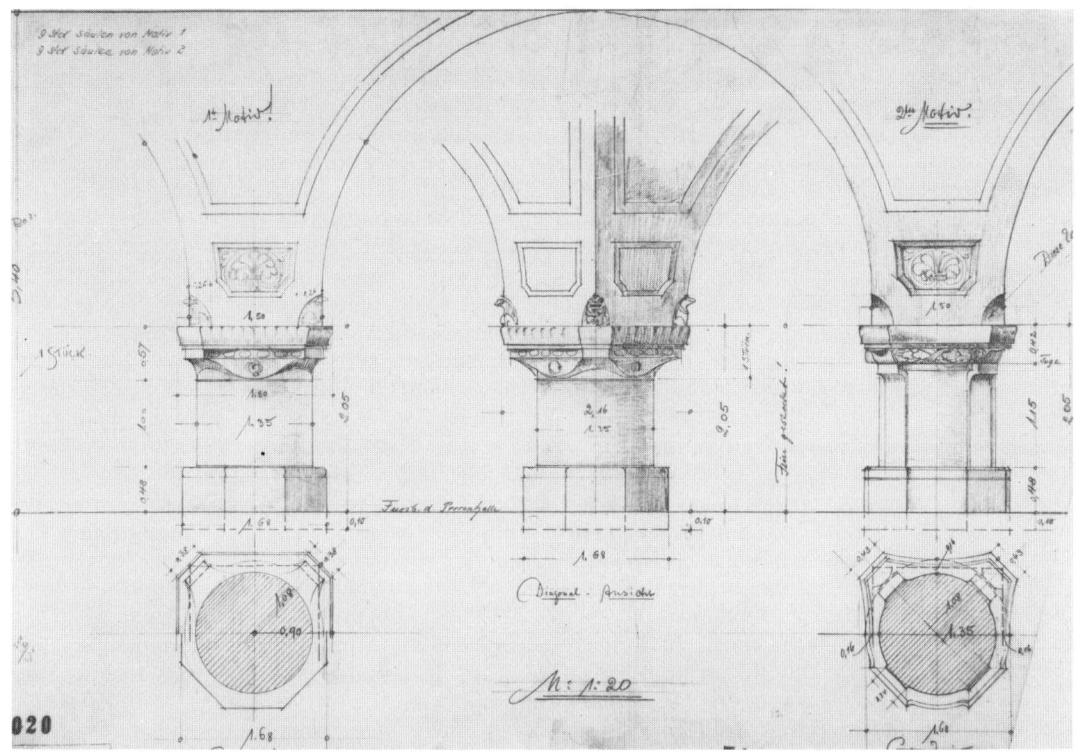

Abb. 275 U-Bahnhof Heidelberger Platz, Entwürfe für die Granitpfeiler, Nov. 1911, Arch. W. Leitgebel

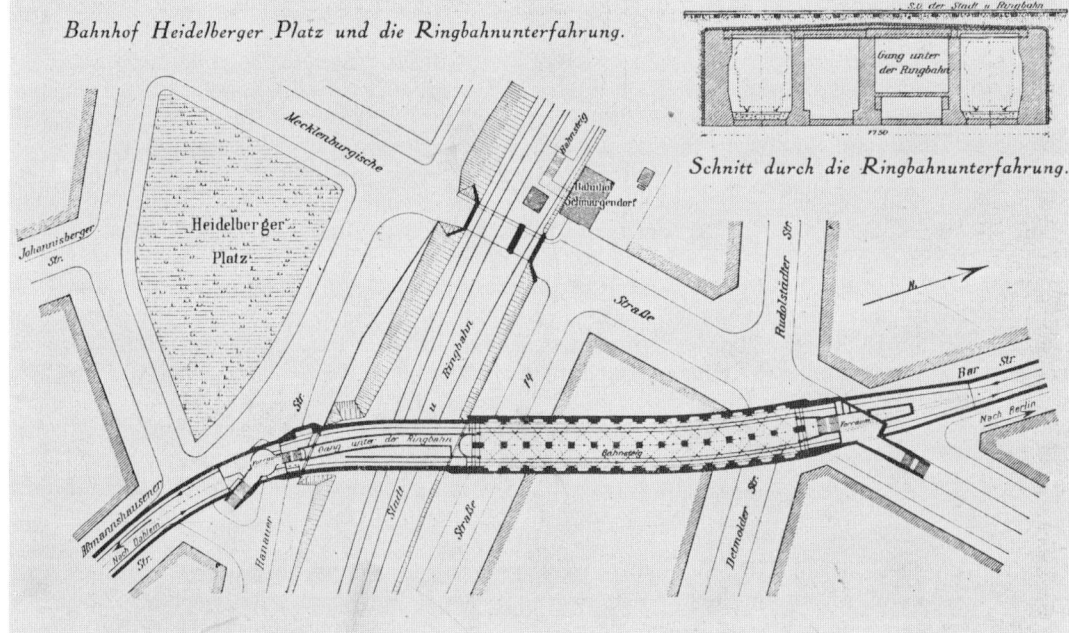

Abb. 272 U-Bahnhof Heidelberger Platz, Lageplan

Abb. 273 U-Bahnhof Heidelberger Platz, Innenansicht
Arch. W. Leitgebel

Abb. 274 U-Bahnhof Heidelberger Platz, Granitpfeiler
Arch. W. Leitgebel

Abb. 276 U-Bahnhof Heidelberger Platz,
Südliche Stirnwand der Bahnsteighalle,
Wappen von M. Meyer-Pyritz

Abb. 277 U-Bahnhof Heidelberger Platz,
Nördliche Stirnwand der Bahnsteighalle,
Wappen von M. Meyer-Pyritz

lände gewähren, zum anderen die hinter den Arkadenöffnungen liegenden kreuzgangartigen Wandelgänge (Abb. 271), die die beiden Parkufer miteinander verbanden, mit Licht und Luft versorgen. Die Seeparkbrücke wurde im 2. Weltkrieg nahezu vollständig zerstört. Beim Wiederaufbau mauerte man die einstigen Arkaden mit Hilfe durchlöcherter Betonformsteine weitgehend zu.

Die Vorliebe der Gemeinde Wilmersdorf für historisierende, den Repräsentationsansprüchen entgegenkommende Formen findet beim U-Bahnhof *Heidelberger Platz* ihren wohl stärksten Ausdruck. Die sehr tiefe Lage dieses Bahnhofs direkt neben der im Einschnitt liegenden Ringbahn (Abb. 272) erforderte hier eine Konstruktion von größerer statischer Belastbarkeit, als der normale Flachtunnel sie bietet. Da die schlichte Korbbogenform, wie sie aus ähnlichen bautechnischen Gründen beim U-Bahnhof Inselbrücke im Berliner Stadtzentrum gewählt wurde, den Wilmersdorfer Ansprüchen nicht genügte, entschied man sich hier für ein hohes doppeltes Kreuzgratgewölbe (Abb. 273)[159], das auf sehr gedrungenen Granitpfeilern ruht (Abb. 274, 275). Aufgrund dieser für einen Verkehrsbau höchst ungewöhnlichen Konzeption, deren Anblick Assoziationen an einen Wein- oder Ratskeller hervorruft[160] und in gewisser Weise sogar an einen unterirdischen Dom erinnert, dessen Säulenreihen »feierlich stimmen«[161], wird jeder Gedanke an den eigentlichen Zweck der Anlage zunächst verdrängt. Sinn dieser Architektur sollte es vielmehr sein, den Fahrgast darauf aufmerksam zu machen, daß er hier am Heidelberger Platz in das sogenannte »Rheingau-Viertel« einfuhr.[162]

Die feierliche Stimmung in der Bahnsteighalle wird durch die großen schmiedeeisernen Ampeln, die wie riesige geschliffene Edelsteine von den Gewölbescheiteln herabhängen, noch unterstrichen. Die für den betriebstechnischen Ablauf des U-Bahnverkehrs notwendigen Einbauten wie Betriebsräume[163], Schalthäuschen, Fahrtrichtungsanzeiger oder Hydranten wirken ebenso wie die ungeschickt in die Wandnischen gepreßten Reklametafeln (Abb. 273) in dieser Atmosphäre recht deplaciert. Dies trifft jedoch nur begrenzt auf den kleinen Zeitungskiosk zu, der mit seinen ringsum laufenden Fensterfronten über hohem keramikverkleideten Sockel sowie dem einmal gebrochenen, spitz zulaufenden Dach ähnliche Assoziationen wie die Lampen hervorruft.

Dem »imposanten Kreuzgratgewölbe«[164] entspricht die aufwendige Ausstattung des Bahnhofsinneren mit Bildhauer-, Kunstschmiede- und Mosaikarbeiten, die aus dem U-Bahnhof eine kleine Kunstkammer machen. Für die Ausführung der Bildhauerarbeiten zog man den Wilmersdorfer Künstler Martin A. R. Meyer-Pyritz[165] heran. Außer den Tiermotiven[166], die die Gewölbeansätze über den kapitellartigen Abschlüssen der sehr gedrungenen Säulen schmücken, schuf er die beiden Wappen (Abb. 276, 277), die in den Bogenzwickeln an den beiden Stirnseiten außerhalb der Bahnsteighalle angebracht sind. Gekleidet in stark bewegte, fast barocke Formen sollen sie über ihren dekorativen Charakter hinaus die architektonisch wie städtebaulich bedeutsame Leistung, durch die sich das Wilmersdorfer U-Bahnprojekt auszeichnet, symbolhaft hervorheben. Als Zeichen hierfür stehen neben Darstellungen wie den Architektensymbolen oder dem geflügelten, von Blitzen durchzuckten Rad als Symbol der Hochbahngesellschaft vor allem die Füllhörner als Sinnbilder des Überflusses. Sie lassen keinerlei Zweifel daran, daß Wilmersdorf beim Bau seiner Untergrundbahn keine Kosten gescheut hat.

Ist die Bahnsteighalle in ihrer reichen Ausstattung schon genug Beweis hierfür, so wird dieser Eindruck durch die Gestaltung der Vorhallen nur noch verstärkt. Hierbei muß allerdings berücksichtigt werden, daß durch die Tiefenlage des U-Bahnhofs Heidelberger Platz an beiden Bahnsteigenden zur bequemeren Überbrückung der Höhendistanz die Anordnung von Zwischengeschossen notwendig wurde und damit zusätzliche Möglichkeiten der Ausgestaltung gegeben waren.

Der nördliche, zur Mecklenburgischen Straße führende Eingang ist unter diesem Gesichtspunkt betrachtet durchaus normal gestaltet. Die Vorhalle mit ihren keramikverkleideten Wänden (Abb. 278) und dem Fries aus schwarzglänzenden, reliefierten Keramikplatten am oberen Wandabschluß geht deutlich auf Hamburger Vorbild (Abb. 279) zurück.[167] Ungewöhnlich ist jedoch ihr unregelmäßiger Grundriß, der sich durch die Verschiebung der zur Straße führenden Treppe aus der Bahnhofsachse heraus ergibt. Der Zugang selbst, der heute eine stark veränderte Form aufweist[168], war mit seiner massiven Steinumwehrung aus Quadermauerwerk und den hohen Eckpfeilern sowie dem zwischen den Pfeilern eingespannten Steinbogen (Abb. 280, 281)[169] durchaus typisch für die Wilmersdorfer Repräsentationsarchitektur.

Abb. 278 U-Bahnhof Heidelberger Platz, Nördliche Vorhalle, 1913, Arch. W. Leitgebel

Abb. 282 U-Bahnhof Heidelberger Platz,
Glaskuppel der südlichen Vorhalle

Abb. 279 Hamburger Hoch- und Untergrundbahn,
Haltestelle Rathaus-Markt, Vorhalle, 1912
Arch. Hart & Lesser

Abb. 283 U-Bahnhof Heidelberger Platz,
Südliche Vorhalle, Detail aus dem Mosaikfries

Abb. 281 U-Bahnhof Heidelberger Platz,
Nordeingang, Zustand 1954

Abb. 284 U-Bahnhof Heidelberger Platz, Südeingang
Arch. W. Leitgebel

Abb. 280 U-Bahnhof Heidelberger Platz, Nordeingang,
1913, Arch. W. Leitgebel

Abb. 285 U-Bahnhof Heidelberger Platz, Südeingang
Arch. W. Leitgebel

Abb. 286 U-Bahnhof Heidelberger Platz, Abschlußtor
Entwurf W. Leitgebel

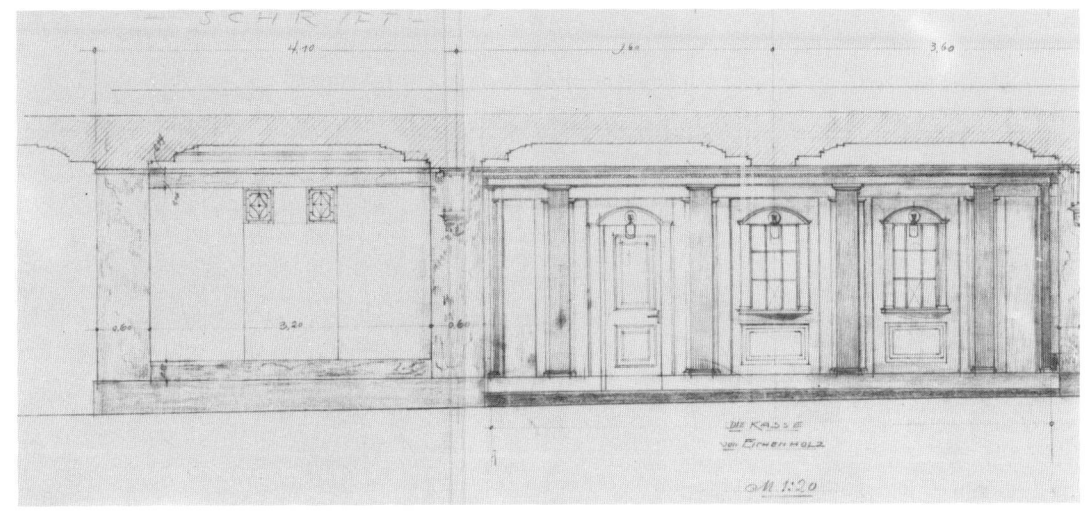

Abb. 287 U-Bahnhof Rüdesheimer Platz, Südeingang, 1913, Arch. W. Leitgebel

Abb. 288 U-Bahnhof Rüdesheimer Platz, Entwurf für die Wandverkleidung der Vorräume, Febr. 1913, Arch. W. Leitgebel

Der südliche Zugang am Heidelberger Platz erfuhr dagegen eine in vielfacher Hinsicht ungewöhnliche Ausbildung. Da der Heidelberger Platz jenseits der Ringbahn liegt, der U-Bahnhof jedoch noch davor angeordnet ist, war hier die Anlage eines langen Verbindungsganges unter den Ringbahngleisen notwendig. Dieser auffallend schmale, bis zur halben Wandhöhe mit schlichten blauen Fliesen verkleidete Gang[170] öffnet sich unmittelbar vor der Bahnsteighalle zu einem kleinen Vorraum. Er ist mit einer halbrunden Glaskuppel überdeckt (Abb. 282), unter der ein antikisierender, durch das Wilmersdorfer Stadtwappen zusammengehaltener Girlandenfries in Mosaiktechnik (Abb. 283) entlangläuft.

Am anderen Ende geht der Gang unmittelbar in einen Treppenlauf über, der zu einem kleinen, im Grundriß runden Zwischengeschoß führt. Dieses ist völlig schmucklos und dient lediglich zur Aufnahme des Fahrkartenhäuschens sowie als Zwischenpodest und Drehachse für den anschließenden Treppenlauf, der von hier aus auf eine kleine, dreieckige Straßeninsel neben der großen Rasenfläche des Heidelberger Platzes führt. Um ein Gegengewicht zu der großen Platzanlage zu schaffen, wurde die Treppeneinmündung mit einem hohen Pfeilerkranz (Abb. 284) umgeben, der sich in gewisser Weise an die von Grenander entworfene Pergolaarchitektur am U-Bahnhof Kaiserhof anlehnt, diese jedoch noch ins Monumentale steigert. Entsprach das große Rund am Kaiserhof auch der tatsächlichen Weite der Treppenöffnung, so kommt hier dem Pfeilerkranz außer dem dekorativen Wert keine echte Funktion zu. Denn der Treppenschacht hat nur eine schmale Öffnung (Abb. 285), die von einem schmiedeeisernen Gitter umgeben ist. Dieses ist mit Rankenmotiven im Stile der Renaissance geschmückt, die sich an den beiden Toren am Fuße der Treppenabgänge wiederholen (Abb. 286).

Obwohl die Lage des U-Bahnhofs Heidelberger Platz durch die unmittelbare Nähe des Ringbahnhofs Schmargendorf, durch den man sich einen regen Umsteigeverkehr versprach, wesentlich mitbestimmt war, kam es nie zu dem geplanten direkten Übergang zwischen den beiden Bahnhöfen. Dieser sollte über den Verbindungsgang am Südende des U-Bahnhofs erfolgen, stieß aber – wie an vielen anderen Kreuzungspunkten zwischen U-Bahn und S-Bahn – zur damaligen Zeit auf mangelndes Interesse und deshalb auf den Widerstand der staatlichen Eisenbahnverwaltung.

War mit dem U-Bahnhof Heidelberger Platz ein – wenn auch etwas ungünstiger – Anschluß zur Ringbahn geschaffen worden, so muß die Lage des U-Bahnhofs *Rüdesheimer Platz* im Zusammenhang mit der Erschließung des Wilmersdorfer Südgeländes gesehen werden. Bebauungsplan und Festlegung der U-Bahntrasse gingen hier so Hand in Hand und waren von so gegenseitiger Einflußnahme, daß das eine Projekt ohne das andere nicht denkbar gewesen wäre.

Abb. 289 U-Bahnhof Rüdesheimer Platz,
Entwurf für das Abschlußgitter, 1913
Entwurf O. Fritz

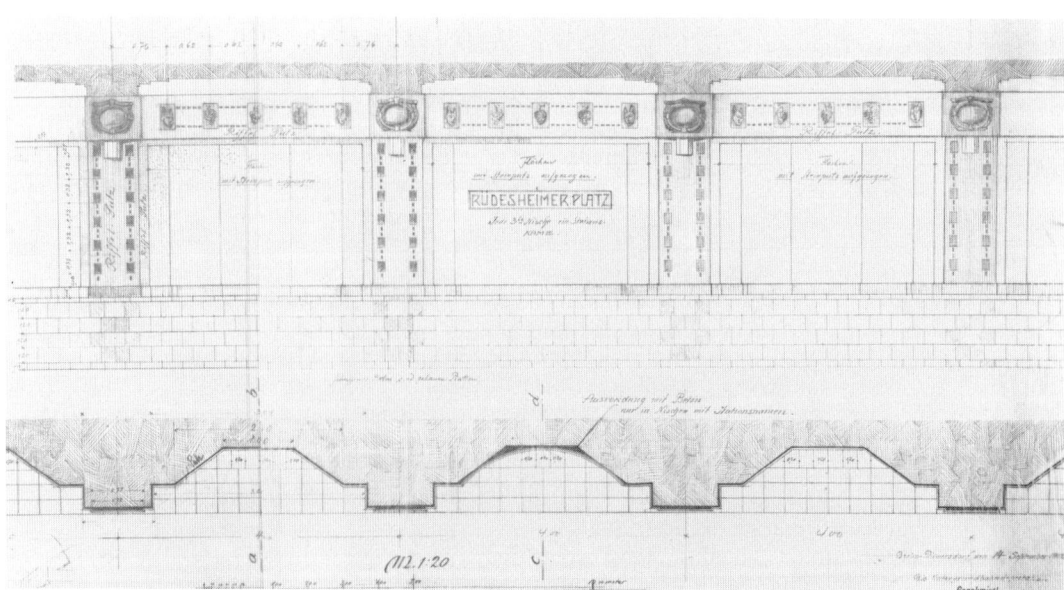

Abb. 291 U-Bahnhof Rüdesheimer Platz,
Entwurf für die Wandverkleidung
der Bahnsteighalle, Sept. 1912
Arch. W. Leitgebel

Abb. 292 U-Bahnhof Breitenbachplatz, Innenansicht, 1913
Arch. W. Leitgebel

Abb. 290 U-Bahnhof Rüdesheimer Platz, Innenansicht, 1913, Arch. W. Leitgebel

Der Bebauungsplan sah an dieser Stelle von Anfang an die Anlage eines Platzes vor, der durch den direkten Anschluß an das Schnellbahnnetz zum zentralen Punkt des umliegenden Geländes werden sollte. Dieses Gelände, das einen Teil des »Rheingau-Viertels« umfaßt, sollte durch ein großes »Gartenstraßennetz« erschlossen werden, das einen neuen originellen Typ der modernen Großstadtbebauung darstellte.[171] Vorgesehen waren vierstöckige Häuserreihen, deren Geschlossenheit durch Gartenterrassen zwischen Hausfront und Bürgersteig aufgelockert werden sollte. Die Idee einer solchen Bebauung stammte von Georg Haberland[172], dem Direktor der Terrain-Gesellschaft Berlin-Südwesten.[173] Ausgeführt wurde sie von dem Architekten Paul Jatzow.[174] Leider geriet das Projekt schon bald nach der Anlage des Rüdesheimer Platzes und seiner unmittelbaren Randbebauung ins Stocken und blieb, da es auch später nicht in der ursprünglich geplanten Form als Gartenstraßen-Viertel fortgesetzt wurde, für immer ein Torso.

Der Rüdesheimer Platz selbst wurde als große parkähnliche Grünanlage gestaltet.[175] Sie erhebt sich nach Westen hin zu einer kleinen Anhöhe mit einer großzügigen figurengeschmückten Brunnenanlage, einem Werk von Emil Cauer. Wie schon die Reliefs an den umliegenden Häusern, so symbolisieren auch die überlebensgroßen Brunnenfiguren wie der rossebändigende Siegfried und Vater Rhein den Rheingau in seiner Bedeutung als sagenumwobene deutsche Weinlandschaft.

Hinter der Brunnenanlage, die sich nach Osten zum Park hin öffnet, fällt das Gelände ziemlich steil ab und gibt den Blick auf die beiden Eingänge des hier an der Westseite nahezu symmetrisch zum Platz angeordneten U-Bahnhofs frei. Die Eingänge entsprachen in ihrer ursprünglichen Form[176] mit Steinbrüstungen und hohen vorderen Eckpfeilern (Abb. 287) ganz dem Charakter der übrigen Wilmersdorfer U-Bahneingänge. Dies traf auch auf die heute schlicht verputzten Vorhallen zu, die ähnlich wie am Fehrbelliner Platz mit Marmorinkrustationen (Abb. 288) geschmückt waren.[177] Von der alten Ausstattung erhalten sind nur noch die schmiedeeisernen Abschlußgitter mit den üppigen Traubendarstellungen im Mittelfeld (Abb. 289).

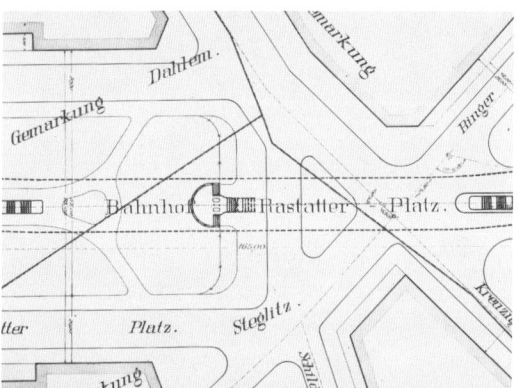

Abb. 299 U-Bahnhof Breitenbachplatz (Rastatter Platz),
Entwurf für einen Mitteleingang, 1909

Abb. 294 U-Bahnhof Breitenbachplatz,
Details der Wandverkleidung

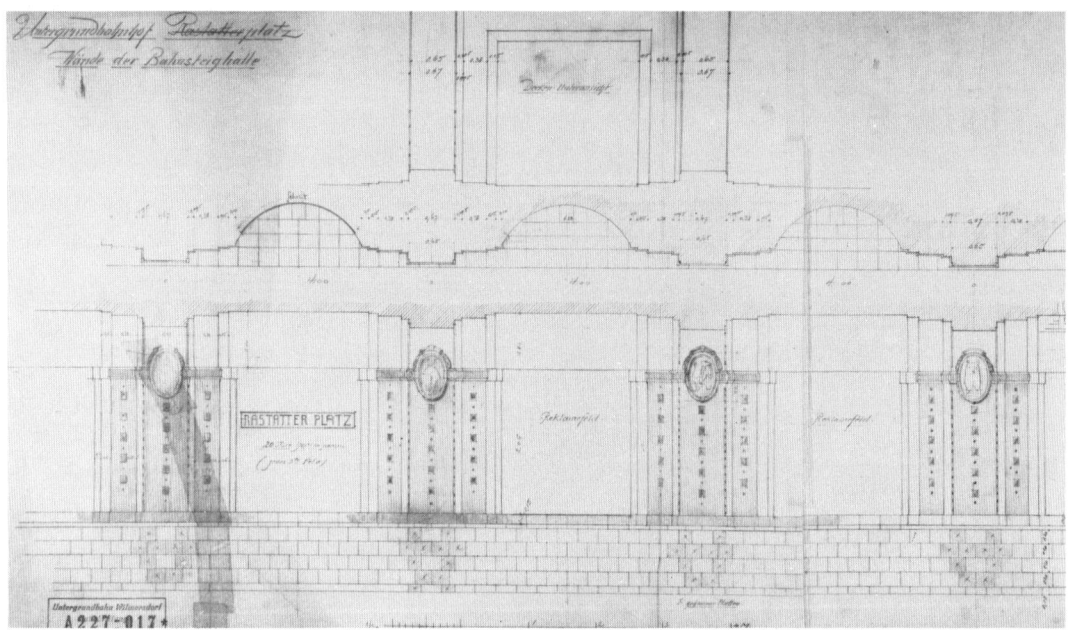

Abb. 293 U-Bahnhof Breitenbachplatz, Entwurf für die Wandverkleidung der Bahnsteighalle, Sept. 1912, Arch. W. Leitgebel

Auch das Innere des Bahnhofs Rüdesheimer Platz knüpft in seiner Ausstattung an die vorangegangenen U-Bahnhöfe an. Die dicken polygonalen Granitsäulen in der Mittelachse des Bahnsteigs tragen
eine mosaikgeschmückte Kassettendecke (Abb. 290). Die Mosaiken nehmen mit ihren Trauben- und
Weinlaubdarstellungen deutlichen Bezug auf das Rheingau-Viertel und fanden ursprünglich ihre Entsprechung in den kleinen, inzwischen entfernten Mosaikfeldern in den oberen Pfeilerzonen.[178] Die
Wände sind mit dem gleichen hellen Putz wie die Decken versehen und durch stark hervortretende Pilaster in eine Vielzahl von Nischen aufgeteilt (Abb. 291). Die Form dieser Nischen variiert. Auf jeweils zwei flache, Reklamezwecken dienende Nischen folgt eine runde mit dem Stationsnamen.
Durch einen architravartig über den Pilastern angeordneten Fries werden die Nischen zu einer geschlossenen Reihe zusammengefaßt. Pilaster und Fries sind mit schwarz-grünen Keramikreliefs geschmückt, die in dichter Folge aneinandergereiht sind und mit dem hellen Untergrund stark kontra-
stieren. Während die kleinen rechteckigen Reliefs auf den Pilastern Darstellungen von Insekten und
Kriechtieren zeigen[179], spielen die großen Reliefs des Frieses mit ihren Faun-, Satyr- und Traubendarstellungen auf die bacchialische Welt an. Die Medaillons über den Pilastern haben dagegen leere Mit-
telfelder.
In seiner strengen architektonischen Gliederung und der Ausstattung mit dunkel glänzenden, fast lu-
xuriös wirkenden Keramikreliefs, die sich wie kostbare Schmucksteine von der hellen Wand abheben
und einen starken Hell-Dunkel-Kontrast hervorrufen, erinnert der Bahnhof Rüdesheimer Platz an den
Wiener Sezessionsstil, als dessen späte Variante er betrachtet werden kann. Derartige späte Jugend-
stilanklänge sind keineswegs ungewöhnlich, sondern nur allzu symptomatisch für die allgemeine
Unsicherheit bei der Suche nach neuen adäquaten Formen, die den Stil der Jahrhundertwende ablösen
sollten.
Der letzte Bahnhof auf Wilmersdorfer Gebiet, der U-Bahnhof *Breitenbachplatz* (Abb. 292, 293), zeigt
in seiner Ausgestaltung eine ähnliche Formensprache wie die Haltestelle Rüdesheimer Platz. Auch
hier sind die Wände hell verputzt und durch breite Pilaster nischenartig untergliedert. Die Pilaster, die
an den Seiten mehrfach abgestuft und dadurch ungewöhnlich breit sind, gehen jetzt jedoch direkt in
den gekehlten Deckenansatz über. Anstelle eines Abschlusses werden sie oben von einem kontrastie-

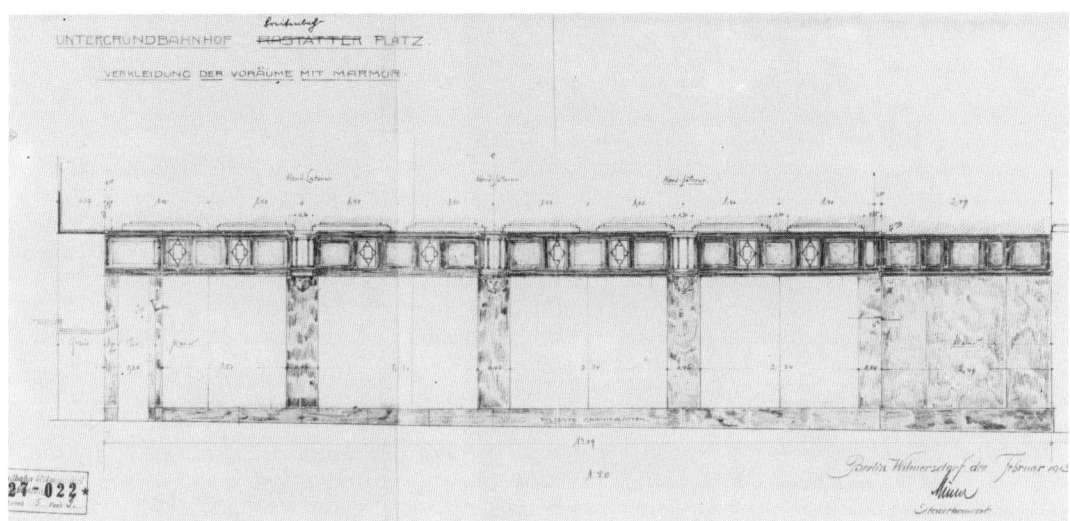

Abb. 295 U-Bahnhof Breitenbachplatz, Entwurf für die Wandverkleidung der Vorräume, Febr. 1913, Arch. W. Leitgebel

Abb. 296 U-Bahnhof Breitenbachplatz, Abschlußtor Entwurf O. Fritz

Abb. 297 U-Bahnhof Breitenbachplatz, Westeingang, 1913 Arch. W. Leitgebel

Abb. 298 U-Bahnhof Breitenbachplatz, Westeingang, Zustand 1962

renden Keramikband mit aufgesetzten großen Medaillons spangenartig umklammert. Die Medaillons (Abb. 294) mit ihren Tier- und Pflanzenmotiven sowie symbolischen Darstellungen aus dem Bereich der Naturwissenschaften[180] geben einen konkreten Hinweis auf die Nähe der in Dahlem neu errichteten wissenschaftlichen Institute. Als Mittelstützen wurden schwere dorische Säulen aus Granit gewählt, die zu den bevorzugtesten Repräsentationssymbolen in der Architektur dieser Zeit gehören.[181] Die Kassettendecke ist in der üblichen Weise mit Mosaiken geschmückt und hat außerdem in bestimmten Abständen kleine ovale Öffnungen, durch die das Tageslicht einfällt.[182]

Die Vorräume, von denen der westliche noch in seiner ursprünglichen Form erhalten ist, wurden auch hier mit Marmor ausgekleidet (Abb. 295)[183] und mit ähnlichen schmiedeeisernen Abschlußtoren (Abb. 296) wie am Rüdesheimer Platz ausgestattet. Bei der Gestaltung der Eingänge (Abb. 297, 298) – insbesondere des nach Dahlem gerichteten Westeingangs, der durch hoch aufragende Pfeilerstellungen auffällt – konnte zum letzten Mal die ganze Pracht der Wilmersdorfer U-Bahnarchitektur entfaltet werden.

In der Vorplanung von 1909 (Abb. 299) war neben den beiden Zugängen an den Bahnhofsenden noch ein dritter Zugang in der Mitte vorgesehen.[184] Hierbei handelte es sich um eine großzügige Anlage mit halbkreisförmiger Öffnung und einem Zwischenpodest, das neben dem Fahrkartenschalter auch Verkaufsstände aufnehmen sollte. Mit der Umgestaltung des alten Rastatter Platzes zu einem langgestreckten Oval wurde das Projekt zunächst jedoch hinfällig. Erst bei der erneuten Umgestaltung bzw. Teilung des Breitenbachplatzes[185] im Jahre 1969 wurde die alte Planung – allerdings in wenig ansprechender architektonischer Gestalt – verwirklicht und damit die Richtigkeit der ursprünglichen Konzeption bewiesen, die die zukünftigen Verkehrsbedürfnisse frühzeitig erkannt hatte.

Die Untersuchung der Wilmersdorfer U-Bahnhöfe hat gezeigt, daß diese sich in ihrer auf Individualität bedachten repräsentativen Gestaltung, den vielfältigen, überwiegend historisierenden Formen und reichen Dekorationen grundsätzlich von den Bauten der Hochbahngesellschaft unterscheiden, die in erster Linie nach rein funktionalen Gesichtspunkten ausgebildet wurden. Die Gründe für diese so unterschiedliche Bauauffassung wurden bereits angeführt.

Abschließend kann festgestellt werden, daß es Wilmersdorf mit seinen U-Bahnhöfen durchaus gelungen ist, Baudenkmäler zu schaffen, die noch heute – so kritisch sie auch immer betrachtet werden müssen – auf eindrucksvolle Weise von der einstigen Bedeutung Wilmersdorfs gegenüber der so mächtig erscheinenden Reichshauptstadt zeugen.

5.3.2 Die Dahlemer Bahn

Vorgeschichte und Linienführung

Am Breitenbachplatz verläßt die Untergrundbahn Wilmersdorf und tritt in das Gebiet der Domäne Dahlem ein. Die Domäne war bis 1901 verpachtet gewesen und bis dahin rein landwirtschaftlich genutzt worden. Neue Pläne des Landwirtschaftsministeriums sahen jetzt eine Villenbebauung unter Wahrung des ländlichen Charakters sowie die Errichtung zahlreicher wissenschaftlicher Institute im Zusammenhang mit der Gründung der Kaiser-Wilhelm-Gesellschaft[186] vor. Voraussetzung dafür war die verkehrsmäßige Erschließung des bisher völlig unbebauten Geländes.

Die projektierte Wilmersdorfer U-Bahn erwies sich in diesem Zusammenhang als willkommene Anschlußmöglichkeit und wurde deshalb mit allen Mitteln unterstützt.[187] Die landespolizeiliche Genehmigung erfolgte am 17. Dezember 1911[188] und damit noch im selben Jahr wie die der Wilmersdorfer Bahn.

Der nach den Bestimmungen der Baupolizeiordnung von 1892 festgelegte »landhausmäßige«[189] Charakter, der bis heute das besondere Kennzeichen Dahlems ist, durfte durch die U-Bahn allerdings nicht angetastet werden. Auf der anderen Seite bot jedoch gerade die angestrebte lockere Bebauung dem Bahnprojekt ganz neue Möglichkeiten der Verwirklichung. Da aufgrund des Bebauungsplanes in Dahlem auch langfristig gesehen nicht mit neuen Straßenplanungen und dichtgedrängten Häuserzeilen zu rechnen war, deren Entwicklung durch die Bahntrasse hätte gehemmt werden können, verzichtete man kurzerhand auf die Anlage einer unterirdischen Schnellbahn und wählte den für Berlin neuen Typ der Einschnittbahn[190], bei dem der Bahnkörper in einem unter Straßenniveau liegenden offenen Einschnitt abgesenkt wird. Ein solcher Bahneinschnitt (Abb. 300) hat gegenüber einer Hochbahn oder einer Bahn auf Straßenniveau den großen Vorteil, daß er im Falle späterer, nicht vorherzusehender Änderungen des Bebauungsplans einfach überbaut und damit in eine normale Untergrundbahn verwandelt werden kann.

Die Richtigkeit der damaligen Entscheidung findet ihre Bestätigung darin, daß eine Überbauung der Dahlemer Einschnittbahn bis heute nicht erfolgte und bisher auch nicht nötig war.

Die Möglichkeit einer solchen Überbauung wurde jedoch schon 1912 – also während des Baus der Dahlemer Bahn – in einer Monatskonkurrenz des Berliner Architekten-Vereins in Erwägung gezogen[191], wenn auch nicht weiterverfolgt. Wie aktuell die Frage der Überbauung inzwischen geworden ist, beweist die Tatsache, daß sich in den letzten Jahren verschiedene Planungsgruppen mit diesem Problem auseinandergesetzt haben.[192] Hingewiesen sei insbesondere auf den Entwurf von Wolf-Rüdiger Borchardt für eine »U-Bahn-Überbauung Linie 2, Berlin«, der mit dem Schinkelpreis 1976 ausgezeichnet wurde.[193]

Die architektonische Gestaltung der Bahnhöfe

Der Entwurf und die Ausführung der Dahlemer Einschnittbahn erfolgte unter der Leitung des Geheimen Baurats Oswald Bandekow in Zusammenarbeit mit der Dahlemkommission als Trägerin des Unternehmens. Für die architektonische Gestaltung der drei Bahnhöfe Podbielskiallee, Dahlem-Dorf und Thielplatz wurden verschiedene freischaffende Berliner Architekten herangezogen. Sie sollten den Bahnhöfen ein nach eigenen Vorstellungen entwickeltes, dem ländlichen Charakter jedoch angepaßtes Gepräge geben.

Die Grundabmessungen der Bahnhofsanlagen mit allen betrieblichen Einrichtungen waren auch hier, wie schon bei der Wilmersdorfer Strecke, durch die gemeinsame, auf die Bedürfnisse der Hochbahngesellschaft abgestimmte Planung festgelegt. Als Neuerung war allerdings vorgesehen, alle drei Bahnhöfe nur einseitig von einem Bahnsteigende aus durch ein kleines Empfangsgebäude zugänglich zu machen. Das Gebäude sollte von einer den Bahneinschnitt brückenartig kreuzenden Straße aus zu betreten sein und im Inneren den Fahrkartenschalter sowie die auf den Bahnsteig herabführende Treppe

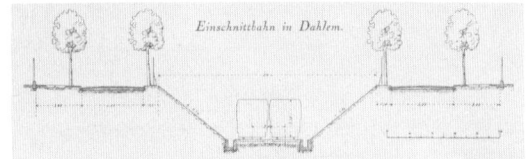

Abb. 300 Dahlemer Einschnittbahn, Querschnitt

Abb. 302 U-Bahnhof Podbielskiallee, Empfangsgebäude
Arch. H. Schweitzer

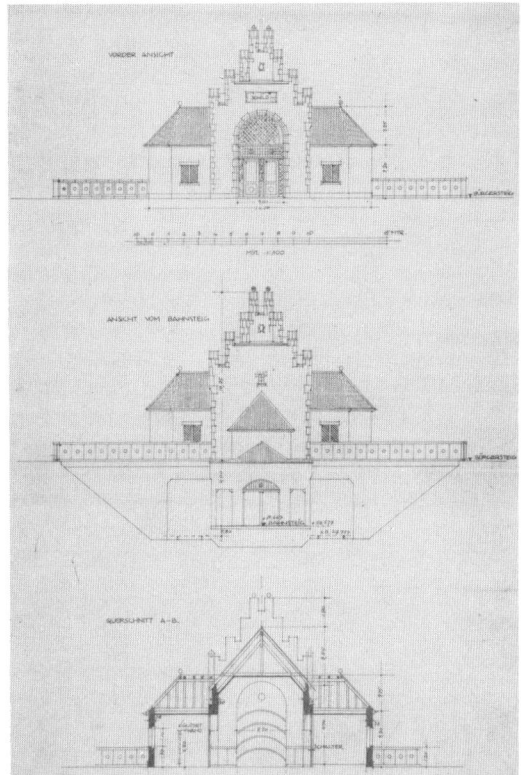

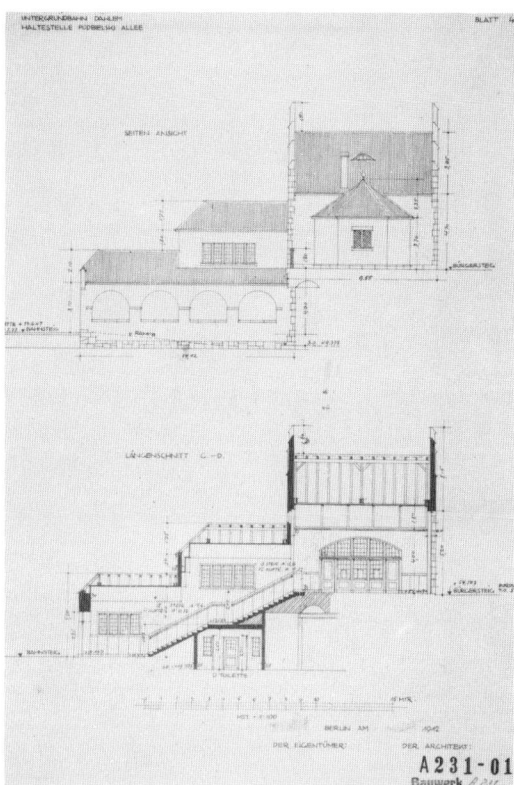

Abb. 301 U-Bahnhof Podbielskiallee, Entwurf für das
Empfangsgebäude, Vorderansicht und Querschnitt, 1912
Arch. H. Schweitzer

Abb. 304 U-Bahnhof Podbielskiallee, Entwurf für das
Empfangsgebäude, Seitenansicht und Längsschnitt, 1912
Arch. H. Schweitzer

Abb. 303 U-Bahnhof Podbielskiallee,
Ansicht vom Bahnsteig, 1913, Arch. H. Schweitzer

Abb. 306 S-Bahnhof Rahnsdorf, 1905

Abb. 305 U-Bahnhof Podbielskiallee, Arkadengang

Abb. 307 U-Bahnhof Podbielskiallee, Innenansicht des
Empfangsgebäudes, 1913, Arch. H. Schweitzer

aufnehmen. Architektonisch sollten die kleinen Bauten dem Villencharakter der Umgebung angepaßt werden, d. h., sie sollten eine wirkungsvolle Fassade erhalten, hinter der die eigentliche Zweckbestimmung des Baus verborgen blieb. Es handelte sich bei dieser Art von Fassadenarchitektur jedoch
weniger um eine reine Repräsentationsform wie in Wilmersdorf, als vielmehr um den Versuch, mit
architektonischen Mitteln zur einheitlichen Gestaltung einer ohnehin höchst eigenwilligen Stadt-
landschaft beizutragen.
Der im Einschnitt liegende U-Bahnhof[194] *Podbielskiallee*, der erste der drei Dahlemer Bahnhöfe, liegt
am Ende der Schorlemerallee, einem sehr breiten Straßenzug, der vom Breitenbachplatz kommend
nach Dahlem führt. Der U-Bahnhof bildet den unmittelbaren Abschluß dieser Allee und kennzeich-
net zugleich den Übergang von der Unterpflasterbahn zur Einschnittbahn. Als Markierungspunkt des
Tunnelausgangs und gleichzeitigem Eintritt in Dahlemer Gebiet kommt dem Bahnhof somit eine besondere Bedeutung zu, die eine ausgefallenere architektonische Gestaltung durchaus rechtfertigte.
Für die Lösung dieser Aufgabe zog man den Architekten Heinrich Schweitzer heran[195], der bereits
maßgeblich am Dahlemer Bebauungsplan beteiligt gewesen war[196] und in diesem Zusammenhang
auch eine ganze Reihe von Wohnbauten geschaffen hatte.[197]
Schweitzer sah die Hauptbedeutung des U-Bahnhofs Podbielskiallee in seiner Funktion als Eingangs-
tor zur neu entstandenen Kolonie Dahlem und setzte danach auch seine Akzente. Er entwarf ein
Bahnhofsgebäude, dessen Torcharakter unverkennbar ist (Abb. 301, 302). Mit seinem hohen vorspringenden Mittelteil, der großen Toröffnung sowie dem zinnengeschmückten Giebel lehnt es sich
deutlich an die Formen der märkischen Stadttorarchitektur an.[198] Statt der mittelalterlichen Back-
steinbauweise wählte Schweitzer jedoch bei seinem Empfangsgebäude, das rechts und links von niedrigen Seitenflügeln mit polygonalem Abschluß flankiert wird, ein hell verputztes Mauerwerk, das er
an den Kanten durch große, unregelmäßige Quadersteine aus rötlichem Sandstein belebte. Der wehr-
hafte Charakter dieses Bauwerks wird noch unterstrichen durch das an der Rückseite angefügte Treppengebäude (Abb. 303, 304), das sich vom Bahnsteig aus gesehen als ineinandergeschachtelter Baukörper hoch auftürmt und durch Arkaden (Abb. 305) im unteren Geschoß akzentuiert wird.[199] Mit der
Verwendung mittelalterlicher Stilformen steht Schweitzer, ein Schüler von Friedrich von Thiersch,
noch ganz in der Tradition des 19. Jahrhunderts, speziell der Gründerzeit, in der Burgmotive unbe-
dingt zum Formenkatalog des Villenbaus gehörten.[200]
Jedoch von mindestens ebenso großer Einflußnahme auf die Gestaltung des U-Bahnhofs waren die Ar-
chitekturformen der Berliner S- bzw. Vorortbahnhöfe. Vorbilder dürften insbesondere die Bahnhöfe
Rahnsdorf (Abb. 306) (eröffnet ca. 1902), Papestraße (1901), Yorckstraße (1902) und Friedrichsfelde
Ost (ca. 1905) gewesen sein.[201]
Das Zurückgreifen auf historisierende Bauformen am U-Bahnhof Podbielskiallee wurde schon vor der
Eröffnung der Dahlemer Bahn als »Höhepunkt der Unzweckmäßigkeit« scharf kritisiert.[202] Man warf
Schweitzer nicht zu Unrecht vor, daß er »in der Podbielski-Allee mit mittelalterlichen Burgmotiven
ein veritables Fort konstruiert« habe, »das den Zweck zu verfolgen scheint, die praktische Bestim-
mung des Bauwerks unkenntlich zu machen«.[203]
Das Innere dieses Baus läßt gegenüber dem Äußeren eine gewisse Intimität erkennen. Die kleine
Halle (Abb. 307) mit der seitlich abgeschrägten Holzdecke, den Holzverkleidungen am Fahrkartenschalter und der gegenüberliegenden Wand sowie dem schmiedeeisernen, an volkstümliche Kunst erinnernden Leuchter wirkt vielmehr rustikal und steht damit der bäuerlichen Tenne bzw. der Diele eines alten Gutshofs weitaus näher als dem mittelalterlichen Festungsbau. Der ringsumlaufende Sok-
kel aus roten, sparsam ornamentierten Sandsteinplatten, der dem Raum eine gewisse Gediegenheit
verleiht und sich bis in die Treppenwangen des Abgangs fortsetzt, stellt die einzige direkte Beziehung
zum Außenbau her.
Heute ist diese Halle – wie auch die der anderen Dahlemer Bahnhöfe – durch moderne Ein- und Umbauten in ihrer ursprünglichen Wirkung weitgehend zerstört.
Der Bahnsteig steht mit seiner nüchternen, rein konstruktiven Ausführung (Abb. 308) in krassem
Gegensatz zu den historisierenden Formen des Empfangsgebäudes. Als Bahnsteigdach[204] wurde eine
einfache einstielige Konstruktion aus genieteten Stahlstützen mit Holzabdeckung gewählt, die typisch für kleine Bahnhöfe, insbesondere Vorortbahnhöfe ist.

Abb. 311 U-Bahnhof Dahlem-Dorf, Empfangsgebäude
Arch. F. u. W. Hennings

Abb. 308 U-Bahnhof Podbielskiallee,
Überdachter Bahnsteig

Abb. 309 U-Bahnhof Podbielskiallee,
Nicht überdachter Bahnsteig

Abb. 310 Entwurf für den U-Bahnhof Dahlem-Dorf, 1909

Die Bahnsteigaufbauten entsprechen in Art, Anzahl und Anordnung der normalen Ausstattung eines U-Bahnhofs. Hinzu kommt hier jedoch noch ein kleines Wartehäuschen zum Schutz gegen die Witterung, das sich formal eng an die Betriebshäuschen anlehnt. Die zierlichen, leicht verspielten Bogenlampen (Abb. 309), die sich ursprünglich auf dem hinteren, nicht überdachten Teil des Bahnsteigs befanden und erst in den letzten Jahren durch moderne Leuchten ersetzt wurden, standen in merkwürdigem Gegensatz zu dieser nüchternen Anlage.

Während der Bahnhof Podbielskiallee mit seinen dem Mittelalter entliehenen Stilelementen durchaus dem Typus der Berliner Vorortvilla des späten 19. Jahrhunderts entspricht, verbinden sich mit dem U-Bahnhof *Dahlem-Dorf* völlig andere Vorstellungen. Wie schon der Name besagt, liegt dieser Bahnhof in einer dörflichen Umgebung, deren Charakter bis heute weitgehend gewahrt ist. In unmittelbarer Bahnhofsnähe befindet sich der alte Dorfkern von Dahlem mit der Dorfaue, der Dorfkirche und der Domäne Dahlem, einer heute der landwirtschaftlichen Forschung dienenden großen Anlage.[205]

Wie aus einem 1909 von Paul Wittig veröffentlichten anonymen Entwurf (Abb. 310) zu ersehen ist, sollte in der ursprünglichen Planung auf diesen spezifischen Dorfcharakter wenig Rücksicht genommen werden.[206] Man hatte zunächst an ein kleines portalartiges Torhäuschen mit rundumlaufendem geneigtem Dachkranz gedacht, das schon wegen seiner geringen Ausmaße nur unwesentlich auf seine Umgebung einwirken konnte. Der Schwerpunkt des Entwurfs lag weniger im architektonischen Konzept des U-Bahneingangs selbst als vielmehr in der Gestaltung eines Kreuzungspunktes zwischen

Abb. 312 U-Bahnhof Dahlem-Dorf,
Rückseite des Empfangsgebäudes
Arch. F. u. W. Hennings

Abb. 313 U-Bahnhof Dahlem-Dorf,
Innenansicht des Empfangsgebäudes, 1913
Arch. F. u. W. Hennings

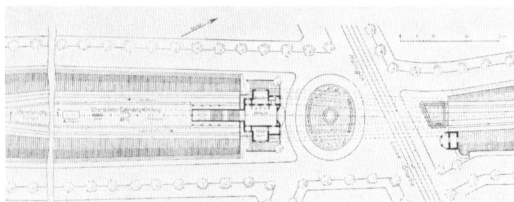

Abb. 314 U-Bahnhof Dahlem-Dorf, Lageplan

zwei verschiedenen Verkehrsebenen, dem Straßenzug der Königin-Luise-Straße einerseits und dem quer dazu verlaufenden Bahneinschnitt andererseits. Mit einer solchen brückenartigen Überführung der Straße über den Schnellbahneinschnitt bot sich eine einfache und sinnvolle Lösung an, die jedoch – nicht zuletzt auf Betreiben Kaiser Wilhelms II. – abgelehnt wurde.

Der Kaiser, der sich mit Vorliebe architektonischen Fragen zuwandte und auch schon mehrfach sein aktives Interesse an der Gestaltung der Berliner U-Bahnhöfe gezeigt hatte[207], fühlte sich hier in Dahlem, auf staatseigenem Territorium, geradezu berufen, eigene Gestaltungsvorschläge zu unterbreiten. Seine Vorstellungen gingen dahin, den dörflichen Charakter Dahlems durch den Bau eines malerischen U-Bahngebäudes noch zu unterstreichen.

Diesem Wunsch entsprechend schufen die beiden Architekten Fritz und Wilhelm Hennings für die Station Dahlem-Dorf ein Empfangsgebäude, das, in die Formen eines Bauernhauses gehüllt, seine eigentliche Funktion als Bahnhofsgebäude vollkommen verleugnet (Abb. 311). Der Typus dieses breit gelagerten Fachwerkbaus mit reetgedecktem Krüppelwalmdach und großem Mitteltor zeigt unverkennbare Merkmale des niedersächsischen Bauernhauses.[208] Freie Zutat der Architekten sind lediglich die beiden niedrigen Seitenflügel, die als Fahrkartenverkaufs- und Diensträume fungieren, sowie der an der Rückseite angegliederte, mehrfach abgestufte Treppenabgang (Abb. 312), der sich mit seiner Arkadengliederung im Untergeschoß an den Bahnhof Podbielskiallee anlehnt.

Der ländliche Charakter des Bahnhofs wird durch die rustikale Innenausstattung (Abb. 313) noch unterstrichen. Die Wände der Halle und des Treppenabgangs sind mit leuchtend blauen Keramikplatten verkleidet, deren poröse, unregelmäßige Glasuren eine starke Gebundenheit an bäuerliche Keramiken erkennen lassen. Mit der bunten Bemalung und den reichen Schnitzarbeiten an der Holzbalkendecke sowie dem langgestreckten hölzernen Deckenleuchter fließen zusätzliche volkstümlichkunstgewerbliche Elemente ein. Einziger Hinweis auf die eigentliche Bestimmung dieses Gebäudes sind das geflügelte Rad über dem Leuchter und die große, im Treppenabgang hängende farbige Holztafel, die den Dahlemer Bebauungsplan mit der projektierten Schnellbahnlinie wiedergibt. Im übrigen ist auch hier die ursprüngliche Wirkung der Halle durch moderne Einbauten zerstört.

Die Gestaltung der Bahnsteiganlagen, die in der gleichen nüchternen Ingenieurbauweise wie am Bahnhof Podbielskiallee erfolgte, steht zwangsläufig im Widerspruch zu den romantischen Vorstellungen, die sich mit dem Bau des Empfangsgebäudes verknüpfen.

Ein wesentlicher Aspekt bei dieser Bahnhofskonzeption war die Einbeziehung des kleinen blumengeschmückten Bahnhofsvorplatzes (Abb. 314), der die dörfliche Atmosphäre malerisch unterstreichen sollte. Um genügend Raum für diesen genau in der Bahnachse liegenden Platz zu gewinnen, mußte ein längeres Stück des Bahneinschnitts überdeckt werden. Zur Abrundung der so entstandenen dörflichen Idylle wurde am gegenüberliegenden, an der Ostseite der Königin-Luise-Straße gelegenen Platzende gleichsam als Gegenstück zum U-Bahnhof eine kleine strohgedeckte Trinkhalle mit halbrundem Säulenvorbau errichtet.

Im Gegensatz zur Planung von 1909, die mit der brückenartigen Überbauung des Bahneinschnitts eine großstädtische Verkehrssituation beschreiben wollte, wurde jetzt also im Hinblick auf den spezifischen Charakter Dahlem-Dorfs die Schnellbahn als unverkennbares Zeichen des modernen Großstadtverkehrs bewußt in den Hintergrund gedrängt.

Mit dem U-Bahnhof *Thielplatz* fand die Wilmersdorf-Dahlemer Schnellbahn zunächst ihren Abschluß. Dieser Bahnhof, der der verkehrsmäßigen Erschließung der Kaiser-Wilhelm-Institute dienen sollte, erhielt nach dem 2. Weltkrieg durch die Errichtung der Freien Universität in unmittelbarer Nachbarschaft dieser Institute eine bei der Konzeption der Linie nicht vorhersehbare Bedeutung.

Im Gegensatz zu den historisierenden Formen des Bahnhofs Podbielskiallee und dem im romantischen »Heimatstil«[209] errichteten Fachwerkbau in Dahlem-Dorf weist der von Heinrich Straumer entworfene Klinkerbau des Bahnhofs Thielplatz (Abb. 315, 316) deutliche Merkmale eines sich langsam durchsetzenden sachlicheren Landhausstils auf.

Straumer – ein Schüler Wallots – steht mit seiner Vorliebe für den schlichten Landhausbau, wie er sich bereits in seinen früheren Bauten manifestiert hatte[210], in direkter Nachfolge von Hermann Muthesius, dem Wegbereiter einer neuen Landhausarchitektur in Deutschland.[211] Nirgends jedoch kommt die Abhängigkeit von Muthesius so überzeugend zum Ausdruck wie gerade im Empfangsge-

Abb. 316 U-Bahnhof Thielplatz, Entwurf für das Empfangsgebäude, 1912, Arch. H. Straumer

Abb. 315 U-Bahnhof Thielplatz, Empfangsgebäude, 1913
Arch. H. Straumer

Abb. 317 Haus Freudenberg, Berlin-Nikolassee, 1908
Arch. H. Muthesius

Abb. 321 U-Bahnhof Thielplatz,
Blick vom Bahnsteig auf das Empfangsgebäude, 1913

bäude des U-Bahnhofs Thielplatz, einem Bau, der ohne die Kenntnis des Hauses Freudenberg (Abb. 317), das im Zusammenhang mit der Bebauung der Rehwiese in den Jahren 1907/08 entstanden war[212], kaum denkbar gewesen wäre.

Schon die Grundkonzeption beider Bauten zeigt weitgehende Übereinstimmungen, wobei allerdings die wesentlich größeren Dimensionen des Hauses Freudenberg berücksichtigt werden müssen. Um einen schmalen, giebelbetonten Mittelbau gruppieren sich in beiden Fällen zwei V-förmig nach vorn geöffnete Seitenflügel, deren Dächer in tief herabgezogenen Walmabschlüssen enden. Während sich beim Haus Freudenberg diese klare Gliederung bis in die Dachzone fortsetzt, greifen beim U-Bahnhof Thielplatz der Giebel und die seitlich angrenzenden Dächer unmittelbar ineinander, so daß eine mehrfach gebrochene unruhige Dachlinie entsteht. Außerdem wurde anstelle der Fachwerkgliederung, wie sie für das Haus Freudenberg bezeichnend ist, der Giebel des U-Bahngebäudes mit ornamental angeordneten Handstrichziegeln verblendet, die die große, das Giebelfeld beherrschende schmiedeeiserne Uhr dekorativ umrahmen und zugleich eine optische Verbindung zwischen Giebeldreieck und dem großen, bis in das Giebelfeld hineinragenden Torbogen des Eingangs herstellen.[313] Als reizvoller Kontrast zu der roten Klinkerfassade wurden – wiederum in Anlehnung an das Haus Freudenberg – die seitlichen, in kleine Felder unterteilten Fenster[214] mit weißen Rahmen versehen und darüber hinaus vor den Fenstern Bänke aufgestellt[215], die der ganzen Anlage einen fast gartenhausähnlichen, intimen Charakter verleihen.

Ein Vergleich der Innenorganisation der beiden Bauten verbietet sich aufgrund ihrer völlig unterschiedlichen Funktion von selbst. Das Empfangsgebäude des U-Bahnhofs gliedert sich entsprechend den anderen Bahnhöfen der Dahlemer Bahn in eine zentrale Halle (Abb. 318) und seitlich anschließende Betriebsräume. Hierbei wurde allerdings die sonst übliche Symmetrie aufgegeben, indem man die Halle an der linken Seite durch Zurückziehen der Betriebsräume nischenartig erweiterte und mit zwei Fenstern versah, die den Blick ins Grüne gewähren. Durch den später erfolgten Einbau von Tisch und Bänken erhielt die Nische einen sehr privaten, an die Innenausstattung eines kleinen Pavillons erinnernden Charakter.

Abb. 318 U-Bahnhof Thielplatz,
Innenansicht des Empfangsgebäudes, 1913
Arch. H. Straumer

Abb. 319 U-Bahnhof Thielplatz,
Detail in der Eingangshalle von R. Kuöhl

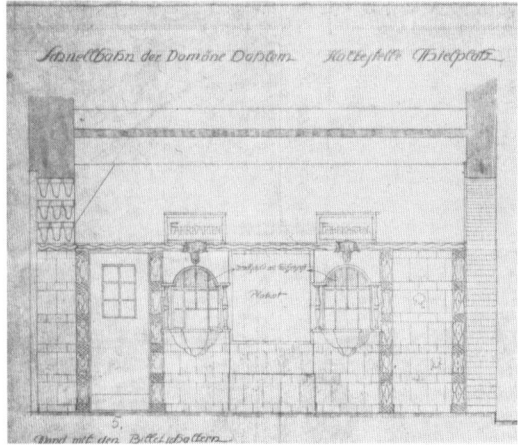

Abb. 320 U-Bahnhof Thielplatz, Empfangsgebäude,
Entwurf für die Wand mit den Fahrkartenschaltern, 1912
Arch. H. Straumer

Die Wände der Halle sind bis etwa zwei Drittel Höhe mit rötlichbraunen Fliesen verkleidet und erfahren durch senkrecht angeordnete Reliefbänder aus schwarzen Majolikaplatten eine starke Akzentuierung. Zwischen den Reliefbändern sind in unregelmäßigen Abständen größere Reliefplatten mit figürlichen Schmuckmotiven angeordnet (Abb. 319). Putten flankieren die beiden inzwischen zugemauerten Fahrkartenschalter, deren stark abgenutzte Konsolen noch heute an den ursprünglichen Verwendungszweck als Geldablage erinnern. Straumer hatte im Entwurf[216] anstelle der Putten zunächst kleine Säulen vorgesehen (Abb. 320). Der gesamte Reliefschmuck stammt, wie auch eine Reliefplatte unter dem heutigen Fahrkartenschalter bezeugt, von dem Bildhauer Richard Kuöhl. Kuöhl, der auf Baukeramik spezialisiert war und schon bei anderer Gelegenheit mit Straumer zusammengearbeitet hatte[217], führte diese Arbeiten im Auftrag der Keramischen Werkstätten Richard Mutz & Rother aus.

Der Treppenabgang zum Bahnsteig wurde bis zur Fensterhöhe ebenfalls mit braunen Fliesen verkleidet. Der Bahnsteig selbst unterscheidet sich in seiner nüchternen Ausführung nur unwesentlich von den Bahnsteigen der anderen Dahlemer Bahnhöfe (Abb. 321).[218]

Am U-Bahnhof Thielplatz fand am 9. Oktober 1913 in einem von Straumer errichteten provisorischen Wagenschuppen die feierliche Eröffnung der Wilmersdorf – Dahlemer Schnellbahn statt. Anläßlich der Eröffnung wurde noch einmal auf die Bedeutung dieser Bahn hingewiesen, die nicht nur »für die bauliche und wirtschaftliche Entwicklung von Wilmersdorf und Dahlem von der allergrößten Wichtigkeit«[219] war, sondern ganz Berlin zugute kommen sollte, indem sie einmal entscheidend zur Erschließung neuer Wohngebiete im Großraum Berlin beitrug und zum anderen durch ihren Streckenverlauf bis fast an den Rand des Grunewalds dem Großstadtbewohner neue attraktive Ausflugsmöglichkeiten bot. Dieses waren auch die Gründe, warum das Projekt trotz ursprünglich starker kommunaler Gegensätze schließlich doch zu einem raschen Abschluß geführt werden konnte.

5.4 Der U-Bahnhof Wittenbergplatz und die Stichbahn zur Uhlandstraße

Der Wittenbergplatz war aufgrund seiner günstigen Lage und seines unerwartet schnellen Aufschwungs zum neuen, wichtigen Verkehrs- und Geschäftszentrum des Westens[220] in kurzer Zeit zum begehrten Anschlußpunkt für die westlichen Linien geworden.

Auf die Bedeutung des Wittenbergplatzes als Ausgangspunkt für die Wilmersdorfer Bahn wurde bereits hingewiesen. Es wurde in diesem Zusammenhang auch schon erwähnt, daß Charlottenburg als Anliegergemeinde die Zustimmung zu diesem Abschluß nur unter der Bedingung gab, daß die Hochbahngesellschaft neben diesem Projekt gleichzeitig den Bau einer neuen Charlottenburger Linie in Angriff nahm.[221] Diese sollte vom Wittenbergplatz kommend dem Verlauf des Kurfürstendamms folgen und zunächst an der Uhlandstraße enden. Eine spätere Verlängerung bis Halensee war vorgesehen.[222] Da sich die Hochbahngesellschaft von der Erweiterung ihres Netzes nach Wilmersdorf und Charlottenburg große Vorteile versprach, willigte sie in diese Bedingungen ein, obwohl sie für die Hochbahngesellschaft weniger günstig waren. Denn Charlottenburg gewährte für den Bau der neuen Linien nur einen Zuschuß von 2,3 Millionen Mark.[223] Nachdem sich Charlottenburg und die Hochbahngesellschaft geeinigt hatten, wurde am 29. Juni 1910 die landespolizeiliche Genehmigung für den Umbau des Bahnhofs Wittenbergplatz sowie für die Zweiglinie Wittenbergplatz – Uhlandstraße und Wittenbergplatz – Nürnberger Platz – Kaiser-Allee erteilt.[224]

Die Vereinigung der drei aus dem Westen kommenden Linien – der Wilmersdorfer Bahn, der Charlottenburg-Westend-Linie und der Kurfürstendammlinie – machte am Wittenbergplatz eine grundlegende Neuplanung des ursprünglich als reine Durchgangsstation angelegten U-Bahnhofs notwendig. Da in diese Planung außerdem die dringend notwendige Entlastungslinie zum Gleisdreieck einbezogen werden sollte[225], ergab sich hier eine komplizierte Linienverflechtung, die zahlreiche technische und architektonische Probleme aufwarf. Erschwert wurde die Frage der Bahnhofsgestaltung, bei der naturgemäß jede der beteiligten Gemeinden ihre eigenen Interessen in den Vordergrund stellte, noch dadurch, daß der Neubau mit einer tiefgreifenden Umgestaltung der Platzanlage verbunden war und damit rein städtebauliche Fragen berührt wurden.

Abb. 323 U-Bahnhof Wittenbergplatz, Eingang,
Zustand 1951

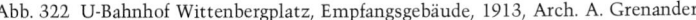

Abb. 322 U-Bahnhof Wittenbergplatz, Empfangsgebäude, 1913, Arch. A. Grenander

Aus diesem Grunde entwickelte sich auch ein lebhaftes Interesse an dem Projekt, das in zahlreichen Lösungsvorschlägen, einer allgemeinen Wettbewerbsausschreibung und – nicht zuletzt – in heftiger Kritik seinen Niederschlag finden sollte.

Offiziell mit der Entwurfsarbeit für den Bahnhofsneubau beauftragt wurde Alfred Grenander, der seit 1900 für die Hochbahngesellschaft tätig und seitdem an der Gestaltung fast aller Bahnhöfe beteiligt gewesen war.

Grenander legte seinen ersten Entwurf im Jahre 1909 vor, also noch bevor die Linienerweiterung und damit der Bahnhofsneubau vertraglich abgesichert waren. Noch im selben Jahr trat Wilhelm Cauer[226] mit einem Gegenentwurf an die Öffentlichkeit, da Grenanders Vorschlag in weiten Kreisen heftige Kritik ausgelöst hatte.[227] Während Grenanders Entwurf eine weiträumige, kreuzförmig angelegte Eingangshalle vorsah, unter der drei Bahnsteige in einer Ebene nebeneinander angeordnet werden sollten, schlug Cauer eine Anordnung der Bahnsteige in verschiedenen, teilweise übereinandergeschobenen Ebenen vor. Obwohl Cauers Entwurf auf eine größere Eingangshalle verzichtete und statt dessen der Zugang zu den Bahnsteigen über einfache Treppen und Querbrücken erfolgen sollte, erwies er sich in der Gesamtanlage als sehr viel kostspieliger.

Neben Cauers Entwurf, der im Auftrage der Gemeinde Wilmersdorf entstanden war, legte der Magistrat von Wilmersdorf im Jahre 1909 selbst noch drei Verbesserungsvorschläge vor, denen jedoch Charlottenburg als Anliegergemeinde von vornherein wenig positiv gegenüberstand, da in ihnen mehr oder weniger allein die Interessen Wilmersdorfs vertreten waren.[228] Sie sollen im Rahmen dieser Arbeit auch nicht weiter erörtert werden, da sie lediglich Lösungsvorschläge für die Linienführung anbieten und somit rein technischer Natur sind.

Trotz der zweifellos sehr aufwendigen Gestaltung der Eingangshalle entschied man sich für Grenanders Entwurf, der in verkehrstechnischer Hinsicht die beste Lösung darstellte und aus diesem Grunde schon am 28. Oktober 1909 in einer Konferenz des Kgl. Polizeipräsidiums empfohlen worden war.[229] Außerdem entsprach der Entwurf von seiner Konzeption her durchaus den Baubedingungen, denen zufolge die architektonische Gestaltung der Eingangshalle in »hervorragend vornehmer Weise« auszuführen war.[230] Hinter dieser Bestimmung stand die deutliche Absicht, dem Wittenbergplatz als

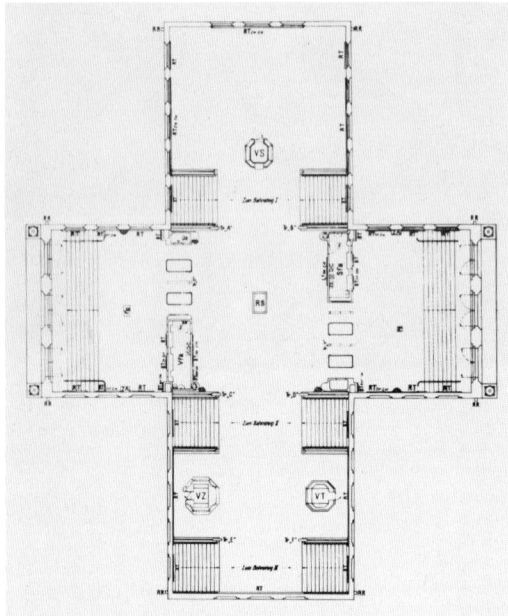

Abb. 324 U-Bahnhof Wittenbergplatz,
Grundriß der Eingangshalle

Abb. 326 U-Bahnhof Wittenbergplatz,
Eingangshalle mit Sperrenanlage, 1913
Arch. A. Grenander

Abb. 325 U-Bahnhof Wittenbergplatz, Entwurf für die Eingangshalle, 1913, Arch. A. Grenander

neuem Geschäftszentrum des Westens einen besonderen Akzent und damit noch mehr Gewichtigkeit zu verleihen. Betrachtet man die Eingangshalle, die noch heute als monumentaler, mit grauem Naturstein verkleideter Bau (Abb. 322, 323)[231] den Wittenbergplatz beherrscht, unter diesem Gesichtspunkt, so kann Grenanders Entwurf als durchaus gelungen bezeichnet werden. Auf der anderen Seite muß jedoch zugegeben werden, daß dieser in neoklassizistischen Formen errichtete Monumentalbau sich nur schwer in das Werk eines so fortschrittlichen Architekten wie Grenander einordnen läßt. Er ist offensichtlich ein Zugeständnis an den neuen Repräsentationsstil der Zeit vor dem 1. Weltkrieg, der sich aus einer Mischung von Jugendstilelementen und historischen Stilformen heraus entwickelt hatte.[232]

Die Eingangshalle präsentiert sich nach außen hin als hoher, von einem Zeltdach bekrönter Bau über fast quadratischem Grundriß, dem an allen vier Seiten niedrigere Querarme mit Giebelabschluß angefügt sind (Abb. 324). Die sich dadurch ergebende Kreuzform, die dem Gebäude einen fast sakralen Charakter verleiht[233], sollte sich jedoch als außerordentlich zweckmäßig erweisen.

Die kreuzförmige Anordnung ermöglichte im Innern eine klare Trennung zwischen den verschiedenen Verkehrsbereichen und damit eine Übersichtlichkeit, wie sie bei einem Umsteigebahnhof dieser Größenordnung nicht besser hätte sein können. So erfolgt der Zugang zum Gebäude allein über die beiden in der Ostwestachse liegenden Querbauten, von denen aus kurze breite Treppen auf das Niveau des etwa 1,50 m unter der Straße liegenden Innenraumes herabführen. Die beiden nach Norden und Süden gerichteten Querarme bilden dagegen zusammen mit dem überhöhten Mittelbau die eigentliche Eingangshalle (Abb. 325), die folglich sehr langgestreckt ist und nur dem Zu- und Abgang zu den Bahnsteigen sowie dem Umsteigeverkehr dient.

Abb. 329 Entwurf für den U-Bahnhof Wittenbergplatz (Entwurf A), 1909, Arch. A. Grenander

Abb. 327 U-Bahnhof Wittenbergplatz, Bahnsteighalle mit Treppenaufgang, 1913 Arch. A. Grenander

Abb. 328 U-Bahnhof Wittenbergplatz, Bahnsteighalle, 1913, Arch. A. Grenander

Drei sich gegenüberliegende Treppenpaare, von denen zwei im südlichen und eines im nördlichen Seitentrakt angeordnet sind[234], führen von dieser Halle aus zu den Bahnsteigen herab. Um die Geschlossenheit und Übersichtlichkeit der Anlage zu wahren, ist die Halle durch kleinere Einbauten wie Fahrkartenschalter und Sperren von den beiden Eingangstrakten abgetrennt (Abb. 326). Unterstrichen wurde diese Trennung ursprünglich noch durch einen breiten, mit Rosetten- und Blattmotiven geschmückten Fries aus Majolikaplatten, der gesimsartig über den Einbauten lag und diese zu einem einheitlichen Gefüge zusammenschloß. Von dem Fries sowie der übrigen Innenausstattung – den Wandverkleidungen aus gelben Fliesen[235], den zahlreichen, sich optisch stark absetzenden ovalen und rechteckigen Reklameflächen sowie den kleinen, durch ihre Polygonalform auffallenden Verkaufsständen – ist infolge der starken Kriegszerstörungen heute nichts mehr vorhanden. Bei der Wiederinstandsetzung der bis auf die Außenmauern zerstörten Halle wurde der Innenraum vollständig modernisiert. Auch die Fassade weist heute geringfügige Veränderungen gegenüber dem Vorkriegszustand auf.[236]

Die Bahnsteighalle (Abb. 327, 328) ist dagegen in ihrer ursprünglichen Form noch gut erhalten. Sie unterscheidet sich von Grenanders bisherigen Bahnhofsanlagen nur durch die drei parallel nebeneinanderliegenden Bahnsteige, die sich zur Mitte hin wegen der dort angeordneten Treppen stark verbreitern. Im übrigen entspricht die Halle in ihrer Ausstattung genau dem Typus, den Grenander für die gleichfalls 1913 eröffnete Linie vom Spittelmarkt zum Nordring entwickelt hatte. Wie dort verwendete er weiße Fliesenverkleidungen für die Wände, eine offene Trägerkonstruktion für die Decke sowie genietete Stützen mit Volutenabschluß. Nach dem Vorbild der Station Inselbrücke bekamen die Stationsschilder eine ovale Form. Auch bei der Ausbildung der Diensträume und der anderen Betriebseinrichtungen, wie etwa den Bänken, wich Grenander nicht von diesem Vorbild ab. Neu ist hier lediglich das hohe eiserne Schutzgitter, das den südlichen – heute für den Pendelverkehr zur Uhlandstraße benutzten – sehr schmalen Bahnsteig zur Nordkante hin abgrenzt. Denn dort führt ein nur vom Nachbarbahnsteig her zugängliches Gleis entlang.

Die gesamte Bahnhofsanlage liegt auf einer von Straßen flankierten, genau die Mitte des Wittenbergplatzes einnehmenden, ovalen Insel. Das Oval war erst im Zusammenhang mit dem Bahnhofsneubau entstanden[237], da sich der Platz in seiner ursprünglichen Form als ungeeignet für die Errichtung eines so gewaltigen Bauwerks erwiesen hatte. Die Umgestaltung des Wittenbergplatzes stellte jedoch einen

Abb. 330 Entwurf für den U-Bahnhof Wittenbergplatz (Entwurf B), 1909, Arch. A. Grenander

einschneidenden Eingriff in die gesamte Struktur dieser Gegend dar. Durch die Anordnung des Bahnhofsgebäudes in der Platzmitte wurde der geradlinig von West nach Ost verlaufende Straßenzug der Tauentzien- und Kleiststraße in seinem kontinuierlichen Verlauf gestört, da das quer zur Straßenachse gestellte Gebäude wie eine optische Barriere wirkt.

Dies war auch der Hauptanlaß für die Kritik an dem Grenander-Bau, die wenige Tage vor der Eröffnung des Bahnhofs zu einer Protestversammlung führte und in heftigen Angriffen gegen den Magistrat von Charlottenburg gipfelte.[238] Die Kritik befaßte sich im wesentlichen mit der »Verunstaltung des Wittenbergplatzes« und sprach in Hinblick auf die gewaltigen Ausmaße der Eingangshalle sogar von »städtebaulicher Entgleisung«.[239] Der Magistrat von Charlottenburg rechtfertigte jedoch den Bau und begründete seine technische Notwendigkeit. Stadtbaurat Bredtschneider wies darauf hin, daß keine andere Lösung einen so reibungslosen und schnellen Ablauf des Umsteigeverkehrs gewährleistet hätte wie gerade dieser Bau mit seiner mächtigen Eingangshalle. Die übermäßige Länge sei durch die zahlreichen Treppen bedingt, deren Lage wiederum von der Anordnung der drei Bahnsteige abhinge. Und letztlich müsse bei der Anlage auch die »Wirtschaftlichkeit besonders berücksichtigt werden, die angelegten, nach Millionen zählenden Kapitalien müßten sich rentabel verzinsen, sonst schadet das der Gesellschaft [Hochbahngesellschaft], und jeder Schaden der Gesellschaft sei auch ein Schaden für den Verkehr«.[240]

Grenander war sich der Problematik, die die architektonische Gestaltung der Eingangshalle mit sich brachte, von Anfang an bewußt gewesen. Sein langes Ringen um eine befriedigende Lösung schlägt sich in einer Reihe zufällig erhaltener Modellphotos nieder, an denen man die verschiedenen Entwurfsphasen ablesen kann. Es lassen sich vier unterschiedliche Entwürfe benennen, die hier als Entwurf A, B, C und D vorgestellt werden sollen. Alle vier Entwürfe gehen von der einmal gewählten Grundform des Kreuzes aus, zeigen jedoch in der Ausbildung einzelner Bauglieder sowie in der Proportionierung der Bauteile zueinander wesentliche Unterschiede.

So zeichnen sich Entwurf A (Abb. 329) und B (Abb. 330) gegenüber der Ausführung durch eine größere Ausdehnung in Querrichtung aus. Entwurf A ist gegenüber Entwurf B noch dahingehend abgewandelt, daß anstelle des Giebeldaches den beiden Eingangstrakten jeweils drei kleine, rippenartig nebeneinanderliegende, durch Vasenaufsätze markierte Giebel aufgesetzt sind, die dem Eingang ein fast portalmäßiges Aussehen verleihen. Dadurch entstand eine starke Breitenwirkung, die sich gerade auf dem Wittenbergplatz als wenig vorteilhaft erwiesen hätte. Aus diesem Grunde schob Grenander den

Abb. 331 Entwurf für den U-Bahnhof Wittenbergplatz (Entwurf C), 1909, Arch. A. Grenander

Abb. 332 Entwurf für den U-Bahnhof Wittenbergplatz (Entwurf D), 1909, Arch. A. Grenander

Bau in Entwurf C (Abb. 331) enger zusammen. Er reduzierte die Fensterzahl an den Stirnseiten des hohen Mittelbaus von fünf auf vier und rückte die Pfeilergliederung der Querflügel so eng zusammen, daß aus den rechteckigen Fenstern Quadrate wurden. Diese Verkürzung des Querbaus entspricht bereits der ausgeführten Form. Völlig neu bei diesem Entwurf ist die Einfriedung des gesamten Gebäudekomplexes mit einer pergolaähnlichen, ovalen Pfeilerstellung – offensichtlich ein Versuch, die Längsrichtung der Anlage mehr zu betonen.

Entwurf D (Abb. 332) unterscheidet sich dagegen wesentlich von den anderen Planungen. Grenander geht hier zwar von der gleichen Grundform aus, erreicht aber durch eine radikale Änderung der Dachform eine völlig neue architektonische Wirkung. Zum beherrschenden Element der gesamten Anlage werden jetzt die flache Kuppel über dem Mittelbau sowie die hohen, an den Stirnseiten verglasten Tonnen über den beiden Eingangstrakten, gegenüber denen die Querflügel mit ihren Walmabschlüssen an Gewichtigkeit verlieren. Durch das Zusammenwirken so unterschiedlicher Dachformen entstand jedoch ein höchst unruhiger, unharmonischer Bau – eine Mischung aus Moschee, Ausstellungshalle und, mit seinen großflächigen Verglasungen an den Stirnseiten, letztlich auch typischer Bahnhofsarchitektur des 19. Jahrhunderts, die eine gewisse Unsicherheit Grenanders gegenüber derartigen Formen von Repräsentationsarchitektur erkennen läßt.

Wie unbefriedigend auch der ausgeführte Bau vor allem in Hinblick auf die Gestaltung des Wittenbergplatzes war, wird aus der Tatsache ersichtlich, daß der Architekten-Verein zu Berlin am 16. Dezember 1912, also kurz vor Beendigung des Umbaus, als Monatswettbewerb einen »Entwurf zur Ausgestaltung des Wittenbergplatzes« ausschrieb.[241]

Im März 1913 wurden in der »Wochenschrift des Architekten-Vereins zu Berlin« zu diesem Thema sechs Lösungsvorschläge veröffentlicht[242], von denen immerhin vier Grenanders Bahnhofsgebäude bzw. seine Anordnung auf dem Mitteloval des Platzes berücksichtigten, im übrigen jedoch durch das Hinzufügen von Arkaden, Pergolen oder Wandelhallen die gewünschte Geschlossenheit des Wittenbergplatzes zu erreichen suchten.

Grenanders Vorstellungen wohl am nächsten kommt der Entwurf »Ne quid nimis« (Abb. 333) von Philip Rappaport. Die Idee, die gesamte Anlage mit einer die Form der Mittelinsel wiederholenden ovalen Pergola zu umgeben, geht eindeutig auf den vom Modellphoto her bekannten Entwurf C Grenanders zurück. Darüber hinaus sollten zwei an den Einmündungen von Kleist- und Tauentzienstraße gelegene, tempelartige Gebäude den Platz harmonisch abschließen und »von weither den ästhetisch wichtigen Uebergang zu dem sehr großen Bahnhofsgebäude« vermitteln.[243] Aber gerade diese strenge Abgeschlossenheit nach außen, die bewußte Abkehr vom großstädtischen Treiben ringsum, hätte den Platz zu einer verlorenen Insel gemacht, die eher romantischen Vorstellungen als dem Charakter eines geschäftigen Verkehrsknotenpunktes entsprach.

Ebenso wenig realistisch war der Entwurf »Ostsee« (Abb. 334) von F. W. Virck[244], der schon von seinem Kennwort her einige Skepsis aufkommen läßt. Virck ging bei der Planung von der ursprünglichen Platzsituation aus, was zunächst einmal den Verzicht auf Grenanders weiträumige Eingangshalle bedeutete. Er ordnet statt dessen auf dem beibehaltenen schmalen Mittelstreifen der Tauentzienstraße, die den Platz in Ost-West-Richtung durchschnitt, zwei kleine Torgebäude an, die zur U-Bahn herabführen und den Platz nach Osten und Westen abschließen sollten. Die Ost-West-Achse wurde außerdem durch zwei lange Kolonnaden betont, die die Tauentzienstraße von den seitlich anschließenden Platzflächen abtrennten. Mit den Kolonnaden hatte Virck ein barockes Gestaltungselement gewählt, das auch bei der gärtnerischen Durchbildung der seitlichen Grünflächen verwendet werden sollte. Wie sein Motto »Ostsee« schon verrät, hatte Virck bei der Ausarbeitung seines Entwurfs offensichtlich weniger den Wittenbergplatz in Berlin als vielmehr die Kuranlagen und Promenaden eines Ostsee- bzw. Kurbades vor Augen.[245] Als Lösungsvorschlag für die Gestaltung des Wittenbergplatzes schien dieser, die realen Verhältnisse mißachtende, rein auf Repräsentation bedachte Entwurf jedoch noch weniger geeignet zu sein als Grenanders mächtige Eingangshalle, die zumindest in ihrem Funktionswert unumstritten war.

Hingewiesen sei in diesem Zusammenhang außerdem auf den 1931 veröffentlichten Entwurf von Alfred Gellhorn und Martin Knauthe für eine »Avenue des Westens«. In ihm war statt des Grenander-Baus ein »Schwebehaus über dem Untergrundbahnhof Wittenbergplatz« (Abb. 335)[246] vorgesehen.

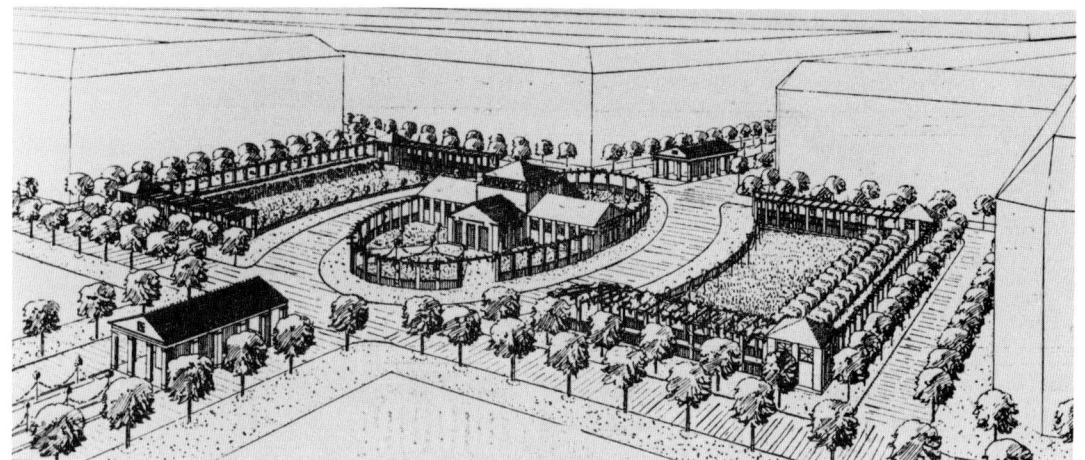

Abb. 335 Entwurf für ein »Schwebehaus über dem U-Bahnhof Wittenbergplatz«, ca. 1930
Arch. Gellhorn u. Knauthe

Abb. 333 Wettbewerbsentwurf für den U-Bahnhof Wittenbergplatz, 1912, Kennwort »Ne quid nimis«, Arch. Ph. Rappaport

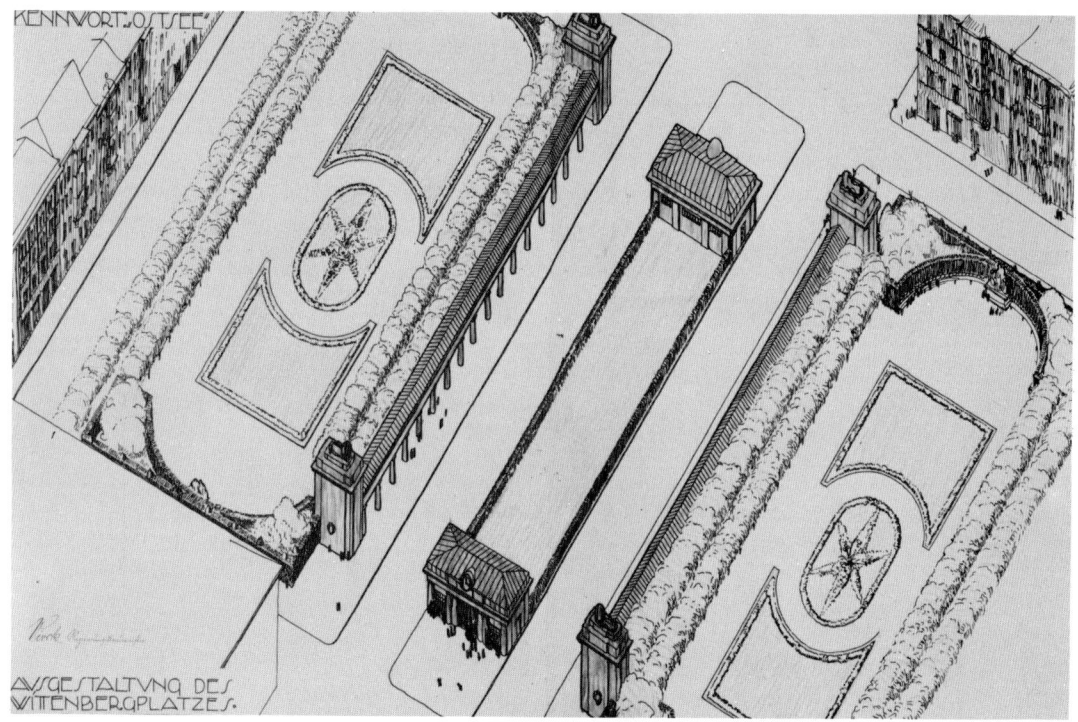

Abb. 334 Wettbewerbsentwurf für den U-Bahnhof Wittenbergplatz, 1912, Kennwort »Ostsee«, Arch. F. W. Virck

Abb. 336 U-Bahnhof Uhlandstraße, Eingang, 1913
Arch. A. Grenander

Abb. 337 U-Bahnhof Uhlandstraße, Innenansicht, Arch. A. Grenander

Gehörte die Gestaltung des U-Bahnhofs Wittenbergplatz mit zu den schwierigsten architektonischen Aufgaben in der Geschichte des Berliner U-Bahnbaus überhaupt, so erfuhr der U-Bahnhof *Uhland-straße*, der zusammen mit dem Bahnhof Wittenbergplatz am 12. Oktober 1913 als erste Station auf der Kurfürstendamm-Linie eröffnet wurde, eine höchst einfache Ausbildung. Dieser Bahnhof, der noch heute den Abschluß dieser kurzen, einst bis nach Halensee geplanten Stichbahn bildet[247], entspricht sowohl in seiner äußeren als auch der inneren Gestaltung dem Bahnhofstypus, den Grenander zwischen 1908 und 1913 für die Erweiterungslinie Spittelmarkt – Schönhauser Allee entwickelt hatte. Die Zugänge liegen auf dem Mittelstreifen des Kurfürstendamms und wurden mit den gleichen eisernen Portalen und Gittern versehen wie die Eingänge am Senefelderplatz, Schönhauser Tor oder auch am Nürnberger Platz (Abb. 336).[248] Die Innenausstattung (Abb. 337) erfolgte ebenfalls in völliger Übereinstimmung mit den genannten Bahnhöfen.

6 Spätere Ergänzungen des Liniennetzes der Hochbahngesellschaft

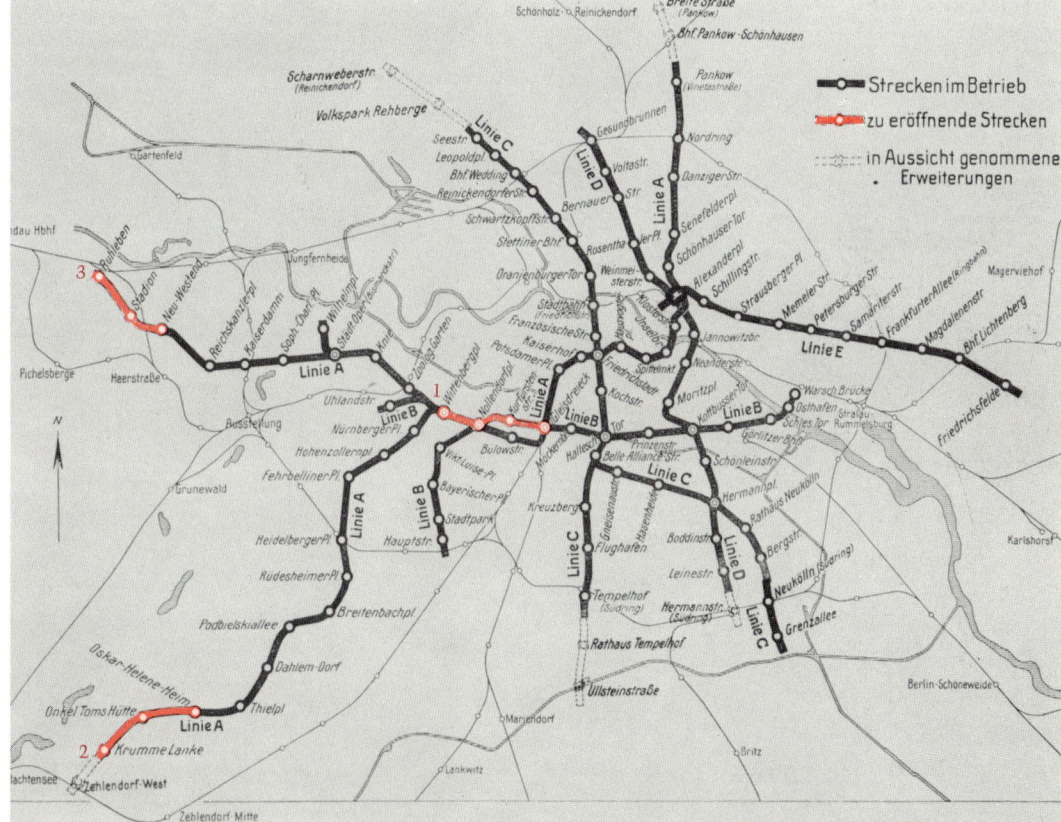

1 Streckenführung
der Verstärkungslinie
Wittenbergplatz – Gleisdreieck

2 Linienverlauf
der Erweiterungsstrecke
Thielplatz – Krumme Lanke

3 Linienverlauf
der Erweiterungsstrecke
Reichskanzlerplatz – Ruhleben

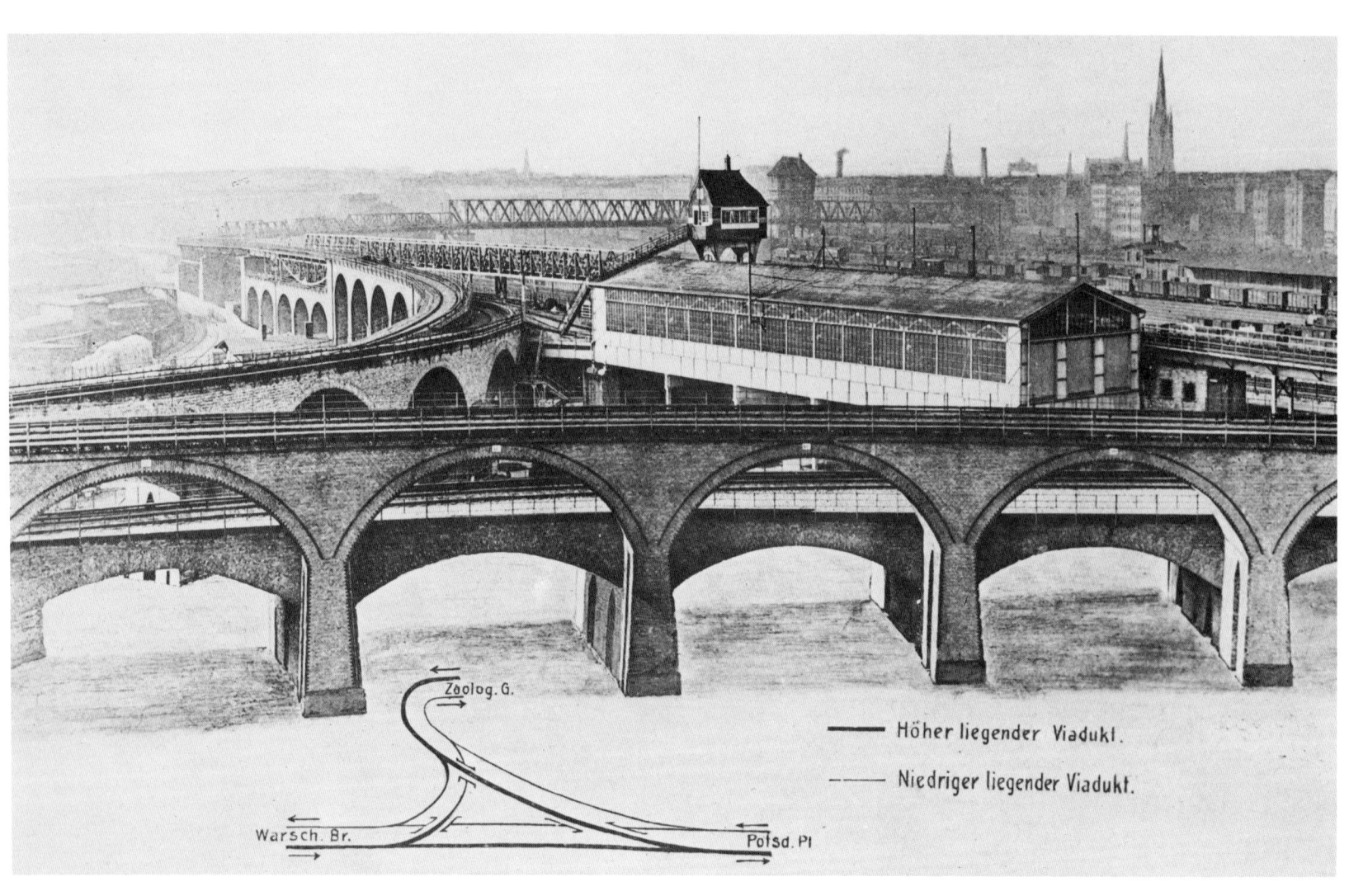

Höher liegender Viadukt.

Niedriger liegender Viadukt.

Zoolog. G.

Warsch. Br.

Potsd. Pl

6.1 Die Verstärkungslinie Wittenbergplatz–Gleisdreieck

Vorgeschichte und Linienführung

Die Notwendigkeit, eine Verstärkungslinie zur Entlastung des Gleisdreiecks (Abb. 338) zu bauen, war bereits wenige Jahre nach der Eröffnung der Stammlinie erkannt worden. Bis zur Verwirklichung derartiger Pläne sollten jedoch noch fast zwei Jahrzehnte vergehen.

Abb. 338 Gleisdreieck, 1902

Die ersten Verhandlungen über die Verstärkungslinie zwischen Wittenbergplatz und Gleisdreieck erfolgten im April 1907[1], als sich ein immer stärkerer Verkehrszuwachs vom Westen in Richtung Stadtmitte abzuzeichnen begann.[2] Es war abzusehen, daß spätestens mit der Eröffnung der östlichen und westlichen Verlängerungen – der Spittelmarktlinie sowie der Westendlinie – die Kapazität des Gleisdreiecks in seiner derzeitigen Gestalt endgültig erschöpft sein würde.

Welche Grenzen der Leistungsfähigkeit dieser Anlage tatsächlich gesetzt waren, wurde jedoch schon am 26. September 1908 deutlich, als am Gleisdreieck zwei Züge zusammenstießen. Die Bauaufsichtsbehörde verlangte daraufhin den sofortigen Umbau der Anlage. In Hinblick auf die ohnehin geplante Verstärkungslinie beschloß die Hochbahngesellschaft, anstelle des Gleisdreiecks einen kreuzförmig in zwei Ebenen angelegten Umsteigebahnhof zu errichten, der neben der alten Stammlinie auch die Entlastungslinie aufnehmen sollte.

Der Umbau des Gleisdreiecks erfolgte zwischen Mai 1912 und August 1913.[3] Da jedoch zu diesem Zeitpunkt der Bau der Verstärkungslinie über Planungen noch nicht hinausgewachsen war, konnte der neue Bahnhof in seiner eigentlichen Funktion als Kreuzungsbahnhof zunächst nur teilweise genutzt werden: Während der Verkehr zwischen Zoologischem Garten und Potsdamer Platz jetzt reibungslos über den unteren Bahnsteig lief, mußte der Verkehr zur Warschauer Brücke auf dem oberen Bahnsteig bis zur Eröffnung der Verstärkungslinie im Pendelbetrieb durchgeführt werden.

Der Bau der Verstärkungslinie, durch die die direkte Verbindung zwischen dem Westen und der Warschauer Brücke geschaffen werden sollte, stieß indes auf zahlreiche Schwierigkeiten, so daß mit einer langen Bauzeit gerechnet werden mußte. Zunächst war – ähnlich wie bei der Stammlinie – ein Rampenproblem zu lösen, da die als U-Bahn geplante Strecke zum Hochbahnhof Gleisdreieck emporgeführt werden mußte. Noch größere Probleme brachte die Frage des günstigsten Anschlußpunktes für die neue Linie mit sich. Denn wie schon so häufig, standen auch hier wiederum die verschiedenen Interessen der einzelnen Gemeinden miteinander in Widerspruch.

Da der Bau der Ergänzungslinie mit hohen Kosten verbunden war, andererseits jedoch die Linie kein neues Verkehrsgebiet erschloß und damit keine zusätzlichen finanziellen Gewinne erwarten ließ, war die Hochbahngesellschaft sehr darum bemüht, in dem neuen Anschlußpunkt möglichst viele Linien zu vereinen und damit die Rentabilität der Verstärkungslinie zu steigern. Unter diesem Gesichtspunkt betrachtet bot sich als günstigste Anschlußstelle der Nollendorfplatz an. In ihn mündete neben den verschiedenen vom Wittenbergplatz kommenden Linien auch die Schöneberger Bahn ein.

Die Gemeinde Schöneberg, auf deren Gebiet der größte Teil des Nollendorfplatzes lag, sah dieser Entwicklung, die für ihre eigene Bahnlinie und deren provisorischen Abschluß nur positive Auswirkungen haben konnte, mit großer Genugtuung entgegen. Denn die Hochbahngesellschaft, die zunächst – um sich selbst alle Möglichkeiten offen zu lassen – den direkten Anschluß der Schöneberger Bahn an den Hochbahnhof Nollendorfplatz verhindert hatte[4], war jetzt durchaus zur Zusammenarbeit mit Schöneberg, d. h. zum Bau eines Gemeinschaftsbahnhofs, bereit. Erstmalig erwähnt wurde dieser Bahnhof im Tarifvertrag zwischen Schöneberg und der Hochbahngesellschaft vom 30. November 1910.[5] Im Oktober 1914 lagen dann das Bauabkommen und die Pläne für die Herstellung des Gemeinschaftsbahnhofs Nollendorfplatz vor.[6]

Auch die weitere Linienführung bis zum Gleisdreieck stand zu diesem Zeitpunkt bereits fest.[7] Die Bahn sollte ihren Weg vom Nollendorfplatz aus zunächst nach Norden nehmen und unter der Kurfürstenstraße entlanggeführt werden, wo die Anlage eines U-Bahnhofs gleichen Namens geplant war. Von dort aus sollte sie zwischen den Häuserblocks der Kurfürsten- und Steglitzer Straße[8] in einer geschlossenen Rampe emporsteigen, die Dennewitzstraße mittels einer tunnelartig ausgebildeten

147

Abb. 339 Hochbahnhof Gleisdreieck, 1912/13
Arch. S. Kaiser

Abb. 340 Hochbahnhof Gleisdreieck,
Untere Bahnsteighalle, 1913
Arch. S. Kaiser

Abb. 341 Hochbahnhof Gleisdreieck, Treppenanlage, 1913
Arch. S. Kaiser

Brücke überqueren, um dann auf dem Gelände der Potsdamer Eisenbahn ins Freie zu treten und auf Eisenviadukten bis zum Gleisdreieck geführt zu werden. Die landespolizeiliche Genehmigung für diese Strecke wurde am 23. Mai 1914 in einer »Nachtragsgenehmigung« erteilt.[9]

Der 1. Weltkrieg mit seinen für die Wirtschaft verheerenden Folgen verhinderte jedoch zunächst die Durchführung derartiger Pläne. Die 1915 begonnenen Bauarbeiten mußten 1917 abgebrochen werden. Der Weiterbau wurde erst wieder im Sommer 1925 aufgenommen, dann jedoch so schnell vorangetrieben, daß die Eröffnung der Linie bereits am 24. Oktober 1926 erfolgen konnte.

Die architektonische Gestaltung der Bahnhöfe

Die 2,2 km lange Verstärkungsstrecke umfaßt neben den beiden neuen U-Bahnhöfen Nollendorfplatz und Kurfürstenstraße als einzigen Hochbahnhof die Umsteigestation Gleisdreieck. Wegen der oben bereits erwähnten Behördenauflagen wurde der Bau dieses Bahnhofs sofort in Angriff genommen und soweit fertiggestellt, daß er am 3. November 1912 dem Verkehr übergeben werden konnte.[10]

Der Hochbahnhof *Gleisdreieck*, dessen Bedeutung aufgrund seiner Lage inmitten des ausgedehnten Eisenbahngeländes im Vorfeld des Potsdamer Bahnhofs weniger im Ortsverkehr als vielmehr im Umsteigeverkehr liegt[11], ist von der Straße her kaum sichtbar. Deshalb konnte bei seiner Gestaltung, mit der Sepp Kaiser beauftragt wurde, auf ein umfangreicheres künstlerisches Programm weitgehend verzichtet werden.

Kaiser, der sich mit Fragen der Schnellbahngestaltung schon in anderem Zusammenhang beschäftigt hatte[12], entschied sich für eine schlichte Stahlkonstruktion, die in ihrer sachlichen, auf reine Funktionalität bedachten Formensprache bereits stark technoide Züge aufweist (Abb. 339). Die Seitenwände der beiden kreuzförmig übereinander angeordneten, im Grundriß leicht unregelmäßigen Bahnsteighallen sind bis auf die hochgelegenen schmalen Lichtbänder vollständig geschlossen. Die Hauptlichtzufuhr erfolgt durch satteldachartig aufgesetzte Oberlichter, deren Anordnung auf dem Dach zum Vorbild für spätere Hochbahnhöfe werden sollte.[13]

Das Innere der beiden Bahnsteighallen zeichnet sich gleichermaßen durch eine schlichte, konstruktionsbedingte Gestaltung aus, bei der jedoch gewisse künstlerische Akzente durch eine sparsame Dekorierung einzelner Bauglieder, wie etwa der eisernen Treppengeländer (Abb. 340) oder der bogenförmig gespannten Halterungen für die Richtungsschilder (Abb. 341) über der Treppenvierung, erzielt wurden. Durch einen hellgrünen Anstrich der eisernen Gitter und Träger sowie eine an Holzpaneele erinnernde Bemalung der geschlossenen Dachflächen, die sich mit dem nüchternen Charakter der Stahlkonstruktion kaum vereinbaren ließ, sollte dem Raum außerdem eine gewisse Wärme verliehen werden.[14]

Die beiden Bahnsteige sind in ihrem Kreuzungspunkt durch eine ebenfalls kreuzförmige Treppenanlage miteinander verbunden. Der Zugang zum Bahnhof erfolgt einseitig von der Luckenwalder Straße her. Er wird durch ein hohes Portal (Abb. 342) mit kannelierten halbrunden Säulen aus Muschelkalk gekennzeichnet, das geschickt in einen Wölbungsbogen des alten Hochbahnviadukts eingebaut ist. Dahinter verbirgt sich eine relativ große, mit Kunststeinplatten ausgekleidete Vorhalle, die die Fahrkartenausgabe enthält. Von hier aus führt im rechten Winkel eine auffallend schmale und hohe Treppe, die für stärkeren Publikumsverkehr völlig ungeeignet wäre, zum unteren Bahnsteig hinauf.

Ebenfalls von Kaiser stammt der Entwurf für die tunnelartige Brücke über die Dennewitzstraße (Abb. 343). Im Gegensatz zu der später ausgeführten, sehr massiven Betonröhre, die sich äußerst störend auf das Straßenbild auswirkt, hatte Kaiser eine leichte Eisen-Glas-Konstruktion mit zart gegliederten seitlichen Fensterreihen vorgeschlagen, die dem Bau möglichst viel Transparenz verleihen sollten.

Die beiden U-Bahnhöfe Kurfürstenstraße und Nollendorfplatz wurden erst anläßlich der Linieneröffnung im Jahre 1926 fertiggestellt. Die architektonische Gestaltung beider Stationen lag in den Händen Alfred Grenanders.

Der U-Bahnhof *Kurfürstenstraße*, der westlich der Kreuzung mit der Potsdamer Straße liegt, erfuhr eine rein zweckmäßige Ausbildung, wie sie für Grenanders letzte Schaffensperiode besonders kenn-

Abb. 343 Entwurf für die Hochbahnüberführung über die Dennewitzstraße, 1914, Arch. S. Kaiser

Abb. 342 Hochbahnhof Gleisdreieck, Eingangsportal
Arch. S. Kaiser

Abb. 345 U-Bahnhof Kurfürstenstraße, Innenansicht
Arch. A. Grenander

Abb. 344 U-Bahnhof Kurfürstenstraße, Eingang, 1926
Arch. A. Grenander

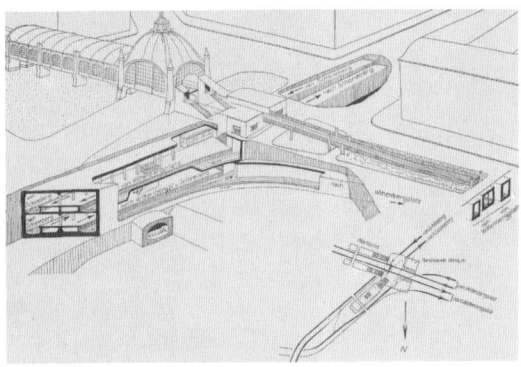

Abb. 346 U-Bahnhof Nollendorfplatz,
Perspektivischer Schnitt durch die Gesamtanlage

Abb. 347 U-Bahnhof Nollendorfplatz,
Gesamtansicht mit Vorhalle

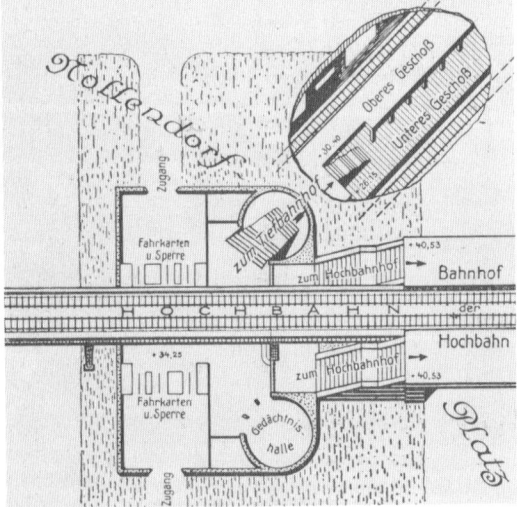

Abb. 349 U-Bahnhof Nollendorfplatz,
Grundriß der Vorhalle

zeichnend ist. Die drei schmalen, auf den Mittelstreifen der Kurfürstenstraße angeordneten Eingänge (Abb. 344), von denen einer östlich der Potsdamer Straße liegt und durch eine Unterführung mit dem U-Bahnhof verbunden ist[15], wurden mit schlichten Eisengittern und eisernen Portalen versehen, deren Typus noch klar auf die vor dem 1. Weltkrieg entstandenen Giebelportale Grenanders zurückging, jetzt allerdings auf jegliche dekorative Zutat verzichtete.[16]

Bei der Gestaltung des Bahnhofsinnern (Abb. 345) ging Grenander ebenfalls nach reinen Sachlichkeitsprinzipien vor, was auch hier zur Vereinfachung bereits bekannter Formen führte. So sind die eisernen Stützen jetzt nach oben hin leicht verjüngt und haben anstelle kapitellartig ausgebildeter Köpfe einfache flache Auflagerplatten als oberen Abschluß. Die Wände sind – wie zu diesem späten Zeitpunkt üblich – mit großformatigen grauen Fliesen verkleidet und die Stationsschilder in Rechteckform ausgebildet. Außerdem erhielten die größeren Bahnsteigaufbauten wie Diensträume und Kioske abgerundete Ecken und damit eine neue, durchaus gefällige Form.

Die Gestaltung des U-Bahnhofs *Nollendorfplatz* erwies sich insofern als schwierig, als hier ähnliche Verkehrsprobleme wie am Wittenbergplatz zu lösen waren, die Platzsituation jedoch einen so radikalen Umbau wie dort nicht gestattete. So mußte eine Vereinigung der drei geplanten Linien[17] in einem gemeinsamen Bahnhof – wie am Wittenbergplatz – von vornherein ausgeschlossen werden, da der bereits bestehende Hochbahnhof mit seiner imposanten, den Platz beherrschenden Kuppel nicht einfach abgerissen werden konnte.

Für einen unterirdischen Gemeinschaftsbahnhof kamen somit nur die Schöneberger U-Bahn sowie die am Wittenbergplatz einsetzende Verstärkungslinie in Frage. Zusammentreffen sollten die beiden Linien in der nördlichen Motzstraße.[18] Da diese jedoch für die Anlage einer gemeinsamen Bahnsteighalle viel zu eng war, entschied man sich hier erstmalig in Berlin für den Bau eines doppelstöckigen U-Bahnhofs (Abb. 346) mit zwei direkt übereinander angeordneten Bahnsteighallen.[19] Diese Lösung gilt als bautechnisch besonders schwierig und war in Berlin wegen des sandigen Untergrundes bislang immer vermieden worden.[20] Die Verbindung zwischen dem zweigeschossigen U-Bahnhof und dem im Winkel dazu liegenden Hochbahnhof sollte durch eine gemeinsame, dem Kuppelbau des Hochbahnhofs vorgelagerte Eingangshalle hergestellt werden.[21]

Wie schon beim U-Bahnhof Wittenbergplatz erwies sich die Anlage des zweigeschossigen U-Bahnhofs Nollendorfplatz zunächst als rein technisches Problem, mit dessen Lösung Johannes Bousset betraut wurde. Die künstlerische Ausgestaltung der beiden Bahnsteighallen sowie der Vorhalle lag indes in den Händen Alfred Grenanders.

Bei der Eingangshalle, die trotz stärkster Kriegszerstörungen, denen beispielsweise der gesamte Hochbahnhof Nollendorfplatz zum Opfer fiel, in ihrer ursprünglichen Form noch gut erhalten ist, handelt es sich um einen von außen schlicht gestalteten Flachbau (Abb. 347, 348), der in Verlängerung des Hochbahnhofs angeordnet ist und in der Mittelachse von den Hochbahngleisen durchschnitten wird (Abb. 349).

Man betritt die Halle von Norden und Süden her durch je ein breites Portal (Abb. 350), das von einem Medaillonfries mit figürlichen Darstellungen umrahmt ist und ursprünglich noch von zwei hohen Lichtsäulen flankiert wurde. Das Innere dieser Halle ist vollständig mit graubraunen Keramikplatten ausgekleidet und wird in Querrichtung durch eine Mauer unterteilt, in die die Fahrkartenausgaben und Sperrenanlagen eingebaut sind (Abb. 351).

In dem abgetrennten hinteren Teil befinden sich die Treppenanlagen zur Hoch- und Untergrundbahn. Sie stellen eine architektonisch besonders interessante Lösung dar. Während der Aufgang zur Hochbahn mit seinen beiden geraden, axial auf die Eingangshalle bezogenen Läufen formal sehr einfach gestaltet ist, wählte Grenander für den in der linken hinteren Gebäudeecke liegenden Treppenabgang zu den beiden U-Bahnhöfen eine höchst ungewöhnliche Form. Da diese Treppe wegen des spitzwinkligen Achsenanschnitts der Untergrundbahn eine leichte Kurve beschreibt, wurde der sie umschließende Raum zu einer kreisrunden, von einer flachen Glaskuppel überwölbten Halle ausgebaut, die an der rechten Seite in einem Rundbau gleichen Ausmaßes ihre Entsprechung findet (Abb. 352). Diese dient allerdings ganz anderen Zwecken. Es handelt sich hierbei um eine Ehrenhalle für die im 1. Weltkrieg gefallenen Bediensteten der Hochbahngesellschaft. Ihre Namen sind auf 18 Bronzetafeln an den Hallenwänden festgehalten, durch die der Raum einen feierlich-mausoleumhaften Charakter erhält.

Abb. 352 U-Bahnhof Nollendorfplatz, Innenansicht der Eingangshalle, 1926, Arch. A. Grenander

Abb. 348 U-Bahnhof Nollendorfplatz,
Fenstergitter der Eingangshalle,
Entwurf A. Grenander

Abb. 350 U-Bahnhof Nollendorfplatz, Eingangsportal, 1926
Arch. A. Grenander

Abb. 351 U-Bahnhof Nollendorfplatz, Fahrkartenausgabe,
1926, Arch. A. Grenander

Abb. 353 U-Bahnhof Nollendorfplatz, Obere Bahnsteighalle mit Treppenabgang zur unteren Bahnsteighalle, 1926, Arch. A. Grenander

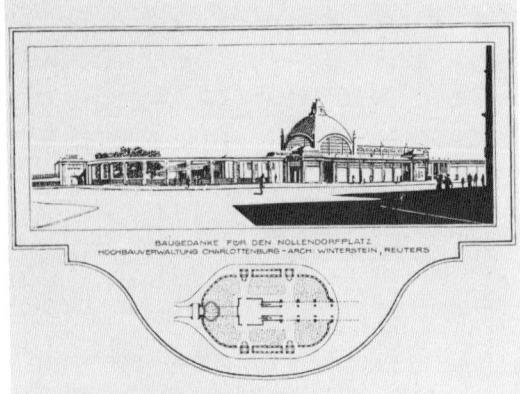

Abb. 355 Entwurf für die Neugestaltung des Nollendorfplatzes, ca. 1914 Arch. Winterstein u. Reuters

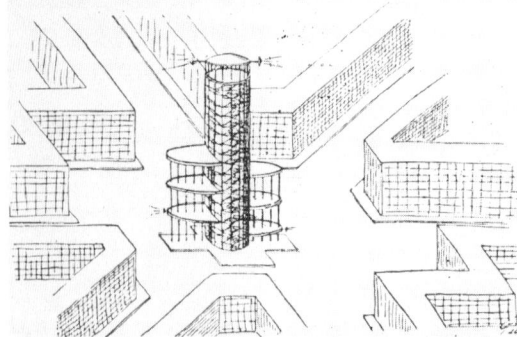

Abb. 356 Entwurf für Verkehrsturmterrassen am Hoch- und Untergrundbahnhof Nollendorfplatz, ca. 1930 Arch. Gellhorn u. Knauthe

Gemeinsame Eingangshalle
zum Hochbahnhof und Untergrunddoppelbahnhof Nollendorfplatz.

Abb. 354 Entwurf für eine gemeinsame Eingangshalle am Hochbahnhof Nollendorfplatz, ca. 1914, Arch. unbekannt

Erst im Zusammenhang mit dieser Gedenkhalle entstand auch das Konzept für das Rund des Treppenabgangs. In der ursprünglichen Planung war hier eine mehrfach abgeknickte Treppe vorgesehen.[22]

Im übrigen kam der U-Bahnhof Nollendorfplatz in der schon vor dem Kriege festgelegten Form zur Ausführung. Allerdings wurden bei der Ausbildung von Details gewisse, unter dem Einfluß neuer ästhetischer Forderungen stehende Änderungen vorgenommen. Eine so gestraffte Durchbildung, wie sie die beiden durch zwei Treppen miteinander verbundenen Bahnsteighallen schließlich erfuhren (Abb. 353), wäre 1914 noch nicht denkbar gewesen. Neben großzügigen, klaren Formen, wie sie beispielsweise in den kräftigen, mit Keramikplatten ummantelten Mittelstützen zum Ausdruck kommen, wird jetzt die Farbe – in diesem Falle ein intensives Gelb – zum neuen und beherrschenden Gestaltungsfaktor. Das Gelb der Stützen wiederholt sich in den Treppenwandungen, den Kiosken und Diensträumen sowie in den Stationsschildern und trägt dazu bei, den nüchternen Hallencharakter zu mildern. Überdies werden auf dem unteren Bahnsteig erstmals auf einem Berliner U-Bahnhof Lichtbänder verwendet. Sie tauchen die Halle in ein ruhiges, gleichmäßiges Licht.

Der Hoch- und Untergrundbahnhof Nollendorfplatz war bis zur Eröffnung des U-Bahnhofs Alexanderplatz im Jahre 1930 der größte Bahnhof des Berliner Hoch- und Untergrundbahnnetzes. Seine sich über viele Jahre hinziehende Bauentwicklung wurde mit ähnlichem Interesse verfolgt wie die des U-Bahnhofs Wittenbergplatz und gab ebenfalls Anlaß zu den verschiedensten Verbesserungsvorschlägen.

Hingewiesen sei zunächst auf den Entwurf für eine »Gemeinsame Eingangshalle zum Hochbahnhof und Untergrunddoppelbahnhof Nollendorfplatz« (Abb. 354), der sich im wesentlichen durch eine reichere Fassadengliederung von Grenanders Bau unterscheidet. Der Urheber dieses ca. 1914 zu datierenden Entwurfs ist unbekannt, von seiner ganzen Intention her – dem pfeilergeschmückten, plastisch stark hervorgehobenen und den Bau überragenden Portal, der galerieartigen Reihung der Fenster sowie den kleinen runden Turmaufsätzen, die zu den Hochbahnaufgängen überleiten – steht der Entwurf jedoch der Architektur der Schöneberger U-Bahn nahe.

Bemerkenswert sind auch die verschiedenen Versuche, den Nollendorfplatz – ähnlich wie den Wittenbergplatz – in seiner Gesamtstruktur zu verändern.[23] So knüpft der 1922 von Wittig veröffentlichte, sicher auch schon um 1914 entstandene »Baugedanke für den Nollendorfplatz« (Abb. 355)[24] von den Charlottenburger Architekten Winterstein und Reuters mit seiner weiträumigen pergolaartigen Umbauung unmittelbar an Grenanders Entwürfe für den Wittenbergplatz von 1909 an.[25] In die gleiche Richtung weist ein 1923 von der Gemeinde Schöneberg vorgelegter Plan, der die Raumwirkung des Nollendorfplatzes mit Hilfe einer ringförmig überdeckten Säulenhalle mit Läden zu verbessern suchte.[26]

In direktem Zusammenhang mit Änderungsplänen für den Wittenbergplatz bzw. mit einer völligen Neugestaltung der Tauentzien-, Kleist- und Bülowstraße stand auch der bereits erwähnte, 1931 veröffentlichte Entwurf für eine »Avenue des Westens« von Gellhorn und Knauthe, der für den Nollendorfplatz anstelle der derzeitigen Hoch- und Untergrundbahnbauten sogenannte »Verkehrsturmterrassen« (Abb. 356) vorsah.[27]

6.2 Die Verlängerung der Dahlemer Bahn bis nach Zehlendorf

Vorgeschichte und Linienführung

Abb. 357 U-Bahnhof Oskar-Helene-Heim, Empfangsgebäude, 1929, Arch. Fr. Hennings

Die Verlängerung der Wilmersdorf-Dahlem Bahn erfolgte erst in den zwanziger Jahren. Sie wäre – ganz im Gegensatz zur Verstärkungslinie zum Gleisdreieck – früher auch kaum sinnvoll gewesen, hatte sich doch die Dahlemer Strecke zwischen Breitenbachplatz und Thielplatz als reines Zuschußunternehmen erwiesen. Die finanzielle Belastung durch diese Strecke war so hoch, daß die Stadt Berlin sich nach dem Zusammenschluß der Gemeinde Groß-Berlin im Jahre 1920 weigerte, die dem Fiskus gehörende Dahlemer Bahn zu übernehmen.[28] Noch 1926, als der größte Teil des Aktienkapitals der Hoch- und Untergrundbahn an die Stadt überging, blieb die Dahlemer Bahn weiterhin im Besitz des Fiskus. Erst im Januar 1928 sollte sich diese Situation grundlegend ändern.

Der Fiskus, der inzwischen einen Großteil seines Geländes im unmittelbaren Einflußgebiet der Bahn verkauft hatte und damit den Hauptzweck dieser Bahn erfüllt sah, erklärte sich nunmehr bereit, die Dahlemer Bahn lasten- und schuldenfrei an die Stadt Berlin abzugeben und der Hochbahngesellschaft »für die Übernahme der gesamten Betriebsfehlbeträge vom Jahre 1928 ab eine Pauschalabfindung von 1 000 000 RM« zu zahlen.[29] Außerdem verpflichtete er sich, das für den Bau einer Verlängerungsstrecke benötigte, innerhalb des fiskalischen Grundbesitzes liegende Gelände kostenlos abzugeben sowie für den Bau dieser Strecke einen Kostenbeitrag von 850 000 Mark zu leisten. Damit hatten sich die Voraussetzungen für den Bau einer Verlängerungslinie, die entweder nach Zehlendorf-Mitte oder nach Zehlendorf-West geführt werden sollte, sehr verbessert.

Abb. 358 U-Bahnhof Oskar-Helene-Heim, Innenansicht des Empfangsgebäudes, 1929 Arch. Fr. Hennings

Die Entscheidung zugunsten einer dieser beiden Lösungen wurde maßgeblich durch den Sommerfeld-Konzern[30] beeinflußt. Er besaß auf Zehlendorfer Gebiet in unmittelbarer Nachbarschaft zur Domäne umfangreiches Gelände, das seit 1926 durch Siedlungen der Gehag[31] und der Gagfah[32] erschlossen wurde. Die Tatsache, daß hier ein neues Wohngebiet für rund 35 000 Menschen im Entstehen war, gab letztlich den Ausschlag für den Ausbau der Strecke in Richtung Zehlendorf-West.[33]

Für diese Trassierung sprach auch die günstige Lage zum S-Bahnhof Zehlendorf-West, heute Lindenthaler Allee, sowie die Nähe der Grunewaldseen, die durch die Verlängerungslinie für den Ausflugsverkehr erschlossen werden konnten.

Wie sehr dem Sommerfeld-Konzern am Bau der Verlängerungslinie gelegen war, läßt sich am besten aus seinem großzügigen Angebot an die Hochbahngesellschaft ersehen. Der Konzern verpflichtete sich nicht nur zur kosten- und lastenfreien Abgabe des für die U-Bahnverlängerung benötigten Geländes an die Stadt Berlin[34], sondern war zudem bereit, die Rohbauarbeiten auf der gesamten Verlängerungsstrecke ab Thielplatz sowie die »schlüsselfertige Herstellung« des Bahnhofsgebäudes an der Alsenstraße – gemeint ist damit der U-Bahnhof Krumme Lanke – auf seine Kosten auszuführen.[35]

Die Gesamtlänge der Verlängerungsstrecke vom Bahnhof Thielplatz bis zum Bahnhof Krumme Lanke beträgt 3,3 km. Die ersten 1,3 km dieser Strecke liegen auf einem damals noch völlig unbebauten Gebiet der Domäne Dahlem.[36] Die anschließende Zehlendorfer Strecke liegt fast ausschließlich auf dem Gelände, das der Sommerfeld-Konzern für den U-Bahnbau zur Verfügung gestellt hatte – mit Ausnahme eines 150 m breiten Streifens, der der Stadt Berlin gehörte und zu einem Park umgestaltet werden sollte.

Nach dem Vorbild der Dahlemer Bahn wurde die gesamte Verlängerungslinie als Einschnittbahn angelegt. Die Strecke umfaßt insgesamt drei Bahnhöfe. Während die erste Station, der Bahnhof Oskar-Helene-Heim, noch auf Dahlemer Gebiet liegt, gehören die beiden Bahnhöfe Onkel Toms Hütte und

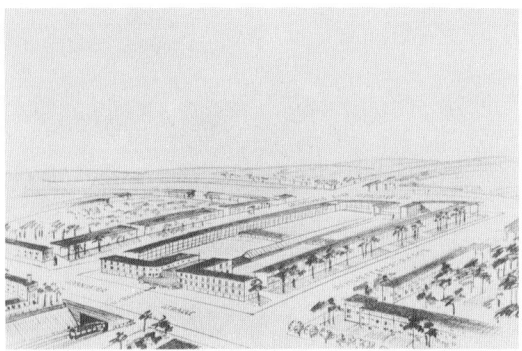

Abb. 359 Entwurf für den U-Bahnhof Onkel Toms Hütte mit Umbauung

Abb. 360 U-Bahnhof Onkel Toms Hütte, Bahnsteighalle, 1929, Arch. A. Grenander

Abb. 361 U-Bahnhof Onkel Toms Hütte, Osteingang, Zustand 1977, Arch. A. Grenander

Krumme Lanke zu Zehlendorf. Der Bahnhof Krumme Lanke bildet noch heute den Endpunkt dieser vom Wittenbergplatz ausgehenden westlichen Anschlußlinie, da die ursprünglich ins Auge gefaßte Verlängerung bis nach Zehlendorf-West bzw. bis nach Düppel – mit Anschluß an die Berlin–Potsdamer Bahn – nicht realisiert wurde.

Im April 1929 wurde mit dem Bau der Verlängerungsstrecke Thielplatz – Krumme Lanke begonnen. Nach nur knapp neunmonatiger Bauzeit konnte sie bereits am 22. Dezember 1929 eröffnet werden. Die landespolizeiliche Genehmigung war erst wenige Wochen vorher, am 19. November 1929, erteilt worden.[37]

Die architektonische Gestaltung der Bahnhöfe

Die architektonische Gestaltung der drei Bahnhöfe lag – wie schon bei der Dahlemer Bahn – in den Händen verschiedener Architekten. So lieferte Friedrich Hennings, der bereits zusammen mit seinem Bruder den Bahnhof Dahlem-Dorf geschaffen hatte, den Entwurf für den Bahnhof Oskar-Helene-Heim. Die Entwürfe für die Bahnhöfe Onkel Toms Hütte und Krumme Lanke stammten indes von Alfred Grenander, der zu diesem Zeitpunkt nahezu alle architektonischen Arbeiten für die Berliner Hoch- und Untergrundbahn ausführte.

Der U-Bahnhof *Oskar-Helene-Heim* (Abb. 357), ein breit gelagerter Bau aus rotem Klinker mit hohem Giebeldach und Holzverblendungen im oberen Teil der Giebelwand, kann seine Abhängigkeit vom Bahnhof Dahlem-Dorf kaum verleugnen. Die Fachwerk- bzw. Strohdachromantik dieses Baus ist jetzt allerdings einer mehr sachlichen Auffassung gewichen, wie sie etwa bei Heinrich Straumers im modernen Landhausstil erbauten Bahnhof Thielplatz schon ein gutes Jahrzehnt früher zu finden war. Hatte Straumer die Fensteröffnungen mit schlichten weißen Holzrahmungen versehen, die sich wirkungsvoll vom Rot des Mauerwerks abheben, so faßte Hennings jetzt alle Fenster- und Türöffnungen mit kräftig profilierten, breiten Umrahmungen aus Muschelkalk ein, die dem Gebäude mehr Gewichtigkeit verleihen sollten.

Um so sachlicher wirkt dagegen die karge Ausstattung des hohen Innenraumes (Abb. 358), der sich an den Seiten zu zwei niedrigen Warteräumen öffnet.[38] Seine Wände sind zu zwei Dritteln mit »helloliv-grünen Siegersdorfer Keramik-Riemchen«[39] verkleidet. Die obere Wandzone, die durch ein umlaufendes Profilband abgesetzt ist und an der Giebelseite von einem langen Fensterband durchbrochen wird, sowie die Decke sind weiß verputzt.

Die Anordnung des Treppenabgangs[40] zum Bahnsteig entspricht der der anderen Dahlemer Bahnhöfe, ebenso wie die nüchterne Ausgestaltung des Bahnsteigs mit einem einstieligen Kragdach.

Insgesamt läßt jedoch auch dieser Bahnhof, der einseitig von der Clayallee, früher Kronprinzen-Allee, her zugänglich und heute noch genauso von Bäumen umstellt ist wie zur Zeit seiner Eröffnung, aufgrund seines landhausmäßigen Charakters recht wenig von seiner eigentlichen Funktion erkennen.

Der zwischen Riemeister- und Onkel-Tom-Straße, früher Spandauer Straße, angeordnete U-Bahnhof *Onkel Toms Hütte,* dessen architektonische Gestaltung auf Alfred Grenander zurückgeht, nimmt schon allein wegen seiner Lage innerhalb eines größeren Baublocks eine klare Sonderstellung ein (Abb. 359). Ungewöhnlich an diesem Bahnhof ist außerdem die Anordnung von zwei Ladenstraßen rechts und links der Bahnsteighalle, die den Baublock in Längsrichtung durchschneidet und den Kern der gesamten Anlage bildet. Auf diese Weise entstand ein in sich geschlossener Wohn- und Geschäftsbereich, der in genialer Weise von innen her durch die U-Bahn erschlossen wird und damit eine völlig neue Bahnhofsform darstellt.[41]

Die Bahnsteighalle wird von einer auf drei Stützenreihen ruhenden Dachkonstruktion überdeckt, in die ein satteldachartiges Oberlicht eingelassen ist (Abb. 360). Denn von den beiden seitlich angrenzenden, ebenfalls überdachten Ladenstraßen her war kein allzu starker Lichteinfall zu erwarten.

Die Ladenstraßen, die in Bahnsteighöhe angeordnet und von den Gleisen nur durch Drahtgitter abgetrennt sind, steigen an den Enden, d. h. zur Riemeister- und Onkel-Tom-Straße hin, rampenförmig an. Zwischen den Rampenenden eingebettet liegen in Verlängerung des Bahnsteigs die beiden Bahnhofszugänge.[42] Sie sind architektonisch geschickt zwischen die Fassaden der angrenzenden Wohnhäuser

Abb. 363 U-Bahnhof Krumme Lanke, Empfangsgebäude, 1919, Arch. A. Grenander

Abb. 362 U-Bahnhof Onkel Toms Hütte, Eingangshalle mit Sperrenanlage und Fresko, 1929

Abb. 364 U-Bahnhof Krumme Lanke, Empfangsgebäude, 1929, Arch. A. Grenander

Abb. 365 London, Chiswick Park Station, 1933 Arch. Ch. Holden

gesetzt, mit deren Flachbauweise sie in ihrer strengen Horizontal-Vertikal-Gliederung vorzüglich harmonisieren.

Nach Fertigstellung des von Otto Rudolf Salvisberg[43] stammenden Baublocks, mit dem 1931 der Bau der architektonisch höchst bedeutungsvollen Waldsiedlung »Onkel Toms Hütte« ihren Abschluß fand[44], wurden die ursprünglich in axialer Verlängerung zum Bahnsteig gelegenen Eingänge zu den seitlichen Rampen hin verschoben, da die zum Sommerfeld-Konzern gehörende Ahag laut Vertrag mit der BVG in die Eingangsfront an der Riemeisterstraße ein Bankgebäude einbauen durfte.[45]

Dieser zwischen die klinkerverkleideten Pfeiler der Eingangsfront gesetzte, sich über zwei Stockwerke erstreckende Einbau (Abb. 361) gibt – wie auch die kleinen Läden am gegenüberliegenden Eingang – dem Passanten einen Hinweis auf die hinter der Fassade verborgenen Ladenzeilen.

Das Innere der mit gelben Siegersdorfer Keramik-Riemchen verkleideten Vorhallen weist keinerlei Besonderheiten auf – sieht man von einem heute nicht mehr vorhandenen Fresko[46] über dem Treppenabgang (Abb. 362) ab.

Bei der Entwurfsarbeit für den U-Bahnhof *Krumme Lanke*, dem vorläufigen Endbahnhof der ursprünglich bis nach Zehlendorf-West geplanten Strecke, war Grenander sehr viel ungebundener als beim Bahnhof Onkel Toms Hütte. Denn dieser liegt ähnlich wie die Station Oskar-Helene-Heim völlig frei in einer heute noch wenig bebauten Gegend an der Kreuzung Argentinische Allee/Fischerhüttenweg, früher Grunewald-Allee/Alsenstraße. Die Bahnhofsanlage entspricht mit ihrem oberirdischen Empfangsgebäude und dem im Einschnitt liegenden überdachten Bahnsteig dem üblichen Konzept der Einschnittstrecke.

Das Empfangsgebäude liegt am Westende des Bahnsteigs. Es handelt sich um einen kleinen, pavillonartigen Flachbau (Abb. 363, 364), dessen architektonisch besonders hervorstechender halbrunder Kopfteil gleichsam den Abschluß bzw. den Beginn dieser Bahnlinie darstellt.

Zum wesentlichen Gestaltungselement der gerundeten Fassade werden die neun, durch schmale Pfeiler voneinander getrennten Glastüren, die unter einem gemeinsamen, weit vorkragenden Glasdach zusammengefaßt sind. Auf diese Türen, deren halbkreisförmige Anordnung durch nachträgliche Schaltervorbauten viel von ihrer ursprünglichen Wirkung verloren hat, konzentriert sich die Bewegung der herbeiströmenden Fahrgäste, bevor sie die Empfangshalle betreten (Abb. 366).

Das Dach der Eingangshalle ist gegenüber den seitlichen und hinten anschließenden Verkaufs- und Betriebsräumen überhöht und verfügt über zusätzliche Oberlichter, die den Innenraum in helles Tageslicht tauchen (Abb. 367). Die übrige Ausstattung des Innenraumes mit olivgrünen Siegersdorfer Keramik-Riemchen als Wandverkleidung sowie mit Fahrkartenschaltern und Sperren, die den Raum in der Mitte unterteilen, entspricht in ihrer Schlichtheit dem Charakter des Außenbaus.

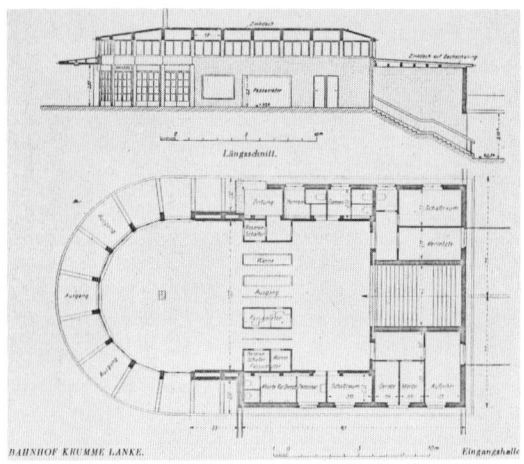

Abb. 366 U-Bahnhof Krumme Lanke, Empfangsgebäude, Grundriß

Abb. 367 U-Bahnhof Krumme Lanke, Innenansicht der Eingangshalle, 1929, Arch. A. Grenander

Eine so klare und eindeutige Bahnhofskonzeption, die im Gegensatz zu den Dahlemer Bahnhöfen keinerlei Zweifel an der Funktion des Gebäudes aufkommen läßt, stellt einen absoluten Kulminationspunkt in der Geschichte der Bahnhofsarchitektur dar.

Nikolaus Pevsner hat die Bedeutung Grenanders sicher nicht zu hoch eingeschätzt, wenn er in Hinblick auf seine späten Bauten, unter denen der Bahnhof Krumme Lanke eine überragende Stellung einnimmt, von der »modernsten Verkehrsarchitektur des damaligen Europas« spricht.[47]

In der Tat ging der Einfluß dieser letzten Bahnhofsbauten Grenanders weit über die Grenzen Deutschlands hinaus. Sie dienten vor allem als Vorbild für die von Charles Holden in den dreißiger Jahren geschaffenen Bauten der Londoner Untergrundbahn. Bahnhöfe wie die Station Chiswick Park (Abb. 365)[48] von den Architekten Adams, Holden & Pearson (eröffnet 1933) oder Arnos Grove[49] von Holden (eröffnet 1932), die mit ihren hohen zylindrischen Baukörpern gegenüber dem kleinen Empfangsgebäude am Bahnhof Krumme Lanke allerdings sehr viel mächtiger wirken, sind ohne die Kenntnis der Berliner Bauten kaum denkbar.

Wie sehr sich Grenander inzwischen mit der Ausführung reiner Ingenieuraufgaben vertraut gemacht hatte, beweist überdies die Tatsache, daß ihm neben der Bahnhofsgestaltung auch der Entwurf für den mit der Station Krumme Lanke verbundenen Komplex eines Umformerwerks[50] und Wagenschuppens sowie eines dazugehörigen Wohnhauses mit Dienstwohnungen für Betriebsangestellte übertragen wurde. Darauf soll jedoch hier nicht weiter eingegangen werden.

6.3 Die Verlängerung der Charlottenburger Bahn

Hatte es sich bei der 1913 eröffneten Erweiterungslinie nach Westend um eine reine Erschließungsbahn für ein schwach besiedeltes Gebiet gehandelt, so entsprach die Verlängerung der Linie in Richtung Spandau, d. h. vor allem der Anschluß an das Spandauer Industriegebiet[51], einem echten Verkehrsbedürfnis.

Die Bemühungen Spandaus um einen Anschluß an das Berliner Schnellbahnnetz lassen sich bis in das Jahr 1905 zurückverfolgen[52], waren aber immer wieder an der mit hohen Kosten und technischen Schwierigkeiten verbundenen Überbrückung der Havel und des Geländes der Lehrter und Hamburger Eisenbahn gescheitert.

Mit der 1913 erfolgten Verlängerung der S-Bahn von Pichelsberg nach Spandau verlor die Erweiterung des Schnellbahnnetzes vorerst ihre Dringlichkeit.[53] Man beschränkte sich deshalb zunächst auf den Ausbau der Bedarfsstrecke zwischen Reichskanzlerplatz und Stadion, zu dem sich die Hochbahngesellschaft 1914 verpflichtet hatte.[54] Vorgesehen war hier ein Zwischenbahnhof, mit dem der stoßweise Verkehr während der sportlichen Veranstaltungen aufgefangen und die inzwischen fertiggestellte Siedlung Neu-Westend verkehrsmäßig erschlossen werden sollte. Der neue Bahnhof, der den Namen der Siedlung »Neu-Westend«[55] erhielt, wurde zwischen dem Reichskanzlerplatz und der Station Stadion am heutigen Steubenplatz[56] angeordnet. Seine Eröffnung fand am 22. Mai 1922 statt.

Es handelt sich um eine einfache Zwischenstation, deren auffallend sparsame, auf Grenander zurückgehende Innenausstattung die wirtschaftliche Notlage der Jahre nach dem 1. Weltkrieg widerspiegelt (Abb. 368). Erstmalig wurde hier auf die übliche Fliesenverkleidung der Wände verzichtet und statt dessen einfacher hellgrüner Putz aufgebracht. Die eisernen Mittelstützen erhielten ebenfalls eine schlichte Ausbildung, die sich ganz auf die Verwendung dekorativ angeordneter Nietbilder beschränkte. Da der Bahnhof wegen des leicht ansteigenden Geländes verhältnismäßig tief liegt[57], wurde der am Steubenplatz angeordnete östliche sowie später auch der westliche Treppenabgang mit einem Zwischenpodest versehen. Dieses weitet sich zu einer kleinen Halle aus, in der die Fahrkartenausgabe und die Sperren untergebracht sind. Die relativ großen Ausmaße des mit Kacheln ausgekleideten Raumes machte hier außerdem die Anordnung einer Stützenreihe erforderlich.

In einer gewissen Diskrepanz zur Innenausstattung steht der Eingang mit seinem hohen, ursprünglich laternengeschmückten Steinportal sowie der steinernen, von schmiedeeisernen Gittern durchbrochenen Umwehrung (Abb. 369). Hier verwendete Grenander eine Formensprache, die noch klar auf

Abb. 368 U-Bahnhof Neu-Westend, Innenansicht
Arch. A. Grenander

Abb. 369 U-Bahnhof Neu-Westend, Osteingang
Arch. A. Grenander

Abb. 370 U-Bahnhof Neu-Westend, Westeingang

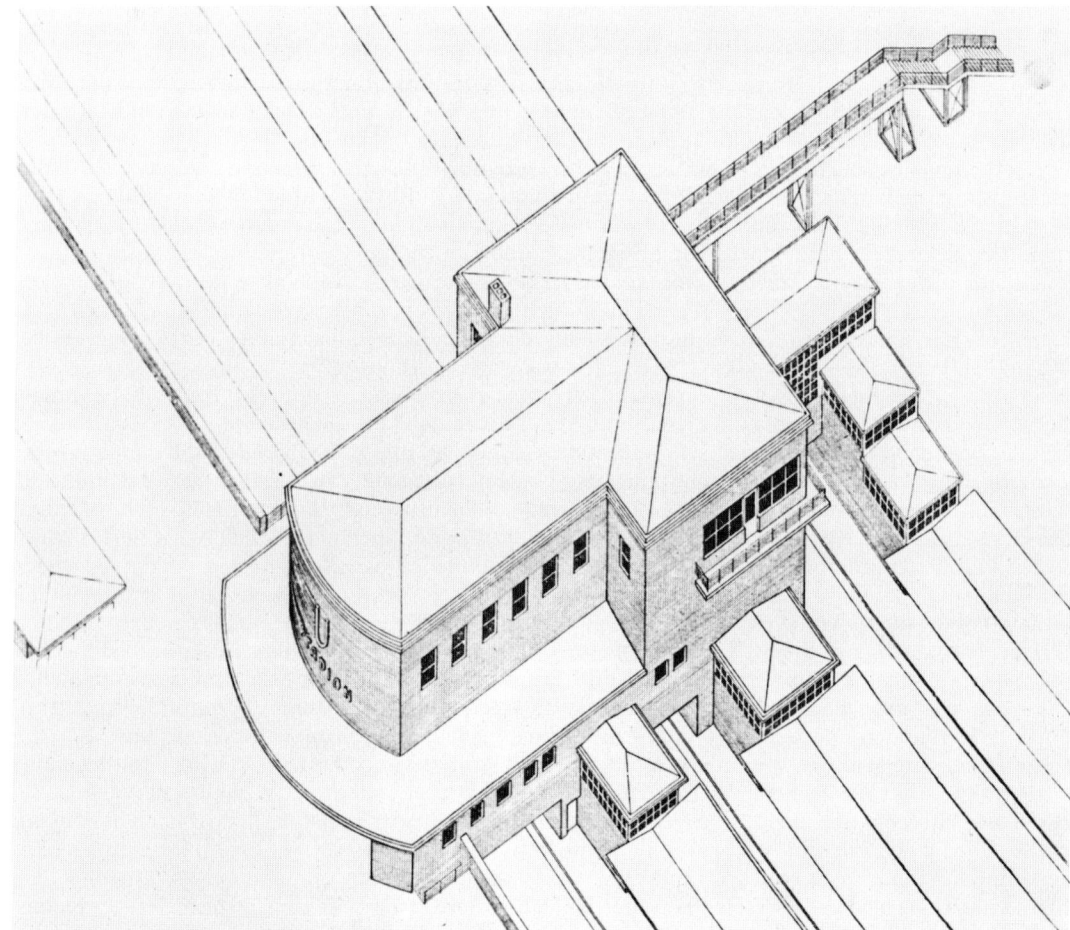

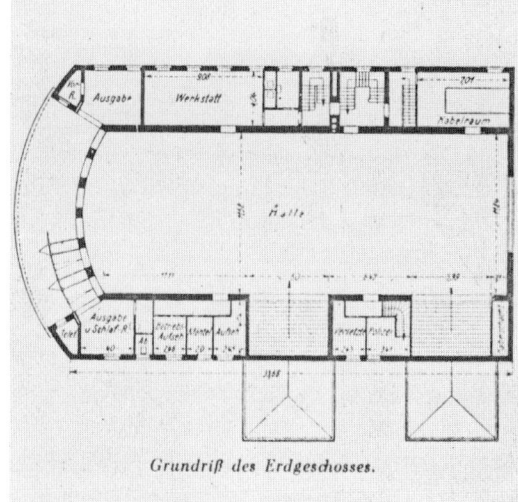

Abb. 371 U-Bahnhof Stadion, Empfangsgebäude, 1929
Arch. A. Grenander

Abb. 373 U-Bahnhof Stadion, Grundriß

Abb. 372 U-Bahnhof Stadion, Empfangsgebäude
Arch. A. Grenander

Abb. 374 London, St. John's Wood Station, 1939
Arch. S. A. Heaps

Abb. 375 U-Bahnhof Stadion, Rückansicht mit Bahnsteigen

die repräsentationsfreudige Zeit vor dem 1. Weltkrieg zurückgeht und nur im Zusammenhang mit dem vornehmen Charakter der Umgebung verständlich wird.

Der zweite Zugang (Abb. 370) wurde 1936 anläßlich der Olympiade an der Westseite des Bahnhofs in der Olympischen Straße angelegt. Sein mächtiges Portal sowie die massive Umwehrung sind von einer auffälligen, die Kunstauffassung des 3. Reiches kennzeichnenden Monumentalität.

Mit der Eröffnung des U-Bahnhofs Neu-Westend erfolgte auch die Aufnahme des regelmäßigen Betriebs bis zum Bahnhof Stadion. Da das provisorische Bahnhofsgebäude aus dem Jahre 1913 dem zunehmenden Verkehrsansturm nicht mehr gewachsen war, entschloß man sich jetzt zu dem schon lange geplanten Neubau, der mit einer gleichzeitigen Verlängerung der Linie bis nach Ruhleben gekoppelt sein sollte.

Verschiedene Überlegungen waren ausschlaggebend für diese Verlängerung gewesen, die seit dem Zusammenschluß Groß-Berlins zu einer Einheitsgemeinde im Jahre 1920 keineswegs nur im Interesse Spandaus lag: Einmal bestanden an der Charlottenburger Chaussee gute Anschlußmöglichkeiten an die Straßenbahn nach Spandau, zum anderen konnte auf diese Weise die gerade im Entstehen begriffene, südlich der Charlottenburger Chaussee gelegene Siedlung »Ruhleben«[58] in den Verkehrsbereich der Schnellbahn einbezogen werden.

Die Genehmigung für den Bau der 1 km langen Strecke vom Bahnhof Stadion bis zum neuen Endbahnhof Ruhleben wurde am 16. August 1928 erteilt.[59] Die gesamte Strecke wurde als Dammbahn angelegt. Die Höhe des Dammes mußte nach Protesten der Anwohner im östlichen, nahe der Bahntrasse gelegenen Siedlungsbereich[60] entgegen der eigentlichen Planung so weit herabgesenkt werden, daß hier statt Straßen- nur noch Fußgängerunterführungen möglich waren.

Die Eröffnung der neuen Strecke erfolgte am 22. Dezember 1929 zusammen mit der Strecke Thielplatz – Krumme Lanke. Die beiden Bahnhöfe Stadion und Ruhleben wurden wie die beiden letzten Stationen der Linie zur Krummen Lanke von Alfred Grenander nach den modernsten Gesichtspunkten unter besonderer Berücksichtigung ihrer Lage und Funktion als Vorortbahnhöfe gestaltet.

Wie schon die provisorische Haltestelle wurde auch der endgültige U-Bahnhof *Stadion*[61], eine großzügige Anlage mit zwei Bahnsteigen und einem mehrgeschossigen, klinkerverkleideten Empfangsgebäude, oberirdisch angelegt. Die Höhe dieses Baus, der quer zu den Gleisen liegt und von Westen her zugänglich ist, ergibt sich aus seiner mehrfachen Zweckbestimmung.

Über einer geräumigen Eingangshalle erhebt sich ein etwas zurückgesetzter, im Grundriß T-förmiger hoher Oberbau (Abb. 371), der die Signal- und Stellwerkanlagen für die gesamte Strecke einschließlich des benachbarten Betriebsbahnhofs aufnimmt. Eingangshalle und Oberbau haben nach Westen zur Eingangsseite hin einen leicht gerundeten Abschluß (Abb. 372, 373) und weisen damit eine gewisse Ähnlichkeit mit dem Bahnhof Krumme Lanke auf. Auffallend ist die völlige Geschlossenheit des Oberbaus an der Westseite. Gegenüber der Transparenz der Eingangshalle, deren sechs im Bogen nebeneinander angeordnete Flügeltüren zum Betreten einladen, wirkt die hoch aufragende Fassade des Oberbaus kühl und abweisend – ja fast etwas bedrohlich. Von ähnlich wehrhafter Strenge ist der U-Bahnhof St. John's Wood (Abb. 374) in London mit seinem runden Mittelbau.[62]

Die beiden rechtwinklig zum Empfangsgebäude in einer leichten Biegung liegenden Bahnsteige (Abb. 375) sind von der südlichen Längsseite der Eingangshalle aus über zwei Treppen zu erreichen.[63] Die beiden Bahnsteigdächer sind entgegen dem Entwurf durch ein satteldachartiges Oberlicht miteinander verbunden und schließen damit die Bahnsteige zu einem Komplex zusammen.

Gleichzeitig mit dem Bau des Bahnhofs erfolgte eine grundlegende Erschließung des umliegenden Waldgebietes durch neue Straßen. Fast parallel zur Bahntrasse entstand die Heilsberg-Allee, heute Rominter Allee, die sich in Höhe des Bahnhofs zum Rossitter Platz öffnet. Es handelt sich hierbei um eine direkt auf den Bahnhof bezogene Anlage, die in ihrer Konzeption so auf das Empfangsgebäude abgestimmt ist, daß sie mit diesem zusammen eine architektonische Einheit bildet. Entscheidend hierzu tragen die beiden Fahrkartenhäuschen bei, die symmetrisch zum Eingang inmitten des Platzes angeordnet sind (Abb. 376). Diese Häuschen, die nur im Bedarfsfalle benutzt werden, sollen den Fahrgaststrom direkt auf die Eingangshalle hinführen und damit zwischen Platz und Empfangsgebäude vermitteln. Erstmalig gingen hier die Gestaltung von Bahnhof und Platz so Hand in Hand, daß man von einem echten Bahnhofsvorplatz sprechen kann.[64]

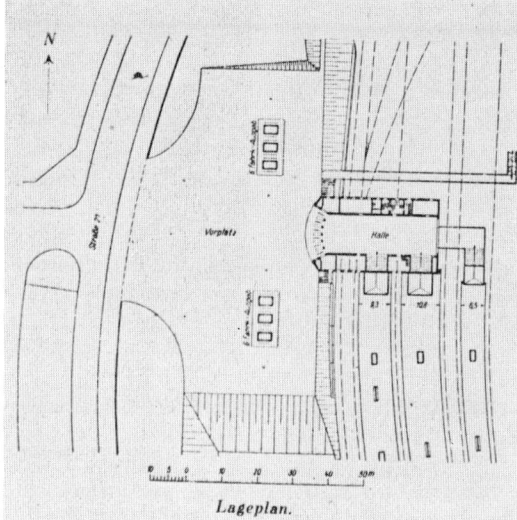

Abb. 376 U-Bahnhof Stadion, Lageplan

Abb. 377 U-Bahnhof Ruhleben, Entwurfszeichnung, 1929, Arch. A. Grenander

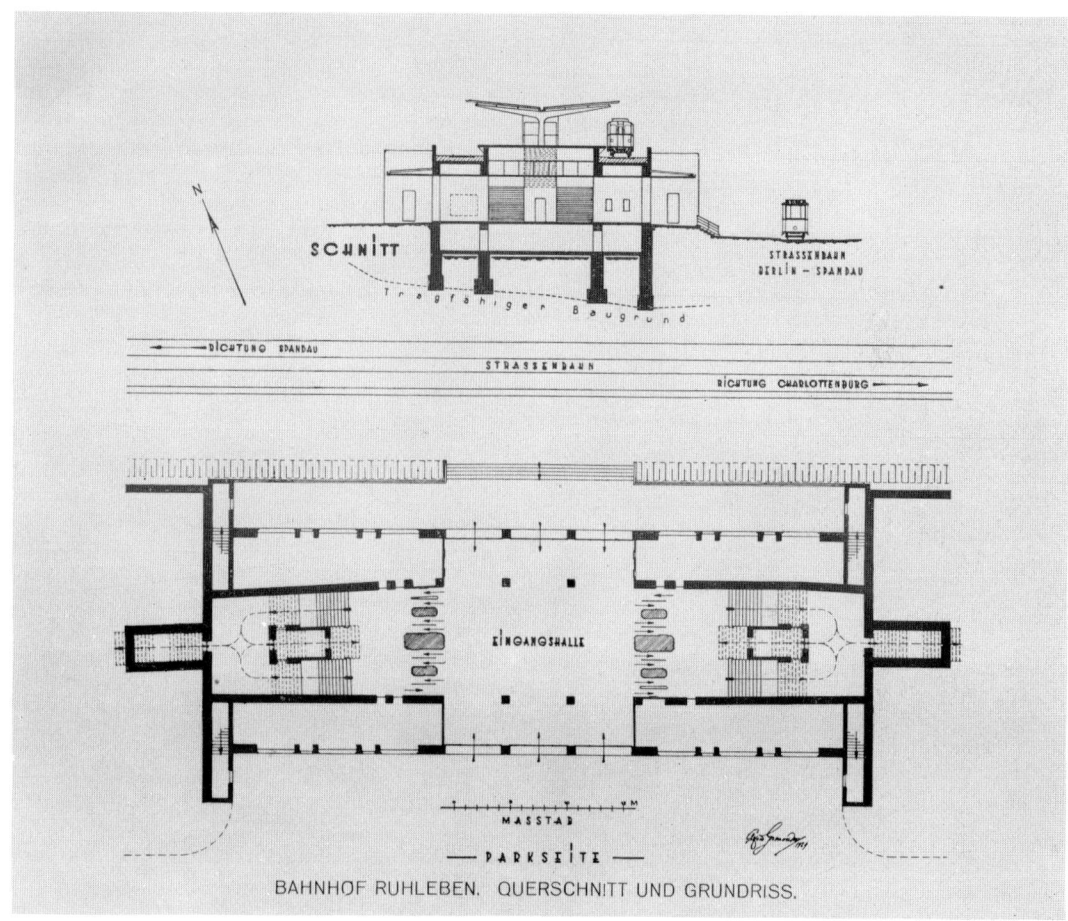

Abb. 379 U-Bahnhof Ruhleben, Grundriß und Querschnitt

Abb. 378 U-Bahnhof Ruhleben, 1929
Arch. A. Grenander

Abb. 380 U-Bahnhof Ruhleben, Eingangshalle, 1929
Arch. A. Grenander

Abb. 381 U-Bahnhof Ruhleben, Bahnsteig, 1929

Hinter dem Bahnhof Stadion, in Höhe des Betriebsbahnhofs Grunewald, steigt die Bahntrasse an und wird bis zum Endbahnhof Ruhleben als Dammstrecke weitergeführt. Die für die Berliner Hoch- und Untergrundbahn völlig neue, von der Stadtbahn übernommene Dammform mußte sich zwangsläufig auch auf die Gestaltung des U-Bahnhofs *Ruhleben* auswirken. Denn der hochgelegene Bahnkörper forderte eine andere Bahnhofsform als die bislang übliche.

Nach dem Vorbild der S-Bahn ordnete Grenander den U-Bahnhof Ruhleben in direkter Verlängerung des Bahndamms an, d. h., er baute das Bahnhofsgebäude so in den Damm ein, daß die Gleis- und Bahnsteiganlagen brückenartig über ihn hinweggeführt werden konnten (Abb. 377, 378). Damit war auch die Höhe des Bahnhofsgebäudes, eines wegen des starken Umsteigeverkehrs nach Spandau großzügig angelegten, ungewöhnlich langgestreckten Eisenbetonbaus mit streng gegliederten, klinkerverkleideten Fassaden an beiden Längsseiten, von vornherein festgelegt. Seitlich wird der Bau von weit vorgezogenen massiven Mauern[65] begrenzt, die durch ein Vordach miteinander verbunden sind und die Fassaden wie zurückgesetzt erscheinen lassen.

In der Gebäudemitte befindet sich die Eingangshalle (Abb. 379), ein auffallend großer, fast quadratischer Raum, an den sich rechts und links kleine Ladenzeilen anschließen. Die Halle ist von beiden Seiten des Bahndamms her durch je drei große Glastüren zugänglich[66], die die volle Hallenbreite einnehmen.

Hatte Grenander schon bei der Durchbildung der Fassaden, die nur durch die eisenumrahmten Fenster und Türeinschnitte belebt werden, größten Wert auf Sachlichkeit gelegt, so wirkt das Innere der Halle geradezu nüchtern (Abb. 380). Denn abgesehen von der Verkleidung der Wände und der vier in den Raum gestellten Stützpfeiler mit kleinen weißen Keramikplatten fehlt dieser Halle jeder weitere Schmuck. Um die Durchsichtigkeit des kargen, auf Neutralität bedachten Raumes zu wahren, wurden die Sperren und Fahrkartenschalter in die breiten Wanddurchbrüche eingelassen, hinter denen die doppelläufigen Treppenaufgänge zum Bahnsteig liegen.

Der Bahnsteig, der mit 11,30 m die übliche Breite übertrifft, ist mit einem einfachen, flach geneigten Holzdach überdeckt. Es wird von einer einstieligen bzw. im Mittelteil von einer zweistieligen Stahlrahmenkonstruktion (Abb. 381) getragen. Durch zwei kleine, für Betriebszwecke vorgesehene Querbauten an den Enden und zwei blockartig zwischen den paarig angeordneten Treppenläufen eingeschobene Einbauten, die wie die Treppeneinfassungen mit weißen Keramikplatten verkleidet sind, bekommt der Bahnsteig seine Geschlossenheit.

Der Bahnhof Ruhleben zählt zweifellos zu den bedeutendsten Bauten Grenanders. Noch nie vorher hatte Grenander, der schon früh den Ruf des »am stärksten modern empfindenden Künstlers Berlins«[67] besaß, seine künstlerischen Fähigkeiten, sein fortschrittliches Denken und sein Empfinden für sachliche und funktionale Gestaltung so klar unter Beweis stellen können wie gerade hier. Die besondere Wirkung dieses Gebäudes liegt in seiner straffen Form, seiner absoluten Nüchternheit – hervorgerufen durch ein Gefüge scharfkantiger, hart aneinanderstoßender Kuben, die in ihrer Geschlossenheit und Einheitlichkeit durch kein überflüssiges Detail gestört werden.

7 Die nord-südlich verlaufenden Linien

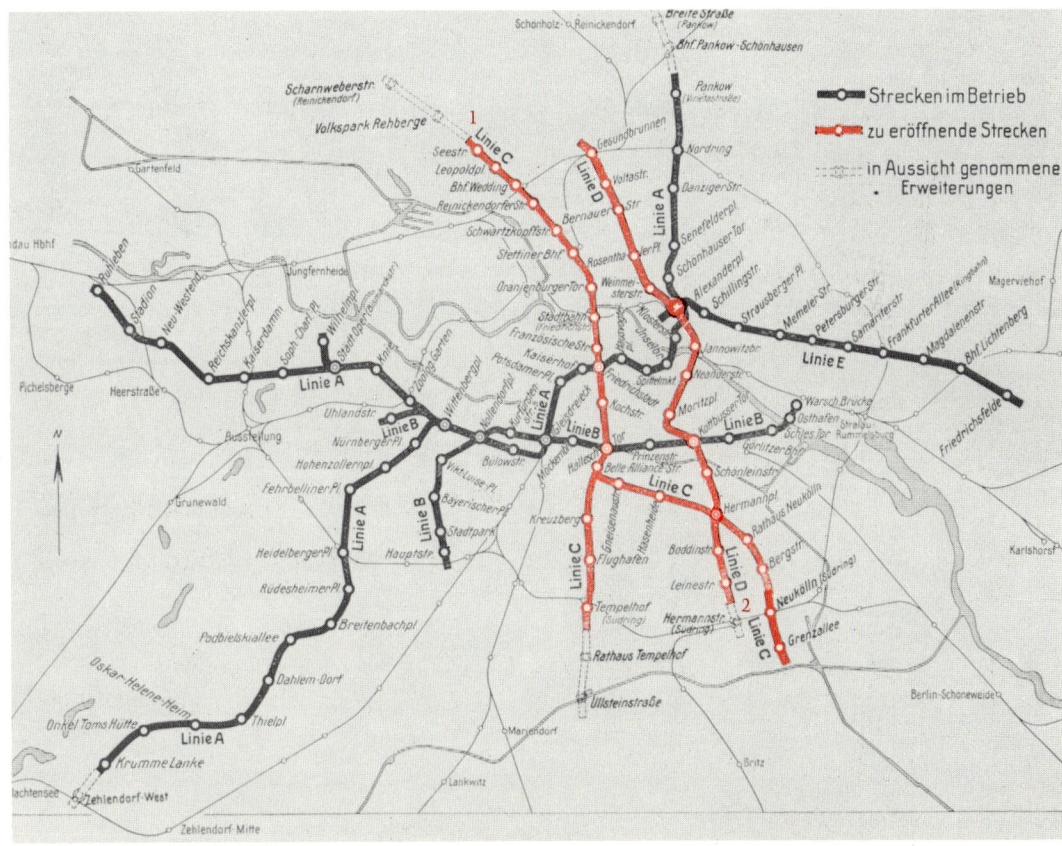

1 Streckenführung
der Nordsüdbahn

2 Streckenführung der Linie
Gesundbrunnen – Neukölln

Seestraße
zur Stettiner B.

Hermannplatz
(Neukölln)
Aus Kreuzberg und Belle-Alliance-Str. umsteigen

Stadtbahn

Berlin:
Untergrundbahnhof: Stadtbahn.

Betrachtet man rückblickend das Liniennetz der Hochbahngesellschaft mit all ihren Anschlußbahnen, so wie es sich aufgrund der bisherigen Ausführungen darstellt, fällt sofort der relativ gute Ausbau der Ost-West-Linien – mit Schwergewicht auf den westlichen Verzweigungen[1] – gegenüber den spärlichen Nord-Süd-Verbindungen ins Auge.

Diese Tatsache ist insofern bemerkenswert, als der Osten und noch mehr der Westen keineswegs zu den bevölkerungsstärksten Gebieten Berlins gehörten. Es liegt somit der Verdacht nahe, daß beim Ausbau des Liniennetzes weniger allgemeine Verkehrsinteressen als vielmehr das Prestigedenken einzelner Gemeinden und die Interessen privater Verbände im Vordergrund gestanden haben. Nach den vorangegangenen Darstellungen trifft dies zumindest für die drei westlichen Verlängerungslinien zu.

Hier sind zweifellos die Ursachen für die Unausgewogenheit des Berliner U-Bahnnetzes zu suchen. Denn außer der Stammlinie, die das Zentrum Berlins im Süden umschloß und deren eigentliche Verkehrsbedeutung in dem Teilabschnitt zwischen Bahnhof Zoologischer Garten und Potsdamer Platz lag, besaß die Stadt Berlin bis zum Zusammenschluß aller Nachbargemeinden zur Einheitsgemeinde Groß-Berlin nur die im Anschluß an die Stammlinie gebaute Erweiterungslinie vom Potsdamer Platz über den Alexanderplatz bis zum Bahnhof Nordring.

Ein derartig spärliches Liniennetz, das sich zudem noch in privater Hand befand, konnte auf die Dauer gesehen eine Millionenstadt wie Berlin nur unbefriedigend versorgen. Was dieser Stadt fehlte, waren die Nord-Süd-Verbindungen. Diese entsprachen einem besonders dringlichen Verkehrsbedürfnis. Erst durch sie konnten die bevölkerungsstarken Gebiete Berlins, der Wedding und Neukölln, verkehrsmäßig erfaßt und damit dem Zentrum Berlins nähergebracht werden. Denn auch der Reichsbahn fehlte die entscheidende Nord-Süd-Linie, die erst in den dreißiger Jahren mit dem Bau der unterirdischen Strecke Anhalter Bahnhof – Friedrichstraße – Gesundbrunnen geschaffen wurde.

Obwohl die Dringlichkeit einer solchen Nord-Süd-Verbindung schon frühzeitig erkannt worden war, faßte die Stadt Berlin, die jedem experimentellen Risiko aus dem Wege gehen wollte, diese Aufgabe nur zögernd an und geriet dadurch gegenüber den tatkräftigen westlichen Nachbargemeinden immer mehr in Verzug.

7.1 Die Nordsüdbahn

Vorgeschichte und Linienführung

Die Idee einer Schnellbahn, die Berlin von Norden nach Süden durchqueren sollte, läßt sich bis in das Jahr 1880 zurückverfolgen, als Werner von Siemens mit seinem Plan an die Öffentlichkeit trat, durch die Friedrichstraße eine Hochbahn zu führen. Diese sollte ihren Ausgangspunkt im Norden am Weddingplatz nehmen und im Süden am Belle-Alliance-Platz enden. Obwohl dieser Plan aus verschiedenen Gründen abgelehnt wurde[2], tauchten in der Folgezeit immer wieder Vorschläge für eine Nordsüdbahn auf.

So kam am 5. Oktober 1885 von Regierungsbaumeister Bassel die Anregung, den Entwurf einer unterirdischen Stadtbahn in nordsüdlicher Richtung – etwa von Reinickendorf über den Alexanderplatz bis nach Tempelhof – zum Thema einer Schinkelkonkurrenz zu machen.[3] Nachdem jedoch eine unterirdische Anlage von Stadtbaurat James Hobrecht für undurchführbar erklärt worden war, wurde das Projekt nicht weiterverfolgt.

Im Jahre 1891, als Siemens & Halske die ersten umfassenden Schnellbahnpläne vorlegten, trat die Allgemeine Elektricitäts-Gesellschaft (AEG) mit dem Projekt einer Röhrenbahn an die Öffentlichkeit, das neben mehreren Ringlinien auch eine Durchmesserlinie vorsah, die vom Wedding über die Chaussee-, Friedrich- und Belle-Alliance-Straße bis zum Tempelhofer Feld geführt werden sollte.[4]

Hobrecht lehnte aber auch diese Bahn, die als Ergänzung zum Siemensschen Schnellbahnnetz gedacht war, aus den oben genannten Gründen ab. Erst 1897, als Hobrecht durch Stadtbaurat Friedrich Krause abgelöst wurde, kam man der Frage einer Nordsüdbahn durch Berlin näher. Denn Krause stand dem Bau von Untergrundbahnen durchaus positiv gegenüber. Durch den Erfolg der 1896 eröffneten Budapester Unterpflasterbahn und das negative Echo auf den Bau der Hochbahnstrecke in der Gitschiner

Straße wurde er in seiner Haltung nur noch bestärkt. Außerdem vertrat Krause den Standpunkt, daß man den Bau elektrischer Schnellbahnen in Berlin und den angrenzenden Gemeinden nicht allein Siemens & Halske bzw. der Hochbahngesellschaft überlassen durfte und schon deshalb die Nordsüdbahn aus dem Aufgabenbereich der Privatwirtschaft ausgeklammert werden mußte. Damit trat eine grundlegende Wende in der Entwicklung des Nordsüdbahnprojekts ein.

Zeugten die Planungen der Hochbahngesellschaft durchweg von rascher Entschlußkraft und starkem Unternehmergeist, wie er von einem gesunden Privatunternehmen kaum anders zu erwarten war, so hatte das städtische Nordsüdbahnunternehmen von Anfang an unter der Unentschlossenheit und Schwerfälligkeit der zuständigen Behörden zu leiden.

Nachdem man zunächst eine städtische Nordsüdbahn mit eventueller Linienführung über den Potsdamer Platz ins Auge gefaßt hatte[5], legte Stadtbaurat Friedrich Krause im Jahr 1901 einen ersten Entwurf für eine Unterpflasterbahn vom Wedding nach Schöneberg vor, die von der Seestraße über die Schwartzkopffstraße, Invalidenstraße, Oranienburger Tor, Friedrichstraße, Belle-Alliance-Platz, Yorck-, Großgörschen- und Hauptstraße bis zur Eisenacher Straße in Schöneberg geführt werden sollte. Das Projekt wurde in dieser Form vom Magistrat der Stadt Berlin grundsätzlich gebilligt[6] und die Ausarbeitung des Entwurfs durch die »Gesellschaft für den Bau von Untergrundbahnen«[7] in Zusammenarbeit mit Friedrich Krause veranlaßt. In der Folgezeit wurden die Pläne jedoch mehrfach geändert. Zunächst wurde anstelle der Linienführung durch die Friedrichstraße ein teilweises Abschwenken in die östlichen Parallelstraßen in Erwägung gezogen.[8]

Als im Jahre 1904 die Pläne Schönebergs für den Bau einer eigenen, völlig unabhängigen Untergrundbahn bekannt wurden, gab man auch den ursprünglichen in der Eisenacher Straße vorgesehenen Endpunkt auf und nahm statt dessen den Kreuzberg als neues Ziel in Aussicht.[9] Am 21. Dezember 1905 schließlich nahm die Stadtverordnetenversammlung den Entwurf für die geplante Untergrundbahn vom Wedding bis zum Kreuzberg an.[10]

Aber auch der neue Endpunkt geriet bald in Gefahr. Anlaß war der Streit zwischen Berlin und Tempelhof um den Erwerb des Tempelhofer Feldes, das wegen seiner günstigen Lage und seiner optimalen Bebauungsmöglichkeiten für beide Gemeinden gleichermaßen von Interesse war.[11] Als das Tempelhofer Feld trotz intensivster Bemühungen Berlins schließlich in den Besitz der kleinen Dorfgemeinde Tempelhof überging[12], beschloß die Stadt Berlin am 1. Dezember 1910, ihre Nordsüdbahn bereits am Belle-Alliance-Platz enden zu lassen.[13]

Mit dieser Maßnahme wollte man den Anschluß Tempelhofs an das Berliner Schnellbahnnetz und vor allem die verkehrsmäßige Erschließung des Tempelhofer Feldes erschweren.

Da jedoch eine Verlängerung der Nordsüdbahn – sei es nach Tempelhof, sei es nach Neukölln – im allgemeinen Verkehrsinteresse lag, schaltete sich jetzt der Polizeipräsident ein. Er sorgte für einen Kompromiß, indem er die Genehmigung für den Bau der Nordsüdbahn von ihrer Verlängerung über den Belle-Alliance-Platz hinaus bis zur Gneisenaustraße abhängig machte.[14] Erst daraufhin erklärte sich die Stadtverordnetenversammlung von Berlin am 27. April 1911 zum Weiterbau der Linie bereit: »Die Versammlung erklärt sich im Anschluß an den Beschluß vom 1. Dezember v. Js. mit der Verlängerung der Nord-Südunterpflasterbahn bis zur Gneisenaustraße und mit einer derartigen Ausgestaltung der dortigen Endstation, daß die Weiterführung sowohl nach Rixdorf als Tempelhof ohne weiteres möglich ist, einverstanden und sieht der Vorlage eines demgemäß abgeänderten Entwurfs und Kostenanschlags entgegen.«[15]

Am 2. Dezember 1912 wurde mit den Bauarbeiten in der Seestraße begonnen. Die landespolizeiliche Genehmigung für die Strecke Seestraße – Gneisenaustraße erfolgte am 25. April 1914.[16] Laut Genehmigungsurkunde sollte der Bau bis zum 1. März 1918 fertiggestellt sein.[17]

Während der Bauarbeiten, die infolge des 1. Weltkrieges eingestellt werden mußten[18], wurden die Verhandlungen über eine Weiterführung der Bahn mit den Nachbargemeinden Tempelhof und Neukölln fortgeführt. Zunächst einigte sich Berlin im Jahre 1914 mit Tempelhof über eine direkte Verbindung von der Gneisenaustraße bis zum Ringbahnhof Tempelhof. Diese lag letztlich im Interesse beider Seiten. Denn neben dem für die Nordsüdbahn wichtigen Anschluß an die Ringbahn sollte der Streckenausbau die von Tempelhof so begehrte verkehrsmäßige Erschließung des Tempelhofer Feldes mit sich bringen.

Die Verhandlungen mit Neukölln dauerten sehr viel länger, da Neukölln mittlerweile eigene U-Bahnpläne verfolgte, die nicht nur mit dem Nordsüdbahnprojekt, sondern auch mit den parallel dazu laufenden U-Bahnplänen der AEG für eine Linie Gesundbrunnen – Neukölln koordiniert werden mußten.[19] Für Neukölln bedeutete der neue Endpunkt der Nordsüdbahn an der Gneisenaustraße zunächst eine Änderung der ursprünglichen Linienführung durch die Blücherstraße. Das Hauptproblem war jedoch die Anordnung des U-Bahnhofs am Hermannplatz, wo die Nordsüdbahn und die AEG-Schnellbahn miteinander vereint werden sollten. Noch nach Abschluß des Vertrages zwischen Berlin und Neukölln über die Weiterführung der Bahn von der Gneisenaustraße bis zum Hermannplatz im Juni 1915[20] und der damit verbundenen Zusicherung Neuköllns zum Weiterbau der Linie auf Neuköllner Gebiet bis zum Ringbahnhof Neukölln blieb die Frage der Gestaltung des U-Bahnhofs Hermannplatz offen, da sich die Stadt Berlin und die AEG über die Linienführung am Kreuzungspunkt nicht einigen konnten.

Die langwierigen Verhandlungen, in die sich unter anderem auch der Zweckverband Groß-Berlin mit Vorschlägen einschaltete[21], kamen erst 1917 zu einem vorläufigen Ende[22] – zu einem Zeitpunkt also, als an eine baldige Verwirklichung derartiger Pläne ohnehin nicht zu denken war. Denn der 1. Weltkrieg mit seinen wirtschaftlichen Folgen wie Materialknappheit und Streiks hatte die Bauarbeiten an der U-Bahn für Jahre lahmgelegt.

Erst 1922, nachdem durch die Gründung der Nordsüdbahn AG.[23] eine neue finanzielle Grundlage geschaffen worden war, konnten die Arbeiten an der im Rohbau bereits weit vorangeschrittenen Berliner Nordsüdbahn wiederaufgenommen werden. Die Bauarbeiten auf Neuköllner Gebiet hatten indes schon wieder im Frühjahr 1919 begonnen.

Die Fertigstellung der fast 16 km langen Strecke erfolgte in Etappen. Sie begann am 30. Januar 1923 mit der Eröffnung der Strecke Hallesches Tor – Stettiner Bahnhof. Schon wenige Wochen später, am 8. März 1923, erfolgte die Eröffnung des nördlichen Teilstücks Stettiner Bahnhof – Seestraße. Die Fertigstellung der südlichen Streckenabschnitte zog sich dagegen von 1924 bis 1930 hin. Am 19. April 1924 wurde die Strecke Hallesches Tor – Belle-Alliance-Straße – Gneisenaustraße eröffnet, am 14. Dezember desselben Jahres die Anschlußstrecke Gneisenaustraße – Hasenheide. Die Strecke Hasenheide – Bergstraße folgte am 11. April 1926, der letzte Teilabschnitt Bergstraße – Grenzallee am 21. Dezember 1930.

Die Tempelhofer Zweiglinie Belle-Alliance-Straße – Kreuzberg, mit deren Bau 1924 begonnen worden war, wurde am 14. Februar 1926 eröffnet, die Verlängerungsstrecke bis zum S-Bahnhof Tempelhof (Südring) am 22. Dezember 1929 fertiggestellt.

Mit dem Bau der Nordsüdbahn wurde eine der wichtigsten Lücken im Berliner Schnellbahnnetz geschlossen. Durch ihre günstige Linienführung, mit der nicht nur eine Verbindung zwischen dem Nordring (S-Bahnhof Wedding) und dem Südring (S-Bahnhöfe Tempelhof und Neukölln) der Ringbahn, sondern gleichzeitig zahlreiche Anknüpfungspunkte an die Bahnhöfe der Fernbahn (Stettiner Bahnhof und Bahnhof Friedrichstraße), der Stadtbahn (Bahnhof Friedrichstraße) sowie an andere Hoch- und Untergrundbahnlinien (Bahnhof Stadtmitte, Hallesches Tor und Hermannplatz) geschaffen wurden, war der Verkehrswert dieser Bahn von vornherein unumstritten.

Durch umfangreiche Verlängerungen an allen drei Endpunkten in den fünfziger und sechziger Jahren ist die Verkehrsbedeutung dieser Linie noch wesentlich gestiegen – obwohl von den sechs heute auf Ostberliner Gebiet liegenden Bahnhöfen fünf nicht mehr in Betrieb sind.

Die architektonische Gestaltung der Bahnhöfe

Die Nordsüdbahn, deren Entwurf im wesentlichen auf den Berliner Stadtbaurat Friedrich Krause[24] zurückgeht, unterscheidet sich in ihrer Ausführung deutlich von den Linien der Hochbahngesellschaft. Insbesondere durch das größere Tunnelprofil[25] unter gleichzeitigem Verzicht auf die bisher üblichen Mittelstützen wollte man von vornherein die völlige Unabhängigkeit dieser ersten von der Reichshauptstadt selbst konzipierten U-Bahn dokumentieren.[26]

Abb. 382 U-Bahnhof Bhf. Wedding, Innenansicht
Arch. H. Jennen

Abb. 383 U-Bahnhof Kochstraße, Innenansicht
Arch. H. Jennen

Abb. 384 U-Bahnhof Bhf. Friedrichstraße, Innenansicht,
1923, Arch. H. Jennen

Am stärksten und für jedermann sichtbar kommt die Selbständigkeit der Nordsüdbahn jedoch in den Bahnhöfen zum Ausdruck, mit deren künstlerischer Gestaltung man konsequenterweise zunächst nur eigene, von der Hochbahngesellschaft unabhängige Architekten wie Heinrich Jennen[27] und Stadtbaurat Walter Köppen[28] beauftragte. Erst nach dem Tode Jennens im Oktober 1920 wurde Alfred Grenander zur Mitarbeit herangezogen.

Seit 1922 arbeitete dieser mit Alfred Fehse zusammen.[29] Die ersten gemeinsamen Planungen betrafen Details der 1923 eröffneten Teilstrecke Seestraße – Hallesches Tor.[30] Danach lieferten Grenander und Fehse die Entwürfe für die restlichen, bis 1930 fertiggestellten Bahnhöfe der Nordsüdbahn, angefangen von der Belle-Alliance-Straße bis zu den Endbahnhöfen in Tempelhof und Neukölln.

Die zwölf U-Bahnhöfe der Strecke Seestraße – Hallesches Tor – die Bahnhöfe Seestraße, Leopoldplatz, Bahnhof Wedding, Reinickendorfer Straße, Schwartzkopffstraße (heute Stadion der Weltjugend)[31], Stettiner Bahnhof (heute Nordbahnhof)[32], Oranienburger Tor, Bahnhof Friedrichstraße[33], Französische Straße, Leipziger Straße (heute Stadtmitte)[34], Kochstraße und Hallesches Tor –, die mit Ausnahme des Bahnhofs Hallesches Tor alle von Heinrich Jennen stammen, gehen in ihrem Entwurf noch auf die Zeit vor dem 1. Weltkrieg zurück. Trotz des Bemühens um eine selbständige architektonische Form bietet Jennen gegenüber den 1913 eröffneten Bahnhöfen der Hochbahngesellschaft keine grundsätzlich neuen Lösungen an. Die Bahnhöfe zeigen in formaler Hinsicht vielmehr eine deutliche Abhängigkeit von denen der Hochbahngesellschaft, wobei sich Jennen offensichtlich an Stationen wie Senefelderplatz oder Schönhauser Tor orientierte.

Aber auch die Unterschiede gegenüber diesen Bahnhöfen fallen sofort ins Auge. Hier sind zunächst die mit 7 m Breite und 80 m Länge sehr sparsam bemessenen Mittelbahnsteige zu nennen[35], die dem zunehmenden Verkehr auf dieser ohnehin stark befahrenen Strecke auf die Dauer kaum gewachsen sein konnten.[36] Lediglich der Bahnhof Seestraße, der unmittelbar zum gleichnamigen Betriebsbahnhof führt, wurde etwas großzügiger angelegt. Er erhielt zwei Bahnsteige, von denen jedoch der westliche, für eine spätere Verlängerung geplante und deshalb leicht nach Norden versetzte Bahnsteig zunächst zugemauert blieb.[37]

Auch im Detail gibt es Abweichungen, durch die der Gesamteindruck der Bahnhöfe teilweise stark beeinflußt wird. So erhielten die Wandflächen nicht wie bisher üblich eine Auskleidung mit glasierten Fliesen, sondern eine »flach gegliederte Putzarchitektur« (Abb. 382, 383)[38] – eine Sparmaßnahme, die vor allem auf die schlechte Wirtschaftslage in den Jahren nach dem 1. Weltkrieg zurückzuführen ist.

Daß diese material- und kostensparende Putzverkleidung nicht dem ursprünglichen Konzept entsprach, beweist die Ausstattung des Bahnhofs Leopoldplatz mit roten Fliesen. Sie erfolgte noch vor dem 1. Weltkrieg und blieb »bei der Nord-Südbahn als einziges Denkmal einer wohlhabenderen Zeit Berlins bestehen«.[39] Die Wandgliederung der Bahnhöfe entspricht im übrigen dem von der Linie Spittelmarkt–Nordring her bekannten System, wobei jetzt jedoch die rhythmische Folge von Reklametafeln und Stationsschildern von Bahnhof zu Bahnhof variiert. Auch hierbei bildet der Bahnhof Leopoldplatz mit seinen im Schrifttyp und Format auffallend großen Stationsschildern eine Ausnahme.[40]

Ebenfalls in Anlehnung an die Bahnhöfe der Hochbahngesellschaft wurden die einzelnen Stationen der Nordsüdbahn farblich voneinander unterschieden. Man wählte die Farbabfolge Weiß, Rot, Gelb, Blau und Grün und hob wie dort jeweils nur einzelne Details wie die Mittelstützen, Namensschilder und Reklametafeln sowie die Holzbänke und Betriebseinrichtungen auf dem Bahnsteig farblich hervor.[41] Da die rote Fliesenverkleidung des Bahnhofs Leopoldplatz in dieses später gewählte Farbschema nicht mehr paßte, wurden einzelne Teile dieses Bahnhofs nachträglich mit einem blauen Anstrich versehen.

Über die farbliche Unterscheidung hinaus versuchte Jennen, den einzelnen Bahnhöfen durch eine modifizierte Deckengestaltung mehr Individualität zu verleihen. Er ging dabei von dem bereits bekannten System der Trägerdecke mit einer mittleren Stützenreihe aus, setzte anstelle der Preußischen Kappen jedoch in die Trägerzwischenräume einfache Eisenbetonplatten, die er, um eine größere Raumhöhe zu erreichen, noch aufstelzte. Auf diese Weise entstanden kassettenartige Felder, deren Größe und Format Jennen von Bahnhof zu Bahnhof variierte. Zusätzlich wandelte er das Kassettensystem einzelner Bahnhöfe noch dadurch ab, daß er die Trägerkonstruktion – und damit auch die Stützen – in wechselndem Rhythmus anordnete.

Abb. 387 U-Bahnhof Hallesches Tor, Vorhalle, 1923, Arch. W. Köppen

Abb. 385 U-Bahnhof Hallesches Tor, Bahnsteighalle, 1923
Arch. W. Köppen

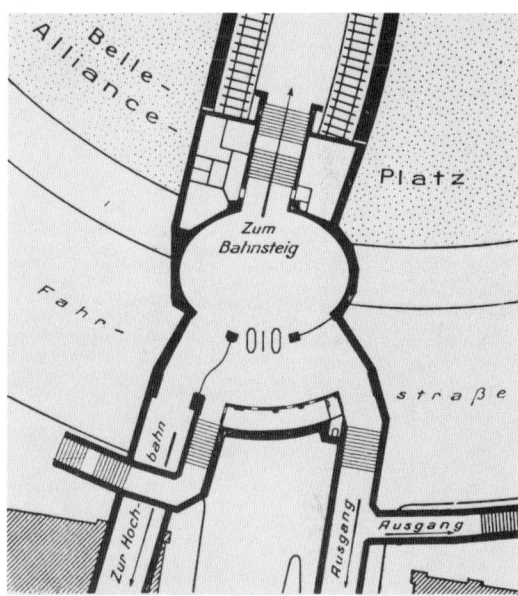

Abb. 386 U-Bahnhof Hallesches Tor,
Grundriß der Vorhalle

Eine derartige Deckenausbildung, bei der sich die Konstruktion architektonischen und damit rein ästhetischen Vorstellungen unterordnet, entspricht einem völlig anderen Architekturverständnis als dem Grenanders. Während Grenander die Konstruktion bewußt in sein gestalterisches Konzept einbezieht, ja versucht, die ästhetische Form direkt aus der Konstruktion heraus zu entwickeln, verraten Jennens zunächst so sachlich wirkende Bahnhöfe gerade durch diesen statisch keineswegs zu rechtfertigenden Wechsel in der Deckenform eine gewisse Scheu vor der Klarlegung konstruktiver Elemente.

Der U-Bahnhof *Hallesches Tor* – Kreuzungsbahnhof mit der Hochbahn – sowie die unmittelbar mit dem Stadtbahnhof gekoppelte U-Bahnstation *Bahnhof Friedrichstraße* fallen durch stärkere Abweichungen aus dem oben beschriebenen Schema heraus. Beide Stationen sind als Kreuzungsbahnhöfe bzw. wegen der Nähe der zu unterfahrenden Wasserläufe, der Spree und des Landwehrkanals, tiefer als üblich angeordnet und gestatteten somit die Anlage von Bahnsteighallen mit größerer Raumhöhe (Abb. 384). Außerdem rechtfertigten sie die Anordnung von Vorhallen, die zwischen den verschiedenen Bahnsteigen vermitteln sollten. Solche Vorhallen sind bei der Nordsüdbahn normalerweise nicht vorhanden.

Die Bahnsteighalle der Station Hallesches Tor, die – wie der gesamte U-Bahnhof – auf einen Entwurf von Walter Köppen zurückgeht, erhielt außerdem einen gewölbeartigen Deckenansatz (Abb. 385), durch den der Raum an zusätzlicher Höhe gewinnt.[42]

Bei der Gestaltung der südlichen Vorhalle des U-Bahnhofs Hallesches Tor mit ihren zahlreichen Ausgängen und dem langen, zur Hochbahn überleitenden Verbindungsgang zeigt sich Köppens persönlicher Stil in noch ausgeprägterer Form. Hierbei muß jedoch berücksichtigt werden, daß sowohl die Lage des Bahnhofs an einem historisch bedeutsamen Platz, dessen einheitliches architektonisches Bild nicht gestört werden sollte[43], als auch die Verbindung zur Hochbahn eine außergewöhnliche Lösung forderten. So mußte beispielsweise aus Rücksicht auf die beiden Strackschen Torgebäude[44], vor denen in strenger Symmetrie zueinander je ein U-Bahneingang angeordnet werden sollte, die Vorhalle aus der Bahnhofsachse herausgedreht werden (Abb. 386). Für die Vorhalle selbst wählte Köppen die Form des Ovals (Abb. 387).[45] Dieses erwies sich vor allem in Hinblick auf die Anordnung der verschiedenen Gänge, von denen die beiden kurzen zu den Torgebäuden und die beiden langen zum Ufer des Landwehrkanals bzw. direkt in die Vorhalle des Hochbahnhofs[46] führen, als besonders günstig. In Anlehnung an den Renaissancecharakter der umliegenden Bauten – der Strackschen Torgebäude, der Belle-Alliance-Brücke und des Hochbahnhofs Hallesches Tor – wurden außerdem die Treppen-

Abb. 388 U-Bahnhof Hallesches Tor, Eingang, 1923
Arch. W. Köppen

Abb. 389 U-Bahnhof Hallesches Tor, Nordeingang auf
dem Belle-Alliance-Platz, Zustand 1970

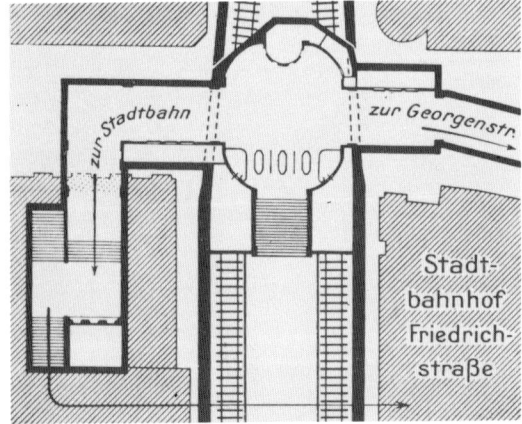

Abb. 390 U-Bahnhof Bhf. Friedrichstraße,
Grundriß der Vorhalle

schächte zum U-Bahnhof mit Steinbalustraden anstelle der sonst bei der Nordsüdbahn üblichen schlichten Eisengitter umgeben (Abb. 388, 389).

Die Eingangssituation am U-Bahnhof Friedrichstraße ist der des Bahnhofs Hallesches Tor ähnlich, jedoch weniger kompliziert. Auch hier vermittelt eine im Grundriß ovale Vorhalle (Abb. 390) an der Bahnhofsüdseite zwischen Bahnsteig und Zugängen, von denen einer zur Georgenstraße führt, der andere östlich des Stadtbahnhofs Friedrichstraße in einen Stadtbahnbogen einmündet, der unmittelbar zum Bahnhof überleitet. Auf diese Weise wurde erstmalig eine direkte Verbindung zwischen U-Bahn und Stadtbahn geschaffen, die sich für beide Seiten als sehr vorteilhaft erweisen sollte – was die Reichsbahngesellschaft allerdings nicht daran hinderte, von der Nordsüdbahn für die Benutzung des reichsbahneigenen Geländes regelmäßige, vertraglich festgelegte Abgaben zu fordern.[47]

Der Nordeingang an der Friedrichstraße entspricht dem für die Nordsüdbahn üblichen Eingangstypus. Auf diesen wird an anderer Stelle noch ausführlicher eingegangen. Hingewiesen sei hier nur auf den 1921 ausgeschriebenen Wettbewerb für ein Turmhaus-Projekt an der Friedrichstraße[48], bei dem auf den U-Bahnhof und dessen Zugänge Rücksicht genommen werden sollte. Im Ausschreibungstext heißt es: »Es kann angenommen werden, daß seitens der Untergrundbahn ein Zugangstunnel zu den Aufzügen des Gebäudes hergestellt wird. Diesem Umstande, sowie der gesamten Abwicklung des Verkehrs in- und außerhalb des Gebäudes ist Rechnung zu tragen.«[49] Unter den 144 eingereichten Entwürfen befand sich neben den Arbeiten von Scharoun und den Brüdern W. und H. Luckhardt & Franz Hoffmann der Entwurf von Ludwig Mies van der Rohe für ein prismatisch gegliedertes Hochhaus mit dreieckigem Grundriß, der heute zu den bedeutendsten architektonischen Leistungen der zwanziger Jahre gezählt wird, damals jedoch von der Jury kaum beachtet wurde.[50]

1929 wurde für die Friedrichstraße ein zweiter, interner Wettbewerb ausgeschrieben, an dem neben Mies van der Rohe, Paul Mebes & Paul Emmerich, Heinrich Straumer und Erich Mendelsohn auch Alfred Grenander mit Entwürfen beteiligt war (Abb. 391).[51] Aber auch dieser Wettbewerb verlief ohne ein konkretes Ergebnis. Das Projekt wurde schließlich ganz fallengelassen.

Am U-Bahnhof *Leipziger Straße* ergaben sich wegen der zweifachen Kreuzung mit anderen U-Bahnlinien – der Spittelmarktlinie sowie der von der Stadt Berlin projektierten Linie Moabit – Treptow – besondere Schwierigkeiten. In Hinblick auf die geplante Querlinie Moabit – Treptow[52] wurde der Bahnsteig breiter gestaltet und mit zwei Stützenreihen versehen (Abb. 392). Da beide Linien im Kreuzungspunkt der Bahnhöfe durch eine Treppenanlage unmittelbar verbunden werden sollten, wurde die Nordsüdbahnstation außerdem an der Leipziger Straße und damit zwei Querstraßen weiter südlich als der zum Liniennetz der Hochbahngesellschaft gehörende U-Bahnhof Friedrichstraße angelegt. Da man jedoch auf einen direkten Übergang zur Spittelmarktlinie nicht ganz verzichten wollte, entschied man sich für den Bau eines ca. 150 m langen Verbindungsganges[53], der zwischen den beiden U-Bahnhöfen vermitteln sollte. Diese Lösung, die sich zwangsläufig negativ auf den immer stärker anwachsenden Umsteigeverkehr zwischen den beiden Linien auswirken mußte[54], sollte sich später als völlige Fehlplanung erweisen; denn die Linie Moabit – Treptow wurde nie gebaut.

Abgesehen von diesen linienbedingten Sonderlösungen erfolgte die Anordnung der Zugänge auf der Strecke Seestraße – Hallesches Tor nach einem einheitlichen Schema. Die Bahnhöfe erhielten in der Regel zwei hintereinander liegende, nach Zu- und Abgang getrennte schmale Treppen.[55] Nur bei den Bahnhöfen Seestraße, Leopoldplatz, Bhf. Wedding und Schwartzkopffstraße erlaubten die Platzverhältnisse die Anordnung einer breiten Treppe an jedem Bahnsteigende.

Für die Eingänge der nördlichen Teilstrecke Seestraße – Oranienburger Tor verwendete man sparsam dekorierte Umwehrungsgitter und schlichte Eisenportale mit einfachen rechteckigen U-Bahntransparenten. Die Eingänge der südlich davon liegenden Bahnhöfe mit Ausnahme der Station Hallesches Tor erhielten dagegen Portale mit auffällig gestalteten zehneckigen Transparenten, die die Aufschrift »NORD-SÜD« trugen. Sie sollten in ihrer markanten Form zum unverwechselbaren Kennzeichen der Nordsüdbahn werden (Abb. 393, 394). Der Entwurf für diese Portale stammt von Grenander in Zusammenarbeit mit Fehse (Abb. 395).[56] Sie verwendeten die gleiche Portalform auch bei den später eröffneten Nordsüdbahnhöfen[57], dort allerdings meistens in Verbindung mit geschlossenen Umwehrungen, die zum Schutz gegen Spritzwasser dienen sollten. Leider sind von diesen Portalen nur noch wenige erhalten.[58]

Abb. 394 Eingangsportal der Nordsüdbahn, 1923
Normaltyp mit Aufsatz

Abb. 393 Eingangsportal der Nordsüdbahn, Normaltyp (Kochstraße), 1923, Arch. Grenander und Fehse

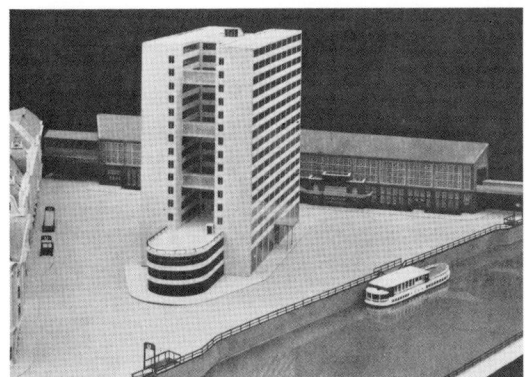

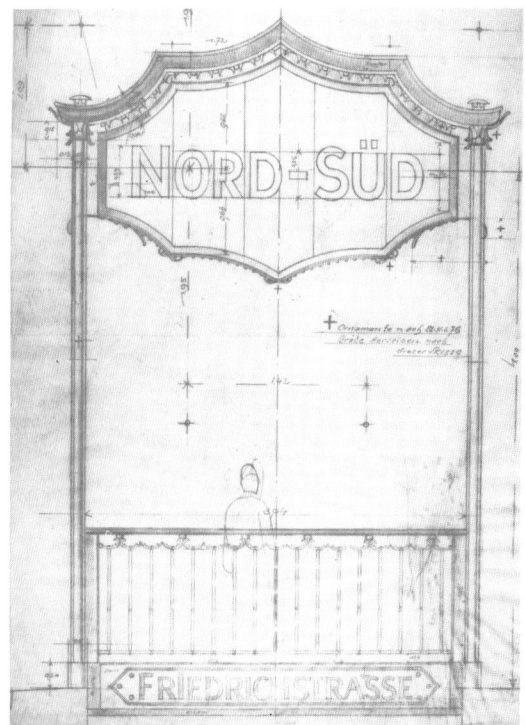

Abb. 391 Entwurf für ein Bürohaus in Verbindung mit
der U-Bahn am Bhf. Friedrichstraße, 1929
Arch. A. Grenander

Abb. 392 U-Bahnhof Leipziger Straße, Innenansicht, 1923
Arch. H. Jennen

Abb. 395 Entwurf für das Eingangsportal am U-Bahnhof
Friedrichstraße, 1922, Arch. Grenander u. Fehse

BLICK GEGEN EINEN VORRAUM

BAHNHOFSRAUM

Abb. 396 U-Bahnhof Belle-Alliance-Straße,
Perspektivischer Schnitt und Blick gegen die Vorhalle

Abb. 397 U-Bahnhof Belle-Alliance-Straße (heute
Mehringdamm), Bahnsteighalle, Arch. A. Grenander

Abb. 398 U-Bahnhof Belle-Alliance-Straße,
Bahnsteig mit Aufgang zur Vorhalle, 1924
Arch. A. Grenander

Nach Fertigstellung der Strecke Seestraße – Hallesches Tor vollzog sich ein entscheidender Wandel in der architektonischen Gestaltung der Nordsüdbahnhöfe, der allein auf die jetzt erfolgte Übernahme aller Entwurfsarbeiten durch Alfred Grenander und seinen Mitarbeiter Alfred Fehse zurückzuführen ist. Waren die Nordsüdbahnhöfe bisher einfache Ingenieurbauten, denen man zusätzlich – etwa durch eine kassettenartige Ausbildung der Decken – ein dürftiges architektonisches Gewand umzuhängen versucht hatte, so lassen Grenanders Bauten deutlich die direkte Auseinandersetzung mit der Konstruktion der einzelnen Bahnhöfe erkennen.

Als Ergebnis dieser engen Zusammenarbeit zwischen Ingenieur und Architekt entstanden einige bemerkenswerte Lösungen von großem architektonischen Reiz. Berücksichtigt werden muß hierbei allerdings, daß viele der neuen Bahnhöfe schon allein durch ihre Tiefenlage oder ihre besondere Funktion als Doppel- bzw. Umsteigebahnhof zu einer konstruktiv und architektonisch von der Norm abweichenden Gestaltung zwangen.

Der Bahnhof *Belle-Alliance-Straße*, heute Mehringdamm[59], Trennungsbahnhof der beiden Zweiglinien nach Tempelhof und Neukölln, leitet die Reihe der von Grenander konzipierten Nordsüdbahnhöfe ein. Mit seiner dreischiffigen Bahnsteighalle (Abb. 396), die von korbbogenförmigen, kassettierten Tonnen überdeckt war, die an beiden Bahnsteigenden durch je eine mächtige Quertonne ihren Abschluß fanden, zählte dieser Bahnhof zu den ungewöhnlichsten Anlagen des gesamten Berliner U-Bahnnetzes.

Die ausgefallene Deckenform erklärt sich aus der Tiefenlage des Bahnhofs südlich des Landwehrkanals. Bei der Konstruktion handelte es sich allerdings nicht um echte Gewölbe, sondern um gekrümmte Stahlbetonplatten, die durch Gerbergelenke miteinander verbunden waren und an den Verbundstellen auf je einer Stützenreihe auflagen. Wegen der asymmetrischen, im Widerspruch zur Deckengliederung stehenden Anordnung der beiden für den Umsteigeverkehr erforderlichen Bahnsteige – einem Mittel- und einem Seitenbahnsteig[60] – wurde eine der beiden Stützenreihen zwischen die Gleise, die andere auf den Mittelbahnsteig gestellt. Um das architektonische Gleichgewicht zwischen Decke und Stützen zu wahren, wurden die Stahlstützen und Unterzüge mit Beton ummantelt (Abb. 397).

Auf diese Weise war ein Bahnhofsinnenraum entstanden, der sich von Grenanders bisherigen, weitgehend von der nackten Trägerkonstruktion bestimmten Bahnhöfen grundlegend unterschied und bereits in die Richtung späterer Stahlbetonbauten wies. Nur die Längswände dieser Halle mit ihren farbigen Keramikverkleidungen und großflächigen Reklamefeldern entsprachen noch der herkömmlichen Gestaltung.

Die Tiefenlage des Bahnhofs machte an beiden Bahnsteigenden die Anordnung eines Zwischengeschosses notwendig, das von der Bahnsteighalle durch eine Wand mit drei Bogenöffnungen abgetrennt war (Abb. 398). Diese waren stichkappenartig in die Wölbung der abschließenden Quertonnen eingeschnitten. Die drei Bögen nahmen jedoch keinen Bezug auf die Dreischiffigkeit der Bahnsteighalle. Sie waren vielmehr so angeordnet, daß der breite Mittelbogen die zwischen den Bahnsteigen liegenden Gleise überspannte, während die beiden rechts und links anschließenden schmaleren Bögen als Durchlässe für die zu den Bahnsteigen führenden Treppenabgänge dienten. Die beiden Vorhallen, von denen aus jeweils eine Treppe auf den Mittelstreifen der Belle-Alliance-Straße führte[61], waren sehr geräumig und zeigten in der Ausbildung der Flachdecken und kräftigen Mittelpfeiler nur geringe Abweichungen voneinander.

Der Bahnhof Belle-Alliance-Straße erfuhr infolge eines Umbaus, der in den Jahren 1964 – 66 im Zusammenhang mit der Umwandlung der Neuköllner Zweiglinie in eine neue selbständige Ost-West-Linie (heute Linie 7) erfolgte, eine völlige Umgestaltung. Man erweiterte die Anlage auf vier Gleise und zwei Mittelbahnsteige. Dabei wurde das westliche, im Bereich des alten Seitenbahnsteigs liegende Gewölbe abgebrochen und durch einen verlängerten Teilrahmen aus Stahlbeton ersetzt.[62]

Beim Bau der Tempelhofer Strecke, die die drei U-Bahnhöfe Kreuzberg, Flughafen und Tempelhof umfaßt, ergaben sich – wiederum bedingt durch die größere Tiefenlage – ähnliche Probleme wie beim Bahnhof Belle-Alliance-Straße. Sie führten auch hier zu ungewöhnlichen architektonischen Lösungen.

Der Bahnhof *Kreuzberg*, seit 1975 »Platz der Luftbrücke« und vorher »Flughafen«[63], der am Südostrand des Kreuzberges liegt, wurde von Grenander in Zusammenarbeit mit dem Architekten Fehse

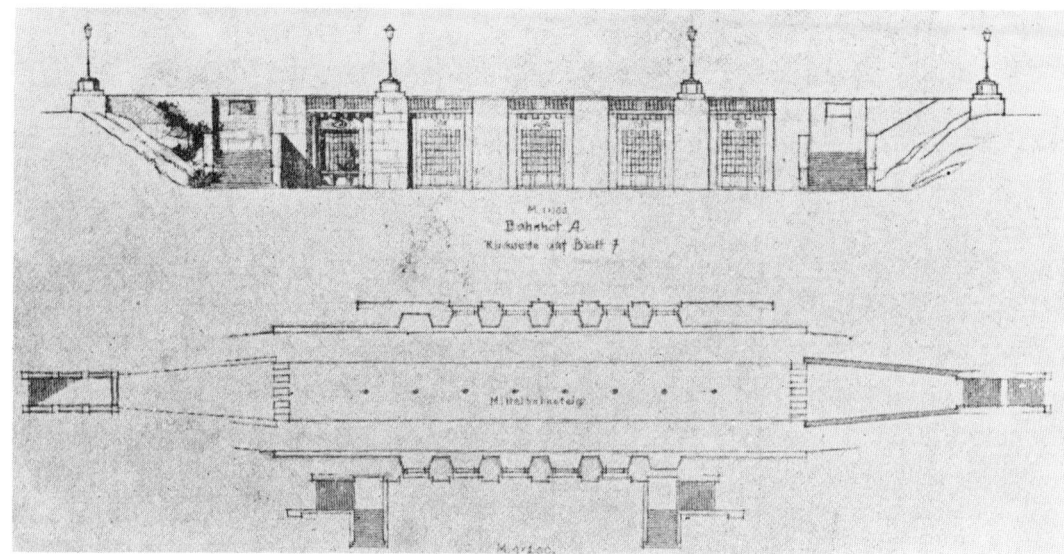

Abb. 402 Entwurf für einen Untergrundbahnhof im Tempelhofer Feld, 1911, Arch. F. Bräuning

Abb. 399 U-Bahnhof Kreuzberg, Bahnsteighalle, 1926
Arch. Grenander u. Fehse

Abb. 400 U-Bahnhof Kreuzberg,
Vorraum mit Fahrkartenausgabe, 1926

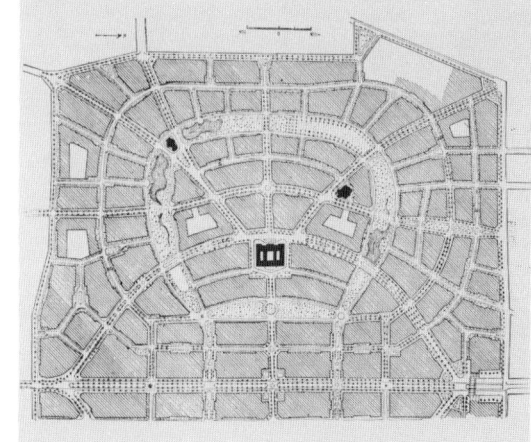

Abb. 401 Wettbewerbsentwurf für die Bebauung des
Tempelhofer Feldes von Fr. Gerlach, 1911

als hohe, von einer korbbogenförmigen Decke überwölbte Halle (Abb. 399) ausgebildet. Die Decke hatte man aus einer komplizierten Eisenbetonkonstruktion heraus entwickelt[64], die nur äußere Ähnlichkeit mit einem Gewölbe aufweist. Bester Beweis dafür sind die tief eingeschnittenen Kassetten zwischen den abgeflachten Gurtbögen, die die Decke untergliedern. Aufgrund dieser Deckenkonstruktion wurden Mittelstützen überflüssig, was sich durchaus positiv auf die Übersichtlichkeit der Bahnsteighalle auswirkte. Großformatige hellgraue Fliesen als Wandverkleidung in Verbindung mit schwarz-braunen Sockel- und Gesimseinfassungen runden das Bild dieser wirkungsvollen, wenn auch etwas schwerfälligen Bahnhofsarchitektur ab.

Die Tiefenlage des Bahnhofs machte auch hier die Anlage von Zwischengeschossen notwendig, die überdies die Anordnung der drei auf die seitlichen Bürgersteige führenden Zugangstreppen erleichterten.[65] Für Berlin neu war der Einbau sogenannter Passimeter (Abb. 400), kleiner kioskartiger Bauten, in denen der Fahrkartenverkauf und die Kontrolle zusammengefaßt wurden. Solche nach Londoner Vorbild errichteten Passimeter sind heute an fast allen Berliner U-Bahnhöfen zu finden.

Der U-Bahnhof *Flughafen*, heute Paradestraße[66], liegt im westlichen, 1910 für die Bebauung freigegebenen Teil des Tempelhofer Feldes. Der Bebauungsplan sah hier eine ringartige, von einem Parkgürtel durchzogene Anlage (Abb. 401) vor, die im wesentlichen von Osten, d. h. vom heutigen Tempelhofer Damm her erschlossen werden sollte.[67]

In nordsüdlicher Richtung sollte diese Anlage von der U-Bahn durchschnitten werden. An den Kreuzungspunkten mit dem Parkgürtel waren Untergrundbahnhöfe vorgesehen. Entsprechend einer Wettbewerbsausschreibung sollten die Bahnhöfe brückenartig mit seitlichen Fensteröffnungen durch das tieferliegende Parkgelände geführt und architektonisch in die landschaftliche Umgebung einbezogen werden.[68] Daß man sich hier offensichtlich am U-Bahnhof Stadtpark in Schöneberg orientierte, beweist schon ein flüchtiger Blick auf die verschiedenen Lösungsvorschläge. Die beiden mit dem 1. Preis ausgezeichneten Entwürfe von Fritz Bräuning[69], von denen einer als Gliederungselement für die langen Fensterfronten breite gemauerte Pfeiler (Abb. 402), der andere dorische Säulen (Abb. 403) vorsah, stehen der repräsentativen Architektur des Bahnhofs Stadtpark von Emil Schaudt besonders nahe. Paul Freye und Franz Seeck wählten dagegen in ihrem ebenfall preisgekrönten Gemeinschaftsentwurf anstelle großzügiger Fensterfronten niedrige Bogenöffnungen (Abb. 404), hinter denen sich düstere Kellerräume zu verbergen schienen. Hingewiesen sei außerdem auf den Entwurf von Ernst

Abb. 405 Entwurf für einen Untergrundbahnhof
im Tempelhofer Feld, 1911, Arch. E. Rossius vom Rhyn

Abb. 406 U-Bahnhof Flughafen (heute Paradestraße),
Bahnsteighalle, 1929, Arch. A. Grenander

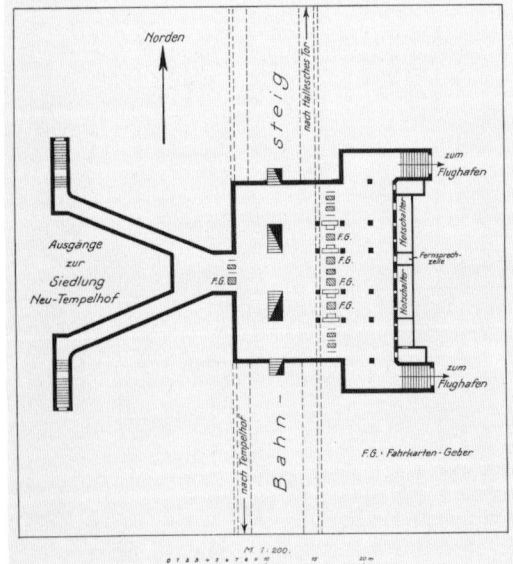

Abb. 407 U-Bahnhof Flughafen,
Grundriß des Westeingangs

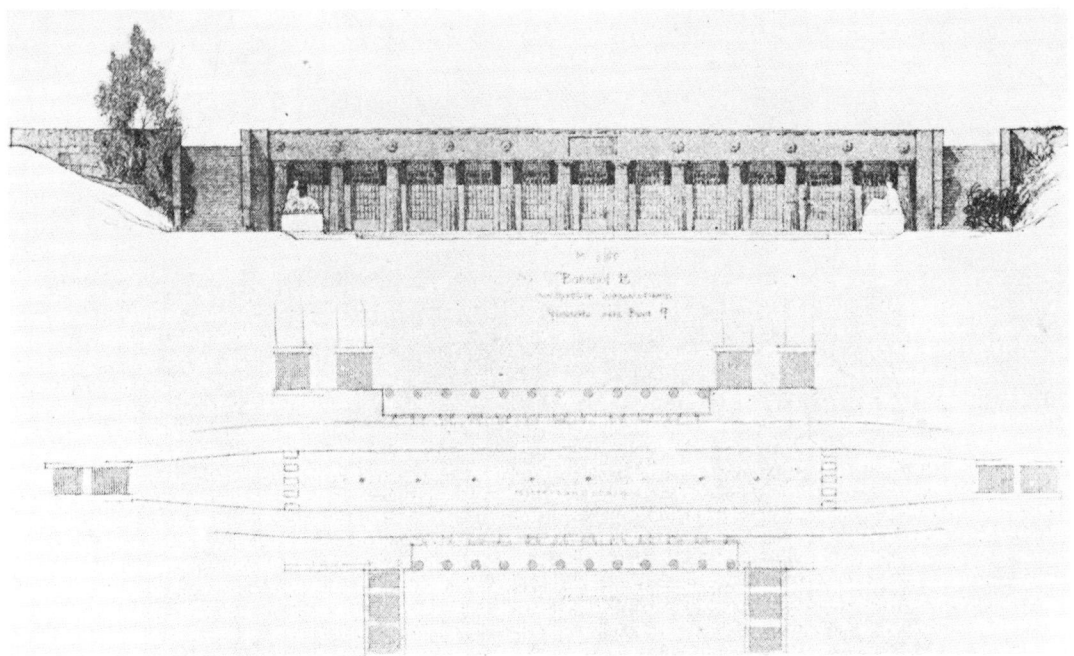

Abb. 403 Entwurf für einen Untergrundbahnhof im Tempelhofer Feld, 1911, Arch. F. Bräuning

Rossius vom Rhyn.[70] Rossius schlug im Zusammenhang mit dem Gerlachschen Bebauungsplan[71] als U-Bahnhof einen großangelegten Prachtbau mit Arkaden und einer hohen, die Mitte betonenden Ädikula vor (Abb. 405).[72]

Wegen der jahrelangen Verzögerungen im U-Bahnbau kam es jedoch nicht zur Verwirklichung dieser Pläne. Als man Ende der zwanziger Jahre den Bau der Tempelhofer Strecke in Angriff nahm, war die unter Bräuning erfolgte Bebauung des Tempelhofer Feldes bereits soweit abgeschlossen, daß an die Anlage einer U-Bahn in diesem Gebiet nicht mehr zu denken war. Die U-Bahntrasse mußte deshalb an den östlichen Rand der neuen Siedlung, die hier an das Flughafengelände angrenzt, verschoben werden. Damit erhielt der U-Bahnhof Flughafen, der an der Nordwestecke des Flughafengeländes angeordnet wurde, eine sowohl zum Flughafen als auch zur Siedlung Neu-Tempelhof in gleicher Weise günstige Lage.

Kennzeichnend für diesen Bahnhof, bei dem es sich um eine nüchterne Hallenkonstruktion mit ungegliederter Flachdecke und einer mittleren Stützenreihe handelt, ist zunächst die Anordnung von vier hintereinanderliegenden Treppenläufen (Abb. 406), die über die ganze Länge der Bahnsteighalle verteilt sind und damit zwangsläufig zum architektonischen Blickfang werden. Treppenwangen, Seitenwände und Mittelstützen sind mit großformatigen hellgrauen Fliesen verkleidet.

Die vier Treppenläufe münden in eine sehr geräumige, im Zwischengeschoß direkt über dem Bahnsteig angeordnete Eingangshalle ein, die wegen des Massenandrangs bei großen Flugveranstaltungen mit umfangreichen Sperrenanlagen ausgestattet wurde. Da jedoch die Bedeutung des U-Bahnhofs Flughafen mit der Erweiterung des Flughafens nach Norden bis zum U-Bahnhof Kreuzberg rapide abnahm, wurden die 16 östlichen, zur Flughafenseite hin gerichteten Durchgänge später zugemauert. Auch der ursprünglich geplante Verbindungstunnel vom Bahnhof direkt in das Flughafengebäude wurde mit der Verlegung des Empfangsgebäudes nach Norden hinfällig. Unverändert blieb dagegen der nach Westen gerichtete Zugang, der sich in zwei tunnelartige Gänge gabelt (Abb. 407). Diese münden in die seitlichen Bürgersteige der direkt ins Zentrum der Siedlung Neu-Tempelhof führenden Paradestraße ein und sind somit unmittelbar auf den Kern der Anlage bezogen.

Abb. 404 Entwurf für einen Untergrundbahnhof im Tempelhofer Feld, 1911, Arch. P. Freye u. F. Seeck

Abb. 408 U-Bahnhof Tempelhof (Südring), Bahnsteighalle, 1930, Arch. A. Grenander

Die Hauptbedeutung des U-Bahnhofs *Tempelhof (Südring)*, dem Endbahnhof der Tempelhofer Abzweiglinie, der südlich des Ringbahnhofs Tempelhof angeordnet ist, liegt in seiner günstigen Lage zur Ringbahn. Erstmalig wurde hier der Versuch unternommen, in einer gemeinsamen, vertraglich abgesicherten Planung zwischen Reichsbahngesellschaft und den für den U-Bahnbau verantwortlichen Institutionen eine zweckmäßige Anlage für den Übergangsverkehr zwischen U-Bahn und S-Bahn zu schaffen.[73]

Man einigte sich auf eine unmittelbare Treppen- und Tunnelverbindung zwischen der unterirdischen Vorhalle am Nordende des U-Bahnhofs und dem Eingangsgebäude des S-Bahnhofs und fügte diese in einen flachen, eigens für diese Aufgabe als Doppeleingang konzipierten Klinkerbau ein. Von der Vorhalle des U-Bahnhofs gelangte man außerdem über einen zweiten, wegen seiner heutigen Bedeutungslosigkeit inzwischen geschlossenen Ausgang zum Tempelhofer Feld.

Im übrigen wurde auch dieser U-Bahnhof, um Schwierigkeiten bei der Untertunnelung der Ringbahn-Brücke zu vermeiden, tiefer als üblich angelegt. Da sich der Bahnhof nicht mehr im unmittelbaren Brückenbereich befindet, konnte die Bahnsteighalle als vergleichsweise hoher Raum ausgebildet werden, der mit seiner ungegliederten Flachdecke, den sehr schlank wirkenden genieteten Mittelstützen und dem kräftigen Gelbton der Wandfliesen zwar hell, jedoch extrem nüchtern wirkt (Abb. 408).

Abb. 409 U-Bahnhof Gneisenaustraße, Bahnsteighalle, 1924, Arch. Grenander u. Fehse

Die sieben Bahnhöfe des Neuköllner Abzweigs – Gneisenaustraße, Hasenheide (heute Südstern)[74], Hermannplatz, Rathaus Neukölln, Bergstraße (heute Karl-Marx-Straße)[75], Bahnhof Neukölln und Grenzallee – bringen mit Ausnahme des Bahnhofs Hermannplatz keine wesentlichen Neuerungen.

Der 1924 eröffnete Bahnhof *Gneisenaustraße* (Abb. 409) orientierte sich mit seinen grün verputzten Wänden, den einfachen genieteten Stahlstützen und der als Kreuzkappengewölbe ausgebildeten Kassettendecke noch stark an den Bahnhöfen der Strecke Seestraße – Hallesches Tor. Infolge umfangreicher Umbauten ist die ursprüngliche Gestalt des Bahnhofs heute jedoch kaum noch zu erkennen.

Bei den folgenden drei Bahnhöfen *Hasenheide* (Südstern) (Abb. 410), *Rathaus Neukölln* (Abb. 411) und *Bergstraße* (Karl-Marx-Straße) (Abb. 412) wurde ebenfalls noch in Anlehnung an die Strecke Seestraße – Hallesches Tor die variationsreiche Deckenkassettierung beibehalten. Wände und Mittelstützen wurden jetzt allerdings entsprechend dem Bahnhof Flughafen (Paradestraße) mit großformatigen farbigen Fliesen verkleidet.[76]

Erst bei den letzten beiden Stationen der Neuköllner Strecke, den 1930 eröffneten U-Bahnhöfen *Neukölln* (Südring) (Abb. 413) und *Grenzallee* (Abb. 414), verzichtete Grenander auf eine derartige Deckenkassettierung, die sich mit seinem mehr funktionalistischen Denken ohnehin nicht recht vertragen hatte. Konsequenterweise kehrte er hier auch – wie schon beim Bahnhof Tempelhof – zur einfachen genieteten Stahlstütze zurück, die wie keine andere Stützenform die konstruktiven Gegebenheiten klarlegt.

Abb. 410 U-Bahnhof Hasenheide, Bahnsteighalle, 1924 Arch. Grenander u. Fehse

Abb. 411 U-Bahnhof Rathaus Neukölln, Bahnsteighalle, 1926, Arch. Grenander u. Fehse

Abb. 412 U-Bahnhof Bergstraße, Bahnsteighalle, 1926 Arch. Grenander u. Fehse

Abb. 413 U-Bahnhof Neukölln (Südring), Bahnsteighalle Arch. A. Grenander

Weitere Parallelen lassen sich zwischen den U-Bahnhöfen Neukölln und Tempelhof hinsichtlich ihrer Lage zur Ringbahn aufzeigen. Nach Tempelhofer Vorbild wurde der U-Bahnhof Neukölln, der direkt unter dem Gleiskörper der Ringbahn liegt, durch eine unterirdische Anlage mit dem Eingangsgebäude des Ringbahnhofs Neukölln verbunden. Dieses hatte man deswegen vom Kopfende des Bahnsteigs entfernt und an der Ecke Bergstraße/Saalestraße als modernen Klinkerbau nach dem Entwurf Grenanders wieder errichtet (Abb. 415).

Der U-Bahnhof *Hermannplatz*, der von vornherein als Berührungspunkt zwischen der Nordsüdbahn und der Linie Gesundbrunnen – Neukölln vorgesehen war, nimmt in jeder Beziehung eine Sonderstellung ein. Der Bahnhof zählt nicht nur zu den bedeutendsten, wenn auch umstrittensten Schöpfungen Grenanders, sondern wurde auch zum Auslöser für wichtige städtebauliche Veränderungen, da mit seinem Bau eine grundlegende Umgestaltung des Hermannplatzes verbunden war.

Der Hermannplatz – schon damals wichtigster Verkehrsknotenpunkt des Berliner Südostens[77] – war in seiner langgestreckten, extrem schmalen Form ein solcher Engpaß, daß die Errichtung eines U-Bahnhofs, zudem noch eines großen Umsteigebahnhofs, nahezu unmöglich schien. Die ungünstige Platzstruktur war letztlich auch der Grund für die zahlreichen Verhandlungen und Diskussionen um die Gestaltung des zukünftigen U-Bahnhofs gewesen. Sie zogen sich über Jahre hin, ohne zu einem befriedigenden Ergebnis zu führen.[78]

Eine endgültige Lösung zeichnete sich erst in dem Moment ab, als die Stadt Berlin, die nach dem Zusammenschluß Groß-Berlins zu einer Einheitsgemeinde (1920) und nach Übernahme der AEG-Schnellbahn-AG. im Jahre 1924 die Hauptverantwortung für die Planungen am Hermannplatz übernommen hatte, den Beschluß faßte, den Platz zu erweitern, d. h. die Häuserzeilen an der nordwestlichen Längsseite des Platzes abzureißen, um mehr Raum zu gewinnen.[79] Durch eine geschickte Verhandlungspolitik und günstige Geländeankäufe gelang es der Stadt außerdem, das hinter dem Abrißgelände frei werdende Bauland an die Rudolph-Karstadt-AG. in Hamburg zu verkaufen und damit nicht nur einen großen finanziellen Gewinn zu erzielen, sondern überhaupt erst die Voraussetzungen für eine derartige, in jeder Hinsicht bemerkenswerte und sinnvoll durchdachte Bahnhofsanlage zu schaffen, wie sie die am Hermannplatz darstellt.

Mit dem Bau des Karstadt-Gebäudes, dem seinerzeit größten Warenhaus auf dem europäischen Kontinent[80], bekam der Hermannplatz einerseits einen neuen architektonischen Blickfang, andererseits ein attraktives Einkaufszentrum, das durch seinen unmittelbaren Anschluß an die U-Bahn noch an Anziehungskraft gewann. Dieser Anschluß bestand in einer unterirdischen Verbindung zwischen dem U-Bahnhof und dem Warenhaus (Abb. 416). Eine solche direkte Verbindung war bereits mehr als 20 Jahre vorher für das Warenhaus Wertheim am Leipziger Platz geplant gewesen.[81] Verwirklicht wurde die Idee jedoch zuerst in New York.[82]

Die Verbindung wurde durch eine geräumige unterirdische Vorhalle (Abb. 417) geschaffen, von der aus verschiedene Zugänge ins Innere des Warenhauses und je ein Zugang zu den beiden Bahnsteigen des doppelstöckigen U-Bahnhofs führten. Die beiden letzteren wurden von der Stadt Berlin an die Karstadt AG. vermietet. Karstadt war für die personelle Besetzung und Kontrolle der Zugänge zuständig.[83]

Der Zugang zu den Verkaufsräumen des Warenhauses erfolgte über je eine normale und eine Rolltreppe sowie über drei Personenaufzüge. Über die Rolltreppe konnte man außerdem das zwischen Erdgeschoß und U-Bahnvorhalle gelegene sogenannte Basement erreichen, in dem sich ein öffentlich zugängliches, von Karstadt eingerichtetes Wannen- und Brausebad mit angeschlossenem Frisiersalon befand. Im Bezirk Neukölln, einem typischen Arbeiterbezirk mit überwiegend einfachsten Wohnungen ohne Bad und nur einer öffentlichen Städtischen Badeanstalt, stellte diese neue, zudem noch so verkehrsgünstig gelegene Bademöglichkeit einen besonderen Anziehungspunkt dar.

In Anlehnung an die Inneneinrichtung des Karstadt-Gebäudes wurde die Vorhalle mit großformatigen Siegersdorfer keramischen Platten ausgekleidet. Die Stützen und Deckenunterzüge hob man farblich besonders hervor.[84] Es kann angenommen werden, daß die Karstadt AG. zumindest finanziell an der Ausstattung dieser Vorhalle, deren ansprechendes Aussehen auch in ihrem eigenen Interesse lag, beteiligt war. Inwieweit sich diese finanzielle Unterstützung auch auf die mit ungewöhnlichem Aufwand verbundene Gesamtgestaltung des Bahnhofs erstreckt, konnte nicht geklärt werden.

Abb. 417 U-Bahnhof Hermannplatz, Vorhalle zum Karstadtgebäude, 1929

Abb. 414 U-Bahnhof Grenzallee, Bahnsteighalle
Arch. A. Grenander

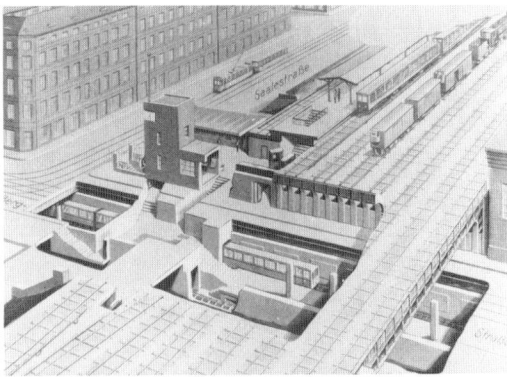

Abb. 415 U-Bahnhof Neukölln (Südring) mit Übergang zur
Reichsbahn, Perspektivischer Schnitt

Abb. 416 U-Bahnhof Hermannplatz,
Perspektivischer Schnitt durch den Kreuzungsbahnhof

Abb. 418 U-Bahnhof Hermannplatz, Unterer Bahnsteig (Nordsüdbahn), 1927, Arch. A. Grenander

Abb. 419 U-Bahnhof Hermannplatz, Unterer Bahnsteig
mit darüberliegendem Bahnsteig der GN-Bahn

Abb. 420 U-Bahnhof Hermannplatz, Oberer Bahnsteig
(GN-Bahn), 1926, Arch. A. Grenander

Lagen die Vorteile der U-Bahn für das Warenhaus klar auf der Hand, so wirkte sich natürlich auch umgekehrt die Nähe des Warenhauses positiv auf den U-Bahnhof aus. Dieser wurde als Kreuzungsbahnhof in Form einer Turmstation mit zwei übereinanderliegenden, sich schrägwinklig schneidenden Bahnsteigen angelegt. Im Kreuzungspunkt der beiden Bahnsteige befinden sich die Verbindungstreppen einschließlich der hier erstmalig auf einem Berliner U-Bahnhof erprobten Rolltreppe[85], über die sich der gesamte Umsteigeverkehr zwischen der Nordsüdbahn und der Gesundbrunnen-Neukölln-bahn abwickelt. Wegen der schrägen Schneidung der Bahnsteige konnte die Treppenanlage nur in axiale Beziehung zu einer der Bahnsteighallen gesetzt werden. Man entschied sich für die untere, auf deren Gestaltung sich ohnehin alle Bemühungen konzentrierten.

Bestimmendes Moment dieser schon von ihren Dimensionen her eindrucksvollen unteren Bahnsteighalle (Abb. 418)[86], die zum »Glanzstück«[87] der Nordsüdbahn werden sollte, sind die schlanken, mit Keramikplatten ummantelten Mittelstützen. Ihre weit ausladenden, kapitellartig ausgebildeten Stützenköpfe zeigen in ihrer Reliefstruktur deutliche Anklänge an den Expressionismus und scheinen damit in gewissem Gegensatz zu Grenanders eigentlichen Bestrebungen zu stehen. Die mächtige Ausladung der Stützenköpfe ist jedoch nicht rein ästhetisch bedingt, sondern »durch die Voute des Eisenbetonunterzuges aus rein statischen und praktischen Forderungen entstanden«.[88] Da die Stützen außer der Last des mächtigen architravartig ausgebildeten und mit Reliefbändern verzierten Unterzuges – der die Halle gleichsam in zwei Schiffe teilt – auch noch die Schubkraft der tief eingeschnittenen, an den Seiten stark abgeschrägten Kassettendecke auffangen müssen, ist ihre ausgefallene Form durchaus gerechtfertigt. Die stilisierten Kapitellverzierungen sind in diesem Zusammenhang nicht nur als bloße Dekoration, sondern als bewußte Akzentuierung zu sehen.

So sehr auch diese untere Bahnsteighalle durch die ungewöhnliche Form der Stützen geprägt ist, so stark wird andererseits ihre Wirkung durch den tiefen, zudem noch schräg verlaufenden Einschnitt des oberen Bahnsteigs (Abb. 419) sowie durch den brückenartigen, etwas unorganisch eingefügten Treppenaufgang zum Karstadt-Gebäude beeinträchtigt.

Der obere, der Gesundbrunnen-Neukölln-Bahn zugeordnete Bahnsteig (Abb. 420) wurde von Grenander dagegen in eine knappe architektonische Form gefaßt, wie sie etwa vom U-Bahnhof Nollendorfplatz her bekannt und auch bezeichnend für die Bahnhöfe der Gesundbrunnen-Neukölln-Bahn ist. Die Halle wirkt jedoch aufgrund ihrer Breite, der niedrigen Decke und der beiden weit auseinanderstehenden Reihen kräftiger Stützen, zwischen denen die Verbindungstreppen zum unteren Bahnsteig sowie zum Warenhaus Karstadt angeordnet sind, sehr unproportioniert und gedrungen. Die Zugänge zum Hermannplatz sind hier wegen der geringen Höhendistanz ohne Zwischenpodest angeordnet.[89]

Insgesamt gesehen gelang Grenander mit dem U-Bahnhof Hermannplatz eine großzügige, wenn auch sehr eigenwillige Bahnhofsanlage, die in geschickter Weise die Verkehrsbedürfnisse mit den Belangen eines Einkaufszentrums verknüpft und noch heute einen schnellen und reibungslosen Umsteigeverkehr gewährleistet.

7.2 Die AEG-Bahn von Gesundbrunnen nach Neukölln

Vorgeschichte und Linienführung

Die Untergrundbahn von Gesundbrunnen nach Neukölln, auch AEG-Bahn genannt, läßt sich von der Idee her fast genauso weit zurückverfolgen wie die Nordsüdbahn. Auch hierbei handelt es sich um eine Nordsüdlinie, die zwei bevölkerungsstarke Gebiete – den Gesundbrunnen und Neukölln – miteinander verbindet und insofern wie die Nordsüdbahn einem dringenden Verkehrsbedürfnis entsprach. Während bei der Nordsüdbahn jedoch von vornherein nur eine unterirdische Linienführung zur Diskussion gestanden hatte, war bei der Gesundbrunnen-Neukölln-Bahn die Frage der Bau- und Betriebsform zunächst sehr umstritten.

Die ersten Pläne für diese zweite, östlich der Nordsüdbahn verlaufende Nordsüdverbindung tauchten 1902 auf. Sie stammten von der »Continentalen Gesellschaft für elektrische Unternehmungen« in

Abb. 421 Entwurf für eine Schwebebahn in Berlin,
Brunnenstraße/Bernauer Straße, ca. 1903

Abb. 422 Entwurf für eine Schwebebahn in Berlin,
Lothringer Straße, ca. 1903

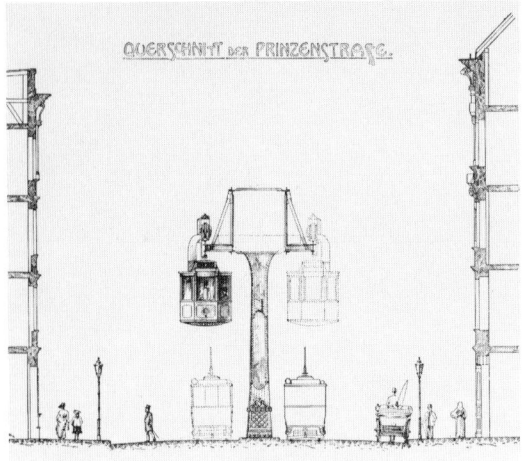

Abb. 423 Entwurf für eine Schwebebahn in Berlin, Einzelstütze in der Prinzenstraße, ca. 1904

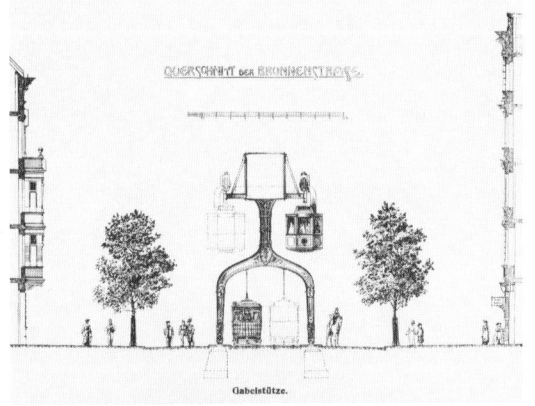

Abb. 424 Entwurf für eine Schwebebahn in Berlin, Gabelstütze in der Brunnenstraße, ca. 1904

Abb. 425 Schwebebahnviadukt – Modelle für den Wettbewerb 1906 (mit Spiegeltrennwänden)

Nürnberg und sahen eine Schwebebahn nach dem System von Eugen Langen aus Köln vor.[90] Vorbild hierfür war die 1901 eröffnete Wuppertaler Schwebebahn.[91] Ähnliche Projekte waren auch für Hamburg[92] und Schöneberg[93] geplant, nachdem Langen bereits in den neunziger Jahren Schwebebahn-Projekte für Hamburg[94] und Berlin[95] vorgelegt hatte, die jedoch beide von den Behörden abgelehnt worden waren. Mit dieser neuen, sehr viel verkehrsgünstigeren Planung erhoffte sich die Continentale Gesellschaft nunmehr einen größeren Erfolg.

Der Entwurf, der zunächst zwei sich kreuzende Nordsüdlinien umfassen sollte[96], sah nach verschiedenen – behördlich angeordneten – Korrekturen folgende Linienführung vor: Ausgehend vom S-Bahnhof Gesundbrunnen sollte die Bahn durch die Brunnen- und Lothringer Straße bis zum Alexanderplatz (Abb. 421–424), dann weiter über den Bahnhof Jannowitzbrücke sowie durch die Neanderstraße, von dort aus im weiten Bogen um den Urbanhafen herum bis zum Hermannplatz und schließlich bis zum Ringbahnhof Neukölln geführt werden.[97] Trotz der Schwierigkeiten, die sich bei einer derartigen Linienführung – zumal als Schwebebahn – an den Kreuzungspunkten mit der Stadtbahn am Alexanderplatz und an der Jannowitzbrücke, wo zudem noch die Spree überquert werden mußte, ergaben, erhielt die Continentale Gesellschaft die Erlaubnis zum Bau einer Probestrecke in der Brunnenstraße, dem engsten Straßenzug der geplanten Linie.

Der Grundgedanke hierbei war, die Wirkung der Schwebebahn im Berliner Stadtbild zu prüfen, das mit seinen engen Straßen weitaus ungünstigere Voraussetzungen für ein solches Unternehmen bot als beispielsweise das Flußbett der Wupper in Barmen-Elberfeld.

Um das Stützensystem der Probestrecke in einer möglichst ansprechenden Form präsentieren zu können und damit zumindest die ästhetischen Bedenken gegen die Schwebebahn aus dem Wege zu räumen, schrieb die Continentale Gesellschaft einen engeren Wettbewerb unter den vier Architekten Alfred Grenander, Bruno Möhring, Sepp Kaiser[98] und Bruno Jautschus[99] aus.[100] Die Wettbewerbsergebnisse, die teilweise in Modellen vorgestellt wurden (Abb. 425), boten eine Vielzahl unterschiedlicher Lösungen an, die allein schon dadurch bedingt waren, daß zur Aufgabenstellung neben Einzelstützen auch der Entwurf von Gabel- bzw. Bogenstützen gehört hatte.

Die Bogenstütze, die die volle Straßenbreite überspannen sollte, ging auf das Vorbild der Wuppertaler Schwebebahn zurück.[101] Wie die Entwürfe von Kaiser (Abb. 426), Möhring (Abb. 427) und Grenander (Abb. 428) zeigen, sollte sie in Berlin jedoch einen sehr viel steileren und eleganter wirkenden Bogen erhalten.

Abb. 426 Entwurf für eine Schwebebahn mit Bogenstützen, 1906, Arch. S. Kaiser

Abb. 427 Schwebebahnprojekt für Berlin, 1906
Entwurf für eine Bogenstütze, Arch. B. Möhring

Mit ihren portalartig bzw. V-förmig ausgebildeten Gabelstützen orientierten sich Grenander (Abb. 429) und Möhring (Abb. 430) ebenfalls nur bedingt an den von der Continentalen Gesellschaft vorgegebenen Entwürfen. Sie ersetzten außerdem die antikisierenden gußeisernen Schmuckelemente des Vorbildes (Abb. 424) durch zeitgemäßere Ornamente aus unterschiedlich geformten Eisenstäben. Insbesondere Grenanders Schöpfungen erinnern in ihrer eigenwilligen linearen Ausprägung deutlich an die Stützen der Charlottenburger U-Bahnhöfe.

Für Berlin am günstigsten sollten sich wegen ihres geringeren Platzbedarfs und ihrer wirtschaftlicheren Abmessungen Einzelstützen erweisen. Ihnen hatte deshalb auch schon bei der Entwurfsarbeit das Hauptinteresse gegolten (Abb. 431–434). Für die Probestrecke, die 1908 in der Brunnenstraße realisiert wurde (Abb. 435), wählte man je eine Stütze von Grenander, Kaiser und Möhring aus. Die Unterschiede bei diesen drei Probestützen lagen im wesentlichen in der architektonischen Durchbildung der Details. Alle drei Architekten gingen von der gleichen Grundform, der aus einfachen Doppel-T-Trägern zusammengenieteten Stahlstütze aus, die oben mit beidseitigen Auskragungen zur Befestigung der Schienenträger versehen wurden. Während diese Kragarme bei Grenander und Möhring – in Anlehnung an ihre Entwürfe für Gabelstützen – durch ausgerundete Streben abgestützt wurden, entschied sich Kaiser für eine rechtwinklige Eckausbildung ohne Vouten. Im Gegensatz zu Möhring und Kaiser verzichtete Grenander jedoch auf eine stärkere ornamentale Betonung der Kragansätze.

Trotz aller Bemühungen der Continentalen Gesellschaft, die Attraktivität der Schwebebahn zu erhöhen, stieß die Probestrecke in Berlin auf heftigste Kritik[102], so daß sie im Jahre 1913, nachdem man sich für andere Schnellbahnpläne entschieden hatte, wieder abgerissen wurde.

Damit blieben auch die verschiedenen Bahnhofsentwürfe, die im Zusammenhang mit dem Schwebebahnprojekt entstanden waren, unausgeführt. Genannt seien hier zunächst die Entwürfe für die Bahnhöfe Alexanderplatz (Abb. 436) und Jannowitzbrücke (Abb. 437), die mit ihren bewegten Formen, den Kuppelaufbauten, Tonnen und pavillonartigen Anbauten noch ganz dem Jugendstil verhaftet sind. Sie lassen sich zwar – im Gegensatz zu den Stützen – keinem bestimmten Architekten zuordnen, Ähnlichkeiten bestehen jedoch mit der Haltestelle Döppersberg (Abb. 438) in Wuppertal von

Abb. 428 Entwurf für eine Schwebebahn
mit Bogenstützen, 1906
Arch. A. Grenander

Abb. 429 Schwebebahnprojekt für Berlin, 1906
Entwurf für eine Gabelstütze, Arch. A. Grenander

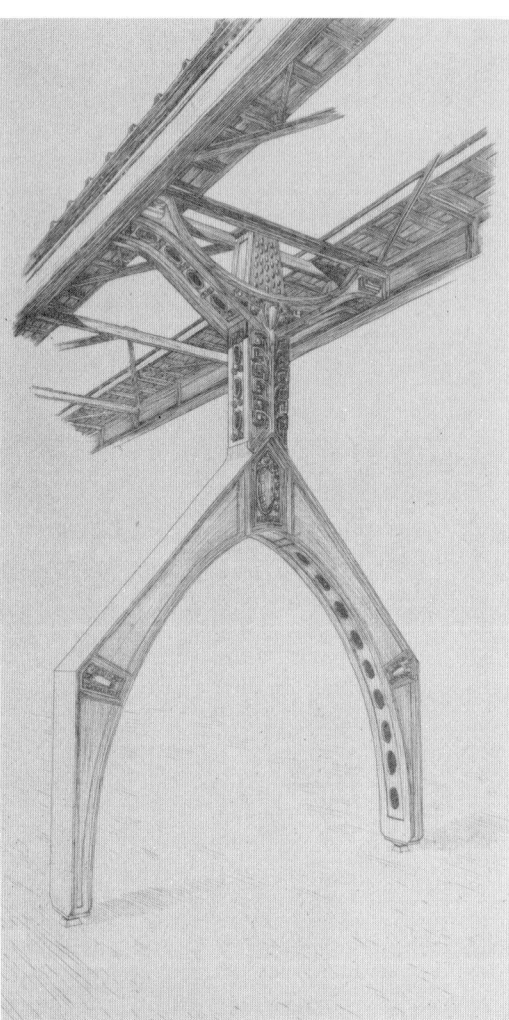

Abb. 430 Schwebebahnprojekt für Berlin, 1906
Entwurf für eine Gabelstütze, Arch. B. Möhring

Abb. 431 Schwebebahnprojekt für Berlin, 1906
Entwurf für eine Einzelstütze, Arch. A. Grenander

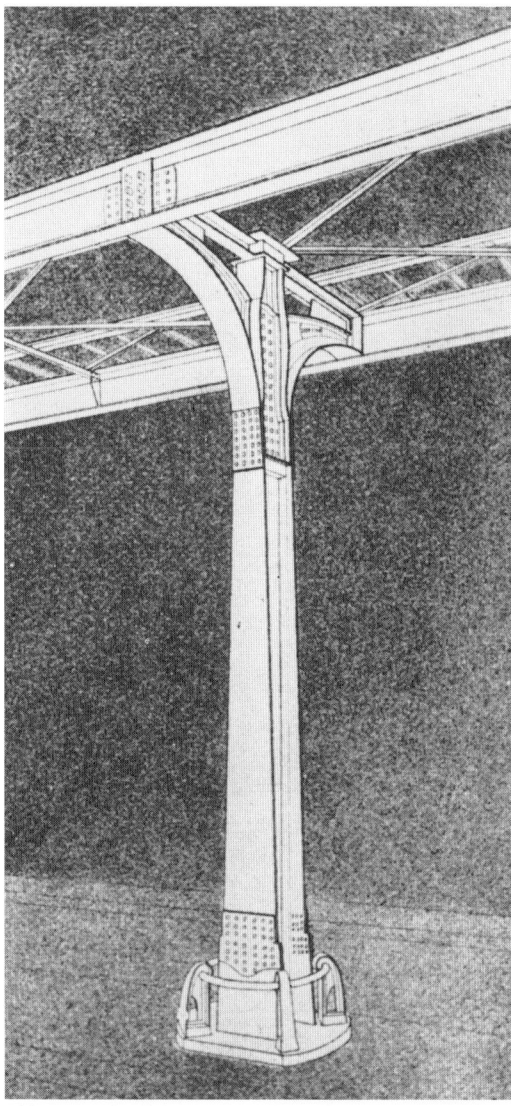

Abb. 434 Schwebebahnprojekt für Berlin, 1906
Entwurf für eine Einzelstütze, Arch. B. Möhring

Abb. 432 Schwebebahnprojekt für Berlin, 1906
Entwurf für eine Einzelstütze, Arch. A. Grenander

Abb. 433 Schwebebahnprojekt für Berlin, 1906
Entwurf für eine Einzelstütze, Arch. A. Grenander

Abb. 435 Probestrecke der Schwebebahn in der Brunnenstraße mit Einzelstützen von A. Grenander (links),
S. Kaiser (Mitte) und B. Möhring (rechts), 1908

Abb. 436 Entwurf für eine Schwebebahnhaltestelle am Stadtbahnhof Alexanderplatz, ca. 1903

Bruno Möhring sowie mit den Entwürfen für die Hamburger Schwebebahn von Raabe und Wöhlecke,
die ihrerseits eine deutliche Abhängigkeit von Möhring zeigen. In den gleichen stilistischen Zusammenhang gehört auch der Entwurf für einen Bahnhof in der Brunnenstraße, Ecke Bernauer Straße
(Abb. 421).

Dagegen läßt der »Entwurf für eine Schwebebahnhaltestelle am Kottbusser Tor in Berlin« (Abb. 439),
den Bruno Möhring und Richard Petersen[103] 1910 im Rahmen des Wettbewerbs Groß-Berlin[104] vorlegten, in seiner nüchtern-sachlichen, auf das Wesentliche reduzierten Form nichts mehr von dieser un-
ruhig bewegten Linienführung erkennen.[105]

Noch während der Verhandlungen mit der Continentalen Gesellschaft trat im Jahre 1907 die Allgemeine Elektricitäts-Gesellschaft (AEG) mit einem Schnellbahnprojekt an die Öffentlichkeit, das eine
Alternativlösung zur Schwebebahn darstellte und diese ernsthaft gefährdete.

Der AEG-Entwurf, der bis auf geringe Abweichungen mit der Linienführung der Schwebebahn übereinstimmte, hatte dieser gegenüber den großen Vorteil, daß der gesamte mittlere, durch das enge
Stadtzentrum führende Streckenabschnitt zwischen Brunnenstraße und Spree als Untergrundbahn
ausgeführt werden sollte und nur die im Norden und Süden anschließenden Teilstücke als Hochbahn
projektiert waren.[106] Obwohl die geplante Hochbahn auf ähnliche Kritik stieß wie die Schwebebahn[107], stand man den AEG-Plänen grundsätzlich sehr viel positiver gegenüber als dem Schwebebahnprojekt, das sich schon allein vom System her weitaus schwerer in das bestehende Berliner
Schnellbahnnetz integrieren ließ.

Abb. 438 Wuppertal, Schwebebahnhaltestelle Döppersberg, 1901, Arch. B. Möhring

Abb. 437 Entwurf für eine Schwebebahnhaltestelle an der Jannowitzbrücke, ca. 1904

Abb. 439 Entwurf für eine Schwebebahnhaltestelle am Kottbusser Tor in Berlin, 1910, Arch. Möhring u. Petersen

Abb. 440 Entwurf für die projektierte Hochbahn der AEG, ca. 1910, Viadukt auf Einzelstützen, Arch. P. Behrens

Da die AEG wegen ihrer am Gesundbrunnen gelegenen Maschinenfabriken[108] an einer Realisierung des eigenen Projekts großes Interesse hatte, war sie schließlich zum weitgehenden Verzicht auf die geplante Hochbahnstrecke bereit. Damit fiel die Entscheidung klar zu ihren Gunsten aus. Am 18. März 1912 wurde der Vertrag zwischen der Stadt Berlin und der AEG unterzeichnet[109] und hiermit das endgültige Urteil über die Schwebebahn gefällt. Die landespolizeiliche Genehmigung für die AEG-Bahn wurde am 4. Juni 1914 erteilt.[110]
Aus der Genehmigungsurkunde geht klar hervor, daß nur das nördlich der Grenzstraße am Humboldthain gelegene, die Bahnhöfe Gesundbrunnen, Prinzenallee und Christianiastraße umfassende Endstück der Linie als Hochbahn angelegt werden durfte.[111] Nachdem jedoch jahrelange Ungewißheit über den Ausbau dieser letzten Teilstrecke bestand und der Bahnhof Gesundbrunnen bereits vorsorglich als Untergrundbahnhof ausgeführt worden war, wurde auf die Hochbahnstrecke schließlich ganz verzichtet.[112]
Infolgedessen kamen auch die unter der künstlerischen Leitung von Peter Behrens[113] ca. 1910 entstandenen Entwürfe für die Hochbahnstrecke nicht zur Ausführung. Hier ist zunächst der Entwurf für einen Viadukt auf Einzelstützen (Abb. 440) zu nennen, der von der Idee her auf das erste Hochbahnprojekt von Werner von Siemens aus dem Jahre 1880 zurückgeht, mit seinen vollwandigen Blechträgern jedoch den Viadukten der Hochbahngesellschaft in der Schönhauser Allee entspricht. Neu sind allerdings die geneigten, klammerartig nach oben verlängerten Kragarme, die in ihrer einfachen, fertigungsgerechten Ausbildung komplexe technische Zusammenhänge berücksichtigen.

Abb. 441 Entwurf für einen Hochbahnhof der AEG-Schnellbahn, ca. 1910, Arch. P. Behrens

Abb. 442 Entwurf für einen Hochbahnhof der AEG-Schnellbahn, ca. 1910, Arch. P. Behrens

Noch bemerkenswerter ist der Entwurf für einen Hochbahnhof (Abb. 441), der eine grundsätzlich neue Formauffassung verrät.[114] Behrens verzichtete auf die für Hallenbauten dieser Art bisher so typische Dachkonstruktion in Bogen- oder Satteldachform. Statt dessen wählte er ein Flachdach, das die Blockhaftigkeit des aus mehreren Kuben zusammengesetzten, ungewöhnlich langgestreckten Komplexes noch unterstreicht. Ihren besonderen Akzent erhält die Anlage durch den weit vorspringenden offenen Querbau, der den überdeckten Treppenabgang von der Bahnsteighalle trennt. Seine Formen verraten einen gewissen Klassizismus. Eine ähnliche Tendenz zeigt das flache, mehrfach abgestufte Dach. In einer anderen Version desselben Entwurfs (Abb. 442) wurde zwar auf die Dachabstufung verzichtet, dafür jedoch der Kopfbau durch einen zusätzlichen Vorbau mit besonders kraftvoll ausgebildeten Ecken betont.

Wenn auch dieser Bahnhofsentwurf mit seinen kubischen Formen und langen Fensterfronten eine konstruktiv neue Lösung anbietet, so läßt sich dennoch ein gewisser Anspruch auf Monumentalität, wie er beispielsweise in der 1911/12 von Behrens gebauten Deutschen Botschaft in Petersburg zum Ausdruck kommt, nicht leugnen.

Obwohl dem Untergrundbahn-Projekt ein günstigeres Schicksal beschieden war als der geplanten Hochbahn – ganz zu schweigen von der Schwebebahn –, war die Durchführung der AEG-Pläne mit den allergrößten Schwierigkeiten verbunden. Denn wie schon beim Bau der Nordsüdbahn wirkte sich auch hier der 1. Weltkrieg mit seinen Folgeerscheinungen als großes Hemmnis aus. Die 1913 unter Führung der AEG-Schnellbahn-AG.[115] begonnenen Bauarbeiten konnten während des Krieges nur sporadisch weitergeführt werden und kamen im Oktober 1919 völlig zum Erliegen.

Die AEG begründete gegenüber der Stadt Berlin die Einstellung der Bauarbeiten, die laut Genehmigungsurkunde bereits am 30. September 1918 abgeschlossen sein sollten[116], mit den unvorhergesehenen Kriegsereignissen und den daraus resultierenden wirtschaftlichen Schwierigkeiten. Die Stadt

Abb. 443 U-Bahnhof Gesundbrunnen, Bahnsteighalle,
1930, Arch. A. Grenander

Abb. 444 U-Bahnhof Alexanderplatz, Bahnsteighalle, 1930
Arch. A. Grenander

Abb. 445 U-Bahnhof Jannowitzbrücke, Bahnsteighalle,
1930, Arch. A. Grenander

Berlin reagierte mit einer Klage wegen Vertragsbruch, der im Reichsgerichtsurteil vom 9. Januar 1923 auch stattgegeben wurde.[117] Da sich die AEG-Schnellbahn-AG. trotz dieses Urteils zum Weiterbau der Linie nicht in der Lage sah, mußte sie in Liquidation treten.

Um den eventuellen Weiterbau der Gesundbrunnen-Neukölln-Bahn durch ein anderes Unternehmen zu ermöglichen, wurde der AEG-Schnellbahn-AG. am 25. August 1924 die Konzession entzogen. Daraufhin bemühte sich die Stadt Berlin, die inzwischen alle bisher fertiggestellten Streckenabschnitte entschädigungslos übernommen hatte[118], um den Weiterbau, für den sie 1926 die landespolizeiliche Genehmigung erhielt.[119] Sie übertrug die Bauarbeiten der Nordsüdbahn AG., die die Linie in Etappen bis 1930 fertigstellte.

Am 17. Juli 1927 fand die Eröffnung der ersten 2 km langen Teilstrecke Boddinstraße – Schönleinstraße statt, deren Bau unabhängig von der AEG bereits vorher durch das Bezirksamt Neukölln in Angriff genommen worden war. Am 12. Februar 1928 wurde die Strecke Schönleinstraße – Kottbusser Tor eröffnet und damit der Anschluß an das Netz der Hochbahngesellschaft geschaffen. Am 6. April desselben Jahres folgte die nördliche Anschlußstrecke Kottbusser Tor – Neanderstraße und zwei Jahre später, am 18. April 1930, die restliche, sehr umfangreiche Strecke bis zum Bahnhof Gesundbrunnen. Das südliche Endstück Boddinstraße – Leinestraße war schon am 4. August 1929 fertiggestellt worden.

Die jahrelangen Bauverzögerungen und Unterbrechungen hatten jedoch auch ihr Gutes. Denn während die Bauarbeiten ruhten, konnten die Pläne noch einmal eingehend überprüft und Verbesserungen bezüglich der Linienführung vorgenommen werden. So kam es nach Wiederaufnahme der Bauarbeiten durch die Nordsüdbahn-AG. zu drei wichtigen Änderungen der U-Bahntrasse, die alle drei zur Lageverbesserung einzelner Bahnhöfe beitragen sollten.

Die entscheidende Änderung betraf den U-Bahnhof Hermannplatz, der als Kreuzungspunkt mit der Nordsüdbahn schon genügend Anlaß zu Meinungsverschiedenheiten gegeben hatte.[120] Entgegen den Plänen der AEG, die einen Gemeinschaftsbahnhof mit Richtungsbetrieb in der Hasenheide vorgesehen hatte, wurde der Bahnhof nunmehr unmittelbar am Hermannplatz als Kreuzungsbahnhof in Form einer Turmstation angelegt.[121]

Geändert wurde auch der Linienverlauf am Moritzplatz, der jetzt anstelle des verkehrs- und geschäftsmäßig wesentlich unbedeutenderen Oranienplatzes in die AEG-Linie einbezogen wurde. Mit dieser Verlegung der Trasse weiter nach Westen entsprach die AEG-Schnellbahn genau der Linienführung, die schon 1905 für das Schwebebahnprojekt vorgesehen war.

Die dritte Änderung erfolgte am Alexanderplatz. Dort hatte die vorgesehene Linienführung insofern Kritik ausgelöst, als der Platz selbst mit seinen bereits vorhandenen Bahnhofsanlagen der S- und U-Bahn von der AEG-Bahn in weitem Bogen umfahren werden sollte und infolgedessen auch der S-Bahnhof Jannowitzbrücke mit seiner verkehrsreichen Umgebung nicht berührt werden konnte. Die neue Lösung sah eine Linienführung vor, bei der die AEG-Bahn unter der Dircksenstraße, also zwischen dem S-Bahnhof Alexanderplatz und dem U-Bahnhof der verlängerten Stammlinie entlanggeführt werden sollte und somit auch der S-Bahnhof Jannowitzbrücke bequem in den Linienverlauf einbezogen werden konnte.[122]

Abgesehen von diesen drei Änderungen, die die Linienführung betrafen, entschloß man sich – wie bereits erwähnt –, den Bahnhof Gesundbrunnen nicht als Hochbahnhof, sondern wegen der Unklarheiten um eine eventuelle Linienverlängerung nunmehr als Untergrundbahnhof auszuführen.

Die architektonische Gestaltung der Bahnhöfe

Die Linie Gesundbrunnen – Neukölln, im folgenden kurz GN-Bahn genannt, umfaßt von Norden nach Süden die fünfzehn U-Bahnhöfe Gesundbrunnen, Voltastraße, Bernauer Straße, Rosenthaler Platz, Weinmeisterstraße, Alexanderplatz, Jannowitzbrücke, Neanderstraße (heute Heinrich-Heine-Straße)[123], Moritzplatz, Kottbusser Tor, Schönleinstraße (heute Kottbusser Damm)[124], Hermannplatz, Boddinstraße und Leinestraße. Die sechs Stationen Gesundbrunnen, Alexanderplatz, Jannowitzbrücke, Moritzplatz, Kottbusser Tor und Hermannplatz wurden als Umsteigebahnhöfe mit der S-Bahn (Gesundbrunnen, Alexanderplatz und Jannowitzbrücke) bzw. der Hoch- und Untergrundbahn (Alexanderplatz, Moritzplatz[125], Kottbusser Tor und Hermannplatz) angelegt.

Mit einer durchschnittlichen Länge von 130 m und einer Bahnsteigbreite von 8 m bei der normalen Durchgangsstation sowie 13–18,5 m bei den Umsteigebahnhöfen sind die Bahnhöfe der GN-Bahn wesentlich großzügiger bemessen als die der Nordsüdbahn. In architektonischer Hinsicht bieten sie jedoch kaum etwas Neues.

Dies erklärt sich schon allein aus der Tatsache, daß die Ausgestaltung der Bahnhöfe erst nach Übernahme der GN-Bahn durch die Nordsüdbahn-AG. und damit parallel zum Bau der Tempelhofer und Neuköllner Nordsüdbahnstrecke erfolgte. Wie dort lag die architektonische Gestaltung der Bahnhöfe in den Händen von Alfred Grenander und seinem Mitarbeiter Alfred Fehse. Eine Ausnahme bildet allein der Bahnhof Moritzplatz, dessen Entwurf von Peter Behrens, dem langjährigen künstlerischen Berater der AEG, stammt.[126]

In Anlehnung an die Tempelhofer und Neuköllner Nordsüdbahnhöfe wurden sämtliche Stationen der GN-Bahn mit farbigen Keramik-Platten – allerdings ohne eine bestimmte Farbabfolge – ausgekleidet.[127] Einbezogen in diese Ausstattung wurden auch die Stützen. Lediglich bei den Bahnhöfen Gesundbrunnen (Abb. 443), Alexanderplatz (Abb. 444) und Jannowitzbrücke (Abb. 445), drei besonders tief liegenden Haltestellen, verzichtete man auf die Ummantelung der einfachen genieteten Eisenstützen. Wegen ihrer besonderen Breite erhielten die fünf Umsteigebahnhöfe Gesundbrunnen, Alexanderplatz, Moritzplatz, Kottbusser Tor und Hermannplatz (Abb. 420) außerdem doppelte Stützenreihen.

Völlig aus diesem Rahmen fallen die Bahnhöfe *Voltastraße* (Abb. 446) und *Bernauer Straße*. Mit ihren kraftvollen Natursteinsäulen[128] greifen sie noch klar auf den Formenkanon der Zeit vor dem 1. Weltkrieg zurück – wie er uns insbesondere von den Wilmersdorfer U-Bahnhöfen her bekannt ist. Eine zeitlich so frühe Einordnung findet ihre Bestätigung in dem zufällig erhaltenen Entwurf einer Granitsäule für die Haltestelle Bernauer Straße (Abb. 447) vom 20. Juni 1914[129] sowie in der Tatsache, daß die Rohbauarbeiten für die beiden Bahnhöfe bei Einstellung der Bauarbeiten am Ende des 1. Weltkriegs weitgehend abgeschlossen waren.[130] In dieselbe Zeit datiert auch der Modellentwurf für den U-Bahnhof Neanderstraße[131] (Abb. 448), der in seinen Details – den kräftigen Stützen, den achteckigen Stationsschildern sowie den stark profilierten Rahmungen der Reklamefelder – deutlich die Handschrift von Peter Behrens verrät.

Auch in der Ausbildung der Bahnhofsdecken läßt sich ein gewisser Variationsreichtum erkennen, der auf die lange Bauzeit der GN-Bahn zurückzuführen ist. So wurde der Bahnhof Boddinstraße (Abb. 449), dessen Rohbau ebenfalls vor dem 1. Weltkrieg fertiggestellt war, mit einer Decke ausgestattet, deren in Kappen endenden schmalen Quertonnen noch stark an die Deckenform der ersten Bahnhöfe der Nordsüdbahn erinnern. Durch die rhythmische Anordnung dieser Tonnen, die sich in den Stützen wiederholt, wird dieser Eindruck noch bestärkt.

Der überwiegende Teil der Bahnhöfe erhielt indes einfache Flachdecken, deren Mittelachse teilweise durch einen kräftig ausgebildeten Unterzug, der architravartig auf den Stützen aufliegt, betont ist. Eine hiervon leicht abweichende Deckengestaltung weisen die vier Bahnhöfe Rosenthaler Platz, (Abb. 450), Neanderstraße (Abb. 451), Schönleinstraße (Abb. 452) und Leinestraße (Abb. 453) auf. Durch eine zusätzliche Kehlung des Unterzuges und der seitlichen Deckenabschlüsse wurde hier eine gewölbeähnliche Wirkung hervorgerufen.

Der Zugang zu den Bahnhöfen erfolgt wie bei der Nordsüdbahn normalerweise über Zwischenpodeste, die eine günstige Anordnung der Treppenabgänge auf den seitlichen Bürgersteigen ermöglichten. Eine Ausnahme bilden auch hier die drei Bahnhöfe Voltastraße, Bernauer Straße und Boddinstraße, die bereits vor 1914 in der damals noch üblichen Unterpflasterlage konzipiert worden waren und insofern noch mit Zugängen ausgestattet wurden, die ohne Zwischenpodest auf kleine Mittelinseln im Fahrdamm einmünden. Das gleiche trifft für den Bahnhof Hermannplatz zu. Hier war allerdings die Doppelstöckigkeit ausschlaggebend für die geringe Tiefenlage gewesen.

Bei der Gestaltung der Eingänge orientierte sich Grenander zunächst an der Nordsüdbahn. So verwendete er für die 1927 eröffneten Bahnhöfe Boddinstraße, Hermannplatz und Schönleinstraße die glei-

Abb. 446 U-Bahnhof Voltastraße, Innenansicht
Entwurf AEG-Architekturbüro und A. Grenander

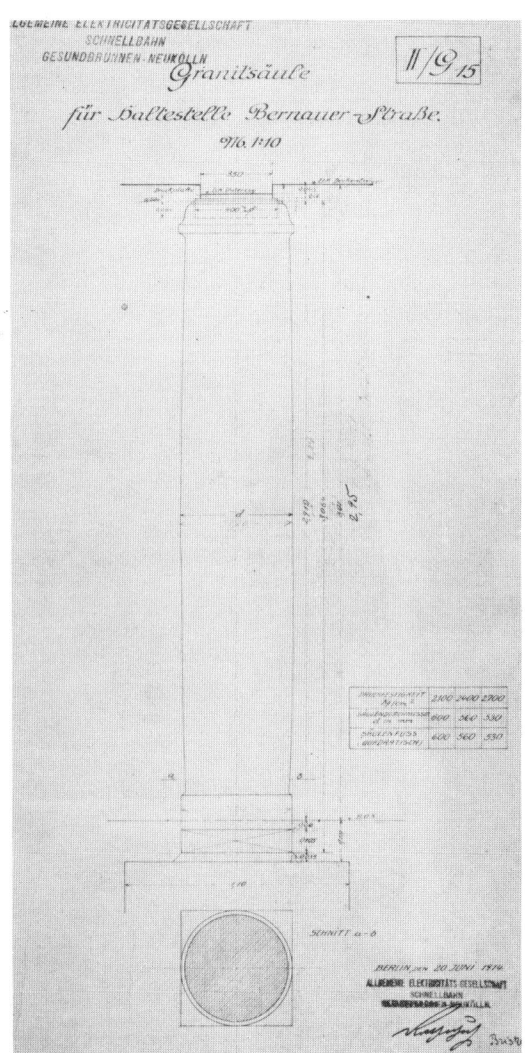

Abb. 447 U-Bahnhof Bernauer Straße, Entwurf für eine Granitsäule, 1914, AEG-Architekturbüro

Abb. 448 Modellentwurf für den U-Bahnhof Neanderstraße, 1915, Arch. P. Behrens

Abb. 449 U-Bahnhof Boddinstraße, Bahnsteighalle, 1927 Entwurf AEG-Architekturbüro und A. Grenander

Abb. 450 U-Bahnhof Rosenthaler Platz, Bahnsteighalle, 1930, Arch. A. Grenander

Abb. 451 U-Bahnhof Neanderstraße, Bahnsteighalle, 1930 Arch. A. Grenander

chen schmiedeeisernen Umwehrungsgitter und vor allem auch die Portale mit dem auffallend gezackten U-Bahntransparent. Die Kennzeichnung der später eröffneten Bahnhöfe erfolgte dagegen durch hohe schmucklose Eisenportale (Abb. 454) mit schlichtem Transparent. Man ging hier außerdem zu geschlossenen Treppenwandungen aus Metallplatten über, die gegen Spritzwasser schützen sollten. Bei den Bahnhöfen Rosenthaler Platz und Kottbusser Tor, wo jeweils mehrere Ausgänge in einen Platz einmünden[132], verzichtete Grenander mit Rücksicht auf die Platzharmonie auf die üblichen hohen Portalaufbauten zugunsten kleiner, nur knapp über die Treppenumwehrung hinausragender Transparente (Abb. 455). Das gleiche tat auch Peter Behrens mit den vier paarig angeordneten Eingängen am Moritzplatz, die im übrigen massive Steinumwehrungen aus Muschelkalk erhielten (Abb. 456).

Wegen der Enge der Straße mußten an verschiedenen Stellen die Bahnhofszugänge in Häuser verlegt werden. Die Kennzeichnung dieser Zugänge erfolgte durch kleine quadratische, an der Hauswand befestigte Transparente. Vorbild für eine derartige Anordnung, die bei den Bahnhöfen Weinmeisterstraße und Neanderstraße an beiden Bahnsteigenden[133], bei den Bahnhöfen Rosenthaler Platz, Alexanderplatz und Jannowitzbrücke jeweils nur an einem Bahnsteigende[134] erfolgte, waren die für London so charakteristischen, im Erdgeschoß normaler Wohn- und Geschäftshäuser liegenden, architektonisch in die Hausfassade einbezogenen U-Bahneingänge[135] sowie der Hochbahnhof Prinzenstraße, dessen brückenartig über die Straße geführter Nordeingang ebenfalls in ein Mietshaus einmündet.

Mit seinen beiden geräumigen oberirdischen Empfangsgebäuden und dem unmittelbar von Bahnsteig zu Bahnsteig führenden Übergang zur Reichsbahn nimmt der U-Bahnhof *Gesundbrunnen* innerhalb der GN-Bahn eine absolute Sonderstellung ein.

Ergaben sich hier schon durch die Tiefenlage der Reichsbahn, deren drei im Einschnitt liegenden Bahnsteige[136] von der U-Bahn unterfahren werden mußten (Abb. 457), erhebliche Schwierigkeiten für den Bau des U-Bahnhofs, so sollte sich die Anlage der Zugänge, insbesondere des Übergangs zur Reichsbahn, als zusätzliches Problem erweisen. Eine direkte Verbindung zum Empfangsgebäude der Reichsbahn, einem stattlichen, giebelgeschmückten Bau der Gründerzeit, kam hier insofern nicht in Frage, als das Bahnhofsgebäude selbst tief in den Bahneinschnitt eingebaut ist und somit nur wenig Spielraum für Änderungen ließ.

Man entschied sich deshalb für die Anlage eines langen, ungewöhnlich breiten Verbindungsgangs (Abb. 458), der von der Mitte des U-Bahnsteigs im rechten Winkel abgeht, unter dem Bahnsteig der Ringbahn entlangführt und von dort aus zu den Bahnsteigen der Fern- und Vorortbahn abbiegt.[137] Dieser heute geschlossene direkte Übergang hatte den Vorteil, daß dem Fahrgast beim Umsteigen der sonst übliche Weg über die Ausgänge an den Bahnsteigenden erspart blieb und daß auch bei der Gestaltung der Ausgänge auf die spezifischen Bedürfnisse des Umsteigeverkehrs wenig Rücksicht genommen zu werden brauchte.

Infolgedessen war auch Grenander beim Entwurf der beiden Empfangsgebäude relativ ungebunden. Er nutzte diese Gelegenheit und bemühte sich, die beiden Gebäude nicht nur nach funktionalen Gesichtspunkten zu gestalten, sondern sie auch in direkte Beziehung zu ihrer Umgebung zu setzen, d. h. sie in einen größeren architektonischen Zusammenhang zu stellen. Es gelangen ihm hierbei wiederum vorbildliche Lösungen.

Das nördliche, neben dem Reichsbahngebäude direkt an der Badstraße angeordnete Empfangsgebäude (Abb. 459, 460) erhebt sich über quadratischem Grundriß als klinkerverkleideter, kubischer Flachbau, dessen Mittelteil ähnlich wie beim Bahnhof Krumme Lanke aus dem Baukörper herausragt. Wie dort wird der mit Oberlichtbändern versehene Mitteltrakt von der Eingangshalle eingenommen, während die schmalen, an der Rückseite herumgezogenen Seitenteile Platz für Betriebs- und Aufenthaltsräume sowie für die zum Bahnsteig herabführenden Treppenanlagen bieten – ein sehr sachlicher Bau, dessen knappe Formen zwar in krassem Gegensatz zum benachbarten Reichsbahnhof stehen, sich dafür aber um so besser dem gegenüberliegenden Gebäudekomplex aus dem Jahre 1929, einem langgestreckten Bau mit Flachdach und vorgezogenem verglasten Rundabschluß im Osten, anpaßten.[138]

Das südliche Empfangsgebäude, ebenfalls ein Flachbau, der sich aus zwei rechtwinklig zueinander gestellten gleichhohen Flügeln zusammensetzt (Abb. 461), liegt jenseits der Reichsbahnüberführung in der Brunnenstraße. Auf der gegenüberliegenden Straßenseite, am Rande des Humboldthains, befand

Abb. 453 U-Bahnhof Leinestraße, Bahnsteighalle, Arch. A. Grenander

Abb. 454 U-Bahnhof Voltastraße, Eingang
Arch. A. Grenander

Abb. 452 U-Bahnhof Schönleinstraße, Bahnsteighalle,
1927, Arch. A. Grenander

Abb. 456 U-Bahnhof Moritzplatz, Eingang
Arch. P. Behrens

Abb. 455 U-Bahnhof Rosenthaler Platz, Eingang, 1930
Arch. A. Grenander

Abb. 458 U-Bahnhof Gesundbrunnen,
Verbindungsgang zur Reichsbahn, 1930
Arch. A. Grenander

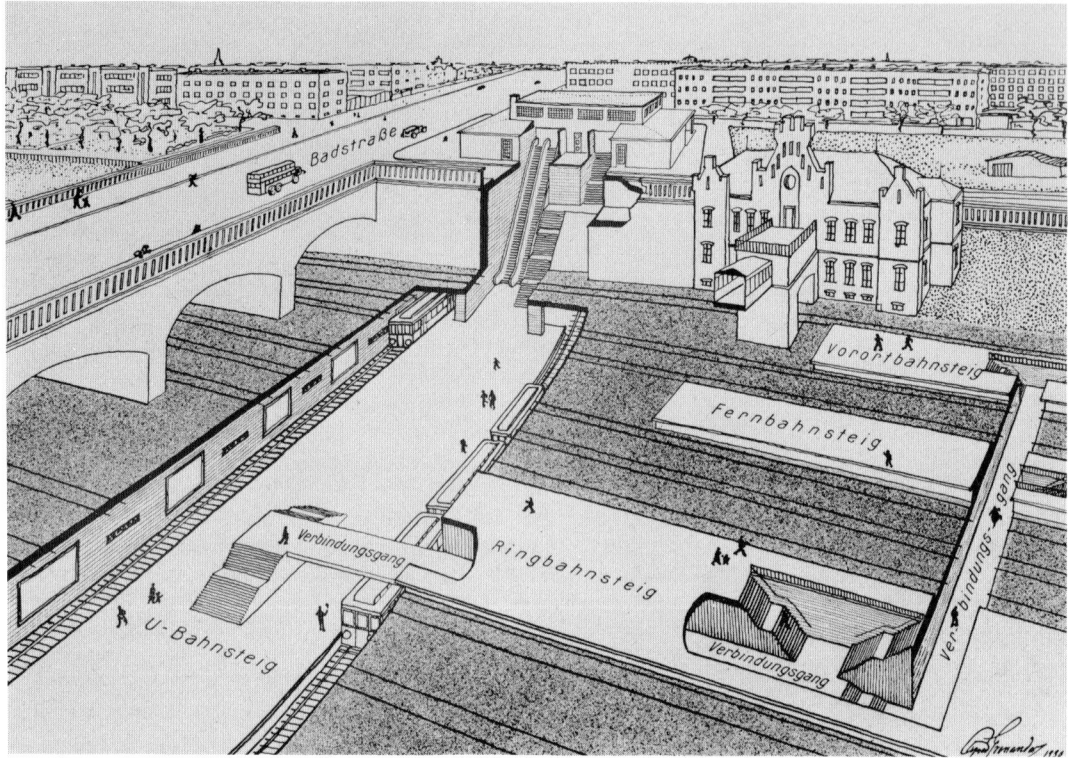

Abb. 457 U-Bahnhof Gesundbrunnen mit dem Verbindungsgang zur Reichsbahn, Perspektivischer Schnitt

sich damals die Himmelfahrtskirche[139], ein stattlicher, zwischen 1891 und 1893 in den Formen der Renaissance errichteter Ziegelbau von August Orth.[140]

Grenander sah seine Aufgabe darin, Kirche und Bahnhof in direkte Beziehung zueinander zu setzen und damit einen Gegenpol zum sakralen Bereich zu schaffen. Er ordnete das Empfangsgebäude in unmittelbarer Achsenverlängerung zur Kirche an und baute es zu einem kleinen Geschäftszentrum aus, indem er rechts und links an die Eingangshalle niedrige Ladenzeilen anfügte und diese durch eine vorgeblendete Fassade aus rotem Klinker zu einem einheitlichen Komplex[141] verband (Abb. 462).

Durch diese Verbindung von Kirche, U-Bahnhof und Einkaufsmöglichkeit entstand ein Kommunikationszentrum, wie es in anderer Form bereits am U-Bahnhof Onkel Toms Hütte anzutreffen ist. Grenander prägte damit einen speziellen Bahnhofstypus, der sich insbesondere für Vorortsstationen eignete. Er sollte vor allem zum Vorbild für die Londoner U-Bahn werden. Hingewiesen sei nur auf die 1938 eröffnete Station Uxbridge (Abb. 463), Endstation der Metropolitan »Extension Line«.

Wie der Bahnhof Gesundbrunnen erhielten auch die Umsteigebahnhöfe Alexanderplatz, Moritzplatz, Kottbusser Tor und Hermannplatz zusätzliche, dem Umsteigeverkehr dienende Treppen. War beim Bahnhof Gesundbrunnen als Umsteigebahnhof zur Reichsbahn die direkte Treppenverbindung von Bahnsteig zu Bahnsteig eine große Ausnahme, so lag diese Lösung bei den als Kreuzungsstationen konzipierten Umsteigebahnhöfen innerhalb des U-Bahnnetzes von vornherein auf der Hand.

Typische Beispiele für eine solche zentrale Treppenanordnung im Kreuzungspunkt zweier U-Bahnhöfe sind die Stationen Alexanderplatz und Hermannplatz. Der Umsteigebahnhof Kottbusser Tor (Abb. 464) stellt insofern eine Sonderlösung dar, als hier der Umsteigeverkehr wegen der großen Höhendistanz von 13,65 m zwischen den Bahnsteigen des U-Bahnhofs und des neuerrichteten Hochbahnhofs[142] über ein Zwischengeschoß erfolgen mußte. Es handelt sich hierbei um eine geräumige,

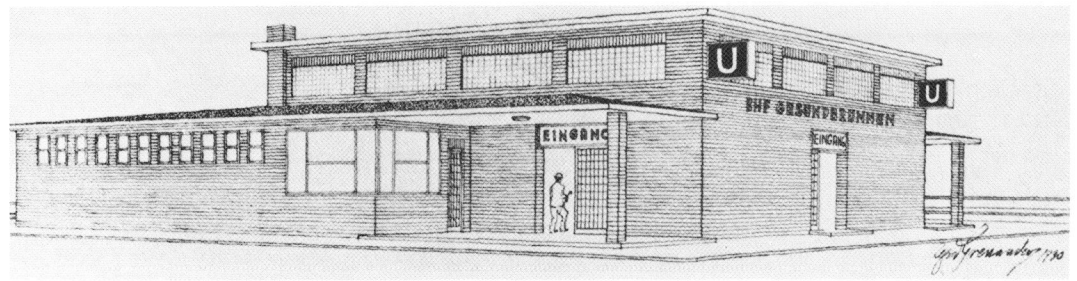

Abb. 459 U-Bahnhof Gesundbrunnen, Nördliches Empfangsgebäude, 1930, Arch. A. Grenander

Abb. 460 U-Bahnhof Gesundbrunnen,
Nördliches Empfangsgebäude, Zustand 1976

Abb. 462 U-Bahnhof Gesundbrunnen, Südeingang,
Zustand 1978, Arch. A. Grenander

Abb. 463 London, U-Bahnhof Uxbridge High Street, 1938
Arch. Ch. Holden

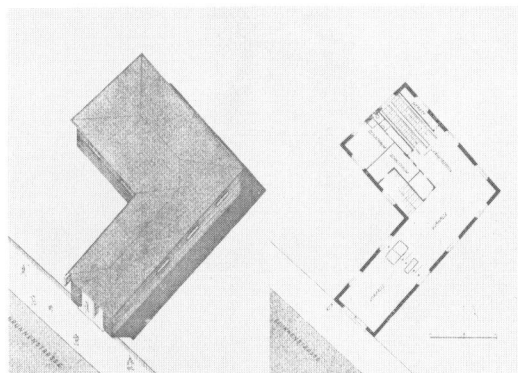

Abb. 461 U-Bahnhof Gesundbrunnen,
Südliches Empfangsgebäude, Aufsicht und Grundriß, 1930
Arch. A. Grenander

Abb. 464 U-Bahnhof Kottbusser Tor, Bahnsteighalle, 1928
Arch. A. Grenander

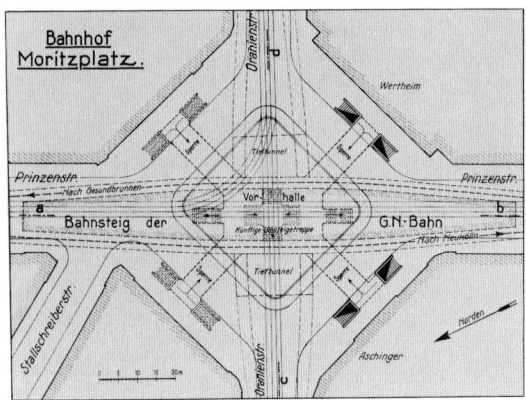

Abb. 467 U-Bahnhof Moritzplatz, Lageplan

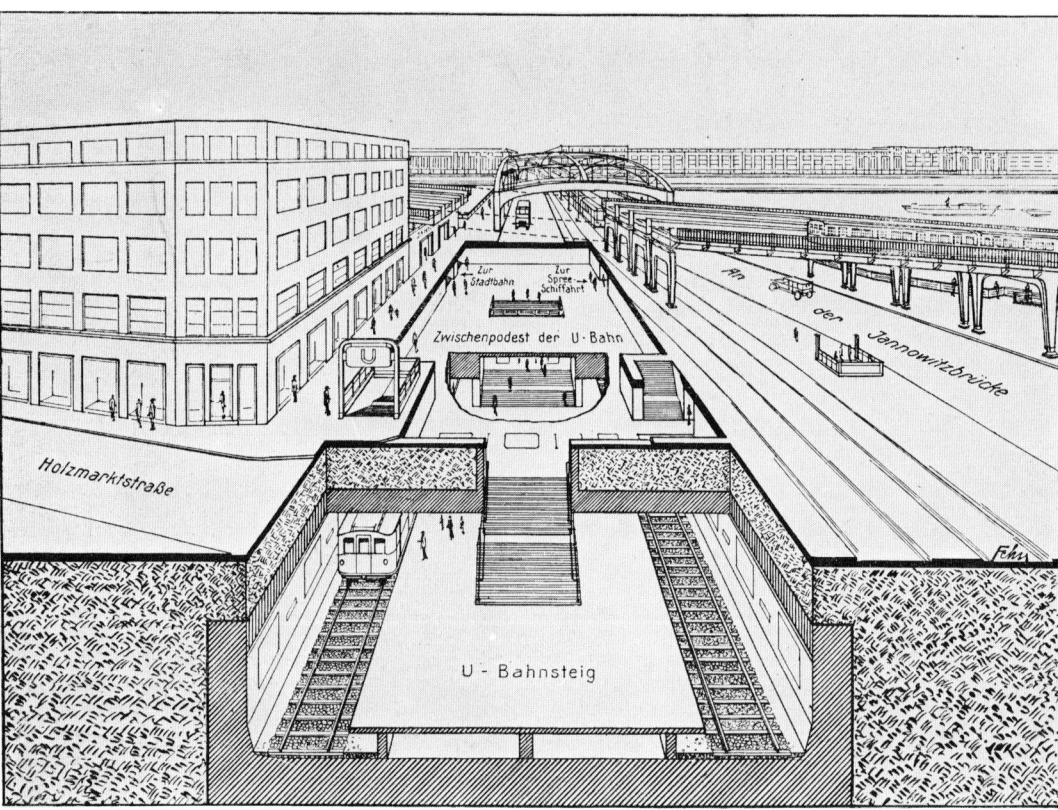

Abb. 465 U-Bahnhof Jannowitzbrücke mit Übergang zur Stadtbahn, Perspektivischer Schnitt

über der Bahnsteigmitte angeordnete Vorhalle, von der aus neben einer Treppe und zwei Rolltreppen zur Hochbahn zahlreiche Gänge zur Straße bzw. zur Platzanlage des Kottbusser Tors führen.
In ähnlicher Weise wie am Kottbusser Tor wurde auch der Umsteigeverkehr zur S-Bahn an den Bahnhöfen Alexanderplatz und Jannowitzbrücke über ein Zwischengeschoß vermittelt.[143] Der geplante direkte Übergang vom U-Bahnhof Jannowitzbrücke zu den nahe gelegenen Spreeanlegebrücken, der gleichfalls über dieses Zwischengeschoß abgewickelt werden sollte, wurde hingegen nie verwirklicht (Abb. 465).[144]
Ebenfalls als Umsteigebahnhof konzipiert wurde die Station *Moritzplatz* (Abb. 466)[145], die im Entwurf von Peter Behrens, dem langjährigen künstlerischen Berater und Mitarbeiter der AEG, stammt. Ob Behrens durch seine enge Verbindung zur AEG, dem ursprünglichen Träger der GN-Bahn, oder aus anderen Gründen – etwa im Zusammenhang mit der Wettbewerbsausschreibung für den Alexanderplatz[146], auf die an anderer Stelle noch genauer eingegangen wird – mit der Gestaltung des Bahnhofs Moritzplatz betraut wurde, läßt sich heute nicht mehr mit Sicherheit sagen. Überhaupt schien Behrens' Mitarbeit an der GN-Bahn in der Öffentlichkeit wenig Beachtung gefunden zu haben. Denn in allen Publikationen über diese Linie – selbst in der offiziellen Eröffnungsschrift – bleibt sein Name unerwähnt.[147]
Zum Ausgangspunkt für seinen Bahnhofsentwurf nahm Behrens den Moritzplatz selbst, eine quadratische Anlage, deren Diagonalen genau im Zuge der sich hier schneidenden Prinzen- und Oranienstraße liegen. Diese ungewöhnliche, völlig symmetrische Platzkonzeption sollte auch bestimmend

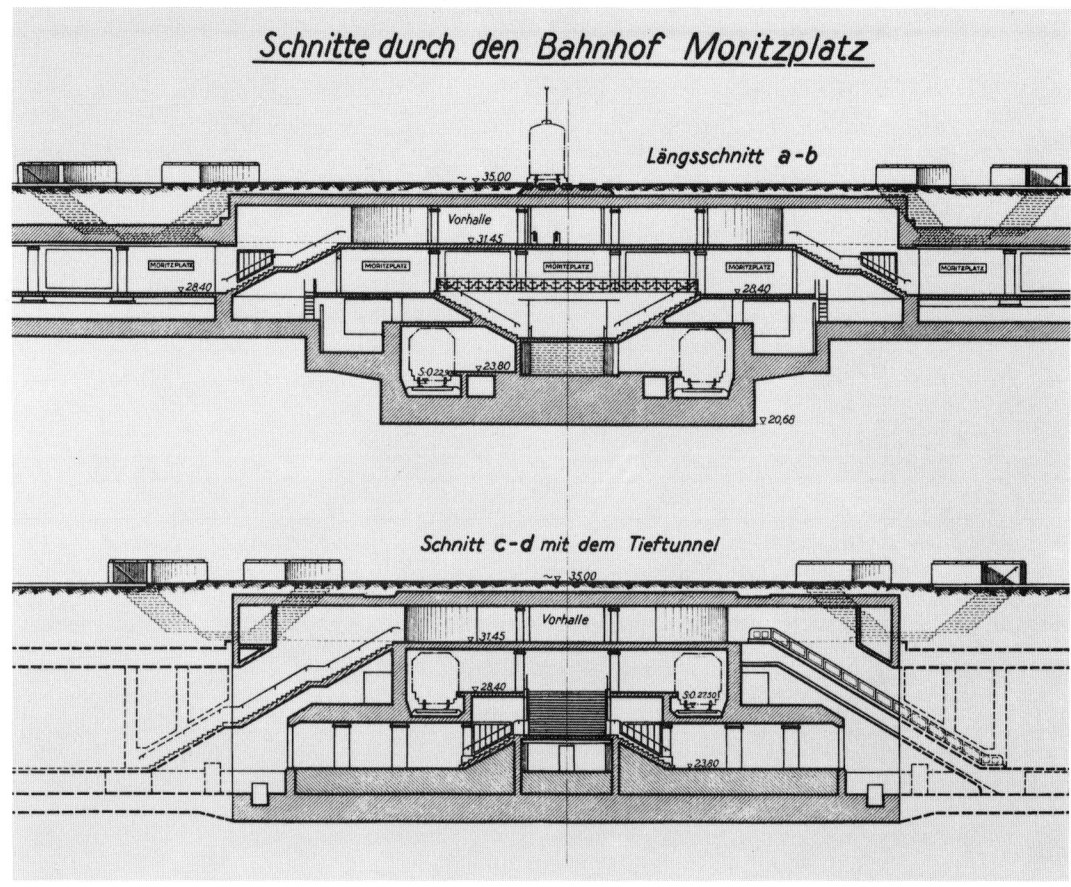

Schnitte durch den Bahnhof Moritzplatz

Längsschnitt a–b

Vorhalle

Schnitt c–d mit dem Tieftunnel

Vorhalle

Abb. 466 U-Bahnhof Moritzplatz, Längs- und Querschnitt

Abb. 468 U-Bahnhof Moritzplatz, Bahnsteighalle
Arch. P. Behrens

für die Anlage des U-Bahnhofs werden (Abb. 467). So wurden die beiden sich hier kreuzenden Linien –
die GN-Bahn sowie die projektierte Linie vom Lehrter zum Görlitzer Bahnhof – ebenfalls diagonal
zum Platz angelegt. Behrens ordnete den Bahnhof so an, daß nicht nur der Schnittpunkt der beiden Linien, sondern auch sämtliche Treppenanlagen und Zugänge auf die Platzmitte bezogen sind. Der
Bahnhof ist von allen vier Platzseiten über Treppen und anschließende Gänge zugänglich, die stern-
förmig auf eine zentral gelegene Vorhalle einmünden. Diese in ihren Ausmaßen ungewöhnlich große
Halle hat einen rechteckigen Grundriß und ist mit ihren beiden, den Raum in drei Schiffe unterteilen-
den Stützenreihen in Richtung GN-Bahn orientiert.
Ebenso geschlossen und klar gegliedert wie die Gesamtanlage ist auch die Bahnsteighalle. Sie zeichnet
sich durch besondere Übersichtlichkeit und Formenknappheit aus. Der Bahnsteig verjüngt sich zu
beiden Enden hin auffallend stark, so daß er nur in seinem breiten, die Treppenanlagen[148] umschlie-
ßenden Mittelteil durch doppelte Stützenreihen unterteilt wird. Wie stark auch hier wiederum der die
ganze Anlage kennzeichnende Bezug auf die Mitte ist, verrät unter anderem die Anordnung der Zeitungskioske direkt unter den Treppen. In der übrigen Ausstattung weisen nur Detaillösungen, wie die
mit Aluminiumkanten eingefaßten, im Grundriß rechteckigen Stützen (Abb. 468) darauf hin, daß
hier nicht Grenander, sondern Peter Behrens als Architekt tätig gewesen ist.

8

Die Linie
vom Alexanderplatz
nach Friedrichsfelde

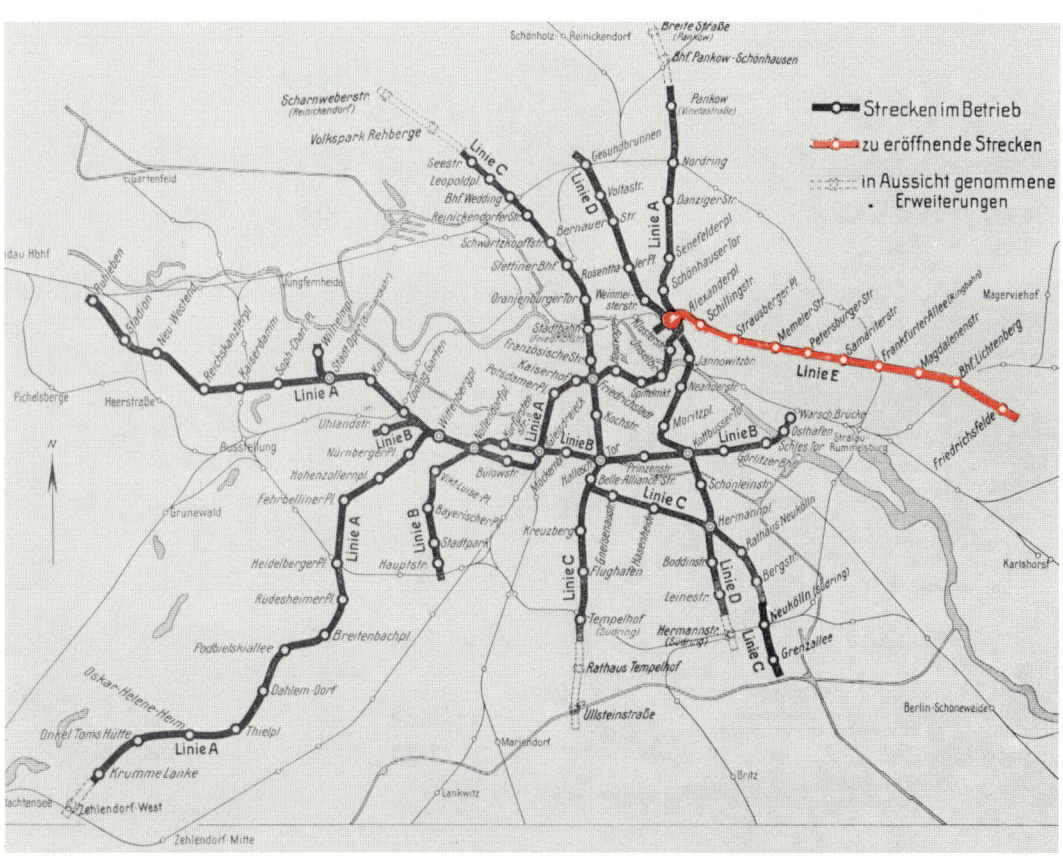

Streckenführung der Linie
Alexanderplatz – Friedrichsfelde

Vorgeschichte und Linienführung

Die Vorgeschichte der 1930 eröffneten Linie Alexanderplatz – Friedrichsfelde läßt sich wie die aller anderen Linien bis vor den 1.Weltkrieg zurückverfolgen. Von einer nach Osten führenden Untergrundbahn war erstmalig im Zusammenhang mit den Verhandlungen über die Verlängerung der Stammlinie vom Potsdamer Platz über den Spittelmarkt bis zur Schönhauser Allee die Rede gewesen. Im Vertragsentwurf für die Linie Potsdamer Platz – Schönhauser Allee vom 5. Dezember 1905 heißt es: »Bei der Anlage der Haltestelle Alexanderplatz ist vorzusehen, daß die Angliederung eines Endbahnhofs für eine nach Osten führende Untergrundbahn und die Möglichkeit des Umsteigens in dieser Haltestelle gewahrt bleibt.«[1]

Diese vom Alexanderplatz ausgehende Linie sollte durch die gesamte Frankfurter Allee führen und zwischen Koppen- und Fruchtstraße von der Untergrundbahn zur Hochbahn ansteigen. Für später war vom Alexanderplatz aus eine Verlängerung in westliche Richtung über den Lehrter Bahnhof bis nach Moabit vorgesehen.

Um jedoch eine für die Fahrgäste möglichst bequeme Verbindung zwischen der Stammlinie und der Frankfurter-Allee-Linie zu schaffen, änderte man die Pläne bald darauf wieder ab. Man wählte jetzt statt des Alexanderplatzes als Ausgangspunkt für die neue Linie den Bahnhof Klosterstraße und konzipierte diesen dementsprechend als Abzweigungsbahnhof mit drei Gleisen.[2] Laut Vertrag vom 27./29. März 1912 sollte jetzt die gesamte Linie als Untergrundbahn angelegt werden, ohne daß sich an der geplanten Trasse Klosterstaße, Königstraße, Alexanderstraße, Landsberger Straße, Weberstraße, Strausberger Platz, Große Frankfurter Straße und Frankfurter Allee bis etwa 50 m jenseits der Voigtstraße im wesentlichen etwas änderte.[3] Die landespolizeiliche Genehmigung für diese Linie erfolgte im Mai 1914[4], wenige Wochen vor Ausbruch des 1. Weltkrieges. So war an eine Realisierung der Pläne zunächst kaum zu denken.

Als die Stadt Berlin Mitte der zwanziger Jahre das Projekt der Frankfurter-Allee-Linie erneut aufgriff, wurden wiederum Änderungen vorgenommen. Denn durch den 1920 erfolgten Zusammenschluß der verschiedenen Gemeinden zur Einheitsgemeinde Groß-Berlin hatte sich die Situation Berlins so grundlegend gewandelt, daß auch hinsichtlich des U-Bahnnetzes völlig neue Überlegungen angestellt werden mußten.

So führten die nunmehr im Auftrage der Stadt Berlin von der Nordsüdbahn-AG. (NSAG) angestellten Studien zu dem Ergebnis, daß es im Interesse der ohnehin stark überlasteten Strecke Potsdamer Platz – Spittelmarkt – Alexanderplatz sinnvoller war, die Frankfurter-Allee-Linie nicht schon in der Klosterstraße an die Stammlinie anzuschließen, sondern sie doch erst am Alexanderplatz, wo durch das Zusammentreffen mehrerer geplanter Linien ohnehin größere Umbauarbeiten notwendig wurden, als selbständige Linie mit eigener Bahnsteighalle beginnen zu lassen. Diese Lösung hatte gegenüber der alten zwei wesentliche Vorteile: Einmal konnte das bei den neueren U-Bahnen bevorzugte Großprofil nunmehr auch auf die Linie Alexanderplatz – Friedrichsfelde übertragen werden, zum anderen konnte man diese Linie von vornherein mit der inzwischen geplanten, jedoch nie realisierten Linie nach Weißensee in einer gemeinsamen Bahnsteighalle vereinen.[5] Diese Bahnsteighalle sollte so angelegt werden, daß die Frankfurter-Allee-Linie »später als selbständige City-Linie über den Molkenmarkt und den Spittelmarkt durch die Leipziger und Potsdamer Straße nach dem Südwesten«[6] weitergeführt werden konnte.

Unbefriedigend blieb jedoch nach wie vor die Linienführung zwischen Alexanderplatz und Frankfurter Allee. Dort mußte die U-Bahn zunächst einen weiten Umweg über die Landsberger und Weberstraße machen, bevor sie den breiten Straßenzug der Frankfurter Allee überhaupt erreichte.

Um so mehr begrüßte man deshalb im Jahre 1925 den aus privaten Kreisen kommenden Vorschlag[7], die Häuserblocks zwischen Kaiser- und Landsberger Straße zu durchbrechen, um auf diese Weise bessere Voraussetzungen für die Einmündung der Frankfurter Allee in den Alexanderplatz und damit auch für die U-Bahntrasse zu schaffen, deren Bau jetzt zusammen mit dem Straßendurchbruch erfolgen konnte.

Den U-Bahnbau nahm man außerdem zum Anlaß für eine grundlegende Umgestaltung des Alexanderplatzes, der den Anforderungen eines zentralen Verkehrsknotenpunktes schon lange nicht mehr

Abb. 469 U-Bahnhof Memeler Straße, Bahnsteighalle mit
Treppenaufgang, 1930, Arch. A. Grenander

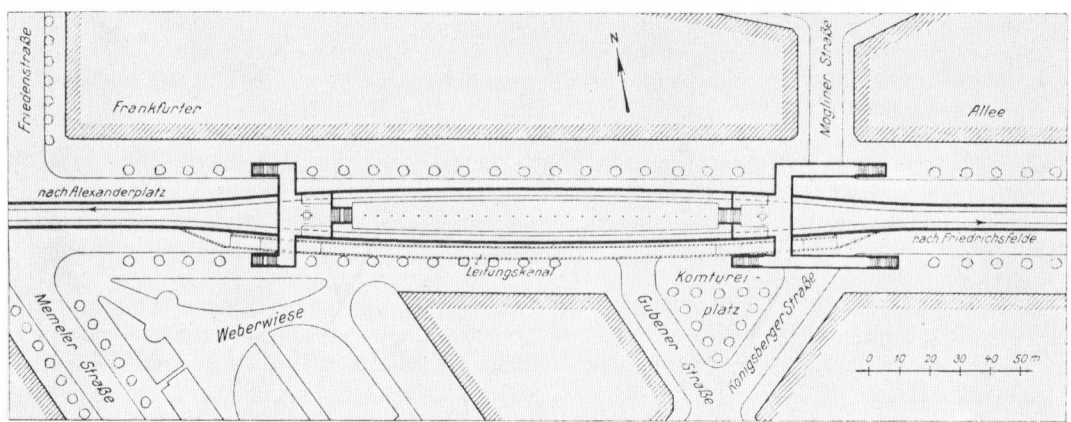

Abb. 471 U-Bahnhof Memeler Straße (Normaltyp), Lageplan

Abb. 470 U-Bahnhof Magdalenenstraße, Bahnsteighalle
Arch. A. Grenander

Abb. 475 U-Bahnhof Bhf. Lichtenberg, Bahnsteighalle,
1930, Arch. A. Grenander

gewachsen war. Im September 1928 legte Stadtbaurat Martin Wagner einen Generalplan vor, der für
den Alexanderplatz eine vollständige Neuregelung des Oberflächenverkehrs nach dem Kreissystem
vorsah.[8] Wagner verband sein Projekt mit einem detaillierten Fluchtlinienplan, der der Kreisform des
Platzes genau angepaßt war und »einheitliche Fassaden sowie eine gleichhohe Gesimsführung« für
seine Randbebauung vorschlug.[9] Um »die formale und künstlerische Gestaltung des Platzes auf der
Grundlage des von Stadtbaurat Dr. Ing. Wagner aufgestellten Generalplanes einer Lösung entgegen-
führen« zu können[10], schrieb die Berliner Verkehrs-Gesellschaft (BVG) einen engeren Wettbewerb
unter den Architekten Gebrüder Luckhardt & Alfons Anker, Peter Behrens, Ludwig Mies van der
Rohe, Paul Mebes & Paul Emmerich, Emil Schaudt und Heinrich Müller-Erkelenz aus. Aus diesem
Wettbewerb gingen die Brüder Wassili und Hans Luckardt zusammen mit Alfons Anker mit dem 1.
Preis hervor.[11] Da sich jedoch ihr Entwurf – entsprechend dem Vorschlag Wagners – streng an die
Kreisform des Platzes hielt, diese jedoch vorerst nicht gegeben war, weil die Stadt Berlin aus finanziel-
len Gründen auf den Abriß des alten Grand Hotels Alexanderplatz an der Nordseite des Platzes ver-
zichtete, kam 1930 der mit dem 2. Preis ausgezeichnete Entwurf von Peter Behrens zur Ausführung.
Gebaut wurden allerdings nur das Berolina- und Alexanderhaus an der Westseite des Platzes, zwei
achtgeschossige Bürohäuser[12], mit denen Behrens die dortige Torsituation unterstreichen wollte.
Abgesehen von diesen einschneidenden baulichen Veränderungen rund um den Alexanderplatz und
am Beginn der Frankfurter Allee verlief der 1927 begonnene Bau der Linie Alexanderplatz – Friedrichsfelde, für den die landespolizeiliche Genehmigung am 19. März 1927 erteilt worden war[13], ohne
besondere Schwierigkeiten. Die Bahntrasse folgt, von der Großen Frankfurter Straße kommend, ab
Strausberger Platz in schnurgerader Richtung nach Osten dem breiten Straßenzug der Frankfurter Allee bis zum U-Bahnhof Lichtenberg. Dort schwenkt sie etwas nach Süden ab, um das Reichsbahngelände am Bahnhof Lichtenberg – Friedrichsfelde zu unterfahren und weiter durch die Prinzenstraße
bis zur Endstation, dem U-Bahnhof Friedrichsfelde, geführt zu werden. Hinter diesem Bahnhof steigt
die U-Bahn zum Betriebsbahnhof Friedrichsfelde an. In dessen unmittelbarer Nachbarschaft war der
Bau einer Siedlung der Gemeinnützigen Heimstättenbaugesellschaft der BVG geplant. Der Entwurf
dieser Siedlung, der nie zur Ausführung kam, stammte, wie auch der der Wagenhallen auf dem Betriebsbahnhof, von Alfred Grenander.[14]
Am 21. Dezember 1930 wurde die Linie Alexanderplatz – Friedrichsfelde trotz der großen finanziellen
Schwierigkeiten, unter denen der U-Bahnbau in den letzten Jahren zu leiden hatte, fertiggestellt.

Die architektonische Gestaltung der Bahnhöfe

Die 7,8 km lange Strecke Alexanderplatz – Friedrichsfelde umfaßt die zehn U-Bahnhöfe Alexanderplatz, Schillingstraße, Strausberger Platz, Memeler Straße (heute Marchlewskistraße)[15], Petersburger

Straße (heute Frankfurter Tor)[16], Samariterstraße, Frankfurter Allee (Ringbahn), Magdalenenstraße, Bahnhof Lichtenberg und Friedrichsfelde. Die architektonische Gestaltung dieser Bahnhöfe lag ausnahmslos in den Händen Alfred Grenanders.

Die Bahnhöfe sind in ihrer knappen, übersichtlichen Form besonders bezeichnend für Grenanders Spätstil. Auf keiner anderen Linie hatte Grenander das Prinzip der reinen Zweckmäßigkeit so konsequent durchführen können wie gerade hier. Vorteilhaft wirkte sich dabei zweifellos der gleichmäßige Linienverlauf im Zuge der Frankfurter Allee aus. Noch gravierendere Folgen für die Gestaltung hatten jedoch die dringend erforderlichen Rationalisierungsmaßnahmen, die allen überflüssigen Zierat von vornherein verboten.

Sämtliche Bahnhöfe gehen auf einen einheitlichen Entwurf zurück. Ausnahmen gibt es nur bei den Stationen, die wegen vorhandener oder geplanter Umsteigemöglichkeiten größer dimensioniert wurden.

Die Bahnhöfe Schillingstraße, Strausberger Platz, Memeler Straße (Abb. 469), Samariterstraße, Magdalenenstraße (Abb. 470) und Friedrichsfelde repräsentieren den Normaltyp (Abb. 471). Sie haben einen Mittelbahnsteig von ca. 8–9 m Breite[17] und eine mittlere Stützenreihe, auf der eine Flachdecke aufliegt. Die Stützen sind aus einfachen Doppel-T-Trägern zusammengenietet, wie sie bereits bei den ersten, noch weitgehend ohne die Hilfe des Architekten gestalteten Berliner U-Bahnhöfen verwendet wurden. Die Stützenköpfe sind nicht weiter ausgebildet – sieht man von den unterschiedlichen, auf ihre Art dekorativ wirkenden Nietbildern auf den Abdeckplatten ab. Die Wände sind mit Fliesen in jeweils wechselnden Pastelltönen (Rosa, Blau, Grün und Grau) verkleidet.

Die Ausgänge liegen an beiden Bahnsteigenden. Man verläßt die Bahnhöfe jeweils über ein Zwischengeschoß, von dem aus in der Regel zwei Treppen zu den seitlichen Bürgersteigen führen. Eine Ausnahme bildet neben dem Bahnhof Schillingstraße, dessen einer Ausgang wegen einer größeren Straßenkreuzung in eine Mittelinsel einmündet, der Bahnhof Friedrichsfelde. Wegen seiner geringen Tiefenlage, die durch das Ansteigen der Bahntrasse zum anschließenden Betriebsbahnhof bedingt ist, mußte hier auf Zwischenpodeste verzichtet werden. Dadurch ergab sich ebenfalls eine Anordnung der Zugänge auf Mittelinseln.[18]

Die Eingänge selbst sind durch schlichte Eisenportale gekennzeichnet, deren Form unmittelbar auf die der GN-Bahn zurückgeht. Abweichungen gibt es jedoch bei den U-Bahntransparenten, die in einigen Fällen in knappster Form als schmales Band mit daraufgestelltem »U« ausgebildet sind. Ein Beispiel für diesen Portaltypus findet sich noch heute am Strausberger Platz (Abb. 472). Es handelt sich hierbei um das einzige erhaltene Portal auf der Linie Alexanderplatz – Friedrichsfelde. Alle übrigen Portale wurden im Laufe der Zeit entfernt und die Eingänge teilweise grundlegend umgestaltet – wie etwa am heutigen Bahnhof Marchlewskistraße, früher Memeler Straße, dessen Eingänge sich bis vor kurzem in einer fast barocken Form präsentierten (Abb. 473).[19]

Die übrigen Bahnhöfe wurden – mit Ausnahme des Bahnhofs Alexanderplatz, der in jeder Hinsicht eine Sonderstellung einnimmt – im Prinzip ebenso gestaltet wie die oben genannten. Sie unterscheiden sich jedoch als Umsteigebahnhöfe zwangsläufig von der normalen Durchgangsstation. So haben die drei Bahnhöfe Petersburger Straße, heute Frankfurter Tor (Abb. 474), Frankfurter Allee und Bahnhof Lichtenberg (Abb. 475) eine Bahnsteigbreite von ca. 12 m und sind dementsprechend durch zwei Stützenreihen untergliedert. Außerdem wurden die Zugänge der U-Bahnhöfe Petersburger Straße und Frankfurter Allee, von denen der erste als Umsteigebahnhof für eine spätere U-Bahnlinie im Zuge der Warschauer und Petersburger Straße vorgesehen war und der zweite mit dem benachbarten Ringbahnhof Frankfurter Allee in direkte Verbindung gebracht werden sollte[20], von den Bahnsteigenden mehr zur Mitte hin verschoben. Diese Anordnung wirkte sich allerdings wenig günstig auf die Übersichtlichkeit aus. Als noch nachteiliger sollten sich die mächtigen Stützkonstruktionen am Bahnhof Frankfurter Allee erweisen, deren Einbau hier wegen der Ringbahnüberführung nötig geworden war.[21]

Beim U-Bahnhof »Bahnhof Lichtenberg«, der direkt unter dem ausgedehnten Gelände des Reichsbahnhofs Lichtenberg-Friedrichsfelde liegt (Abb. 476), wurden die Zugangstreppen indes nach dem üblichen Schema an den Bahnsteigenden angeordnet. Der Hauptakzent liegt hier auf dem Übergang zur Reichsbahn (S- und Fernbahn). Er wird über ein großzügig angelegtes Zwischenpodest abgewickelt, das direkt über dem U-Bahnhof angeordnet ist und sich über dessen ganze Länge erstreckt. Am Ostende weitet es sich zu einer geräumigen Vorhalle aus, von der aus verschiedene Treppen auf un-

Abb. 472 U-Bahnhof Strausberger Platz, Eingangsportal
Arch. A. Grenander

Abb. 473 U-Bahnhof Marchlewskistraße, früher Memeler Straße, Eingangsportal, Zustand 1972

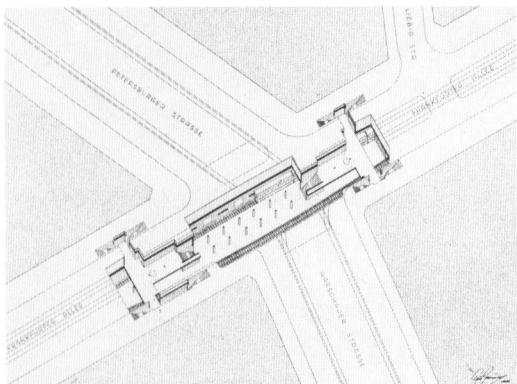

Abb. 474 U-Bahnhof Petersburger Straße,
Perspektivische Aufsicht, Arch. A. Grenander

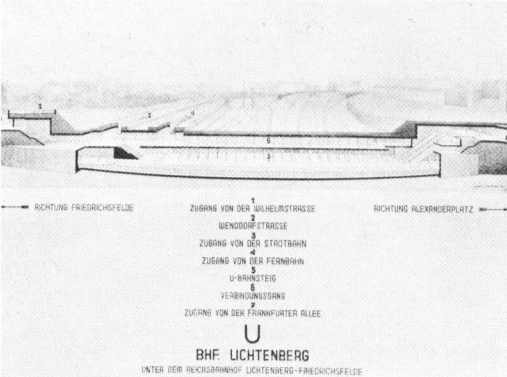

Abb. 476 U-Bahnhof Bhf. Lichtenberg, Längsschnitt

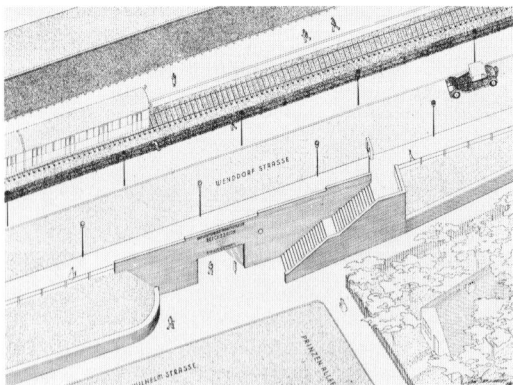

Abb. 477 U-Bahnhof Bhf. Lichtenberg, Osteingang, 1930
Arch. A. Grenander

mittelbarem Wege sowohl zum U-Bahnhof als auch zu den Bahnsteigen der S- und Fernbahn führen. Die Vorhalle liegt unter der dammartig aufgeschütteten, parallel zum Reichsbahngelände verlaufenden Wenddorfstraße und ist von der Wilhelmstraße her zugänglich (Abb. 477). Sie schloß nach dorthin mit einer klinkerverkleideten, entsprechend dem Geländeanstieg leicht abgestuften, im übrigen aber völlig schmucklosen Fassade ab.[22]

Zwischen dem Osteingang und dem westlichen, zur Frankfurter Allee führenden U-Bahneingang vermittelt der lange Verbindungsgang direkt über dem U-Bahnsteig. Durch ihn erhielt auch die S-Bahn einen unmittelbaren Zugang zur Frankfurter Allee.

Zu den schwierigsten Aufgaben des Berliner U-Bahnbaus überhaupt gehörte der Umbau des U-Bahnhofs *Alexanderplatz*, der in direkter Verbindung mit dem Bau der Linie Alexanderplatz – Friedrichsfelde erfolgte. Mit Fertigstellung dieser Linie wurde der U-Bahnhof Alexanderplatz zum Umsteigebahnhof zwischen drei U-Bahnlinien – der verlängerten Stammlinie zur Schönhauser Allee (seitdem als Linie A bezeichnet), der GN-Bahn (Linie D) und der Linie Alexanderplatz – Friedrichsfelde (Linie E) –, die später durch eine weitere Linie nach Weißensee (Linie F) ergänzt werden sollten.[23] Außerdem besteht hier ein direkter Anschluß an die Reichsbahn.

Die drei am Alexanderplatz zusammentreffenden U-Bahnhöfe sind so zueinander angeordnet, daß sie eine H-förmige Anlage ergeben, die sich über mehrere Etagen erstreckt (Abb. 478). In der unteren Etage liegt in ostwestlicher Ausrichtung der Bahnhof der Linie Alexanderplatz – Friedrichsfelde, der in Hinblick auf die geplante Linie nach Weißensee – und damit im Gegensatz zu allen anderen Bahnhöfen der Linie E – zwei Seitenbahnsteige (Abb. 479) erhielt. Diese werden am Westende vom Bahnsteig der GN-Bahn und am Ostende von dem der Stammlinie überlagert.

Der Umsteigeverkehr zwischen der Linie E und den Linien A und D wird über Zwischenpodeste abgewickelt. Sie liegen im jeweiligen Kreuzungsbereich der Bahnsteige (Abb. 480). Zwischen der Linie A und D vermittelt außerdem ein langer Verbindungsgang, der wie beim Bahnhof Lichtenberg direkt über der Bahnsteighalle der Linie E angeordnet ist. Von diesem Zwischengeschoß aus, das sich als »verbindendes Verkehrsband«[24] in verschiedenen Ebenen über die ganze Länge des unteren Bahnhofs hinzieht und zugleich als Fußgängertunnel zur Entlastung des Oberflächenverkehrs dient[25], führten insgesamt sieben Zugänge zur Straße bzw. zum Platz: Die drei westlichen Zugänge führten zur Gontardstraße, zum Warenhaus Wertheim und zum Prälaten in der Dircksenstraße, die beiden östlichen zur Neuen König- bzw. zur Landsberger Straße und die beiden in der Mitte des Verbindungsganges gelegenen zum Warenhaus Tietz und zum Alexander-Hochhaus direkt am Alexanderplatz. Dazu kamen die beiden bereits vorhandenen Zugänge der Stammlinie in der Alexanderstraße sowie ein Eingang der GN-Bahn in der Dircksenstraße. Außerdem führte ein Ausgang unmittelbar zum Stadtbahnhof Alexanderplatz. Damit hatte der U-Bahnhof Alexanderplatz insgesamt elf Zugänge, zu denen später zwei weitere, bereits projektierte an der Ostseite des Platzes kommen sollten.[26]

Die Zwischenpodeste, d. h. der lange Verbindungsgang sowie die Vorhallen an den beiden Enden, die wegen ihrer großen Ausmaße von Stützenreihen unterteilt wurden, entsprachen in ihrer Gestaltung, den mit grünen Fliesen verkleideten Wänden sowie den einfachen genieteten Eisenstützen (Abb. 481), im wesentlichen den Bahnhöfen der Linie Alexanderplatz – Friedrichsfelde. Ungewöhnlich war allerdings die Ausstattung der östlichen, an den Ausgängen zur Landsberger Straße gelegenen Vorhalle mit sechs großen, in die Wand eingelassenen Porzellangemälden, die aus der Staatlichen Porzellanmanufaktur in Berlin stammten und den Alexanderplatz in seiner historischen Entwicklung zeigen. Die Bilder stellen »Die Gegend am Königstor um 1730«, den »Ochsenmarkt auf der Contre-Escarpe vor dem Königstor 1780«, »Die Königsbrücke 1785«, den »Wollmarkt auf dem Alexanderplatz, 1830«, den »Alexanderplatz um 1900« sowie den »Alexanderplatz am 4. September 1930« (Abb. 482), also während seiner Umgestaltung im Zuge des U-Bahnbaus, dar. Diese Porzellanbilder, die inzwischen durch Kopien der Porzellanmanufaktur in Meißen (Abb. 483) ersetzt[27] und durch zwei weitere Bilder ergänzt wurden, die den Zustand des Alexanderplatzes im Mai 1945 und im Herbst 1968 zeigen, befinden sich heute nicht mehr an ihrem ursprünglichen Platz, sondern in einem neu angelegten Fußgängertunnel, der vom U-Bahnhof zum Hotel »Stadt Berlin« führt. Überhaupt erfuhr der U-Bahnhof durch die radikale Umgestaltung des Alexanderplatzes am Ende der sechziger Jahre so wesentliche Veränderungen, daß heute nur noch die Bahnsteige in ihrer ursprünglichen Form erkennbar sind.

Abb. 478 U-Bahnhof Alexanderplatz, Längsschnitt mit Verbindungsgang

Abb. 479 U-Bahnhof Alexanderplatz,
Bahnsteig der Linie Alexanderplatz – Friedrichsfelde
Arch. A. Grenander

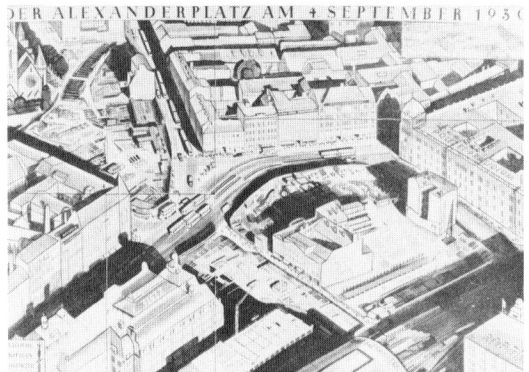

Abb. 482 U-Bahnhof Alexanderplatz, Porzellanbild in der
östlichen Vorhalle, Porzellanmanufaktur Berlin, 1930

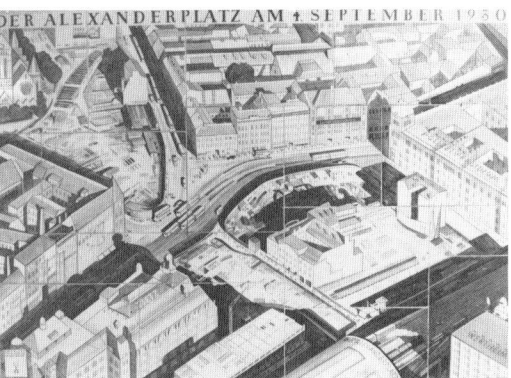

Abb. 483 U-Bahnhof Alexanderplatz, Porzellanbild in der
östlichen Vorhalle, Porzellanmanufaktur Meißen, 1968

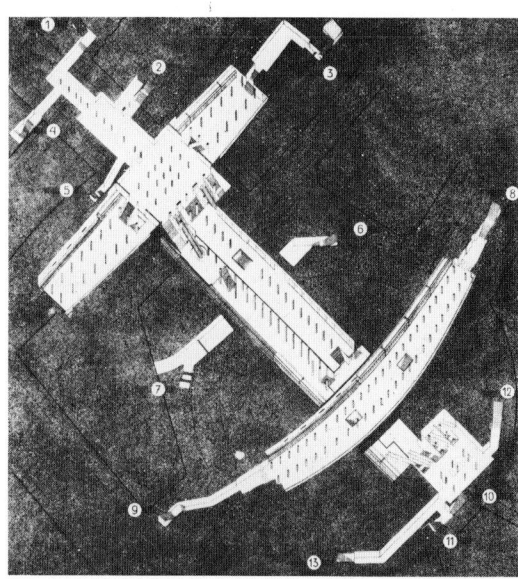

Abb. 480 U-Bahnhof Alexanderplatz mit seinen Zugängen

Abb. 481 U-Bahnhof Alexanderplatz, Verbindungsgang
über dem Bahnsteig der Linie Alexanderplatz –
Friedrichsfelde, 1930, Arch. A. Grenander

Schlußwort

Mit der Fertigstellung der Linie Alexanderplatz – Friedrichsfelde ging – wie die weitere Entwicklung zeigt – ein ganzes Kapitel U-Bahngeschichte zu Ende. Es hatte begonnen mit den Bemühungen Werner von Siemens' um eine Pfeilerbahn durch das Berliner Stadtzentrum, konkrete Formen angenommen durch den 1896 angefangenen Bau der Stammlinie Warschauer Brücke – Zoologischer Garten und seine Vollendung gefunden in einem weit verzweigten U-Bahnnetz, das einen Großteil der Berliner Bezirke miteinander verband.

Wie gut durchdacht das U-Bahnprogramm von Anfang an war, läßt sich schon daraus ersehen, daß sich an der ursprünglich geplanten Linienführung der einzelnen Strecken selbst bei viel späterer Bauausführung nur selten etwas änderte.

Diese Tatsache ist insofern bemerkenswert, als die an der Ausarbeitung des Liniennetzes beteiligten Interessengruppen, insbesondere die Hochbahngesellschaft und die einzelnen Gemeinden, eine gemeinsame Planung oft mehr behinderten als förderten, da sie naturgemäß sehr unterschiedliche Ziele verfolgten. Erschwerend kam hinzu, daß die einzelnen Gemeinden nicht selten in einen echten Konkurrenzkampf traten, dessen Auswirkungen sich noch heute in der Bahnhofsarchitektur der verschiedenen Linien widerspiegeln.

Angesichts des sozialen Gefälles zwischen den Gemeinden konnten kommunale Selbständigkeit und Zersplitterung natürlich nicht ohne Folgen bleiben. So wurde zunächst nur der Westen mit Schnellbahnen versorgt, während die bevölkerungsstarken und wesentlich ärmeren Gebiete im Norden und Süden (insbesondere der Wedding und Neukölln) sowie der Osten, wo viel dringlichere Verkehrsbedürfnisse vorlagen, lange auf den Anschluß an das Schnellbahnnetz warten mußten.

Dieser Zustand änderte sich erst mit dem Zusammenschluß der einzelnen Gemeinden zur Einheitsgemeinde Groß-Berlin im Jahre 1920. Erst jetzt konnten die verschiedenen Interessen zentral gesteuert werden. Andererseits wirkte sich nunmehr der 1. Weltkrieg mit seinen Folgen negativ auf den U-Bahnbau aus. Durch die allgemeine schlechte Wirtschaftslage waren viele der am Bau beteiligten Firmen in große finanzielle Schwierigkeiten geraten. Verbesserungen traten erst in dem Augenblick ein, als sich die verschiedenen Verkehrsunternehmen (Straßenbahn-, Omnibus- und U-Bahn-Betriebe) zum 1. Januar 1929 zur Berliner Verkehrs-Gesellschaft (BVG) zusammenschlossen und damit zumindest die Finanzierung der im Bau befindlichen U-Bahnstrecken sicherstellten. Aber trotz dieser neuen Finanzhilfe kam es letztlich doch, vor allem durch den Bau der Linie Alexanderplatz – Friedrichsfelde, zu so hohen Verschuldungen, daß an eine weitere Ausdehnung des U-Bahnnetzes auf lange Sicht hin nicht zu denken war.

Damit wurden auch alle weiteren U-Bahnpläne hinfällig, insbesondere der umfangreiche, in der »Denkschrift über das künftige Berliner Schnellbahnnetz« vom Januar 1929[1] festgehaltene Fünfjahresplan, der einen Ausbau des Liniennetzes unter Berücksichtigung aller früher bereits in Erwägung gezogenen Pläne[2] vorsah.

In der Zeit nach 1933 war an eine Verwirklichung derartiger Planungen insofern nicht zu denken, als die U-Bahn im Gegensatz zur S-Bahn für das NS-Regime ohne jeden strategischen Wert war. Nach dem 2. Weltkrieg mußten zunächst die schweren Kriegsschäden beseitigt werden, bevor in den fünfziger Jahren mit dem weiteren Ausbau des U-Bahnnetzes begonnen werden konnte. Durch die Spaltung Berlins ergaben sich jetzt allerdings neue Gesichtspunkte.

Betrachtet man das U-Bahnnetz in seiner heutigen Gestalt, kann jedoch festgestellt werden, daß sich das Konzept von 1929 im wesentlichen als richtig erwiesen hat; denn auch die neuen Linien schließen zum großen Teil an die alte Planung an.

Unterzieht man die gesamte Entwicklung der Berliner U-Bahn, angefangen von der ersten Planung bis zur konkreten architektonischen Gestaltung, einer abschließenden Würdigung, so dürfen auch die für das Unternehmen Verantwortlichen nicht unerwähnt bleiben. Neben Werner von Siemens sind hier insbesondere Heinrich Schwieger, Paul Wittig und Johannes Bousset zu nennen. Sie haben durch ihren aktiven Einsatz das Siemens-Projekt nicht nur gefördert, sondern schließlich auch zu großen Erfolgen geführt.

Besondere Beachtung verdient jedoch Alfred Grenander, durch dessen jahrzehntelanges architektonisches Wirken die Berliner U-Bahn eine für die europäische Bahnhofsarchitektur des 20. Jahrhunderts beispielhafte Bedeutung erlangt hat. Die Bahnhöfe Grenanders wurden in ihrer gut durchdachten, zweckmäßigen Gestaltung zum Vorbild für viele andere Bahnhöfe, wie der Vergleich mit der Londoner Untergrundbahn gezeigt hat.

In den Berliner U-Bahnhöfen spiegelt sich zudem die künstlerische Entwicklung Grenanders selbst wider, die ihren Ausgangspunkt in den verspielten Jugendstilportalen der Stammlinie genommen hatte und schließlich in so überragenden Bauten wie den Bahnhöfen Krumme Lanke und Ruhleben gipfelte. Aufgrund seines sicheren Gespürs für zeitgemäße, funktional befriedigende Formen gelangte er schon früh zu so überzeugenden Lösungen, daß seine führende Rolle im Berliner U-Bahnbau über Jahrzehnte hinweg unbestritten blieb.

I. Anmerkungen

1 Voraussetzungen für den Bau von Hoch- und Untergrundbahnen

1 Die Londoner Untergrundbahn von 1863 war dagegen in offener Bauweise gebaut worden. Vgl. Troske, Ludwig: Die Londoner Untergrundbahnen, Berlin 1892 (Sonderdruck aus: ZVdI, 1891–92), und Lee, Charles E.: The Metropolitan Line, London 1973.

2 Vgl. Neue Stadt- und Vorortbahnen in London, Liverpool und Glasgow (Nach Vorträgen von C. O. Gleim im Arch.-u.-Ing.-Verein zu Hamburg), in: DBZ, Jg. 30, 1896, S. 355 ff.

3 Der Betrieb der Glasgower U-Bahn erfolgte nicht elektrisch, sondern mit Hilfe endloser Kabel. Vgl. Havers, Harold C. P.: Die Untergrundbahnen der Welt, München 1967, S. 100.

4 Vgl. Winter, Knut: Geschichtliche Entwicklung des Untergrundbahnbaues, in: Straße, Brücke, Tunnel, Jg. 24, 1972, S. 268 ff. und Jg. 25, 1973, S. 7 ff.

5 Vgl. Siemens, Werner von: Lebenserinnerungen, Berlin 1892, S. 251 ff.; vgl. auch Weiher, Sigfrid von: Werner von Siemens, Ein Leben für Wissenschaft, Technik und Wirtschaft, 2. Aufl., Göttingen 1974 (Persönlichkeit und Geschichte, Bd. 56), S. 50 ff.

6 Die Firmengründung erfolgte am 1. Oktober 1847 unter dem Namen »Telegraphen – Bau – Anstalt von Siemens & Halske«. Im Juli 1897 wurde die Firma in eine Aktiengesellschaft umgewandelt. Vgl. dazu Weiher, Sigfrid von, und Herbert Goetzeler: Weg und Wirken der Siemens-Werke im Fortschritt der Elektrotechnik, 1847–1972, Ein Beitrag zur Geschichte der Elektroindustrie, München 1972 (Beiheft 8 der Zeitschrift »Tradition«), S. 10 ff. und 46 ff.

7 Siemens, Werner von: Über die elektrische Eisenbahn der Berliner Gewerbeausstellung, Vortrag im Verein zur Beförderung des Gewerbfleisses am 9. Juni 1879, in: Siemens, Wissenschaftliche und technische Arbeiten, Bd. 2, 2. Aufl., Berlin 1891, S. 368/369. Mit »niedrigem Wasserstand« ist der hohe Grundwasserspiegel gemeint.

8 Siemens, Werner von: Über die dynamo-elektrische Maschine und deren Verwendung zum Betriebe von elektrischen Eisenbahnen, Vortrag am 27. Januar 1880 im Elektrotechnischen Verein, Berlin, in: Siemens, Wissenschaftliche und technische Arbeiten, Bd. 2, 1891, S. 402.

9 Kappey, Richard: Aufgaben des Architekten bei der Gestaltung innerstädtischer Schnellbahnhöfe, Berlin Diss. TH 1928, S. 48.

10 Auszug aus dem Berichte der von der American Society of Civil Engineers zum Studium der Localbahnfrage eingesetzten Commission, zusammengestellt von Ing. Rumschöttel, Berlin, im Sept. 1876, S. 46. SAA 11/Frischen Li 453.

11 Bei dieser Ausstellungsbahn handelte es sich um eine kleine, schmalspurige elektrische Rundbahn, die nur für den Verkehr auf dem Ausstellungsgelände bestimmt war. Vgl. Officieller Katalog zur Berliner Gewerbe-Ausstellung im Jahre 1879, Im Auftrage des Central-Comités bearb. von J. H. Maurer, 5. Aufl., Berlin 1879, Kat. Nr. 1476, S. 162.

12 Vgl. Siemens, Über die dynamo-elektrische Maschine . . ., a. a. O., S. 402/403.

2 Elektrische Schnellbahnpläne für Berlin

1 Vgl. Schreiben der Firma Siemens & Halske an das Königliche Polizei-Präsidium Berlin vom 14. Februar 1880, I.-Nr. 2060. SAA TEI 35/Lk 312,1.

2 Vgl. Werner von Siemens' Brief an seinen Bruder Karl in London vom 21. Februar 1880. SAA 2/Li 512, Nr. 5.

3 Der Entwurf der Stadtbahnstützen geht im wesentlichen auf Eduard Jacobsthal zurück. Zur Schinkel-Bötticherschen Schule vgl. Bötticher, Carl: Architektonische Formen-Schule in Ornament-Erfindungen, als Vorbilder zum Unterrichte für technische Institute, Kunst- und Bauschulen, Architekten, Bau-Handwerker, Potsdam 1847.

4 Siemens, W. v.: Über das Projekt einer elektrischen Eisenbahn, Vortrag in der Polytechnischen Gesellschaft am 11. März 1880, in: Siemens, Wissenschaftliche und technische Arbeiten, Bd. 2, 1891, S. 418.

5 Ebd.

6 Im Ablehnungsschreiben des Polizeipräsidiums vom 29. Mai 1880 heißt es im Schlußsatz: »Dem Bestreben, elektrische Eisenbahnen an dazu geeigneten Punkten anzulegen, ist durch den Allerhöchsten Erlass im übrigen ein wohlwollendes Entgegenkommen zugesichert worden.« Schreiben des Polizeipräsidiums, Abt. I, Journ. No. I C 1564 an Dr. phil. Werner Siemens, Berlin, den 29. Mai 1880. SAA TEI 35/Lk 312,1.

7 Vgl. Petition gegen das Projekt des Herrn Dr. W. Siemens, betr.: Errichtung einer dynamo-elektrischen Pfeilerbahn durch die Friedrichstrasse, Berlin, den 12. April 1880. SAA 35/39 Lh 468. – Außerdem sei auf die negative Haltung in der Tagespresse hingewiesen, z. B. im Berliner Tageblatt vom 20. und 21. Februar 1880.

8 Vgl. Baltzer, Franz: Die elektrische Stadtbahn in Berlin von Siemens & Halske, Berlin 1897 (Sonderdruck aus: Zeitschrift für Kleinbahnen, 1897), S. 5.

9 Vgl. Schreiben des Polizei-Präsidiums, Abt. I, Journ. No. I C 3581, an die Herren Siemens & Halske, Berlin, den 24. November 1880. SAA TEI 35/Lk 312, 1.

10 Baltzer, Die elektrische Stadtbahn, op. cit., S. 6.

11 Vgl. Schreiben des Magistrats der Stadt Berlin vom 3. Jan. 1881: »Wir haben grosses Interesse daran, dass eine elektrische Bahn in hiesiger Stadt hergestellt wird und sind gern bereit, auch anderen Behörden gegenüber alle irgend zulässigen Schritte zu tun, um ein solches Projekt zu verwirklichen.« Abgedruckt in: Heintzenberg, Friedrich: Aus Urkunden zur Vorgeschichte der Berliner Hoch- und Untergrundbahn, in: Siemens-Mitteilungen, Nr. 217, Siemensstadt April/Mai 1941, S. 39.

12 Sammlung der zu den Monatswettbewerben des Architekten-Vereins zu Berlin eingegangenen Entwürfe aus dem Gebiete des Hochbaues und (seit 1861) des Ingenieurwesens, Handzeichnungen von Mitgliedern des Architekten-Vereins, Bd. 54, 1881/82 (Jan. 1881 bis Juni 1882), Preisaufgabe zum 6. März 1882 (Plansammlung der Universitätsbibliothek der Technischen Universität Berlin).

13 Ebd., Bl. 38 – 40.

14 Vgl. Figuier, Louis: Les Railways Métropolitain, in: Figuier, Les Nouvellès Conquètes de la Science, Paris 1882, S. 610 ff.

15 Vgl. Siemens, Über das Projekt . . ., a. a. O., S. 412.

16 Schwieger (1846 –1911) war 1884 auf Empfehlung von E. Dircksen von Werner von Siemens engagiert worden und 1885 in die Firma Siemens & Halske eingetreten.

17 Vgl. dazu:
a) Protokoll des Vortrags von Heinrich Schwieger im Architekten- und Ingenieur-Verein zu Berlin vom 14. März 1892. SAA 25/Lo 839.
b) Der Entwurf zu dem elektrischen Stadtbahnnetze für Berlin von Siemens & Halske, in: Der Bär, Jg. 18, 1892, S. 375 ff.
c) Eiselen, Fritz: Die geplante elektrische Hochbahn für Berlin (nach e. Vortrage des Hrn. Reg. Bmstr. Schwieger, gehalten im Bezirksverein Deutscher Ingenieure zu Berlin), in: DBZ, Jg. 26, 1892, S. 81 ff.
d) Entwurf zu einem elektrischen Stadtbahnnetze für Berlin, in: ZdB, Jg. 12, 1892, S. 94 ff.

18 Zur Klärung des Begriffs »Unterpflasterbahn« siehe S. 20.

19 Den äußeren Ring bildete die Berliner Ringbahn, die seit 1867 im Bau und in zwei Etappen 1871/72 und 1877 fertiggestellt worden war.

20 Die Ringstraßen verbanden die einzelnen Stadttore – Hallesches Tor, Kottbusser Tor, Schlesisches Tor und Stralauer Tor – miteinander.

21 Die Verbindungsbahn hatte zunächst rein militärischen Zwecken (als Truppentransportmittel) gedient, wurde später jedoch auch für den Güterverkehr verwendet.

22 Die Lichtensteinbrücke lag in Verlängerung der heutigen Lichtensteinallee im Tiergarten.

23 Vgl. SAA 55/Lt 154, Bl. 1– 5.

24 Vgl. S. 17.

25 Man bezeichnet dieses Trägersystem als Gerberträger.

26 Zur Auseinandersetzung zwischen Architekt und Ingenieur vgl. Hofmann, Albert: Die künstlerischen Beziehungen der Architektur zur Ingenieur-Wissenschaft, in: DBZ, Jg. 27, 1893, S. 284 ff.; Franz, Wilhelm: Kann man Ingenieurbauten schön gestalten? Berlin 1910 (Einzelschriften der Landesgruppe Brandenburg des Bundes Heimatschutz, 1); Behrens, Peter: Über die Beziehungen der künstlerischen und technischen Probleme, Berlin 1917 (Technische Abende im Zentralinstitut für Erziehung und Unterricht, H. 5).

27 Derartige Zwickelornamente waren auch später noch – z. B. bei der Wettbewerbsausschreibung von 1897 (Kap. 3.2.2) – ein beliebtes Motiv. Vgl. Abb. 91.

28 SAA 55/Lt 154, Bl. 27 (Ausschnitt). – Erst durch die von mir vorgenommene Entfernung der weißen Zwickelüberklebungen, die das Werner-von-Siemens-Institut freundlicherweise gestattete, wurden die ursprünglich geplanten Verzierungen sichtbar.

29 SAA 55/Lt 154.

30 Joh. August Friedrich Laske (1854 –1918) war Schüler der Berliner Bauakademie unter Eduard Jacobsthal. Zu Laskes Tätigkeit vgl. Genzmer, Felix: Fritz Laske, in: ZdB, Jg. 38, 1918, S. 255 ff.

31 Laske hatte in Zusammenarbeit mit Jacobsthal Entwürfe für die Stadtbahnhöfe Bellevue und Alexanderplatz geliefert. Vorher war er – ebenfalls mit Jacobsthal – an den Hochbauten für die Reichseisenbahn in Elsaß-Lothringen beteiligt gewesen.

32 Das geistige Deutschland am Ende des 19. Jahrhunderts, Enzyklopädie des deutschen Geisteslebens in biographischen Skizzen, Bd. 1, Leipzig 1898, S. 411.

33 Der Entwurf zu dem elektrischen Stadtbahnnetze . . ., a. a. O., S. 390.

34 Ebd.

35 Vgl. auch SAA 55/Lt 154, Bl. 16: Haltestelle Wasserthor.

36 Genannt seien hier z. B. die Bahnhöfe Aequi Terme und Porta Nuova in Turin (erbaut 1865 – 68), abgebildet in: Kubinsky, Mihály: Bahnhöfe Europas, Ihre Geschichte, Kunst und Technik, Für Eisenbahnfreunde, Architekten und kulturgeschichtlich Interessierte, Stuttgart 1969, S. 204.

37 Da es sich bei Siemens & Halske nicht um Personen, sondern um eine Firma handelt, wird im folgenden von Siemens & Halske immer im Singular gesprochen.

38 Der Entwurf zu dem elektrischen Stadtbahnnetze . . ., a. a. O., S. 377.

39 Protokoll des Vortrags von H. Schwieger im Architekten- und Ingenieur-Verein . . ., a. a. O. – Vgl. auch Der Entwurf zu dem elektrischen Stadtbahnnetze . . ., a. a. O., S. 401, und Entwurf zu einem elektrischen Stadtbahnnetze für Berlin, a. a. O., S. 96.

40 Vgl. hierzu den Entwurf »Querprofile am Reichstagsufer«. SAA 54/Lt 155, Bl. 7.

41 Vgl. SAA 55/Lt 154, Nord-Süd-Linie, Bl. 1a: Lageplan der Variante Friedrichstraße bis Schulzendorfstraße.

42 Vgl. Kolle, R.: Der Entwurf einer elektrischen Untergrundbahn für Berlin, Vortrag von R. Kolle, gehalten in der Versammlung des Vereins für Eisenbahnkunde am 8. Dezember 1891, Berlin 1892 (Sonderdruck aus: Glaser's Annalen für Gewerbe und Bauwesen, Bd. 29, H. 11), S. 11 ff. Kolle spricht von zwei »Achsenstrecken« sowie einer inneren und einer äußeren Ringstrecke. – Vgl. hierzu auch den Siemens-Entwurf vom Juli 1880, der ein ähnliches, aus Radial- und Ringlinien bestehendes Streckennetz vorgesehen hatte (vgl. S. 17).

43 Kolle, Der Entwurf . . ., a. a. O., S. 3.

44 Vgl. Eiselen, Fritz: Die geplante elektrische Untergrundbahn für Berlin, a. a. O., S. 39/40: »Es dürfte von Interesse sein, auch hierüber an dieser Stelle zu berichten und so einen Vergleich zwischen den beiden Unternehmungen zu gewinnen, welche übrigens nicht als Konkurrenzpläne zu betrachten sind, sondern welche, jede in ihrem Rahmen und in ihren bestimmten Zwecken, wohl nebeneinander bestehen können, beide nur auf andere Weise das gemeinsame Ziel verfolgend, neue Verkehrsmittel und Wege für die Reichshauptstadt zu schaffen.« Vgl. auch Lerche, Adolf: Beiträge zur Geschichte der elektrischen Hoch- und Untergrundbahn in Berlin, Berlin 1930, S. 17.

45 Mit dem Bau des Spreetunnels in Treptow bewies die AEG jedoch die Durchführbarkeit eines solchen Tunnelsystems auch in Berlin. Vgl. Der Spreetunnel zwischen Stralau und Treptow bei Berlin, Ausgeführt in den Jahren 1895 –1899 von der Gesellschaft für den Bau von Untergrundbahnen G.m.b.H. zu Berlin, Berlin 1899. – Außerdem betrieb die AEG seit 1895 eine werkinterne elektrische Tunnelbahn zwischen ihren Fabriken in der Brunnen- und Ackerstraße.

46 Hegemann, Werner: Das steinerne Berlin, Geschichte der größten Mietskasernenstadt der Welt, Lugano 1930, Neudr. Berlin 1963 (Bauwelt Fundamente, 3), S. 227.

47 Vgl. Gesetz-Sammlung für die Königlichen Preußischen Staaten, Berlin 1892, S. 225 ff. Durch dieses Gesetz wurde die gesetzliche Grundlage für das Verhältnis zwischen dem Wegeunterhaltspflichtigen und dem Unternehmen einer solchen elektrischen Schnellbahn geschaffen.

48 Allerhöchste Kabinettsordre vom 22. Mai 1893, Mitgeteilt im Schreiben des Königlichen Polizeipräsidenten vom 15. Juni 1893 (Ungedr. Ms., BVG-Plankammer).

49 Preisaufgabe zum Schinkelfest 1896, in: ZdB, Jg. 14, 1894, S. 512.

50 Sammlung der preisgekrönten Entwürfe zum Schinkelfest aus dem Gebiete des Ingenieurwesens, Handzeichnungen von Mitgliedern des Architekten-Vereins zu Berlin, 1896: Schulze, Otto: Umbau der Potsdamer Brücke über den Landwehrkanal in Berlin (Plansammlung der Universitätsbibliothek der TU Berlin), und Bericht über die zum Schinkelfest 1896 eingegangenen Preisbewerbungen auf dem Gebiete des Bauingenieurwesens (Handgeschr. Ms., Plansammlung der Universitätsbibliothek der TU Berlin).

51 Die Forderungen der Stadt Berlin umfaßten:
1. Eine jährliche feste Abgabe von 50 000 M anstelle der von Siemens & Halske vorgeschlagenen prozentualen Abgabe der Betriebseinnahmen.
2. Kostenbeteiligung am Bau der Oberbaumbrücke in Höhe von 300 000 M, obwohl die Brücke von der Stadt Berlin als Spreeüberführung sowieso geplant war und von Siemens nur mitbenutzt werden sollte.
3. Übernahme der Bahn durch die Stadt nach 10 Jahren statt der geforderten 30 Jahre.

52 In diesem Zusammenhang sei auf ein Schwebebahnprojekt nach dem System von Eugen Langen aus Köln hingewiesen, das den Berliner Behörden im September 1894 vorgelegt wurde und als Konkurrenz zu den Siemensschen Plänen gedacht war. Vgl. Denkschrift betreffend die Anlage einer elektrischen Hochbahn (Schwebebahn), System Eugen Langen, Köln, für Berlin, Köln im September 1894; vgl. auch Die elektrische Schwebebahn für Berlin, in: Berliner Illustrirte Zeitung, Jg. 4, 1895, Nr. 2, S. 1 ff., und Eiselen, Fritz: Neue Hochbahn-Entwürfe für Berlin, in: DBZ, Jg. 29, 1895, S. 62 ff. – Da dieses Projekt jedoch noch zu wenig ausgereift war, um auf der Gewerbeausstellung vorgestellt zu werden, wurde es von den Behörden abgelehnt. Geplant war eine Streckenführung entlang dem Landwehrkanal mit weit über den Kanal gespreizten Stützen, die zweifellos Otto Schulze bei seinem Hochbahnentwurf für die Potsdamer Brücke als Anregung gedient hatten. Vgl. S. 23.

53 a) Vertrag zwischen der Stadtgemeinde Berlin, vertreten durch den Magistrat, und der Firma Siemens & Halske (Kommanditgesellschaft) zu Berlin betreffend die Anlage einer elektrischen Stadt- (Hoch-) Bahn innerhalb des städtischen Weichbildes, Berlin, den 25. Juni/18. Juli 1895.
b) Vertrag zwischen der Stadtgemeinde Schöneberg, vertreten durch den Magistrat, und der Firma Siemens & Halske (Kommanditgesellschaft) zu Berlin betreffend die Anlage einer elektrischen Stadt- (Hoch-) Bahn innerhalb des städtischen Weichbildes, Berlin und Schöneberg, den 18. Oktober/5. November 1895.
c) Vertrag zwischen dem Königlich Preußischen Eisenbahnfiskus und der Firma Siemens & Halske (Kommanditgesellschaft) zu Berlin, Berlin, den 25. November/4. Dezember 1895.

54 Schreiben des Magistrats der Stadt Berlin an die Firma Siemens & Halske vom 2. Okt. 1897, I. No. 1310. V. 97, abgedruckt in: Vertrag zwischen der Stadtgemeinde Berlin und der Firma Siemens & Halske vom 25. Juni/18. Juli 1895, S. 12.

55 Genehmigungsurkunde zur Herstellung und zum Betriebe einer der Beförderung von Personen dienenden elektrischen Hochbahn von der Warschauerstraße nach dem Nollendorfplatz mit einer Abzweigung nach dem Potsdamer Bahnhof beziehungsweise der Königgrätzerstraße, Berlin, den 15. März 1896, in: Amtsblatt der Königlichen Regierung zu Potsdam und der Stadt Berlin, Jg. 1896, Potsdam 1896, Stück 13, Nr. 23, S. 132–136.

56 Ebd., S. 134.

57 Vertrag zwischen der Stadtgemeinde Charlottenburg und der Hochbahngesellschaft betreffend die Anlage einer elektrischen Stadt- (Hoch-) Bahn innerhalb des städtischen Weichbildes, Charlottenburg/Berlin, den 23. Mai/30. Juni 1896.

58 Genehmigungsurkunde zur Herstellung und zum Betriebe einer elektrischen Bahn von der Warschauerstraße über den Nollendorfplatz nach dem Zoologischen Garten mit einer Abzweigung nach dem Potsdamer Bahnhof, Berlin, den 5. November 1897, in: Amtsblatt 1898, Stück 7, Nr. 12, S. 70–75.

59 Vgl. Wittig, Paul: Zur Geschichte der Hochbahngesellschaft, Berlin 1925, S. 5: »Hierzu ist zu bemerken, daß der Berliner Magistrat damals nicht willens war, das Risiko für die Durchführung der neuartigen und wirtschaftlich noch ungeklärten Verkehrspläne selbst zu übernehmen.«

60 Von einer Fortsetzung der Strecke Potsdamer Platz – Friedrichstraße bis zur Schloßbrücke war schon 1892 in einem Vortrag Heinrich Schwiegers die Rede gewesen. Vgl. Kap. 2, Anm. 39.

61 Erläuterungen zum Entwurf für die elektrische Stadtbahn in Berlin, Erweiterungslinie Potsdamer Platz – Friedrichstrasse – Schlossbrücke, Von Siemens & Halske, Berlin 1897. SAA 20/Lk 364. Vgl. auch Baltzer, Die elektrische Stadtbahn, op. cit., S. 25 ff.

62 Vgl. Baltzer, Die elektrische Stadtbahn, op. cit., Abb. 5–9.

63 In den Erläuterungen zum Entwurf für die elektrische Stadtbahn in Berlin, Erweiterungslinie Potsdamer Platz – Friedrichstrasse – Schlossbrücke, a. a. O., S. 3, ist statt dessen von einer »Reihe von offenen Bögen« die Rede.

64 Der U-Bahnhof Weidendammer Brücke sollte gegenüber dem ursprünglich geplanten U-Bahnhof Friedrichstrasse nicht westlich, sondern östlich des Stadtbahnhofs Friedrichstrasse angelegt werden.

65 Die Berliner Entwürfe zeigen durchweg nur Frontalansichten bzw. Querschnitte und vermitteln daher keinen guten Gesamteindruck.

66 Sämtliche Treppenhäuschen wurden zwischen 1912 und 1925 aus Verkehrssicherheitsgründen entfernt.

67 Die Keramikplatten stammen von der Porzellanfabrik Zsolnay. Vgl. Medveczki, Ágnes: A Millenniumi Földalatti Vasút, Budapest 1975 (A Közlekedési Múzeum Közleményei, 4), S. 24.

68 Bei Medveczki, op. cit., S. 24, findet sich die Schreibweise Schickendanz und Herczog.

69 Hier sollte der Anschluß an die Strecke Potsdamer Platz – Schloßbrücke erfolgen.

70 Vgl. Erläuterungen zum Entwurf einer elektrischen Stadtbahn in Berlin, Erweiterungslinie Potsdamer Platz – Spittelmarkt – Köpenickerbrücke, Von Siemens & Halske, Berlin, im Februar 1898. SAA TEI 35/Lk 313,6. Vgl. auch Bousset, Johannes: Die Berliner U-Bahn, Berlin 1935, S. 7.

71 Vgl. Erläuterungen zu dem Entwurf einer elektrischen Stadtbahn in Berlin, Erweiterungslinie Potsdamer Platz ..., a. a. O., S. 8 ff.

72 Erläuterungen zu dem Entwurf einer elektrischen Stadtbahn in Berlin vom Brandenburger Thor nach dem Stettiner Bahnhof und durch den Norden Berlins nach der Warschauer Brücke, Von Siemens & Halske, Aktiengesellschaft, Berlin, 8. März 1898 (Ungedr. Ms., SAA 20/Lk 364).

73 Vgl. Erläuterungen zu dem Entwurf einer elektrischen Stadtbahn vom Brandenburger Thor, a. a. O., S. 5.

74 Die Genehmigung erfolgte am 12. April 1897. Vgl. Baltzer, Die elektrische Stadtbahn, op. cit., S. 26.

75 Vgl. S. 12 und 18. Gegen eine Untergrundbahn hatte zunächst auch das neue, von James Hobrecht entwickelte und für viele andere Großstädte vorbildliche Berliner Kanalisationssystem gesprochen.

76 Krause trat im Juni 1897 die Nachfolge von Hobrecht, einem strikten Gegner der Untergrundbahn, an.

77 Auch die Budapester Unterpflasterbahn hatte Probleme mit dem hohen Grundwasserspiegel.

78 Die Brücke heißt heute Friedensbrücke.

79 Vgl. Wagner, Otto: Einige Skizzen, Projecte und ausgeführte Bauwerke, Bd. 2, Wien 1897, Bl. 27–28.

80 Verbindungen zwischen Siemens & Halske und der Stadt Wien bestanden seit 1883, als Siemens parallel zum Stadtbahnentwurf der englischen Firma Bunten & Fogerty das Projekt für eine elektrische Stadtbahn vorlegte, deren Konstruktionstypen als unmittelbare Vorstufe zum Berliner Projekt von 1891 betrachtet werden können. Vgl. Projekt zu einer elektrischen Stadt-Eisenbahn für Wien von Dr. Werner Siemens, in: DBZ, Jg. 17, 1883, S. 185 ff. Außerdem machte Siemens & Halske bereits 1886 Vorschläge für den Bau der Donaukanallinie. Vgl. ZdB, Jg. 6, 1886, S. 75 ff.

3 Verwirklichung der Siemens-Pläne durch den Bau der Stammlinie

1 Schreiben des Schöneberger Gemeinde-Vorstehers an die A. G. Siemens & Halske, Abt. für elektrische Bahnen, vom 2. Oktober 1897, abgedruckt in: Vertrag zwischen der Stadtgemeinde Schöneberg und der Siemens & Halske Aktiengesellschaft Berlin für den Bau einer Untergrundbahn in Schöneberg vom Nollendorfplatz bis zur Hauptstraße, Schöneberg/Berlin, den 21. Okt./24. Nov. 1908, S. 10.

2 Die Deutsche Bank, zu deren Direktorium Georg von Siemens, ein Vetter von Wilhelm von Siemens, dem Sohn und Nachfolger Werner von Siemens', gehörte, hatte zunächst erhebliche Bedenken gegen das Hochbahnprojekt angemeldet und war erst aufgrund eines Sachverständigengutachtens von Gustav Kemmann, in dem außerordentlich günstige Verkehrsziffern ermittelt worden waren, zu einem Bündnis mit der Firma Siemens & Halske bereit gewesen.

3 Eintragung unter Spalte 1 Nr. 17 202 im Handelsregister des Königlichen Amtsgerichts I zu Berlin, abgedruckt in: Verträge der Hochbahngesellschaft mit Charlottenburg, S. 59.

4 Vgl. S. 24.

5 Vertrag zwischen der Gesellschaft für elektrische Hoch- und Untergrundbahnen in Berlin, einerseits und der Commandit-Gesellschaft Siemens & Halske in Liquidation und der Aktiengesellschaft in Firma Siemens & Halske Aktiengesellschaft, beide in Berlin, andererseits, Berlin, den 17. Juli/3. August 1897.

6 Nachtragsabkommen zwischen der Gesellschaft für elektrische Hoch- und Untergrundbahnen in Berlin, einerseits und der Commandit-Gesellschaft Siemens & Halske in Liquidation und der Aktiengesellschaft in Firma Siemens & Halske Aktiengesellschaft, beide in Berlin, andererseits, Berlin, den 17. August 1899.

7 Kemmann, Gustav: Zur Eröffnung der elektrischen Hoch- und Untergrundbahn in Berlin, Berlin 1902 (Sonderdruck aus: ZVdE), S. 7.

8 Ebd.

9 Vgl. ebd.

10 Am 3. Oktober 1898 beschloß die Verkehrsdeputation des Berliner Magistrats, »die Firma Siemens & Halske zu ersuchen, ein Projekt aufzustellen, welches die Durchführung der Unterpflasterbahn in der ganzen Bülowstraße ermöglicht; auch soll in Erwägung gezogen werden, ob die Hochbahn nicht schon von der Alexandrinenstraße am Halleschen Ufer entlang in eine Unterpflasterbahn überführt werden kann.« SAA 25/Lo 787.

11 Diese positive Einstellung war bereits in einem Verhandlungsprotokoll vom 23. Februar 1892 zur Sprache gekommen. SAA 25/Lo 839.

12 Amtsblatt 1898, Stück 7, Nr. 12, S. 71.

13 Zum Problem der Umfahrung der Kaiser-Wilhelm-Gedächtniskirche vgl. Hengsbach, Arne: Die Kirche und die Schnellbahn, Ein Kapitel Berliner Verkehrsgeschichte, in: Der Bär von Berlin, Jg. 14, 1965, S. 243 ff.

14 Die Charlottenburger Anlieger verlangten hohe Entschädigung für die Wertminderung ihrer Grundstücke durch die Hochbahn.

15 Zu den Alternativvorschlägen für die Überwindung der Höhendistanz gehörten z. B. die Anlage einer kurzen Zahnradbahn sowie der Einbau eines Hebewerks. Vgl. Bericht über die Oktober-Sitzung des Vereins für Eisenbahnkunde in Berlin, in: DBZ, Jg. 32, 1898, S. 583.

16 Vgl. Verwaltungsbericht des Magistrats der Stadt Schöneberg, 2, 1. April 1899 –13. März 1903, Schöneberg 1904, S. 517 ff.

17 Ebd., S. 521.

18 Vertrag über die Stammstrecke, Umwandlung der Hochbahn in eine Untergrundbahn, Schreiben des Magistrats Charlottenburg, I.–Nr. V a 165, an die Aktiengesellschaft Siemens & Halske vom 13. Februar 1899 sowie die Antwort der Firma Siemens vom 17. Februar 1899 (I.-Nr. 477 H), abgedruckt in: Verträge der Hochbahngesellschaft mit Charlottenburg, S. 57 ff.

19 Vgl. Verwaltungsbericht der Stadt Schöneberg 1899 –1903, S. 523.

20 Ergänzung der Genehmigungsurkunde vom 5. November 1897 für eine elektrische Bahn (1. Nachtrag), Unterpflasterstrecke Nollendorfplatz – Zoologischer Garten, Berlin, den 1. November 1900, in: Amtsblatt 1900, Stück 46, Nr. 76, S. 531 ff.

21 Vgl. Daten zur Berliner Hoch- und Untergrundbahn. SAA TEI 35/Lk 312,1. Diese Summe bezieht sich auf die reinen Baukosten. Dazu kamen noch rund 10 Millionen Mark für Grunderwerb, Häuserankäufe, Um- und Neubauten. Vgl. auch Kemmann, Zur Eröffnung der elektrischen Hoch- und Untergrundbahn, a. a. O., S. 8.

22 Die Schreibweise der Bahnhöfe entspricht der heute gebräuchlichen Form.

23 Licht, Hugo: Die Architectur Berlins, Sammlung hervorragender Bauten der letzten zehn Jahre, Berlin 1877, S. VI. – »Echtes Material« wurde auch für den Schwechtenschen Bau an der Gedächtniskirche gefordert; vgl. S. 34.

24 Nacht, Leo: Künstlerisches von der Berliner elektrischen Hochbahn, in: DK, Jg. 5, Bd. 10, 1902, S. 238.

25 Vgl. S. 19 ff.

26 Diese auffallend leichte Viaduktkonstruktion war – wie bereits gesagt – nur durch die geringere Achslast der Elektrowagen möglich.

27 Die Stadtbahnstützen, die hauptsächlich bei Brücken und Straßenüberführungen verwendet wurden und im wesentlichen von Eduard Jacobsthal, dem Lehrer Friedrich Laskes, stammen, sind noch ganz dem Geist der Schinkel-Bötticherschen Schule verhaftet. Vgl. S. 17. Ähnliche Stützenformen wie bei der Berliner Stadtbahn finden sich auch bei den Viaduktstrecken der im Jahre 1900 eröffneten Pariser Metropolitain, z. B. an der Passybrücke und am Boulevard d'Italie.

28 Alfred Frederik Elias Grenander, geb. 26. 6. 1863 in Sköfde (Schweden), gest. 14. 7. 1931 in Berlin. Wichtige Literatur zu Grenander von M. Rapsilber (1904), Georg Swarzenski (1905), Ernst Schur (1909), Hans Schliepmann (1910), Robert Breuer (1913) und Martin Richard Möbius (1930). Vgl. das Literaturverzeichnis.

29 Zwischen 1890 und 1897 war Grenander Mitarbeiter am Reichstagsgebäude.

30 Meyer, Alfred Gotthold: Eisenbauten, Ihre Geschichte und Ästhetik, Nach des Verf. Tode zu Ende geführt von Wilhelm Frhr von Tettau, Esslingen 1907, S. 180.

31 Zu Solf und Wichards vgl. S. 48.

32 Zu Necker vgl. S. 37.

33 Vgl. Aktennotiz zur Aufsichtsratssitzung der Hochbahngesellschaft. SAA 16/Lk 569.

34 Paul Wittig, geb. 1853, hatte unter Wallot acht Jahre am Bau des Reichstagsgebäudes mitgearbeitet. Er gehörte seit 1897 dem Vorstand der Hochbahngesellschaft an und war wegen seiner umfangreichen Verwaltungstätigkeit später kaum noch als Architekt tätig.

35 Kemmann, Zur Eröffnung . . ., a. a. O., S. 16.

36 Ebd.

37 Vgl. Hofmann, Albert: Die elektrische Hoch- und Untergrundbahn in Berlin von Siemens & Halske, VII. Die künstlerische Ausbildung, in: DBZ, Jg. 36, 1902, S. 278; vgl. auch Die Berliner elektrische Hoch- und Untergrundbahn, in: ZVdE, Jg. 40, 1900, S. 707.

38 Hofmann, Elektrische Hoch- und Untergrundbahn . . ., a. a. O., S. 278.

39 Vgl. Scheffler, Karl: Hochbahn und Ästhetik, in: DBH, Jg. 6, 1902, S. 110, und SAA 37/Lh 578. Der Name Dominik findet sich – allerdings ohne Nennung des Vornamens und ohne jeden Kommentar – bei Scheffler nur im Zusammenhang mit einer Abbildung des Bahnhofs Stralauer Tor.

40 Der Kampf um die Untergrundbahn, Berlin 1909, S. 7.

41 Der Bahnhof wurde 1902 unter dem Namen »Oranienstraße« eröffnet. Man hatte sich erst 1901 für diese Bezeichnung entschieden, nachdem die Haltestelle ursprünglich als »Görlitzer Bahnhof« geplant worden war (vgl. alle Entwurfspläne bis 1901) und vorübergehend auch der Name »Oranien-Wiener-Straße« zur Diskussion gestanden hatte. Erst am 14. Februar 1926 wurde die Haltestelle auf Wunsch der Fahrgäste in »Görlitzer Bahnhof (Oranienstraße)« umbenannt.

42 Vgl. Kap. 7. 2.

43 Der Treppenabgang am Görlitzer Bahnhof wurde 1957 durch Verlegung des unteren Laufs in entgegengesetzte Richtung verändert.

44 Vgl. »Revisionsplan der Entwässerungsanlage Haltestelle ›Kottbuser Thor‹«, Elektrische Hochbahn Siemens & Halske, Bl. 15 (BVG-Plankammer, Historische Pläne). Vgl. auch Baltzer, Die elektrische Stadtbahn, op. cit., Taf. VI.

45 Vgl. Kap. 3, Anm. 142 und Kap. 4, Anm. 60.

46 Der Bahnhof wurde am 15. 9. 1924 in »Osthafen« umbenannt. Er wurde im 2. Weltkrieg total zerstört und am 10. 3. 1945 für immer geschlossen.

47 Die Oberbaumbrücke wurde ebenfalls stark beschädigt. Sie wurde jedoch nach Kriegsende für den U-Bahnbetrieb behelfsmäßig wieder instandgesetzt und bis August 1961 auch befahren. Seit der Zeit endet die Linie am Schlesischen Tor.

48 Vgl. den Turm am Mitteltor in Prenzlau, abgebildet in: Adler, Friedrich: Mittelalterliche Backsteinbauwerke des Preussischen Staates, Bd. IIA, Berlin 1898, Taf. C. Da die Brücke im Auftrage der Stadt Berlin gebaut wurde, hatte Siemens & Halske nur geringen Einfluß auf die Gestaltung des Hochbahnviadukts.

49 Heute befindet sich hier ein großes Sportzentrum.

50 Insbesondere bei den Bahnhöfen der Bakerloo-Line, z. B. Elephant & Castle Station, Oxford Circus oder Piccadilly Circus. – Auch die AEG-Entwürfe von 1891 hatten derartige in Häusern liegende Eingänge vorgesehen. Vgl. S. 22.

51 Vgl. Ollert, G.: Die Erneuerung des Hochbahnhofes Möckernbrücke in Berlin, in: Neuzeitliche Stahlhallenbauten, Berlin 1938 (Sonderdruck aus: Der Stahlbau, 1937, H. 19).

52 Es handelt sich hierbei um die heutige Linie 7 nach Britz.

53 Seit 1961 (Bau der Berliner Mauer) endet die Linie bereits am Schlesischen Tor.

54 Die Warschauer Straße wird hier als Brücke über das Gelände der Reichsbahn geführt.

55 Vgl. Eiselen, Fritz: Die elektrische Hoch- und Untergrundbahn in Berlin von Siemens & Halske, in: DBZ, Jg. 35, S. 598.

56 Ebd. Diese Dachform wurde später durch zwei nebeneinander liegende Satteldächer auf Fachwerkbindern ersetzt.

57 Die im Grundriß ursprünglich symmetrische Eingangshalle wurde später einseitig erweitert.

58 Derartige Treppengebäude, die zwei Verkehrsebenen miteinander verbinden, sind im Berliner Stadtbild verschiedentlich anzutreffen. Hingewiesen sei hier nur auf die beiden kleinen, inzwischen abgerissenen Treppengebäude an der Putlitzbrücke, die zwischen 1909 und 1912 von Arno Körnig erbaut wurden. Sie erfüllten eine ähnliche Funktion wie die Bauten von Wittig und stehen offensichtlich in dessen Nachfolge. Vgl. Schliepmann, Hans: Berliner Brücken, in: BAW, Jg. 16, 1914, S. 261.

59 Über weitere Teilnehmer dieses Wettbewerbs ist mir nichts bekannt.

60 Hans Grisebach (1848 –1905) arbeitete von 1889 –1901 mit Dinklage zusammen und war besonders erfolgreich im Bau von Wohn- und Geschäftshäusern. Seine bevorzugte Stilrichtung war die deutsche Renaissance. Vgl. Hans Grisebach, Architekt der Gründerjahre, Seine Zeichnungen in der Kunstbibliothek Berlin, Berlin 1974 (Sammlungskataloge der Kunstbibliothek Berlin, 7), S. 9 und S. 31.

61 August Georg Dinklage wurde 1849 geboren. Im übrigen vgl. Anm. 60.

62 Eiselen, Die elektrische Hoch- und Untergrundbahn, a. a. O., S. 598.

63 Vgl. Kemmann, Zur Eröffnung der elektrischen Hoch- und Untergrundbahn, a. a. O., S. 23, und Körber, W.: Die Haltestellen der Berliner elektrischen Hochbahn, in: ZdB, Jg. 19, 1899, S. 490.

64 Für den plastischen Schmuck war der Bildhauer Heinrich Giesecke verantwortlich und nicht Wilhelm Giesecke, der bei Thieme-Becker, Allgemeines Lexikon der bildenden Künstler von der Antike bis zur Gegenwart, Bd. 15, Leipzig 1922, S. 55 unter dem Stichwort Grisebach fälschlicherweise als dessen Mitarbeiter genannt wird. Heinrich Giesecke war bereits 1890 beim Bau des Kaufhauses Ascher und Münchow in Berlin zusammen mit Grisebach tätig gewesen. Vgl. Kaufhaus Ascher und Münchow in Berlin, in: ZfB, Jg. 40, 1890, H. 10 –12, S. 418.

65 Ähnliche stilistische Merkmale zeigt Grisebachs Entwurf für die Fassade des Vereinshauses der Deutschen Buchhändler in Leipzig. Vgl. Hans Grisebach, Seine Zeichnungen in der Kunstbibliothek, op. cit., Kat. Nr. 154, Abb. S. 50.

66 Wittig, Paul: Die Architektur der Hoch- und Untergrundbahn in Berlin, Berlin 1922, T. 1.

67 In den fünfziger Jahren wurde z. B. die Haube des runden Turms entfernt, da eine Renovierung zu kostspielig gewesen wäre.

68 Der obere Treppenlauf wurde nach 1945 erweitert.

69 Wittig, Paul: Die Hochbauten der elektrischen Hoch- und Untergrundbahn in Berlin, in: BAK, Jg. 15, 1902, S. 66.

70 Körber, Die Haltestellen der Berliner elektrischen Hochbahn, a. a. O., S. 490.

71 Baedeker, Karl: Berlin, Reisehandbuch, 13. Aufl., Leipzig 1904, S. 127.

72 Der Platz hat durch die Teilung Berlins sehr an Bedeutung eingebüßt, da alle vier Straßen – Königgrätzer Straße (heute Stresemannstraße), Wilhelmstraße, Friedrichstraße und Lindenstraße – nach Ostberlin führen.

73 Die 1879 von Johann Heinrich Strack erbauten Torgebäude wurden im 2. Weltkrieg zerstört.

74 Vgl. DBZ, Jg. 32, 1898, S. 487.

75 Die Zeichnung, die bereits 1922 von Paul Wittig (Die Architektur der Hoch- und Untergrundbahn, S. 6) publiziert wurde, befindet sich heute in der Plansammlung der Universitätsbibliothek der TU Berlin, Messel Inv. Nr. 13 470. Die Datierung der Messel-Zeichnung erfolgt aufgrund eines Protokolls der Aufsichtsratssitzung der Hochbahngesellschaft vom 17. August 1899. SAA 16/Lk 569.

76 Vgl. Protokoll der Aufsichtsratssitzung der Hochbahngesellschaft vom 14. Dezember 1899. SAA 16/Lk 569. Die Hochbahngesellschaft hatte schon vorher Bedenken gegen diesen Bau angemeldet und erklärt, daß sie »sich nur dann zur Ausführung des Entwurfs entschliessen könne, wenn bei der behördlichen Prüfung des Entwurfs die Anordnung eines derartigen höheren Aufbaues für die architektonische Lösung der vorliegenden Aufgabe als wünschenswerth erklärt und zur Ausführung empfohlen wird«. Protokoll der Aufsichtsratssitzung der Hochbahngesellschaft vom 17. August 1899. SAA 16/Lk 569.

77 Hermann Solf (1856–1909) und Franz Wichards (1856–1919) bildeten seit 1890 eine Architektengemeinschaft. Zu ihren bedeutendsten Bauten zählt das 1906 fertiggestellte Patentamt, das östlich des Halleschen Tors an der Gitschiner Straße liegt.

78 Vgl. Anm. 77.

79 Protokoll der Aufsichtsratssitzung der Hochbahngesellschaft vom 14. Dezember 1899.

80 Das Portal weist auf eine ursprünglich wesentlich großzügiger geplante repräsentative Eingangslösung hin.

81 Vgl. Wittig, Paul: Die erste elektrische Hoch- und Untergrundbahn in Berlin, Entstehung und Umgestaltung, in: Die Fahrt, Jg. 1, 1929, S. 15, Abb. 5. Von wem der Entwurf für den Neubau stammt, geht aus Wittigs Ausführungen nicht hervor.

82 Scheffler, Karl: Stein und Eisen, in: Scheffler, Moderne Baukunst, Berlin 1907, S. 18.

83 Vgl. S. 33 ff.

84 Preisausschreiben vom Oktober 1897. Die Siemens & Halske Aktiengesellschaft schreibt hiermit unter den Architekten und Ingenieuren deutscher Reichsangehörigkeit Wettbewerbe aus behufs Erlangung von Entwürfen für die elektrische Hochbahn in Berlin und zwar I. Für den Viadukt in der Bülowstrasse, II. Für die Haltestelle in der Bülowstrasse zwischen der Steinmetz- und der Potsdamerstrasse. SAA TEI 35/Lk 313. Vgl. auch ZdB, Jg. 17, 1897, S. 490, und DBZ, Jg. 31, 1897, S. 548 und 551.

85 Neben fünf Entwürfen gingen je einer aus Dortmund, Hamburg, Lübeck, München und Straßburg ein. Vgl. DBZ, Jg. 32, 1898, S. 20.

86 Es handelt sich hierbei um die Entwürfe »Durch Nacht zum Licht«, »Für die Reichshauptstadt«, »D.R.P.«, »Gelenkbogen« und »Doppelpfeiler«, deren jeweilige Verfasser leider nicht ermittelt werden konnten. Vgl. auch Die Preisbewerbung zur Ausgestaltung der elektrischen Hochbahn, in: ZdB, Jg. 18, 1898, S. 63 ff.

87 Gutachten über die auf Grund des Preisausschreibens der Firma Siemens & Halske, Aktiengesellschaft, vom Oktober 1897 eingegangenen Entwürfe für die elektrische Hochbahn in Berlin, Berlin, den 11. Februar 1898, Bl. 3. SAA 25/Lo 790.

88 Ebd.

89 Es waren ursprünglich insgesamt 6 Preise vorgesehen, die aber wegen der geringen Beteiligung nicht voll ausgegeben wurden. Diese Entscheidung wurde übrigens gegen die Stimmen der Vertreter der Firma Siemens & Halske gefällt. Vgl. Gutachten über die Entwürfe für die Hochbahn, a. a. O., Bl. 3.

90 Otto Stahn, geb. 1859, war Schüler von Raschdorff und Erbauer der Oberbaumbrücke.

91 Karl Bernhard, geb. 1859, zu dessen bedeutendsten Leistungen neben der Stößenseebrücke in Berlin die in enger Zusammenarbeit mit Peter Behrens entstandene Entwurf für die AEG-Turbinenhalle gehört (vgl. Bernhard, Karl: Die neue Halle für die Turbinenfabrik der Allgemeinen Elektricitäts-Gesellschaft in Berlin, in: ZVdI, Jg. 55, 1911, S. 1625 ff.), setzte sich in seinen theoretischen Arbeiten eingehend mit den künstlerischen Aspekten des Ingenieurbaus auseinander. Vgl. Bernhard, Karl: Der moderne Industriebau in technischer und ästhetischer Beziehung, in: ZVdI, Bd. 56, 1912, S. 1141 ff., und Bernhard, Eiserne Brücken im Stadtbilde, in: ZVdI, Jg. 65, 1921, S. 1093 ff.

92 Vgl. ZdB, Jg. 18, 1898, S. 67.

93 Orth, August: Architektonische Entwürfe, Bd. IV, Bl. 193–96, Elektrische Hochbahn für Berlin 1897 (Plansammlung der Universitätsbibliothek der TU Berlin, ohne Inv. Nr.); zu Orth vgl. auch Kap. 5, Anm. 190.

94 Die Preisbewerbung zur Ausgestaltung der elektrischen Hochbahn in Berlin, a. a. O., S. 77.

95 Johannes Bousset (1865–1945) gehörte von 1897 bis 1928 zum Vorstand der Hochbahngesellschaft.

96 Wagner, Einige Skizzen, Projecte und ausgeführte Bauwerke, op. cit., Bd. 2, 1877, Bl. 15 ff.

97 »Und zwar übertrug die ›Commission für Verkehrsanlagen‹ Wagner nicht nur die Entwürfe für die Hochbauten, sondern sie stand nicht an, ihm auch die schönheitliche Gestaltung der Ingenieurwerke, so der Brücken und ihrer Anschlußbauten, einzuräumen.« v. Pelser-Berensberg: Die Wiener Stadtbahn und ihre Hochbauten, in: ZdB, Jg. 18, 1898, S. 193.

98 Ursprünglich war für diesen Bahnhof die Bezeichnung »Potsdamer Straße« vorgesehen.

99 Bruno Möhring, geb. 1863 in Königsberg, gest. 1929 in Berlin. Zu Möhrings Schaffen vgl. Nacht, Leo: Bruno Möhring, Berlin 1902 (BAW, Sonderheft 2); Meier-Graefe, Julius: Bruno Möhring und das neue Berlin, in: MBF, Jg. 4, 1905, S. 61 ff.; Möhring, Bruno: Stein und Eisen, Berlin 1903 ff.

100 Nach Nacht, Bruno Möhring, a. a. O., S. 8, ist die Bonner Rheinbrücke die »erste künstlerische Eisenbrücke in Deutschland, sie bildet einen Markstein in der künstlerischen und konstruktiven Entwicklung des Eisens als Baumaterial.« Vgl. auch Rosenberg, Adolf: Eisendecorationen der Bonner Rheinbrücke, Im Auftrage der Gutehoffnungshütte . . . nach Zeichnungen von Bruno Möhring . . . ausgeführt, Berlin 1899.

101 Wittig, Architektur der Hoch- und Untergrundbahn, op. cit., Text zu Taf. 20.

102 Die Preisbewerbung zur Ausgestaltung der elektrischen Hochbahn, a. a. O., S. 65.

103 Hingewiesen sei in diesem Zusammenhang auf das Ausstellungsgebäude der Gute-Hoffnungshütte auf der Düsseldorfer Gewerbe- und Industrie-Ausstellung von 1903, wo Möhring derartige Pfeilerschöpfungen mit offensichtlich größerem Erfolg verwenden konnte. Die von extrem hohen phantasievoll geschmückten Pfeilern flankierte Giebelfront des Ausstellungsgebäudes zeigt auch sonst eine starke Abhängigkeit vom Bahnhof Bülowstraße. Vgl. Möhring, Stein und Eisen, op. cit., Lfg. 1.

104 Möhring verwendete die Plamette nicht nur in der Architektur (z. B. an den Brückenköpfen der Swinemünder Brücke am Gesundbrunnen), sondern auch bei seinen Möbelentwürfen. Vgl. die Abbildungen in BAW, Jg. 8, 1906, S. 219 und 353.

105 Das Geländer an der Steinmetzstraße wurde bei der 1928 erfolgten Bahnhofsverlängerung entfernt, das an der Potsdamer Straße im 2. Weltkrieg zerstört.

106 Scheffler, Stein und Eisen, a. a. O., S. 19.

107 Wilhelm Cremer (1846–1919) und Richard Wolffenstein (1845–1919), deren Erfolg eng mit dem Aufblühen der Reichshauptstadt verbunden war, verwendeten bevorzugt die Formen des Barock. 1882 war ihnen für den gemeinsamen Entwurf in der Konkurrenz zum Reichstagsgebäude der 2. Preis zugefallen.

108 Nach eigenen Angaben der Architekten. Zit. bei Nacht, Leo: Die Hochbauten der elektrischen Hoch- und Untergrundbahn in Berlin: Bülowstraße und Nollendorfplatz, in: BAK, Jg. 16, 1903, S. 11.

109 Die Pylonen sind, »um auf der mangelnden Unterlage noch thunlichst viel Masse erhalten zu können«, im Grundriß nicht kreisförmig, sondern schwach elliptisch (aus vier Mittelpunkten) gestaltet worden. Körber, Die Haltestellen der Berliner elektrischen Hochbahn, a. a. O., S. 128.

110 Eine andere Konstruktion zeigt indes der Kuppelbau, den Otto Wagner für den Hofpavillon der Wiener Stadtbahn an der Haltestelle Hietzing geschaffen hat.

111 Die Brunnenschale wurde inzwischen entfernt.

112 Cauer, Wilhelm: Zur Führung der elektrischen Stadtbahn am Nollendorfplatz in Berlin, in: ZdB, Jg. 19, 1899, S. 90.

113 Vgl. S. 34 ff.

114 Kemmann, Eröffnung der elektrischen Hoch- und Untergrundbahn . . ., a. a. O., S. 14.

115 Der von dem Berliner Architekten Wolf-Rüdiger Borchardt stammende Entwurf zur »Hochbahnüberbauung Nollendorfplatz – Bülowstraße, Berlin« wurde mit dem Schinkelpreis 1976 ausgezeichnet. Vgl. db, Jg. 110, 1976, H. 5, S. 8 und H. 6, S. 11.

116 Vgl. S. 20 und 26 ff.

117 Während in Berlin die lichte Höhe des Tunnels 3,30 m und die Breite 6,24 m betragen, hat der Budapester Tunnel Abmessungen von nur 2,75 m Höhe und 6 m Breite. Dieses auffallend geringe Maß für die Höhe war durch die Lage der Hauptsammelkanäle in der großen Ringstraße bedingt, die von der Untergrundbahn überfahren werden mußten.

118 Kleine quergestellte Betontonnen von ca. 2 m Breite.

119 Durch die Verwendung von Reklametafeln in den U-Bahnhöfen erfuhr die Reklameindustrie einen starken Aufschwung, da sich hier völlig neue Absatzmöglichkeiten für großformatige Plakate anboten. Vgl. hierzu Lore, J. C. S.: Die Reklame auf den Hoch- und Untergrundbahnen Berlins – Advertising on the Elevated and Underground Railways of Berlin, Sonderdruck aus: Gebrauchsgraphik, Jg. 3, 1926, H. 9. Zur Reklame um 1900 vgl. auch zur Westen, Walter von: Reklamekunst, Bielefeld & Leipzig 1903 (Sammlung Illustrierter Monographien, 13).

120 Der U-Bahnhof Wittenbergplatz wurde schon nach wenigen Jahren wegen eines inzwischen erforderlichen Neubaus abgerissen (vgl. Kap. 5.4), der U-Bahnhof Zoologischer Garten beim Bau der Kreuzungslinie Leopoldplatz – Spichernstraße (Linie 9) 1955 – 61 stark verändert.

121 Die Stadt Berlin, die inzwischen eine eigene U-Bahn plante, war an einer Verlängerung der Siemensschen Bahn verständlicherweise wenig interessiert. Erst als das Polizeipräsidium erklärte, daß eine Verlängerung der Strecke vom Potsdamer Platz in Richtung Spittelmarkt im allgemeinen Verkehrsinteresse liege, erfolgte am 16. Juni 1900 die Zustimmung der Stadt Berlin zum Weiterbau der Siemensschen Bahn in der gewünschten Form.

122 Vgl. DBZ, Jg. 35, 1901, S. 520. Die Breitenangabe muß wegen der sehr beengten Lage des U-Bahnhofs in der Köthener Straße angezweifelt werden.

123 Vgl. Hofmann, Elektrische Hoch- und Untergrundbahn in Berlin, a. a. O., S. 281; vgl. auch Anzeiger für Architektur, Kunsthandwerk und Bau-Industrie (Beilage zu BAK), Jg. 5, 1902, Nr. 12, S. 99 und Jg. 6, 1903, Nr. 2, S. 13.

124 Vgl. dagegen Wittigs architektonische Lösungen am Hochbahnhof Prinzenstraße und an der Brücke über den Landwehrkanal.

125 Vgl. Die elektrische Stadtbahn in Berlin von Siemens & Halske, in: ZdB, Jg. 17, 1897, S. 482: »Die Treppenzugänge sollen durch zierliche Treppenhäuschen überbaut werden, die da Aufstellung finden, wo sie den Straßenverkehr nicht behindern.« Vgl. auch Abb. 27, 28 und 35.

126 Das Brandunglück ereignete sich am 10. August 1903 auf der Station Rue de Couronnes. Es forderte 84 Tote. Vgl. Troske, Ludwig: Die Pariser Stadtbahn, Ihre Geschichte, Linienführung, Bau-, Betriebs- und Verkehrsverhältnisse, Berlin 1905, S. 39.

127 Das Friedhofsgelände, das die Zu- und Abfahrt zum Potsdamer Bahnhof stark behinderte, konnte erst 1914 von der Eisenbahnverwaltung erworben werden. Erst daraufhin wurde eine Umgestaltung des Vorplatzes ins Auge gefaßt. Hierzu wurde ein Wettbewerb ausgeschrieben. Vgl. Rüdell, A.: Der Wettbewerb für Vorentwürfe zu einer Neugestaltung des Vorplatzes am Potsdamer Hauptbahnhof in Berlin, in: ZdB, Jg. 39, 1919, S. 592 ff.

128 Die U-Bahn mußte so dicht an den Friedhof herangedrängt werden, weil die Königgrätzer Straße für die geplante städtische U-Bahn frei bleiben sollte. Außerdem mußte die Strecke mit einer Spundwand abgetrennt und ausgesteift werden, um den späteren Bau der städtischen U-Bahn völlig unabhängig ausführen zu können. Vgl. Bericht über die Gemeinde-Verwaltung der Stadt Berlin in den Verwaltungs-Jahren 1895–1900, T. 2, Berlin 1904, S. 14 ff.

129 Die Mauer zu den Grundstücken der Köthener Straße wurde 1903 etwas nach Osten versetzt und in diesem Zusammenhang eine geringe Verschiebung des Ausgangs vorgenommen.

130 Die Portale wurden 1907 bei der Verschiebung des Bahnhofs zum Leipziger Platz beseitigt. Vgl. Kap. 4.1.

131 Im Entwurf (Plankammer der BVG, Historische Pläne, Tit. VI, No. 54) waren großformatige Keramikplatten vorgesehen.

132 Die feierliche Eröffnung hatte am 15. Februar stattgefunden.

133 Der Berliner Architekt Otto Rieth (1858 –1911) wurde vor allem durch seine Mitarbeit am Reichstagsgebäude bekannt. Vgl. BAW, Jg. 14, 1912, S. 293.

134 Beim Bau der Kreuzungslinie Spichernstraße – Leopoldplatz wurden 1961 die Eingänge von den Mittelinseln auf die seitlichen Bürgersteige verlegt, nachdem schon Ende der zwanziger Jahre die ursprünglichen Portale durch modernere ersetzt worden waren.

135 Die Entwürfe für die beiden Fahrkartenhäuschen liegen auch zeitlich eng beieinander: Der Entwurf für den Zoologischen Garten (BVG-Plankammer, Historische Pläne, Cha No. 10a) stammt vom 26. Okt. 1902, der für den Potsdamer Platz (ebd., Tit. VI No. 54) vom 13. Dez. 1902.

136 Dieser Entwurf war am 19. Februar 1902 baupolizeilich geprüft worden (BVG-Plankammer. Historische Pläne, Tit. VI, Litt. R. No. 21).

137 Guimard begann mit seinen Entwürfen für die Pariser Métropolitain vermutlich im Dezember 1899, und zwar unabhängig vom Ergebnis eines Wettbewerbs, den die »Compagnie du Métropolitain« ausgeschrieben hatte. Vgl. Hector Guimard, Ausstellungskatalog, Landesmuseum Münster, 16. März – 27. April 1975, S. 17 und S. 75.

138 Grenanders strengere Formauffassung gab andererseits auch Anlaß zur Kritik; so bei Troske, Die Pariser Stadtbahn, op. cit., S. 39, Anm. 1: »Auf der i. J. 1902 eröffneten Untergrundbahn in Berlin sind einige Stationseingänge in Anlehnung an das Pariser Vorbild zur Ausführung gebracht, wenngleich nicht in so gefälliger Form wie dort.«

139 Hector Guimard, Ausstellungskatalog, op. cit., S. 17.

140 Eine ähnliche Wirkung wurde nachträglich am Zoologischen Garten durch die Aufstellung eines Zeitungskiosks nach dem Entwurf von Grenander erzielt.

141 Als Beispiel sei hier die Stabkirche von Gol genannt, die sich seit 1885 im Norwegischen Volksmuseum (Freilichtmuseum) in Oslo befindet. Abb. in Uhde, Constantin: Die Konstruktionen und die Kunstformen der Architektur, Ihre Entstehung und geschichtliche Entwicklung bei den verschiedenen Völkern, Bd. 2, Der Holzbau, Berlin 1903, S. 329, Fig. 391.

142 Vgl. die Firstleiste des Zeitungskiosks am südlichen U-Bahneingang am Zoologischen Garten. Dieser und ähnliche Zeitungskioske entstanden in den Jahren zwischen 1905 und 1910. Zu Grenanders Kioskbauten vgl. Kleinarchitekturen, II, in: NB, Jg. 4, 1908, S. 241 ff.; Schliepmann, Hans: Alfred Grenander, in: BAW, Jg. 12, 1910, S. 442 ff.; Schur, Ernst: Alfred Grenander, in: MBF, Jg. 8, 1909, Abb. S. 204 und 205.

143 Lewicki, E.: Entwürfe für die neue Untergrundbahn in Paris, in: DK, Bd. 5, 1900, S. 57.

144 Entwurf für die »Haltestelle Wittenbergplatz, Treppenanlage und Kassenhäuschen« (BVG-Plankammer, Historische Pläne, Bl. No. 126 zu I. Nr. 605 il).

145 Die Umbenennung erfolgte am 2. 10. 1953.

146 Eine Verlegung der Eingänge und Schaffung zusätzlicher Zugänge an der Ostseite erfolgte 1927/28 im Zusammenhang mit einer Bahnhofsverlängerung sowie einer Umgestaltung der oberen Hardenbergstraße. Die Eingangsportale wurden dabei, wie aus ähnlichem Anlaß auch beim U-Bahnhof Zoologischer Garten, von Grenander neu gestaltet.

147 Sammlung der zu den Monatswettbewerben des Architekten-Vereins zu Berlin eingegangenen Entwürfe, Bd. 69, 1900–1903, Preisaufgabe zum 11. Februar 1903 (Plansammlung der Universitätsbibliothek der TU Berlin).

148 Sammlung der zu den Monatswettbewerben eingegangenen Entwürfe, Bd. 69, a. a. O., Bl. 67–70.

149 Laut Ausschreibungstext sollte eine »Blumen- oder Zeitungsverkaufsstelle in die Ueberdachung mit einbezogen werden«. Sammlung der zu den Monatswettbewerben des Architekten-Vereins zu Berlin eingegangenen Entwürfe, Bd. 69, a. a. O.

4 Die Verlängerung der Stammlinie in Richtung Stadtmitte

1 Gemeint sind insbesondere die Entwürfe von 1897/98 für die Verlängerungsstrecken a) Potsdamer Platz – Schloßbrücke, b) Potsdamer Platz – Köpenicker Brücke und c) Brandenburger Tor – Stettiner Bahnhof – Warschauer Brücke. Vgl. Kap. 2. 3. 2.

2 Während Stadtbaurat Hobrecht ein entschiedener U-Bahn-Gegner gewesen war, wurde unter seinem Nachfolger Krause sofort ein U-Bahnprojekt ins Auge gefaßt. Vgl. Bericht über die Gemeinde-Verwaltung der Stadt Berlin, 1895 –1900, T. 2, Berlin 1904, S. 14 ff.

3 Kemmann, Gustav: Änderungen und Erweiterungen der elektrischen Hoch- und Untergrundbahn in Berlin, Sonderdruck aus ZVdE, S. 3.

4 Vgl. Bericht über die Gemeinde-Verwaltung der Stadt Berlin, 1895 –1900, T.2, 1904, S. 17 ff., und Verwaltungsbericht des Magistrats zu Berlin für das Etatsjahr 1900, Nr. 34, 3 (S. 3). Vgl. auch Kap. 3, Anm. 121.

5 Die Leipziger Straße war bereits 1880 für eine Schnellbahnlinie, allerdings als Hochbahn, ins Auge gefaßt worden. Vgl. S. 18.

6 Nach dem damaligen Stand der Technik sah man die Standfestigkeit der Häuser als gefährdet an.

7 Der erste konkrete Entwurf der Stadt Berlin, der im Sommer 1902 vorgelegt wurde, sah eine Nordsüdlinie vor, die von der Seestraße über den Belle-Alliance-Platz bis zur Schöneberger Hauptstraße führen sollte. Vgl. Schöneberger Tageblatt vom 13. August 1902. Zur Nordsüdbahn vgl. Kap. 7. 1.

8 Die spätere Entwicklung des U-Bahnnetzes läßt diesen starken Trend zum Westen noch deutlicher erkennen.

9 Die U-Bahn besaß zunächst eine 2. und eine 3. Klasse.

10 Diese Linienführung hatte bereits 1898 zur Diskussion gestanden. Vgl. S. 28.

11 Vgl. Wittig, Paul: Führung der Berliner Hoch- und Untergrundbahnen durch bebaute Viertel vom technischen und städtebaulichen Standpunkt, Berlin 1920, S. 16 ff.

12 Das Warenhaus Wertheim am Leipziger Platz wurde nach Plänen von Alfred Messel in den Jahren 1896 –1904 in drei Bauabschnitten errichtet. Die letzte Erweiterung im Jahre 1904 erfolgte zum Leipziger Platz hin. Vgl. Eiselen, Fritz: Der augenblickliche Stand der Berliner Schnellbahnpläne, in: DBZ, Jg. 39, 1905, S. 558: »Im letzteren Falle bot die Niederlegung eines großen Häuserblockes für die Erweiterung des Wertheim'schen Warenhauses die günstige Gelegenheit, den Tunnel zugleich mit dem Neubau des Gebäudes herzustellen.«

13 Das Gelände wurde 1904 von Aschinger erworben. Der Hotelneubau erfolgte aufgrund einer Ausschreibung nach Plänen von Bielenberg und Moser. Die Eröffnung fand 1907 statt. Vgl. Spindler, Ernst: Wettbewerb »Hotel Aschinger«, in: BAW, Jg. 8, 1906, S. 119 ff., und Creutz, M.: »Der Fürstenhof«, in: BAW, Jg. 10, 1908, S. 363 ff.

14 Am Hausvogteiplatz hatte sich die Jägerbastion, am Spittelmarkt die St. Gertrauden-Bastion befunden.

15 Vgl. Erläuterungen zu dem Entwurf für die Fortsetzung der Untergrundbahn vom Potsdamer Platz über den Spittelmarkt und Molkenmarkt nach dem Alexanderplatz, Von Siemens & Halske, Berlin, im September 1902. SAA 25/Lp 122.
Vgl. auch Erläuterungen zu dem Entwurf einer elektrischen Stadtbahn in Berlin, Erweiterungslinie Potsdamer Platz – Spittelmarkt – Köpenickerbrücke, 1898, S. 8 ff. – Es lag bereits ein Kostenvoranschlag über 460 000 M für die architektonische Ausgestaltung des Hochbahnhofs Spittelmarkt mit Viadukt und anschließender Spreebrücke vor. SAA 25/Lp 122.

16 Vgl. Aktenvermerk vom 27. Jan. 1903 zur Aufsichtsratssitzung der Hochbahngesellschaft vom 5. Februar 1903. SAA 25/Lp 122.

17 Vgl. Aktenmaterial betreffend das Verhältnis der Stadtgemeinde Berlin zur Großen Berliner Straßenbahn, Mitgeteilt von der Städtischen Verkehrsdeputation zu Berlin, 2. Abt., Berlin 1908, S. 5 ff., und DBZ, Jg. 39, 1905, S. 480.

18 Laut Vertrag durfte die Stadt Berlin bis 1919 kein Konkurrenzunternehmen zur »Großen Berliner Straßenbahn« zulassen.

19 Aktenmaterial betreffend das Verhältnis . . ., a. a. O., S. 58.

20 Vertrag zwischen der Stadtgemeinde Berlin, vertreten durch den Magistrat, und der Gesellschaft für elektrische Hoch- und Untergrundbahnen in Berlin, betreffend Fortführung der elektrischen Hoch- und Untergrundbahn vom Potsdamer Platz über den Spittelmarkt und den Alexanderplatz bis jenseits des Ringbahnhofs Schönhauser Allee, Berlin, den 18. April 1906.

21 Vgl. Kap. 4. 2.

22 VII. Nachtragsgenehmigung zur Genehmigungsurkunde der elektrischen Hoch- und Untergrundbahn vom 5. November 1897, Strecke Potsdamer Platz – Spittelmarkt, Berlin, den 10. November 1906, in: Amtsblatt vom 1907, Stück 47, Nr. 1152, S. 484 ff.

23 Sie wurde 1894 zur Finanzierung des Spreetunnelprojekts (gebaut 1895 – 99) gegründet. Beteiligt waren neben mehreren Banken die AEG sowie die Firma Philipp Holzmann. Vgl. Kap. 2, Anm. 45.

24 Die bisherigen Kosten lagen für die Hochbahn bei ca. 2,5 – 3 Mio Mark, für die Charlottenburger Bahn bei 3,3 Mio Mark. Hierbei handelte es sich allerdings teilweise um eine Erschließungsbahn. Vgl. Kap. 5. 1.

25 Insbesondere durch den Bau der Charlottenburger U-Bahn, der zum Teil gleichzeitig, zum Teil etwas früher erfolgt war. Vgl. Kap. 5. 1.

26 Diese Idee wurde in abgewandelter Form bei der 1971 eröffneten Linie Spichernstraße – Walther-Schreiber-Platz am Bahnhof Friedrich-Wilhelm-Platz wiederaufgenommen.

27 Eine bestimmte Farbabfolge zur Unterscheidung der Bahnhöfe wurde auch in London bei der 1906 eröffneten Bakerloo-Line verwendet.

28 Die gleiche Farbfolge wurde später bei der Verlängerungslinie bis zum Nordring verwendet.

29 Die Bahnhöfe bekamen nach dem 2. Weltkrieg durchweg eine neue Verkleidung mit großformatigen farbigen Fliesen, die Portale wurden weitgehend durch neue ersetzt.

30 Wegen des geplanten Umsteigeverkehrs erhielt allein der Bahnsteig eine Breite von 10 m.

31 Zur Konstruktion vgl. Wittig, Paul: Die Untergrundbahn auf dem Leipziger Platz in Berlin, in: WAVB, Jg. 1, 1906, S. 176, und Wittig, Führung der Berliner Hoch- und Untergrundbahnen . . ., op. cit., S. 17 ff.

32 Vossische Zeitung vom 28. September 1907.

33 Die Anregung dazu könnte möglicherweise von Bruno Paul gekommen sein, der etwa gleichzeitig mit seinen Entwürfen für die Inneneinrichtung der Schiffe des Norddeutschen Lloyd Aufsehen erregt hatte. Vgl. Schaefer, K.: Das moderne Kunstgewerbe im Dienste des Norddeutschen Lloyd, in: Kunst und Handwerk, Jg. 57, 1906/07, S. 37 ff., und Paul, Bruno: Passagierdampfer und ihre Einrichtungen, in: Jahrbuch des Deutschen Werkbundes, Bd. 3, Der Verkehr, Jena 1914, S. 55 ff.

34 Neue Preußische Zeitung vom 27. Sept. 1907 (Nr. 454).

35 Der Eingang wurde wegen seiner schwerfälligen Formen auch als »Festungseingang« bezeichnet. Vgl. Neue Preußische Zeitung vom 27. Sept. 1907.

36 Man könnte diesen Eingang als eine Synthese zwischen den zierlich geschwungenen Jugendstilportalen der Stammlinie und den mehr monumentalisierenden Portalen der Charlottenburger U-Bahn bezeichnen.

37 Berliner Börsenzeitung vom 19. 9. 1907 (Nr. 439).

38 Kemmann, Änderungen und Erweiterungen der elektrischen Hoch- und Untergrundbahn . . ., a. a. O., S. 3.

39 In dem Protokoll einer Verhandlung zwischen der Hochbahngesellschaft, Siemens & Halske und der Stadt Berlin vom 12. Dezember 1905 heißt es: »Die Treppe von Wertheim auf dem Leipzigerplatz, welche durch einen Gang mit dem Bahnsteig verbunden werden soll, ist gleich mit zur Ausführung vorzusehen . . .« SAA 25/Lp 122.

40 Vgl. S. 174 ff.

41 Sammlung der zu den Monatswettbewerben des Architekten-Vereins zu Berlin eingegangenen Entwürfe, Bd. 69, 1900 –1903, Preisaufgabe zum 11. Februar 1903. Vgl. auch S. 70.

42 Ebd.

43 Sammlung der . . . Entwürfe, Bd. 69, Preisaufgabe zum 15. Dezember 1902: »Entwurf zur Umgestaltung des Leipziger Platzes in Berlin.«

44 Ebd., Bl. 65 und 66.

45 Die erneute Umbenennung in Potsdamer Platz erfolgte am 30. 1. 1923.

46 Der Bahnhof heißt seit dem 18. 8. 1950 Thälmannplatz. Er wurde im 2. Weltkrieg nahezu völlig zerstört und erhielt anläßlich seiner Neueröffnung eine Verkleidung aus braunrot geäderten Marmorplatten, die aus der zerstörten Reichskanzlei stammten. Vgl. Baedeker, Karl: Berlin, Reisehandbuch, 24. Aufl., Freiburg 1966, S. 320. Die aufwendige Ausstattung war als Vorbereitung für ein auf dem Wilhelmplatz geplantes Thälmann-Denkmal gedacht. An dem hierfür im Jahre 1950 ausgeschriebenen Wettbewerb hatten unter anderem die Bildhauer Fritz Cremer und Waldemar Grzimek teilgenommen.

47 Der Platz heißt heute Thälmannplatz.

48 Z. B. Hotel Kaiserhof, das dem U-Bahnhof auch seinen Namen gab.

49 Die Umgestaltung erfolgte durch Hermann Mächtig, der von 1877 –1909 Berliner Gartendirektor war.

50 Im Zusammenhang mit einer erneuten Umgestaltung des Wilhelmplatzes zu einem großen Aufmarschplatz wurde in den Jahren 1933/34 der großzügig angelegte ovale Eingang beseitigt und durch ein einfaches Eisengitter ohne Portal ersetzt. Anstelle der Mittelinsel trat ein schmaler Mittelstreifen.

51 Vgl. Braun, Gustav: Die Untergrundbahnstrecke Leipziger Platz – Spittelmarkt in Berlin, in: Verkehrstechnische Woche, Jg. 3, 1908, S. 76.

52 Osborn, Max: Berliner Brief, in: Kunstchronik, N. F., Jg. 20, 1908/09, Nr. 3, 23. Okt., Sp. 35, und Osborn, Unter der City, in: Prager Tageblatt vom 2. 10. 1908.

53 Osborn, Max: Kunst »unter Grund«, in: National-Zeitung vom 1. 11. 1908.

54 Der Bahnhof wurde häufig umbenannt. Ab 30. Januar 1923 hieß er »Leipziger Straße« (zur Unterscheidung des neu eröffneten U-Bahnhofs »Bahnhof Friedrichstraße« der Nordsüdbahn), ab 1924 »Friedrichstadt« und seit 1. 2. 1936 »Stadtmitte (Leipziger Straße – Mohrenstraße)«.

55 Die Portale sind heute nicht mehr vorhanden.

56 Ähnliche Linienpläne sind auch bei der Pariser Métro zu finden.

57 Das Kassenhäuschen wurde im 2. Weltkrieg zerstört.

58 Vgl. Gerhold-Knittel, Elke: Die Rolle von Gartenhaus und Laube im neuen Garten nach der Jahrhundertwende, Berlin, Phil. Diss. FU 1971, Abb. 123 –125.

59 Der Terminus »Kleinarchitekturen« entstammt dem Aufsatz Kleinarchitekturen, II, in: NB, Jg. 4, 1908, S. 241 ff.

60 Neben den bereits bekannten Fahrkartenhäuschen am Kottbusser Tor, Görlitzer Bahnhof, Zoologischen Garten, Potsdamer Platz und Wittenbergplatz schuf Grenander kleine Ausstellungspavillons (z. B. den Parfümerie-Pavillon auf der Weltausstellung in St. Louis 1904, Abb. in Swarzenski, Georg: Alfred Grenander, in: MBF, Jg. 4, 1905, S. 135) und vor allem zahlreiche Zeitungskioske. Diese Zeitungskioske, deren Entwürfe bis in das Jahr 1904 zurückgehen (vgl. Rapsilber, M.: Berliner Kunst, Alfred Grenander, Berlin 1904 [BAW, Sonderheft 4, Abb. S. 4 und 5]) und die zwischen 1905 und 1910 überall im Berliner Stadtzentrum Aufstellung fanden, sind in der Gestaltung reiche Variationsmöglichkeiten. Sie waren neben den U-Bahnbauten für Grenanders Schaffen besonders typisch. Die Zeitungskioske waren im Auftrag der Deutschen Kiosk-G.m.b.H. entstanden. Sie standen z. B. am Leipziger Platz, Spittelmarkt, Belle-Alliance-Platz, Zoologischen Garten, Knie, Stuttgarter Platz und Viktoria-Luise-Platz. Vgl. auch Kap. 3, Anm. 142.

61 Die Portale sind heute nicht mehr vorhanden.

62 Die Galeriestrecke der Wiener Stadtbahn, auf die bereits ausführlich eingegangen wurde; vgl. S. 28 ff.

63 Vgl. S. 26. Die Anordnung der Fenster in Dreiergruppen geht indes auf die Pläne von 1897 zurück. Vgl. S. 26.

64 Vgl. hierzu den Entwurfsplan des U-Bahnhofs Spittelmarkt (BVG-Plankammer, Historische Pläne, Ba 2754).

65 Vgl. S. 74.

66 Vgl. S. 74.

67 Vgl. Die Weiterführung der Untergrundbahn durch die City, in: BW, Jg. 1, 1910, Nr. 34, S. 21.

68 Durch den Schiedsspruch vom 17. Mai 1908 wurde festgestellt, daß der Großen Berliner Straßenbahn durch die Fortführung der Schnellbahn nach der Schönhauser Allee kein Schaden entstünde. Vgl. Bericht über die Gemeinde-Verwaltung der Stadt Berlin in den Verwaltungs-Jahren 1906–1910, T. 1, 1912, S. 240.

69 Dieses Argument wurde in der Vorlage des Magistrats Berlin vom 3. Februar 1906 an die Stadtverordneten als Begründung für die Hochbahn angegeben. Vgl. Bemerkungen zu der Petition vom 10. April 1909 der Bewohner des Stadtteiles an der Schönhauser Allee wegen des Baues einer Untergrundbahn anstelle der geplanten Hochbahn durch die Schönhauser Allee. SAA 26/Lp 82.

70 Vgl. Der Kampf um die Untergrundbahn, Berlin 1909.

71 Im Bericht über die Gemeinde-Verwaltung der Stadt Berlin in den Verwaltungs-Jahren 1901–1905, T. 1, Berlin 1907, S. 233 wird bemerkt, daß sich die Hochbahngesellschaft zur Fortsetzung der Bahn anbot »unter der Bedingung, daß ihr Ausgleich für die Verpflichtung zum Bau der teueren Strecke bis zum Alexanderplatz durch Erteilung der Zustimmung zur Fortsetzung der Bahn durch die weniger kostspielige aber ertragreiche Strecke Münzstraße, Kaiser-Wilhelmstraße und Schönhauser Allee gewährt würde; vgl. auch Der Kampf um die Untergrundbahn, op. cit., S. 2 ff.

72 VIII. Nachtragsgenehmigung der elektrischen Hoch- und Untergrundbahn, Strecke Spittelmarkt – Nordring, Berlin, am 22. Dezember 1907, in: Amtsblatt 1908, Stück 2, Nr. 46, S. 16.

73 Die Umbenennung erfolgte am 1. 6. 1935.

74 Der Bahnhof liegt sehr viel tiefer als die bis dahin gebauten Berliner U-Bahnhöfe und ist insofern kein »Unterpflasterbahnhof« mehr.

75 Derartige Gewölbedecken sind typisch für die Pariser Untergrundbahn, die infolge günstigerer Bodenbedingungen in der Regel sehr tief liegt (z. B. Station Place de l'Étoile). Lediglich auf der durch die Stadtmitte unter den Champs Elysées entlangführenden Linie Cours de Vincennes – Porte Maillot sind 7 von 18 Stationen mit einer Decke aus Eisenträgern versehen. Bei den späteren Linien treten solche Decken, die im Gegensatz zu Berlin keine Betonkappen, sondern aus Ziegeln gemauerte und in Längsrichtung verlaufende Kappen haben, nur noch vereinzelt auf. Vgl. Dumas, A.: Le Chemin de Fer Métropolitain de Paris, Description du réseau projeté, Lignes actuellement exécutées, Usine de Bercy, Exploitation des lignes en service, Lignes actuellement en construction, Paris 1901, Fig. 49 und 68.

76 Vgl. »Entwurf des Bahnhofs Inselbrücke, Querschnitt 1, bei Station 37«, in: Kostenanschlag für die Strecke Spittelmarkt – Alexanderplatz vom März 1908. SAA 26/Lp 84.

77 Der Bahnhof liegt noch in der von der Spreeunterführung aufsteigenden Tunnelrampe.

78 Das Stadthaus, heute Haus des Ministerrats der DDR, wurde in den Jahren 1902–1911 von Ludwig Hoffmann erbaut.

79 Berliner Lokal-Anzeiger vom 28. Juli 1913.

80 Berliner Lokal-Anzeiger vom 28. Juli 1913.

81 Wittig, Architektur der Hoch- und Untergrundbahn, op. cit., Text zu Teil 6.

82 Auffallend ist in diesem Zusammenhang die Einbeziehung von Neu-Tempelhof, einem Gebiet, dessen verkehrsmäßige Erschließung nicht durch die Hochbahngesellschaft, sondern durch eine von der Stadt Berlin selbständig geplante Schnellbahn, die spätere Nordsüdbahn, vorgenommen werden sollte. Vgl. S. 164 ff.

83 Obronski war Mitinhaber des Ateliers für Dekorationsmalerei Obronski, Impekoven & Cie., Berlin. Er malte zahlreiche Berliner Stadtansichten.

84 Der Verbleib der Tafel, die nach dem 2. Weltkrieg ins Märkische Museum gekommen sein soll, konnte nicht geklärt werden.

85 Berliner Lokal-Anzeiger vom 28. Juli 1913.

86 Dazu der Berliner Lokal-Anzeiger vom 28. Juli 1913: »Eine Reihe von Feldern ist freigelassen; am unteren Rand sollen die Köpfe des Eisenbahnministers von Breitenbach und des Oberbürgermeister Kirschner und Wermuth und an den beiden Seiten die Bilder der Männer ihren Platz finden, die an der Gründung und Durchführung der Berliner Hochbahn beteiligt waren: Max Steinthal, Schwieger, Braun, Siemens, Kemmann, Wittig, Pavel, Bousset, Kreß und Lerche.« Bei der Ausführung der Reliefs wurden neben den genannten außerdem die Köpfe von Karl Schrader, Karl Helfferich, Justus Breul, Wilhelm Lauter und Alfred Grenander hinzugefügt.

87 Die nördliche Vorhalle erhielt nach dem 2. Weltkrieg eine neue Kachelverkleidung.

88 Vgl. Kap. 8.

89 Schon im Vertragsentwurf zwischen der Hochbahngesellschaft und der Stadt Berlin vom Dezember 1905 (Vertrag zwischen der Stadtgemeinde Berlin, vertreten durch den Magistrat, und der Gesellschaft für elektrische Hoch- und Untergrundbahnen in Berlin, betreffend Fortführung der elektrischen Hoch- und Untergrundbahn vom Potsdamer Platz über den Spittelmarkt und den Alexanderplatz durch die Schönhauser Allee zur Ringbahn) war in § 3 die Angliederung einer nach Osten führenden Linie am Alexanderplatz vorgesehen.

90 Damit wurde auch das bereits fertiggestellte Tunnelstück funktionslos.

91 Die Königskolonnaden, die 1777–80 von Karl von Gontard für die Königsbrücke erbaut worden waren, mußten 1910 einem Straßendurchbruch vom Alexanderplatz zur Königstraße weichen und wurden daraufhin in den Kleistpark in Schöneberg versetzt. In diesem Zusammenhang machten Kayser und Großheim unter anderem auch den Vorschlag zur Aufstellung der Königskolonnaden auf dem Leipziger Platz. Vgl. Zur Versetzung der Königs-Kolonnaden in Berlin, in: DBZ, Jg. 44, 1910, S. 192.

92 Die Bedeutung des Alexanderplatzes als zentralem Verkehrsknotenpunkt lag insbesondere in seinem Anschluß an die S- und Fernbahn.

93 Am 1. 5. 1934 erfolgte die Umbenennung in Horst-Wessel-Platz. Seit 26. 5. 1945 hieß der Bahnhof wieder Schönhauser Tor. Am 27. 2. 1950 erfolgte die Umbenennung in Luxemburgplatz, am 1. 5. 1978 in Rosa-Luxemburg-Platz.

94 Beide Bahnhöfe wurden nach dem 2. Weltkrieg mit neuen Fliesen verkleidet, wobei nur am Senefelderplatz die alte Kennfarbe Blau erhalten blieb.

95 Die Portale sind nicht mehr vorhanden.

96 Die Umbenennung in Dimitroffstraße erfolgte am 27. 2. 1950.

97 Die Umbenennung erfolgte am 1. 2. 1936.

98 Vgl. Hamburger Hochbahn, Hamburg, den 15. Februar 1912.

99 Beim Bahnhof Danziger Straße lag der Eingang auf der Süd-, beim Bahnhof Nordring auf der Nordseite. Der heutige Südeingang am Bahnhof Nordring wurde 1924 im Zusammenhang mit einer Verlängerung der Bahnsteigüberdachung (als einstielige, frei auskragende Stützenkonstruktion) angelegt. Der Bahnhof Danziger Straße erhielt seinen zweiten, nördlichen Eingang erst in den Jahren 1950/51 anläßlich der 3. Weltfestspiele der Jugend. Im gleichen Zusammenhang wurden auch die benachbarten Grünanlagen zum Friedrich-Ludwig-Jahn-Sportpark umgebaut.

100 Am Bahnhof Danziger Straße wurden Ranken, am Bahnhof Nordring Palmetten verwendet. Die Treppenanlage am Bahnhof Nordring wurde inzwischen völlig umgestaltet: Die beiden seitlichen Läufe wurden durch eine Mitteltreppe ersetzt, die das Zwischenpodest in seiner alten Form mit Segmentgiebel überflüssig machte.

101 Es handelte sich hierbei weitgehend um Erschließungsbahnen.

102 Vgl. Der Kampf um die Untergrundbahn, op. cit., S. 2: »Die Hochbahngesellschaft hat aus naheliegenden Gründen dem Westen die Konzession einer Untergrundbahn gemacht, wohl wissend, daß diese Strecke allein nicht rentabel sein würde, aber in der Erwartung, daß andere Anschlußstrecken durch dicht bevölkerte und verkehrsbedürftige Stadtteile als Hochbahnen gebaut werden und so jene unrentablen Strecken erst ertragsfähig machen würden.«

103 1929 stand der Bahnhof Nordring mit 9 Millionen Fahrgästen an fünfter Stelle unter den 76 Bahnhöfen des Schnellbahnnetzes. Vgl. Bousset, Johannes: Die Eröffnung des Untergrundbahnhofes Pankow (Vinetastraße), in: Die Fahrt, 1930, S. 318.

104 Berlin war inzwischen durch umfangreiche Aktienankäufe zum Hauptträger der Hochbahngesellschaft geworden.

105 Genehmigungsurkunde betreffend die elektrische Schnellbahn in Berlin vom Bahnhof Nordring bis zur Mühlenstraße im Bezirk Pankow, Berlin, den 30. August 1928, in: Amtsblatt für den Landespolizeibezirk Berlin, Jg. 1928, Stück 36, Nr. 546, S. 227 ff.

5 Die Erweiterungslinien im Westen

1 Vgl. Haberland, Georg: Aus meinem Leben, Berlin 1931, S. 48 ff. und 62 ff.

2 Vgl. Vertrag über die Stammstrecke: Umwandlung der Hochbahn in eine Unterpflasterbahn. Dazu das Schreiben des Magistrats Charlottenburg I.Nr. Va 165 an die Aktiengesellschaft Siemens & Halske vom 13. Februar 1899 sowie die Antwort der Firma Siemens & Halske vom 17. Februar 1899 (I. Nr. 447 H.), in: Verträge der Hochbahngesellschaft mit Charlottenburg, Nummer 210 des Notariatsregisters für 1912, Verhandelt zu Charlottenburg, am 2. März 1912, S. 43 ff.

3 Hingewiesen sei hier auf den zwischen 1899 und 1905 erfolgten Bau des Charlottenburger Rathauses durch die Architekten Reinhardt & Süßenguth.

4 Vgl. Berdrow, W.: Zur Geschichte und Entwicklung der Landhauskolonie Westend bei Berlin, in: ZdB, Jg. 28, 1908, S. 256 ff.

5 Westend lag noch jenseits der Ringbahn.

6 Die Vossische Zeitung vom 28. September 1907 berichtet dazu in der Morgenausgabe (Nr. 455): »Ein von jedem Verkehr völlig abgeschnittener Vorort ist – so schreibt man uns – allabendlich zwischen 6 und 8 Uhr die Villenkolonie Westend. In der genannten Tageszeit haben die Bewohner während des Sommers gar keine Möglichkeit als zu Fuß nach Charlottenburg und Berlin zu gelangen.« Denn die Straßenbahn als einziges Verkehrsmittel kam schon völlig überfüllt aus Spandau an.

7 Vgl. Kemmann, Gustav: Zur Schnellverkehrspolitik der Großstädte, Vortrag, gehalten in der Allgemeinen Städtebau-Ausstellung Berlin 1910, in: Der Städtebau, Jg. 8, 1911, S. 42.

8 Hercher, Ludwig: Die Entwicklung Groß-Berlins im Westen, Coblenz 1899; vgl. auch ZdB, Jg. 19, 1899, S. 187, und die Abb. »Erster Entwurf zur Döberitzer Heerstraße« von Hercher, in: Der Städtebau, Jg. 7, 1910, Taf. 40 I, sowie Frey, Die Döberitzer Heerstraße, in: WAVB, Jg. 6, 1911, S. 195.

9 Im Zusammenhang mit der Anlage dieser neuen Verkehrsader dachte Wilhelm II. auch an eine Umgestaltung des Grunewaldes zwischen Westend und der Havel in einen Volkspark.

10 Neben dem Vertrag über die Stammstrecke: Umwandlung der Hochbahn . . ., a. a. O., gab es eine alle bisherigen Abkommen einschließende Vertragsneufassung: Vertrag zwischen der Stadtgemeinde Charlottenburg, vertreten durch den Magistrat, und der Gesellschaft für elektrische Hoch- und Untergrundbahnen in Berlin, Aktiengesellschaft zu Berlin, betreffend die Anlage einer elektrischen Stadt- (Untergrund) Bahn innerhalb des städtischen Weichbildes von Charlottenburg, Charlottenburg/Berlin 1903.

11 Diese Prognosen wurden schon bald bestätigt. Bereits 1915 war der Verkehr zwischen den Stationen Zoologischer Garten und Reichskanzlerplatz dreimal stärker als der Verkehr zwischen Zoo und Wilhelmplatz. Vgl. Giese, Erich: Die im Betrieb und Bau befindlichen Schnellbahnen in Gross-Berlin, Berlin 1915, S. 25 (Sonderdruck aus: Verkehrstechnische Woche, Jg. 9, 1915).

12 Genaue Bezeichnung: Neu-Westend-Aktiengesellschaft für Grundstücksverwertung.

13 Vgl. dazu das Schreiben der Gesellschaft für elektrische Hoch- und Untergrundbahnen vom 22. April 1903: »Es unterliegt keinem Zweifel, daß eine Bahn eine ganz gewaltige Preissteigerung der Westend-Terrains erzeugen wird.« SAA 26/Lp 130.

14 »Von einer Rentabilität der neuen Bahn, die den Verkehr erst nach sich ziehen soll, kann auf lange Zeit hinaus nicht die Rede sein.« Berliner Lokal-Anzeiger vom 29. 3. 1908.

15 Vgl. Kemmann, Gustav: Verkehr des ersten Betriebsjahres der elektrischen Hoch- und Untergrundbahn in Berlin, Sonderdruck aus: ZVdE, Nr. 55, 16. Juli 1902 und Nr. 46, 17. Juni 1903.

16 Vgl. Bedingungen für die Weiterführung der Untergrundbahn nach Westend, Charlottenburg, den 20. Mai 1905, in: Verträge der Hochbahngesellschaft mit Charlottenburg, S. 5 ff.

17 VI. Nachtrag zur Genehmigungsurkunde für elektrische Hoch- und Untergrundbahnen in Berlin vom 5. November 1897, Verlängerung der elektrischen Hochbahn in Charlottenburg von der Bismarckstraße bis Wilhelmplatz und Bismarckstraße bis Platz B in Westend, Berlin, den 6. Mai 1906, in: Amtsblatt 1906, Stück 22, Nr. 524, S. 198 – 200.

18 Vgl. Vertrag zwischen der Neu-Westend-Aktiengesellschaft für Grundstücksverwertung und der Gesellschaft für elektrische Hoch- und Untergrundbahnen in Berlin über die Weiterführung der Untergrundbahn nach Westend, Berlin, den 23. Juni 1906, § 3.

19 Anläßlich der Eröffnungsfeier erschien eine als Festschrift aufgemachte Eröffnungsschrift unter dem Titel: Wittig, Paul: Zur Eröffnung der Untergrundbahn nach Westend, Überblick über Vorgeschichte und Bauausführung der Bahn, Berlin, 16. März 1908.

20 Berliner Lokal-Anzeiger von 29. 3. 1908. – Leider haben derartige Grundsätze keineswegs überall Schule gemacht, wie das Beispiel des Märkischen Viertels in Berlin nur allzu deutlich zeigt.

21 Die durchschnittlichen Baukosten der Strecke Potsdamer Platz – Spittelmarkt betrugen dagegen ca. 10 Millionen Mark pro Kilometer.

22 Es handelt sich hierbei um einen früheren Spreearm.

23 Die Genehmigung des Polizeipräsidenten für die Charlottenburger Bahn erfolgte nur unter der Bedingung, »daß die Fahrkartenverkaufsstellen . . . innerhalb des Tunnels untergebracht werden.« Polizei-Präsi. Abt. IIb, Tagebuch Nr. IIb C.3244, 05. 9. 1905. SAA 25/Lo 760. Die unterirdische Anordnung des Fahrkartenhäuschens erfolgte auch schon beim Bahnhof Knie.

24 Der Bahnhof Bismarckstraße wurde mehrfach umbenannt. Er hieß ab 1. 8. 1929 »Städtische Oper (Bismarckstraße)«, ab 16. 8. 1934 »Deutsches Opernhaus (Bismarckstraße)« und heißt seit 22. 9. 1961 »Deutsche Oper (Bismarckstraße)«.

25 Wegen der Stillegung und des Abrisses des alten Bahnhofs Richard-Wagner-Platz besteht hier seit 1. 5. 1970 keine Umsteigemöglichkeit mehr.

26 Mackintoshs Arbeiten wurden auf der Wiener Sezessionsausstellung im Jahre 1900 erstmalig auf dem europäischen Kontinent gezeigt.

27 Behrendt, Walter Curt: Die neuen Bahnhöfe der Berliner Untergrundbahn, in: NB, Jg. 4, 1908, S. 203.

28 Genannt sei hier die Station City Hall, die zu der 1904 eröffneten ersten New Yorker U-Bahn gehört. In New York war es jedoch üblich, für die Oberlichter prismatisch geschliffene Gläser zu verwenden, durch die das Tageslicht noch stärker gebrochen wird. Die New Yorker Oberlichter gehen wiederum auf Londoner Vorbilder, z. B. die »Temple Station« des 1870 eröffneten Inner Circle der Londoner District Line, zurück. Vgl. Troske, Die Londoner Untergrundbahnen, op. cit., S. 19.

29 Vgl. National-Zeitung vom 13. 5. 1906 – Die Oberlichter wurden 1937/38 im Zusammenhang mit der Umgestaltung der Bismarckstraße entfernt.

30 Der Bahnhof Bismarckstraße hat als einziger Bahnhof dieser Linie den Zugang an der Westseite.

31 Die Umbenennung erfolgte am 1. 2. 1935.

32 Der neue Bahnhof wurde in die vom Fehrbelliner Platz kommende, im April 1978 eröffnete Verlängerung der heutigen Linie 7 einbezogen. In diesem Zusammenhang fand auch das eine der beiden alten Portale – allerdings in leicht veränderter Form – in der Otto-Suhr-Allee erneut Aufstellung. Der U-Bahnhof selbst bekam durch die Ausgestaltung mit Mosaiken, die aus dem 1903 entstandenen, wegen des Neubaus der Staatsbibliothek abgerissenen »Bayernhof« in der Potsdamer Straße stammen, ein völlig neues Gesicht. Vgl. dazu Rümmler, Gerhard: Neugestaltung des U-Bahnhofs Richard-Wagner-Platz, in: Mitteilungen des Vereins für die Geschichte Berlins, Jg. 74, 1978, S. 412 ff.

33 Die Oberlichter sind heute nicht mehr vorhanden.

34 Schreiben der Tiefbau-Deputation des Magistrats Charlottenburg vom 18. März 1906 an die Firma Siemens & Halske und die Gesellschaft für elektrische Hoch- und Untergrundbahnen. SAA 25/Lo 760.

35 Sämtliche Portale wurden 1937/38 im Zusammenhang mit der Anlage der »Ost-West-Achse«, deren Ausbau eine Verlegung der U-Bahneingänge auf die seitlichen Bürgersteige erforderlich machte, entfernt und durch neue ersetzt. Vgl. Langer, H.: Die Ost-West-Achse als Verkehrsstraße, in: Verkehrstechnik, Jg. 20, 1939, S. 413. Im Zusammenhang mit dem Bau des Funkturms und der Messehallen war bereits 1926 am westlichen Bahnsteigende des Bahnhofs Kaiserdamm ein zweiter Zugang mit mehreren, auf die seitlichen Bürgersteige führenden Ausgängen angeordnet worden.

36 Platz und U-Bahnhof änderten häufig ihren Namen. Schon allein dies ist ein Beweis für die Wichtigkeit des Ortes. Am 24. 4. 1933 wurde der Platz in »Adolf-Hitler-Platz« umbenannt. 1939 erwog man im Zusammenhang mit der geplanten, jedoch nie verwirklichten grundlegenden Umgestaltung der Platzanlage eine Umbenennung in »Mussolini-Platz«. Vgl. Umbau des Adolf-Hitler-Platzes in Berlin, in: Verkehrstechnik, Jg. 20, 1939, S. 417. Am 17. 5. 1945 erfolgte die Rückbenennung in Reichskanzlerplatz, seit 18. 12. 1963 heißen Platz und Bahnhof »Theodor-Heuss-Platz«.

37 Wittig, Zur Eröffnung der Untergrundbahn nach Westend, op. cit., S. 18. – Zunächst jedoch begann direkt hinter dem Reichskanzlerplatz der Grunewald. Der Platz selbst war völlig unbebaut, die Heerstraße nur ein schmaler Pfad.

38 Die Bahn verläßt hier die gerade Straßenlinie der Heerstraße.

39 Vgl. Berliner Tageblatt vom 8. 1. 1908. – Die Ausstattung der Bahnhöfe Kaiserhof (eröffnet am 1. Okt. 1908) und Klosterstraße (eröffnet 1913) erfolgte erst später.

40 Die Eckpfeiler sind heute nicht mehr vorhanden.

41 Der Betriebsbahnhof liegt nördlich des heutigen U-Bahnhofs Olympiastadion.

42 Die Sportanlagen umfaßten die Rennbahn Grunewald sowie das neu errichtete »Deutsche Stadion«.

43 Die nur im Bedarfsfall zulässige Benutzung wurde in der Nachtragsgenehmigung vom 23. Mai 1914 (Amtsblatt 1914, Stück 27, Nr. 754, S. 356) festgelegt.

44 Das Deutsche Stadion wurde nach Plänen von Otto March erbaut. Seine Einweihung erfolgte anläßlich des 25-jährigen Regierungsjubiläums von Wilhelm II.

45 Es handelt sich hierbei um die Berlin-Hamburger-Anschlußbahn.

46 Geb. am 22. 11. 1872, seit ca. 1902 in Berlin tätig.

47 Kaiser hatte 1906 zusammen mit Grenander und Möhring Entwürfe für die Probestrecke einer Schwebebahn für Berlin geliefert. Vgl. Kap. 7. 2. – Außerdem stammte von ihm der Umbau des Gleisdreiecks zu einem Kreuzungsbahnhof; vgl. Kap. 6. 1.

48 Entwurf vom 3. Juni 1913 (BVG-Plankammer, Bauwerk A 59).

49 Es handelt sich um den 1922 eröffneten U-Bahnhof Neu-Westend, der zwischen dem Reichskanzlerplatz und Stadion liegt. Vgl. S. 156.

50 Vgl. Kap. 6. 3.

51 Vgl. Schöneberger Tageblatt vom 13. 8. 1902.

52 Vgl. Neue Preußische Zeitung vom 22. 2. 1905 (Nr. 50).

53 Vorschlag des Magistrats vom 4. Dezember 1902 und Beschluß der Stadtverordnetenversammlung vom 24. Februar 1904. Vgl. Verwaltungsbericht des Magistrats der Stadt Schöneberg, 3, 1. April 1903 – 31. März 1908, Schöneberg 1910, S. 431.

54 Gerlach hatte sich entgegen späteren anders lautenden Behauptungen zunächst mit großer Entschiedenheit für eine Schwebebahn eingesetzt. Vgl. Verhandlungsprotokoll zwischen Siemens & Halske und Vertretern des Magistrats von Schöneberg vom 6. Juli 1904. SAA 26/Lp 135.

55 Die Stadtverordnetenversammlung von Schöneberg faßte auf Antrag des Magistrats am 27. Juni 1904 folgende Beschlüsse:
»1. Zur besseren und schnelleren Erschließung des Westgeländes und demnächst des Südgeländes ist es erforderlich, schon in absehbarer Zeit die Herstellung einer Schnellbahnverbindung nach dem Innern Berlins in Aussicht zu nehmen.
2. Eine solche Schnellbahn findet am besten Anschluß an den Hochbahnhof Nollendorfplatz.
3. Die Bahn ist zunächst durch das Westgelände bis zur Kreuzung der Hauptstraße mit der Ringbahn, ev. bis Bahnhof Eberßstraße zu führen. Die Weiterführung durch das Südgelände ist vorzusehen.
4. Die Bahn ist für die Strecke Nollendorfplatz – Ringbahn als Untergrundbahn zu projektieren.
5. Technische und finanzielle Rücksichten empfehlen in gleicher Weise die in dem Übersichtsplan 2 eingezeichnete Linienführung (Nollendorfplatz, Viktoria-Luise-Platz, Münchener Straße, Speyerer Straße, Bayerischer Platz, Innsbrucker Straße, Stadtpark, Hauptstraße Ecke Eberßstraße).«
Verwaltungsbericht des Magistrats der Stadt Schöneberg, 3, 1910, S. 431.
56 Aus den Verhandlungsprotokollen zwischen Siemens und Schöneberg geht eindeutig hervor, daß Erler den Anstoß für den Bau dieser U-Bahn gegeben hat und nicht Gerlach, der sich später als Vater des neuen Entwurfs fühlte. Man ließ ihn als alten Herrn jedoch in diesem Glauben und übertrug ihm später sogar die Planung des Unternehmens. Vgl. Verhandlungsprotokoll zwischen Siemens und Vertretern des Magistrats von Schöneberg vom 6. Juli 1904. SAA 26/Lp 135.
57 Mit der Erschließung des Bayerischen Viertels, die durch die Berlinische Boden-Gesellschaft erfolgte, war 1898 begonnen worden. Vgl. 40 Jahre Berlinische Boden-Gesellschaft, Ein Bild der Groß-Berliner Wohnungsversorgung und der Tätigkeit der Gesellschaft vor, während und nach der Kriegszeit, Berlin 1930, S. 9.
58 Wie schon in Charlottenburg und später auch in Wilmersdorf zeigte sich hier ein deutlicher Trend nach dem Westen als bevorzugter Wohngegend für das gehobene Bürgertum.
59 Rudolf Wilde in einer Unterredung mit Max Steinthal von der Deutschen Bank und Heinrich Schwieger als Vertreter der Firma Siemens & Halske. Protokoll vom 10. Dezember 1905. SAA 26/Lp 135.
60 Vgl. SAA 26/Lp 138:
a) Gutachten Kemmanns über die elektrische Untergrundbahn in Schöneberg vom 20. Oktober 1906
b) Kostenanschläge der Firma Siemens & Halske vom 13. 3. 1907
c) Entwurf für einen Bauvertrag zwischen Schöneberg und Siemens mit Kostenanschlag vom 22. 3. 1907.
61 Vertrag zwischen der Stadtgemeinde Schöneberg und der Siemens & Halske Aktiengesellschaft Berlin für den Bau einer Untergrundbahn in Schöneberg vom Nollendorfplatz bis Hauptstraße, Schöneberg/Berlin, den 21. Oktober/24. November 1908.
62 Genehmigungsurkunde betreffend die Unterpflasterbahn Nollendorfplatz – Hauptstraße in Schöneberg, Berlin, den 28. Februar 1910, in: Amtsblatt 1910, Stück 11, Nr. 264, S. 132 ff.; Nachtragsgenehmigung vom 15. Juni 1910, in: Amtsblatt 1910, Stück 25, Nr. 642, S. 315 ff.
63 Dieser Vorschlag fand die volle Unterstützung Wilmersdorfs, das den Wittenbergplatz als Endpunkt seiner Schnellbahn vorgesehen hatte und sich von Schöneberg eine Beteiligung am Bau des geplanten U-Bahnhofs erhoffte. Vgl. dazu
a) Bemerkungen der Hochbahngesellschaft zu dem Aufsatz ›Die Gründe für und gegen die Ablenkung der Schöneberger Schnellbahn nach dem Wittenbergplatz‹ im Schöneberger Tageblatt vom 7. 2. 1909. Anbei eine Druckschrift: ›Zur Beantwortung des Schreibens der Südwest-Schnellbahnen über den Nollendorfplatz oder Wittenbergplatz‹, Berlin, 10. Febr. 1909.
b) Gerlach, Friedrich: Erwiderung auf die Denkschrift der Hochbahngesellschaft vom 22ten Januar 1909 betreffend die ›Bemerkungen der Hochbahngesellschaft‹ vom 10. Februar 1909.
64 Vgl. Kap. 6, 1.
65 Vgl. Äußerungen des Magistrats Schöneberg zu den Schnellbahnentwürfen der westlichen Vorortgemeinden, Schöneberg, den 22. Oktober 1909. SAA 26/Lp 136.
66 Schöneberg schlug dagegen eine Vereinigung mit der Wilmersdorfer Bahn am Viktoria-Luise-Platz und eine gemeinsame Weiterführung bis zum Nollendorfplatz vor, was jedoch von Wilmersdorf und der Hochbahngesellschaft abgelehnt wurde.

67 Die Stadtverordnetenversammlung hatte der Stadt Schöneberg für den Bau der Bahn eine Anleihe von 13 900 000 M bewilligt. Vgl. dazu Berliner Tageblatt vom 29. September 1908. Die tatsächlichen Kosten betrugen dagegen laut Gerlach, Friedrich: Die elektrische Untergrundbahn der Stadt Schöneberg, Sonderdruck aus: ZfB, Jg. 61, 1911, S. 48, 12 670 000 M. In der Zusammenstellung der Baukosten der Schöneberger U-Bahn werden die Kosten mit 12 950 000 M angegeben. (Heimatarchiv Schöneberg, Akte Untergrundbahn I.).
68 Vertrag zwischen der Stadtgemeinde Schöneberg und der Hochbahngesellschaft (Gesellschaft für elektrische Hoch- und Untergrundbahnen in Berlin) über den Betrieb der Schöneberger Bahn und eine Tarifgemeinschaft, Berlin, Schöneberg, den 30. November 1910. Der Tarifvertrag sah einen Anschluß Schönebergs an das Tarif- und Fahrkartensystem der Hochbahngesellschaft vor.
69 Laut Vertrag vom 21. Okt./24. Nov. 1908 zwischen Schöneberg und Siemens & Halske sollte die Betriebsführung im ersten Betriebsjahr – also bis zum 30. November 1911 – in den Händen von Siemens & Halske liegen.
70 Vgl. Erläuterungen zu dem Entwurfe für eine Untergrundbahn in Schöneberg vom Nollendorfplatz bis Hauptstraße, Allgemeines, in: Vertrag Schöneberg/Siemens & Halske vom 21. Okt./24. Nov. 1908.
71 Vossische Zeitung vom 1. Dezember 1910.
72 Deshalb ist die Schöneberger U-Bahn noch heute ein reines Zuschußunternehmen. Die Verlängerungspläne waren bereits im 1. Weltkrieg fallen gelassen worden.
73 Vgl. Kostenanschlag für den Bau einer Untergrundbahn in Schöneberg vom Nollendorfplatz bis Hauptstraße, Titel V, Ausbau der Haltestellen, in: Vertrag zwischen Schöneberg und Siemens & Halske, a. a. O., S. 10.
74 Ausreichend für 3-Wagen-Züge.
75 Eine allgemeine Verlängerung der Bahnsteige von 45 m auf 90 m wurde im »Nachtragsabkommen zwischen der Stadtgemeinde Berlin-Schöneberg und der Hochbahngesellschaft (Gesellschaft für elektrische Hoch- und Untergrundbahnen) zum Vertrag vom 30. November 1910 (Stammvertrag) vom 12. Oktober 1914« vorgesehen, jedoch nie ausgeführt.
76 Der Bahnhof Nollendorfplatz stellte als Übergangsbahnhof mit seinen beiden Zugängen eine Sonderlösung dar.
77 Kraaz war vorher als Architekt für die AEG tätig gewesen. Vgl. Buddensieg, Tilmann: Peter Behrens und die AEG, Neue Dokumente zur Baugeschichte der Fabriken am Humboldthain, in: Festschrift für Margarete Kühn, Schloß Charlottenburg, Berlin-Preußen, Berlin 1975, S. 276 ff.
78 Vgl. Berliner Tageblatt vom 1. Dezember 1910 (Nr. 610). Die Originalverkleidungen sind nur noch teilweise erhalten.
79 Im Kosten-Anschlag ist von »hellen, wetterbeständigen Verblendsteinen« die Rede. Kosten-Anschlag für den Bau einer Untergrundbahn in Schöneberg vom Nollendorfplatz bis Hauptstraße, Titel V, Ausbau der Haltestellen, a. a. O., S. 10.
80 Schon die Motzstraße liegt teilweise auf Charlottenburger Gebiet, und vom Nollendorfplatz gehört nur ein kleines Stück zu Schöneberg. Vgl. Verträge zwischen den Gemeinden Charlottenburg und Schöneberg betreffend die Grenzregelung und den Bau von Untergrundbahnen. 1./4. September 1909. Die Verträge sahen vor, daß Charlottenburg sein Gelände für den Bau der Schöneberger U-Bahn zur Verfügung stellte und Schöneberg sich als Gegenleistung zur Abgabe der sog. Schöneberger Wiesen, die zwischen der Spree und der Berlin-Lehrter-Eisenbahn mitten in Charlottenburger Gebiet lagen, verpflichtete. Verträge § 9 (S. 6).
81 »Ferner sind bei der Ausführung der vorläufigen Haltestelle am Nollendorfplatz bauliche Massnahmen zu treffen, welche die spätere Ausführung eines endgültigen Gemeinschaftsbahnhofs nach jedem der den Genehmigungsbehörden vorgelegten 4 Entwürfe derartig erleichtern, dass eine Beeinträchtigung des Betriebes der Bahn vermieden wird.« Genehmigungsurkunde betreffend die Unterpflasterbahn Nollendorfplatz – Hauptstraße in Schöneberg, a. a. O., S. 132.
82 Die Treppe war erforderlich, um ein an dieser Stelle kreuzendes Kanalisationsrohr zu umgehen.
83 Zunächst hatte Siemens & Halske hier an die Errichtung eines Aufzuges gedacht. Vgl. Sitzungsprotokoll vom 23. Jan. 1905 zwischen Siemens & Halske und dem Tiefbauamt Schöneberg. SAA 26/Lp 135.
84 Vertrag zwischen den Städten Charlottenburg und Schöneberg betr. die Herstellung eines Verbindungsganges von der Schöneberger Untergrundbahn nach der Hochbahn auf dem Nollendorfplatz, Charlottenburg, 14. November 1910, S. 2.
85 Vgl. den Entwurfsplan »Übergang von der Hochbahn zur Untergrundbahn am Nollendorfplatz«, Schöneberg, 21. Oktober 1910, Aktenexemplar zu VII d 1310 III/10 (Heimatarchiv Schöneberg, Akte Untergrundbahn I, Nr. 26).

86 »Die Öffnungen der nach der Haltestelle Nollendorfplatz führenden Treppen sind durch Gitter aus Schmiedeeisen abzuschließen, welche auf einem Granitsockel ruhen und in geschmackvoller Weise – den bezüglichen Anlagen für die Eingänge nach den in Charlottenburg bereits bestehenden Haltestellen der Untergrundbahn entsprechend – auszubilden sind.« Ausführungsbestimmungen für die Herstellung der U-Bahn in der Motzstraße und am Nollendorfplatz zwischen Schöneberg und Charlottenburg vom 4./15. September 1909 (Heimatarchiv Schöneberg, Akte Untergrundbahn I, Nr. 28).

87 Enckes Entwurf war bei dem Wettbewerb um die Gestaltung des Viktoria-Luise-Platzes mit dem 1. Preis ausgezeichnet worden. Vgl. Berliner Konkurrenzen im Jahre 1898/99, in: BAW, Jg. 1, 1899, S. 422 ff. Sein Entwurf wurde von Wilhelm II. als »sehr geschmackvoll« beurteilt. Vgl. dazu das Photo im Heimatarchiv Schöneberg, Vi 1; vgl. auch Haberland, Aus meinem Leben, op. cit., S. 52.

88 Die Exedra war in der Gartenarchitektur nach 1900 eine häufig gebrauchte Form. Vgl. Gerhold-Knittel, Die Rolle von Gartenhaus und Laube, op. cit., S. 79 ff.

89 Die Laternen sind heute nicht mehr vorhanden.

90 Gerlach, Die elektrische Untergrundbahn der Stadt Schöneberg, a. a. O., S. 146 ff.

91 Am 2. Dezember 1909 hatte der Polizeipräsident (Abt. II b, Tgb. No. II bc 3104/09) die Genehmigung für die Umwehrung der Eingangstreppen und für das »auf dem Platz befindliche Kassenhäuschen« gegeben. SAA 26/Lp 136/Abt. Behörde.

92 Im Verkehrsbereich der Haltestelle Bayerischer Platz wohnten um 1908 12 000 Einwohner, am Stadtpark nur 5 000 Einwohner und an der Hauptstraße 10 000 Einwohner. Dagegen wohnten im Bereich des Viktoria-Luise-Platzes bereits 27 000 Einwohner, wobei man allerdings berücksichtigen muß, daß viele Bewohner den kurzen Weg von hier bis zur Endstation am Nollendorfplatz zu Fuß zurücklegten. Vgl. dazu Ertragsberechnung für eine Untergrundbahn Nollendorfplatz – Schöneberg Hauptstraße. SAA 26/Lp 135.

93 Siemens & Halske: Die elektrische Untergrundbahn der Stadt Schöneberg, Berlin 1910, S. 5.

94 Der Südeingang wurde später versetzt; der Nordeingang dagegen nicht, die umliegenden Straßenzüge jedoch so verändert, daß der Eingang heute in der Westorpstraße liegt.

95 Vgl. Gerlach, Die elektrische Untergrundbahn der Stadt Schöneberg, a. a. O., S. 14. Zu den Mutz-Werkstätten vgl. auch Reutti, Kurt: Die Mutz-Werkstätten in Altona und Berlin, in: Mutz-Keramik, Werke von Ernst Barlach und andere ausgewählte Arbeiten aus den Altonaer und Berliner Werkstätten, Ernst Barlach Haus Hamburg, Sonderausstellung in Verb. mit dem Altonaer Museum in Hamburg vom 20. 9.–15. 11. 1966, S. 5 ff.

96 Der Steinpfeiler wurde mit Ausnahme der beiden vorderen hohen Eckpfeiler nach dem 2. Weltkrieg bis auf die Höhe des schmiedeeisernen Gitters gekürzt. Später wurden auch die Eckpfeiler auf diese Höhe gebracht.

97 Dieser Eingang wurde in den Jahren 1956/57 im Zusammenhang mit einer Begradigung der Grunewaldstraße und dem damit verbundenen Durchbruch durch den Bayerischen Platz abgerissen, weiter nach Süden verschoben und mit einer modernen Glashalle versehen. Beim Bau der Querlinie Fehrbelliner Platz – Möckernbrücke, die 1971 eröffnet wurde, entstand ein völlig neuer Eingang.

98 Die Umbenennung erfolgte am 15. 5. 1951, dem Tag der Neueröffnung des im 2. Weltkrieg nahezu völlig zerstörten Bahnhofs.

99 Vgl. Berliner Tageblatt vom 1. Dezember 1910.

100 Gerlach, Die elektrische Untergrundbahn der Stadt Schöneberg, a. a. O., S. 15. – Zum 29. Dez. 1906 wurde ein Wettbewerb für die Anlage des Schöneberger Stadtparks ausgeschrieben. Unter den 47 eingegangenen Entwürfen wählte man den mit einem 2. Preis ausgezeichneten Entwurf von Fritz Encke und Friedrich Bolte, Köln. Vgl. Verwaltungsbericht des Magistrats der Stadt Schöneberg, 1910, S. 17 ff.; vgl. auch Berlin und seine Bauten, T. 11, Gartenwesen, 1972, S.107 ff.

101 Das Gelände zwischen Stadtpark und Hauptstraße befand sich im Besitz der Terraingesellschaft Groß-Berlin. In Übereinstimmung mit den städtischen Behörden beauftragte man die Architekten Hart & Lesser, Breslauer & Salinger, Johannes Kraaz und Schaudt & Krause mit der architektonischen Gestaltung der Bauten. Vgl. Am Schöneberger Stadtpark, Das neuaufgeschlossene Gelände der Terrain-Gesellschaft Groß-Berlin, in: BW, Jg. 1, 1910, Nr. 27, S. 21.

102 Schaudt ging im Anschluß an seine Berliner Tätigkeit nach Hamburg, wo ihn beim Bau der dortigen Hochbahn ein noch größerer Aufgabenbereich erwartete. Vgl. Osborn, Max: Johann Emil Schaudt, Berlin, Leipzig 1930 (Neue Werkkunst).

103 Am 21. August übersandte Siemens & Halske die drei Entwürfe an den Magistrat von Schöneberg. SAA 26/Lp 136.

104 Diese Forderungen wurden vertraglich festgelegt. Vgl. Vertrag zwischen Schöneberg und Siemens & Halske, 1908, a. a. O., Anl. 2.

105 Der aus Dresden stammende Maler und Bildhauer Richard Guhr gehörte zusammen mit Schaudt zur »Neuen Gruppe« Berlin. Sie trat 1904 bei der großen Berliner Kunstausstellung erstmalig geschlossen auf. Vgl. Lüer, Hermann: Neue Gruppe Berlin, in: BAW, Jg. 6, 1904, S. 197 ff.

106 Gerlach, Die elektrische Untergrundbahn der Stadt Schöneberg, a. a. O., S. 16. – Derartige Figurengruppen waren typisch für die Zeit. Hingewiesen sei in diesem Zusammenhang auf die 1907–09 von Alfred Messel erbaute Brommy-Brücke, die mit Figuren von Ignatius Taschner geschmückt wurde. Abb. in: BAW, Jg. 13, 1911, S. 475. – Die Figurengruppen am Bahnhof Stadtpark wurden im 2. Weltkrieg zerstört und durch Nachbildungen aus Beton ersetzt.

107 Im Bereich der Fenster sind die Kappen jeweils zu Zweiergruppen mit breiten Zwischenstegen zusammengefaßt; im Bereich der geschlossenen Wandzonen an den beiden Bahnhofsenden wurden statt der Kappen Kassetten angeordnet, und im Vorraum wurde eine Flachdecke zwischen die Träger gespannt.

108 Am 20. Jan. 1910 war die polizeiliche Genehmigung (Pol.-Präs. Abt. II b Tgb. No. II bc 131.10) für die Umwehrung der Eingangstreppe und »für das daselbst auf der Straße zu errichtende Kassenhäuschen« erteilt worden. Am 8. Juni 1910 erfolgte die Genehmigung für das unterirdische Kassenhäuschen. SAA 26/LP 136, Abt. Behörde.

109 Das Portal ist heute nicht mehr vorhanden.

110 Vgl. Die Bebauung des Tempelhofer Feldes, in: BW, Jg. 2, 1911, Nr. 27, S. 24. – Vgl. auch Kap. 7.1.

111 Die Umbenennung in »Innsbrucker Platz (Hauptstraße)« erfolgte am 1. Juli 1933 in Anlehnung an den neuen S-Bahnhof Innsbrucker Platz, der anstelle des etwas östlicher gelegenen Bahnhofs Eberstraße trat.

112 Der Umbau wurde in jüngster Zeit im Zusammenhang mit dem Bau einer Querlinie durch die Hauptstraße aktuell.

113 Vgl. hierzu den Entwurf »Oberlicht-Anlage für die Haltestelle Hauptstraße«. Anlage zum Entwurf U-Bahnhof Hauptstraße. SAA 21/Lr 260/Bl. 28. Vgl. auch Schöneberger Tageblatt vom 9. Sept. 1908: »Für die Haltestellen Grunewald und Hauptstraße sind begehbare Oberlichter vorgesehen, die in dem Mittelstreifen der Innsbrucker Straße zu liegen kommen. Von der geplanten Oberlichtanlage am Bayerischen Platz (bzw. »Grunewaldstraße«) ist nichts Näheres bekannt. Der Bahnhof Hauptstraße wurde entgegen der Zeitungsnotiz nicht unter der Innsbrucker Straße, sondern unter dem Platz angelegt. Am Nollendorfplatz und am Viktoria-Luise-Platz kamen Oberlichter wegen der Enge der Motzstraße, unter der beide Bahnhöfe liegen, nicht in Frage.

114 Vgl. Die Untergrundbahn in Schöneberg, in: Baugewerks-Zeitung, Jg. 42, 1910, S. 955.

115 Die Bevölkerungszahl stieg von ca. 3600 im Jahre 1885 auf über 100 000 im Jahre 1910 an.

116 Vgl. Erläuterungen des Entwurfs zu einer Hoch- und Untergrundbahn vom Zoologischen Garten über Wilmersdorf, Schmargendorf, Dahlem und Zehlendorf, Wilmersdorf, 11. 5. 04, S. 1. SAA 26/Lp 129.

117 Erläuterungen des Entwurfs Wilmersdorf, a. a. O., S. 1 ff.

118 Ebd., S. 2.

119 Der Entwurf wurde am 8. Juli 1907 vorgelegt.

120 Vgl. Veröffentlichungen des Magistrats Wilmersdorf über die Schnellbahnpläne der Stadt Wilmersdorf, Deutsch-Wilmersdorf 1909, S. 5. SAA 26/Lp 129.

121 Zu den Charlottenburger Vorschlägen vgl. Veröffentlichungen des Magistrats Wilmersdorf über die Schnellbahnpläne, a. a. O., S. 6. Daran angebunden: Pläne zu der Darstellung des mit der Stadtgemeinde Charlottenburg in der Untergrundbahnangelegenheit entstandenen Streits. – Insbesondere sei jedoch auf die Schöneberger Pläne hingewiesen. Schöneberg warb intensiv um die Gunst der Nachbargemeinde Wilmersdorf und hoffte, diese für ein Schnellbahnprojekt im Anschluß an die eigene, nur 2,2 km lange U-Bahnstrecke zu gewinnen und damit die Attraktivität dieser Bahn zu erhöhen. Nachdem Schöneberg zunächst eine Linienführung im Anschluß an den U-Bahnhof Hauptstraße durch Friedenau und Wilmersdorf bis zum Rastatter Platz (heute Breitenbachplatz) vorgeschlagen hatte (SAA 26/Lp 129), gingen die Bemühungen bald dahin, eine Vereinigung der Wilmersdorfer und Schöneberger Bahn am Viktoria-Luise-Platz und eine gemeinsame Fortsetzung über den Nollendorfplatz hinaus in Richtung Stadtmitte zu erreichen. Vgl. dazu Zur Beantwortung des Schreibens der Stadtgemeinde Schöneberg vom 8. Januar 1909 betr. Führung der Südwestschnellbahnen über den Nollendorfplatz oder Wittenbergplatz, Hrsg. v. d. Hochbahngesellschaft, Berlin, 10. Februar 1909, in: Bemerkungen der Hochbahngesellschaft zu dem Aufsatz im Schöneberger Tageblatt, S. 4 ff. – Vgl. auch Kap. 5, Anm. 63.

122 a) Vertrag betreffend die Linienführung der Untergrundbahn nach dem Nürnberger Platz, Berlin und Deutsch-Wilmersdorf, den 8./11. Juli 1908.

b) Vertrag zwischen der Stadtgemeinde Deutsch-Wilmersdorf und der Gesellschaft für elektrische Hoch- und Untergrundbahn in Berlin betreffend die Fortführung der Untergrundbahn vom Wittenbergplatz nach dem Nürnberger Platz (Zustimmungsvertrag), Deutsch-Wilmersdorf und Berlin, den 11. Juli/28. Oktober 1908.

c) Vertrag zwischen der Stadtgemeinde Deutsch-Wilmersdorf und der Gesellschaft für elektrische Hoch- und Untergrundbahnen in Berlin betreffend den Betrieb der Wilmersdorfer Bahn, Deutsch-Wilmersdorf und Berlin, den 11. Juli/28. Okt. 1908.

123 Der Fehrbelliner Platz war bereits im November 1904 in einer Wettbewerbsausschreibung für den Neubau des Wilmersdorfer Rathauses vorgesehen gewesen. Vgl. WB, Jg. 8, 1905, S. 89, und ZdB, Jg. 24, 1904, S. 588; vgl. auch Rathäuser, die nie gebaut wurden . . ., in: 750 Jahre Schmargendorf, Berlin 1955, S. 62 ff.

124 Die Verbindung Dt.-Wilmersdorf mit Berlin durch eine elektrisch betriebene Untergrund-Schnellbahn, in: WB, Jg. 11, 1908, S. 141; vgl. auch Die Feier der Grundsteinlegung zur Wilmersdorf-Dahlemer Untergrundbahn, in: WB, Jg. 12, 1909, S. 83.

125 Der Rastatter Platz wurde bei der Eröffnung der Wilmersdorfer Bahn im Jahre 1913 nach dem damaligen Minister der Öffentlichen Arbeit von Breitenbach, der sich aktiv für den Bahnbau eingesetzt hatte, in »Breitenbachplatz« umbenannt.

126 Das Gelände südlich des Ringbahn, das spätere »Rheingau-Viertel«, war bereits in den neunziger Jahren des letzten Jahrhunderts von einem Bebauungsplan erfaßt worden.

127 Folgende Terraingesellschaften waren an der Finanzierung beteiligt: 1. Terrain-Gesellschaft Berlin-Südwesten zu Berlin, 2. Wilmersdorfer Terrain-Rheingau A.G. zu Berlin, 3. Schöneberg-Friedenauer Terraingesellschaft zu Friedenau, 4. Aktiengesellschaft für Grundbesitz und Hypothekenverkehr zu Berlin.

128 Diese Entwicklung ging vom Wittenbergplatz aus und begann 1907 mit der Eröffnung des Kaufhauses des Westens.

129 Vgl. Bedingungen, unter denen die Stadtgemeinde Charlottenburg der Gesellschaft für elektrische Hoch- und Untergrundbahnen in Berlin die Zustimmung zum Bau und Betrieb einer Untergrundbahn vom Wittenbergplatz nach dem Gleisdreieck sowie nach dem Nürnberger Platz und nach dem Kurfürstendamm, Ecke Uhlandstraße, erteilt, Charlottenburg, den 21. Juni 1910; und Antwortschreiben der Gesellschaft für elektrische Hoch- und Untergrundbahnen vom 23. Juni 1910, I.-Nr. 3645 A, abgedruckt in: Verträge der Hochbahngesellschaft mit der Stadt Charlottenburg, S. 49 ff. Vgl. auch S. 136 ff.

130 Vgl. BW, Jg. 1, 1910, H. 1,2, S. 23. Vgl. auch Berliner Lokal-Anzeiger vom 13. Okt. 1913: Der Bau der Halensee-Linie ist »nur eine Frage der Zeit«.

131 Vgl. hierzu Die Feier der Grundsteinlegung zur Wilmersdorf-Dahlemer Untergrundbahn, a. a. O., S. 83 ff. Der Grundstein befindet sich im U-Bahnhof Hohenzollernplatz.

132 9. Nachtragsgenehmigung zur Genehmigungsurkunde der Gesellschaft für elektrische Hoch- und Untergrundbahnen in Berlin vom 5. November 1897, Berlin, den 29. Juni 1910; in: Amtsblatt 1910, Stück 34, Nr. 853, S. 403.

133 Genehmigungsurkunde betreffend die Unterpflasterbahn Kaiserallee – Rastatter Platz in Wilmersdorf, Berlin, den 24. Juli 1911, in: Amtsblatt 1911, Stück 38, Nr. 2024, S. 750 ff.

134 a) Vertrag zwischen der Königlichen Kommission zur Aufteilung der Domäne Dahlem und der Gesellschaft für elektrische Hoch- und Untergrundbahnen in Berlin betreffend den Betrieb der Dahlemer Bahn, Berlin, den 13. November 1908/15. Januar 1909.

b) Vertrag zwischen der Dahlemkommission und Wilmersdorf vom 25. November 1908/15. Januar 1909.

135 Genehmigungsurkunde betreffend die Dahlemer Untergrundbahn, Potsdam, 17. Dezember 1911, in: Amtsblatt 1912, Stück 3, Nr. 155, S. 64.

136 Vgl. Die Einweihung der Wilmersdorf-Dahlemer Untergrundbahn, in: WB, Jg. 16, 1913, S. 98 ff.

137 Entsprechend dem Zweckverbandsgesetz für Groß-Berlin vom 19. Juli 1911 begann der Verband Groß-Berlin am 1. April 1912 seine Tätigkeit. Vgl. Fragen der kommunalen Sozialpolitik in Groß-Berlin, Bd. 2, Jena 1912, S. 136 ff. (Schriften der Gesellschaft für Soziale Reform, Ortsgruppe Berlin). – Eine der Hauptaufgaben des Verbandes war es, die einheitliche Entwicklung des Groß-Berliner »Nahbahnnetzes« zu fördern. Vgl. Cauer, Wilhelm: Zum Schnellbahnverkehr in Groß-Berlin, Sonderdruck aus: Verkehrstechnische Woche und Eisenbahntechnische Zeitschrift, Jg. 10, 1916, Nr. 1/2, 7/8, 11/13, S. 1.

138 Vgl. Vertrag zwischen der Stadtgemeinde Deutsch-Wilmersdorf und der Gesellschaft für elektrische Hoch- und Untergrundbahnen in Berlin betreffend den Betrieb der Wilmersdorfer Bahn, Deutsch-Wilmersdorf und Berlin, den 11. Juli/28. Oktober 1908.

139 Leitgebel war Baubeamter in Wilmersdorf.

140 Die Einweihung der Wilmersdorf-Dahlemer Untergrundbahn, a. a. O., S. 100.

141 Bousset, Johannes: Die Erweiterungen der elektrischen Hoch- und Untergrundbahn im Westen (Ergänzter Sonderdruck aus: ZdB, Jg. 33, 1913), Berlin 1914, S. 14.

142 Die wenigen noch erhaltenen Häuschen sind heute farbig lackiert.

143 Die jeweilige Lage der Bahnhöfe an Plätzen spiegelt sich bereits in den Bahnhofsnamen wider.

144 Der Bahnhof wurde stillgelegt, da er ungünstig zur 1961 eröffneten Linie Leopoldplatz – Spichernstraße lag. Statt dessen schuf man mit der neuen Station »Spichernstraße« eine bequeme Umsteigemöglichkeit zwischen der alten und der neuen Linie. Im Zusammenhang damit wurde nördlich des Nürnberger Platzes die neue Zwischenstation »Augsburger Straße« eingefügt.

145 Dieses Portal wurde schon Ende der zwanziger Jahre durch ein schlichtes Eisenportal nach dem Entwurf Grenanders ersetzt.

146 Da der Hohenzollerndamm heute in ganzer Breite bis zur Bundesallee durchgeführt ist, fällt die Platzanlage kaum noch ins Auge.

147 Als die Steinbrüstungen aus Verkehrssicherheitsgründen im Jahre 1954 durch schlichte, weniger die Sicht behindernde Eisengitter ersetzt wurden, mußten auch die Adlerpfeiler von ihrem ursprünglichen Standort weichen. Sie bekamen an der hinteren Ecke der Treppenumwehrung einen neuen Platz zugewiesen, wurden dabei jedoch seitenverkehrt, d. h. mit den Köpfen nicht wie ursprünglich voneinander abgewandt, sondern zueinander geneigt aufgestellt.

148 Vgl. Entwurf vom 22. April 1911 (BVG-Plankammer, Bauwerk A 207–018).

149 Vgl. Kap. 5, Anm. 123. – Bei dem heutigen Rathaus handelt es sich um einen 1941–43 für die Deutsche Arbeitsfront errichteten Bau. Vgl. Berlin und seine Bauten, T. 3, Bauwerke für Regierung und Verwaltung, Berlin, München 1966, S. 57.

150 »Entwurf zur Erbauung einer Untergrundbahn in Wilmersdorf« vom Februar 1909. Bl. 2. Fehrbelliner Platz (BVG-Plankammer, Abt. Historische Entwürfe).

151 Der nach dem 2. Weltkrieg durch eine Glashalle ersetzte Eingang erfuhr im Zusammenhang mit der 1971 eröffneten Querlinie Fehrbelliner Platz – Möckernbrücke eine abermalige radikale Umgestaltung durch die Errichtung eines größeren, mit auffallenden roten Mosaiksteinchen verkleideten Gebäudekomplexes, der den Platz völlig beherrscht.

152 Die damals geplante Kreuzungslinie entsprach in etwa dem Verlauf der heutigen Linie Möckernbrücke – Fehrbelliner Platz.

153 Zur Mutz-Keramik vgl. auch S. 106 und S. 112.

154 Werke um 1900, Kunstgewerbemuseum Berlin, Hrsg. von Wolfgang Scheffler, Berlin 1966 (Katalog des Kunstgewerbemuseums Berlin, Bd. 2), S. 206.

155 Die rechteckigen Reliefs stellen in abwechselnder Reihenfolge Pferdebahnen und Dampfstraßenbahnen dar.

156 Im Zusammenhang mit dem Ausbau der 1971 eröffneten Querlinie wurden im Mittelteil des Bahnsteigs zwei neue Treppenverbindungen zum Untergeschoß geschaffen. Um den geschlossenen Eindruck des alten Bahnsteigs möglichst wenig zu stören, wählte man für die Umwehrung der Treppenöffnungen zeitgenössische schmiedeeiserne Gitter. Es handelt sich hierbei um die alten Gitter der 1908 im Zusammenhang mit der Westendlinie eröffneten Kaiserdammbrücke, die in den sechziger Jahren modernisiert wurde.

157 Vgl. die Entwürfe für den U-Bahnhof Fehrbelliner Platz (BVG-Plankammer, Bauwerk A 212–009 und A 212–010).

158 Die Brücke heißt heute »Barbrücke«.

159 Die große Höhe wurde wegen der besseren Luftzirkulation in dem tiefliegenden Bahnhof gewählt. Unmittelbar vor und hinter dem Bahnhof erhielt auch der Tunnel eine für die Berliner U-Bahn ungewöhnliche gewölbeartige Ausbildung.

160 Vgl. Brönner, Franz: Die Untergrundbahn der Stadt Berlin-Wilmersdorf, in: BW, Jg. 4, 1913, Nr. 36, S. 32; vgl. auch Berliner Lokal-Anzeiger vom 13. Oktober 1913 und Berliner Tageblatt vom 13. Okt. 1913 (Nr. 512).

161 Neue Preußische Zeitung vom 4. Okt. 1913.

162 Zum Rheingau-Viertel vgl. S. 127 ff.

163 Die Form der Betriebshäuschen ist von den Bahnhöfen der Hochbahngesellschaft übernommen worden und geht auf einen Entwurf Grenanders zurück.

164 Berliner Lokal-Anzeiger vom 8. Okt. 1913.

165 Meyer-Pyritz war zu seiner Zeit ein erfolgreicher Tier- und Portraitbildhauer. Vgl. dazu Buesche, Albert: Maler und Historiker, Zur Lebensarbeit von Immanuel Meyer-Pyritz, in: Baltische Studien, N. F., Bd. 50, 1964, S. 71.

166 Es handelt sich überwiegend um Nagetiere, die entsprechend den Darstellungen am Eingang des U-Bahnhofs Potsdamer Platz die erdnahe Verbindung zur U-Bahn symbolisieren sollen.

167 Vgl. die 1912 eröffnete Haltestelle »Rathaus-Markt«, deren Entwurf auf die beiden vorher auch in Berlin tätigen Architekten Hart & Lesser zurückgeht. Vgl. dazu auch Kap. 5, Anm. 101.

168 Der Eingang wurde 1965 von der Mittelinsel auf die seitlichen Bürgersteige verlegt.

169 Der Steinbogen wurde später durch einen eisernen Bogen ersetzt.

170 Der Gang war nur als Provisorium gedacht, solange es keinen direkten Übergang zur Ringbahn gab.

171 Vgl. Osborn, Max: Berliner Garten-Strassen, Das »Rheinische Viertel« in Wilmersdorf, in: BW, Jg. 2, 1911, Nr. 74, Beil. Baukunst und Kunstgewerbe, Städtebau, Eigenheim und Garten, o. S.

172 Vgl. Haberland, Aus meinem Leben, op. cit., S. 56 ff. – Haberland war vorher maßgeblich an der Bebauung Schönebergs beteiligt gewesen; vgl. ebd., S. 47 ff., und 40 Jahre Berlinische Boden-Gesellschaft, op. cit., S. 9 ff.

173 Vgl. Kap. 5, Anm. 127.

174 Vgl. Pallmann, Kurt: Die Gartenterrassenstraße in Wilmersdorf, in: BAW, Jg. 14, 1912, S. 295 ff. – Jatzow hatte entscheidend am Bau der Schöneberger U-Bahn mitgewirkt.

175 Die Platzgestaltung erfolgte aufgrund eines Preisausschreibens der Terraingesellschaft Berlin-Südwesten durch Heinrich Berg und Hermann von Hoven. An dem Wettbewerb war auch Bruno Taut mit einem Entwurf beteiligt gewesen. Vgl. BAW, Jg. 14, 1912, S. 35 ff., und Berlin und seine Bauten, T. 11, op. cit., S. 291.

176 Infolge der Kriegseinwirkungen waren die Eingänge weitgehend zerstört und mußten erneuert werden.

177 Vgl. den »Entwurf zum Untergrundbahnhof Rüdesheimer Platz, Verkleidung der Vorräume mit Marmor, Kasse aus Eichenholz« (BVG-Plankammer, Bauwerk A 223–032).

178 Heute erinnern nur noch die leeren Vertiefungen an den alten Schmuck.

179 Diese Darstellungen trugen dem Bahnhof im Volksmund den Namen »Wanzenbahnhof« ein.

180 Dargestellt sind z. B. optische Geräte, Chemische Gefäße, Landwirtschaftliche Geräte und die Eule als Symbol der Weisheit.

181 Dorische Säulen wurden besonders gern in den Vestibülen repräsentativer öffentlicher Bauten wie Banken und Rathäusern verwendet.

182 Die Öffnungen sind im Gegensatz zu den verglasten Oberlichtern auf der Westendstrecke und am U-Bahnhof Leipziger Platz nur mit Gittern abgedeckt.

183 Vgl. dazu »Untergrundbahnhof Rastatter Platz, Verkleidung der Vorräume mit Marmor«, Entwurf vom Februar 1913 (BVG-Plankammer, Bauwerk A 227–022).

184 Vgl. »Entwurf zur Erbauung einer Untergrundbahn in Wilmersdorf« vom Februar 1909, Bl. A 6 (BVG-Plankammer, Historische Pläne).

185 Diese Teilung war nur die Vorbereitung zu der endgültigen Platzzerstörung, die rund 10 Jahre später durch den Bau einer Autobahnbrücke erfolgte.

186 Die Gründung der Kaiser-Wilhelm-Gesellschaft erfolgte am 11. Jan. 1911. Vgl. Handbuch der Kaiser Wilhelm-Gesellschaft zur Förderung der Wissenschaften, Hrsg. v. Adolf von Harnack, Berlin 1928. – Zu den später als »Kaiser-Wilhelm-Institute« bekannt gewordenen Einrichtungen gehörten neben zahlreichen Instituten in der Thielallee und dem Faradayweg auch das Harnackhaus und das Entomologische Museum in der Goßlerstraße (1910 von Heinrich Straumer erbaut). Außerdem entstanden in Dahlem zu dieser Zeit das Geheime Staatsarchiv (1924 fertiggestellt), das heutige Museum Dahlem (als Asiatisches Museum konzipiert, 1912–1916 von Bruno Paul erbaut) und die Albrecht-Thaer-Institute (erbaut von H. Straumer 1922–26).

187 Vgl. S. 114.

188 Genehmigungsurkunde betreffend die Dahlemer Untergrundbahn, Potsdam, den 17. Dezember 1911, in: Amtsblatt 1912, Stück 3, Nr. 155, S. 64 ff.

189 Baupolizeiordnung für die Vororte Berlins vom 5. Dezember 1892 (In der durch die Polizei-Verordnung vom 31. Mai 1894 und 24. August 1897 abgeänderten bzw. festgestellten Fassung), in: Die Baupolizeiordnungen für Berlin und seine Vororte, Für den Handgebrauch zusammengestellt von A. Rößler, Berlin 1900, S. 56 und 89.

190 Eine Einschnittbahn wurde bereits 1906 in Hamburg geplant und dort auch ausgeführt. Vgl. Schüler, H.: Hamburger Stadt- und Vorortbahnen und das Projekt der Durchbruchstraße zwischen Rathausmarkt und Schweinemarkt, in: DBZ, Jg. 40, 1906, S. 95.– 1895 hatte schon August Orth, der auch die entscheidende Anregung zum Bau der Berliner Stadtbahn gegeben hatte, im Zusammenhang mit der umstrittenen Charlottenburger Hochbahn (vgl. S. 34) der Firma Siemens & Halske den Vorschlag für eine Bahn im »offenen Einschnitt, nur von den Straßenkreuzungen überwölbt«, gemacht. Vgl. Schreiben Orths an Siemens & Halske vom 21. Januar 1895. SAA 35/39 Lm 57.

191 Vgl. Sammlung der zu den Monatswettbewerben des Architekten-Vereins zu Berlin eingegangenen Entwürfe, Bd. 74, 1909–1913, Preisaufgabe zum 20. Mai 1912: »Entwurf zur Umwandlung einer Einschnittbahn in eine Untergrundbahn«. Im Ausschreibungstext heißt es: »I. Zur Erschließung eines ausgedehnten, noch nicht bebauten Terrains ist der Bau einer zweigleisigen Untergrundbahn in Aussicht genommen; um jedoch nicht von vorn herein zu großes Kapital festzulegen, soll die Bahn zunächst als Einschnittbahn im Zuge einer neuen Straße ausgeführt werden und erst nach Bedarf durch Aufführung der Seitenwände und Aufbringung der Decke zu einer Untergrundbahn gemacht werden.« Der Bezug zur Dahlemer Einschnittbahn ist damit deutlich, wie auch der dazugehörige Entwurf »Schnellverkehr« von Schmitz auf Bl. 22 a–c beweist.

192 1968 war die Überbauung der Dahlemer Einschnittbahn Thema der Diplomarbeiten an der Architekturfakultät der Technischen Universität Berlin. Vgl. Schnellbahn und Gebäude, Bearb. Ulrich Flemming, Bernd Kraneis, Hartmut Schmetzer, Berlin TU 1968 (Veröffentlichungen zur Architektur, Nr. 21).

193 Zum Schinkelpreis 1976 vgl. db, Jg. 110, 1976, H. 5, S. 8 und H. 6, S. 13.

194 Die Bezeichnung »U-Bahnhof« soll, obwohl nicht ganz korrekt, hier bewußt beibehalten werden.

195 Zu Schweitzer vgl. Schubring, Paul: Die Bauten Heinrich Schweitzers, in: Haus und Heim, Bd. 2, Leipzig 1914, S. 5 ff.

196 Der Bebauungsplan wurde von Schweitzer in Zusammenarbeit mit Hermann Jansen ausgeführt. Vgl. Ahrend, Die Reihenhäuser in Dahlem (Architekt Heinrich Schweitzer), in: WAVB, Jg. 8, 1913, S. 145 ff.

197 Die von Schweitzer gebauten Häuser liegen »Im Gehege« zwischen Königin-Luise-Straße und der heutigen Pacelliallee (früher Cecilienallee).

198 Vgl. das Prenzlauer Tor zu Templin, Abb. in: Adler, Mittelalterliche Backsteinbauwerke des Preußischen Staates, Bd. 2, 1898, Taf. CII.

199 Die Arkadengänge mit den reliefgeschmückten Pfeilerkapitellen führen zu den Toiletten.

200 Hingewiesen sei hier insbesondere auf die Lichterfelder Villenarchitektur der Gründerzeit, z. B. in der Paulinenstraße oder Potsdamer Straße.

201 Die genannten S-Bahnhöfe sind entsprechend dem mittelalterlichen Vorbild in Ziegelbauweise ausgeführt. Vgl. Junk, C.: Neue Stationshäuser auf Berliner Vorortbahnen, in: BAW, Jg. 4, 1902, S. 396 ff.; Rüdell, A.: Neue Eisenbahnhochbauten, VI. Die Hochbauten der Vorortbahn Berlin-Erkner, VIII. Neuere Stationsgebäude in und bei Berlin, in: ZdB, Jg. 25, 1905, S. 573 ff. und Jg. 29, 1909, S. 418 ff.

202 Eine Zwingburg als Bahnhof, in: BW, Jg. 4, 1913, Nr. 21, S. 26.

203 Eine Zwingburg als Bahnhof, a. a. O., S. 26.

204 Das ursprünglich sehr kurze Dach wurde inzwischen verlängert.

205 Heute gehört die Domäne Dahlem zu den Veterinärmedizinischen Instituten der Freien Universität Berlin.

206 Vgl. Wittig, Paul: Die Weltstädte und der elektrische Schnellverkehr, Nach dem Vortrag im Berliner Architekten-Verein am 13. März 1909, Berlin 1909, S. 66.

207 Z. B. bei den U-Bahnhöfen Kaiserhof und Reichskanzlerplatz.

208 Vgl. Schaefer, Karl: Niedersächsische Bauformen, Hrsg. vom Verein für Niedersächsisches Volkstum, Bremen 1906, Taf. 2.

209 Weber, Konrad: Jugendstil im U-Bahnwagen, in: Jahrbuch für brandenburgische Landesgeschichte, Jg. 16, 1965, S. 80.

210 Straumer baute seit 1910 in Frohnau eine Reihe von Landhäusern gebaut. Außerdem stammen von ihm das Pfarrhaus neben der Dahlemer Dorfkirche in der Pacelliallee (1911–12) sowie das Entomologische Museum in der Goßlerstraße in Dahlem (1908–10). Vgl. Heinrich Straumer, in: BAW, Jg. 14, 1912, S. 463 ff.; Stahl, Fritz: Heinrich Straumer, Berlin, Leipzig 1927. Zu Straumers späteren Bauten gehören die Landwirtschaftliche Hochschule, heute Albrecht-Thaer-Institute, in Dahlem (gebaut 1923–26) sowie der Funkturm mit seinem Restaurant (1926).

211 Muthesius hatte sich in den Jahren 1896–1903 als Attaché der Deutschen Botschaft in London ausgiebig mit der englischen Architektur auseinandergesetzt. Sein Interesse galt insbesondere dem Landhaus. Das Ergebnis seiner umfangreichen Studien fand Niederschlag in zahlreichen Publikationen.

212 Zum Haus Freudenberg vgl. Hermann Muthesius, 1861–1927, Ausstellung in der Akademie der Künste vom 11. Dezember 1977 bis 22. Januar 1978, Berlin 1977, S. 71 ff.

213 Der Torbogen kann mit einem schmiedeeisernen Gitter verschlossen werden.

214 Die Sprosseneinteilung der Fenster ist heute nicht mehr vorhanden.

215 Die Holzbänke sind ebenfalls nicht mehr vorhanden.

216 Vgl. Entwurf zur Schnellbahn der Domäne Dahlem, Haltestelle Thielplatz, Wände der Schalterhalle (BVG-Plankammer, Bauwerk A 237–020).

217 Z. B. an der evangelisch-lutherischen Kirche mit anschließenden Wohnhäusern in der Nassauischen Straße in Wilmersdorf. Vgl. Paulsdorf, August: Kirchenneubauten in Berlin und weitere Ausblicke, in: BAW, Jg. 11, 1909, S. 406 ff.

218 Aufgrund des steigenden Verkehrsaufkommens durch die Universität wurde hier im Zusammenhang mit dem Bau eines zunächst sehr umstrittenen Gleichrichterwerks ein zweiter Eingang geschaffen.

219 Die Einweihung der Wilmersdorf-Dahlemer Untergrundbahn, a. a. O., S. 105.

220 Unter anderem durch die Eröffnung des KaDeWes im Jahre 1907.

221 Vgl. S. 114

222 Die Verhandlungen zwischen Charlottenburg und der Hochbahngesellschaft über den Bau der Linie nach Halensee waren bis zum Ausbruch des 1. Weltkriegs nahezu abgeschlossen, wurden jedoch später nie wieder aufgenommen. Vgl. S. 114.
Vgl. auch Schnellbahnprojekt für den Grunewald, in: BW, Jg. 3, 1912, Nr. 4, S. 29. Es handelt sich hierbei um einen Entwurf von Sprickerhof.

223 Vgl. Bedingungen, unter denen die Stadtgemeinde Charlottenburg der Gesellschaft für elektrische Hoch- und Untergrundbahnen in Berlin die Zustimmung zum Bau und Betrieb einer Untergrundbahn vom Wittenbergplatz nach dem Gleisdreieck sowie nach dem Nürnberger Platz und nach dem Kurfürstendamm, Ecke Uhlandstraße, erteilt, Charlottenburg, den 21. Juni 1910.

224 9. Nachtragsgenehmigung zur Genehmigungsurkunde der Gesellschaft für elektrische Hoch- und Untergrundbahnen in Berlin vom 5. November 1897 für folgende Erweiterungen:
a) Zweiglinie vom Wittenbergplatz durch die Tauentzienstraße, Nürnberger Straße, Nürnberger Platz, Spichernstraße bis zur Kaiser-Allee
b) Zweiglinie vom Wittenbergplatz durch die Tauentzienstraße, Kurfürstendamm bis zur Uhlandstraße
c) Umbau des Bahnhofs Wittenbergplatz
Berlin, den 29. Juni 1910, in: Amtsblatt 1910, Stück 34, Nr. 843, S. 403 ff.

225 Die bis zum Gleisdreieck gemeinsame Streckenführung der Spittelmarktlinie und der Linie zur Warschauer Brücke sollte aufgelöst werden. Vgl. Kap. 6,1.

226 Cauer, Professor an der Technischen Hochschule Charlottenburg, galt als großer Eisenbahnfachmann.

227 Cauer, Wilhelm: Vorschlag betreffend eine zweckmäßige Gestaltung des Bahnhofes Wittenbergplatz, Berlin 1909.

228 Vorschlag des Magistrats von Wilmersdorf für die Ausgestaltung des Bahnhofes Wittenbergplatz, Berlin 1909; vgl. außerdem BW, Jg. 1, 1910, Nr. 31, S. 25(Entwurf von Kux) und BW, Jg. 1, 1910, Nr. 53, S. 25 (Entwurf von Sebaldt).

229 Vgl. Vorschlag des Magistrats von Wilmersdorf für die Ausgestaltung des Bahnhofes Wittenbergplatz, Berlin 1909, S. 3.

230 Berliner Tageblatt vom 9. Okt. 1913 (Nr. 513).

231 »Der ganze Bau ist in Eisenfachwerk errichtet und außen mit Muschelkalk, innen mit Majolika verkleidet.« Zur Eröffnung der Schnellbahnen vom Wittenbergplatz nach Wilmersdorf-Dahlem und zum Kurfürstendamm, Berlin, Oktober 1913, S. 8.

232 Das benachbarte KaDeWe ist typisch für den Beginn dieser Stilrichtung.

233 Der Typus der kreuzförmigen Anlage geht auf das Grabmal der Galla Placidia in Ravenna zurück, das zum Vorbild für viele spätere Sakralbauten wurde. – Eine enge Verwandtschaft zu Grenanders Entwurf zeigt auch das von Otto Stiehl auf der 2. Ton-, Zement- und Kalkindustrieausstellung in Berlin vorgeführte Modell des Kaiserpalastes zu Trier. Vgl. BAW, Jg. 13, 1911, S. 193.

234 Im Nordteil war die Anlage weiterer Treppen für den Fall einer Bahnhofserweiterung vorgesehen.

235 Die Farbgebung wurde teilweise heftig kritisiert. Vgl. Die neuen Schnellbahnstrecken im Westen Berlins, in: Baugewerks-Zeitung, Jg. 45, 1913, S. 828: »Die Farbengebung überrascht allerdings ungünstig beim Eintritt, denn es sind die Wände in intensiv gelben, glasierten Kacheln mit blaugrünen Umrahmungslinien gehalten, während man die Decken sowie die oberen Umfassungswände im Mittelbau den rötlich-lila Ton des Sandsteins gegeben hat. Diese Farbgebung hat wohl der Architekt mit Rücksicht auf den lichtvollen Eindruck der Halle gewählt, andererseits ist sie eine mögliche Farbenbuntheit heutzutage dem modern-eleganten Geschmack.«

236 Die Wiederherstellung der Halle war im Oktober 1951 abgeschlossen.

237 Der Entwurf für die gärtnerische Gestaltung des Wittenbergplatzes stammte von dem Charlottenburger und späteren Groß-Berliner Gartendirektor Erwin Barth.

238 Vgl. Berliner Tageblatt vom 9. Oktober 1913 (Nr. 513). – Ähnliche Proteste wiederholen sich übrigens 1971 bei der Eröffnung des neuen Bahnhofsgebäudes am Fehrbelliner Platz.

239 Berliner Tageblatt vom 9. Oktober 1913.

240 Berliner Tageblatt vom 9. Oktober 1913.

241 Sammlung der zu den Monatswettbewerben des Architekten-Vereins zu Berlin eingegangenen Entwürfe, Bd. 73,2, 1911–1913, Preisaufgabe zum 16. Dezember 1912: »Der Wittenbergplatz in Berlin soll durch eine architektonische und gärtnerische Behandlung seines nüchternen Charakters entkleidet und zu einem wirklichen Schmuckplatz umgewandelt werden. Der Versuch wäre zu machen, den Platz ohne Beeinträchtigung des Verkehrs mittels architektonischer Eingrenzungen, Tor-, Nutz- und Aufenthaltsbauten einen geschlossenen Charakter zu geben.«

242 Dernburg, H.: Entwurf zur Ausgestaltung des Wittenbergplatzes, Monatswettbewerb im Architekten-Verein zu Berlin, in: WAVB, Jg. 8, 1913, S. 70/71.

243 Städtebauliche Mißgriffe, Der Untergrundbahnhof auf dem Wittenbergplatz, in: BW, Jg. 4, 1913, Nr. 21, S. 25/26.

244 Vgl. Sammlung der zu den Monatswettbewerben des Architekten-Vereins zu Berlin eingegangenen Entwürfe, Bd. 73,2, 1911–1913, Bl. 107.

245 Zur Architektur von Kuranlagen vgl. Kramer, Oskar: Kurbauten und Kuranlagen, 4. Aufl., Leipzig 1942, (Handbuch der Architektur, T. VI, Halbbd. 4, H. 2).

246 Vgl. Gescheit, H., und K. Wittmann: Neuzeitlicher Verkehrsbau, Potsdam 1931, S. 24.

247 Zwischen den Stationen Wittenbergplatz und Uhlandstraße wurde 1961 im Zusammenhang mit der Linie Spichernstraße – Leopoldplatz (Linie 9) der Kreuzungsbahnhof »Kurfürstendamm« angelegt.

248 Der östliche, zwischen Meineke- und Fasanenstraße gelegene Eingang wurde um 1961 entfernt.

6 Spätere Ergänzungen des Liniennetzes der Hochbahngesellschaft

1 Vgl. Sitzung des Aufsichtsrats der Gesellschaft für elektrische Hoch- und Untergrundbahnen in Berlin vom 29. April 1907, Sitzungsprotokoll. SAA 4/Lk 95.

2 1903 passierten 20 Mio Fahrgäste das Gleisdreieck, davon allein 6 Mio auf der Linie Zoologischer Garten – Stadtmitte. 1913 passierten 40 Mio das Gleisdreieck, davon 21 Mio auf besagter Strecke.

3 Vgl. Kemmann, Gustav: Umgestaltung des Gleisdreiecks der Berliner Hoch- und Untergrundbahn, in: ZdB, Jg. 32, 1912, S. 669 ff.

4 Vgl. Kap. 5,2.

5 »Die Verlängerung der Bahn von der vorläufigen Endhaltestelle am Nollendorfplatz bis zu einem künftigen Gemeinschaftsbahnhof in der Motzstraße und der Gemeinschaftsbahnhof selbst fallen ebenfalls unter diesen Vertrag.« Vertrag zwischen der Stadtgemeinde Schöneberg und der Hochbahngesellschaft (Gesellschaft für elektrische Hoch- und Untergrundbahnen in Berlin) über den Betrieb der Schöneberger Bahn und eine Tarifgemeinschaft, Schöneberg und Berlin, den 30. November 1910, I,1 (S. 3).

6 Bauabkommen zwischen der Stadtgemeinde Berlin-Schöneberg, vertreten durch den Magistrat, und der Hochbahngesellschaft (Gesellschaft für elektrische Hoch- und Untergrundbahnen in Berlin) über die Herstellung eines Gemeinschaftsbahnhofes in der Motzstraße und die Ergänzungsbauten auf der Schöneberger Bahn, Berlin-Schöneberg und Berlin, den 12. Oktober 1914.

7 Vgl. Vertrag zwischen der Stadtgemeinde Berlin, vertreten durch den Magistrat, in folgendem kurz »Stadtgemeinde« genannt, und der Gesellschaft für elektrische Hoch- und Untergrundbahnen in Berlin in folgendem kurz »Hochbahngesellschaft« genannt, betreffend I. die Untergrundbahn von der Klosterstraße über den Alexanderplatz zur Frankfurter Allee, II. die Hoch- und Untergrundbahn vom Gleisdreieck bis zur Weichbildgrenze an der Motzstraße, Berlin, den 27./29. März 1912, S. 3.

8 Heute Pohlstraße.

9 10. Nachtragsgenehmigung vom 23. Mai 1914, in: Amtsblatt 1914, Stück 27, Nr. 754, S. 356.

10 Die endgültige Fertigstellung erfolgte im August 1913.

11 Seit der Stillegung der Linie Bülowstraße – Gleisdreieck im Januar 1971 dient der Bahnhof nur noch als einfache Durchgangsstation.

12 Vgl. S. 100 und S. 178 ff.

13 Vgl. die Hochbahnhöfe Danziger Straße und Nordring, die jedoch in ihren Abmessungen wesentlich kleiner sind, sowie den Neubau des Hochbahnhofs Kottbusser Tor aus dem Jahre 1926.

14 Die Deckenbemalung ist heute nicht mehr vorhanden.

15 Die ursprüngliche Planung von 1914–1916 hatte hier nur die Anlage von 2 Eingängen westlich der Potsdamer Straße vorgesehen. Vgl. den Entwurfsplan, BVG-Plankammer, Bauwerk B 4/W.GI.V 6¹.

16 Die Portale wurden inzwischen entfernt.

17 a) Die vom Wittenbergplatz kommende, zur Hochbahn ansteigende Stammlinie
   b) Die vom Wittenbergplatz kommende, als U-Bahn geplante Entlastungslinie
   c) Die Schöneberger U-Bahn.

18 Heute heißt dieser Straßenabschnitt Mackensenstraße. Wegen der Linienführung der von Süden kommenden Schöneberger Bahn, deren Weiterführung als selbständige Linie ins Stadtinnere geplant war (vgl. Kap. 5. 2), kam eine andere Lage für den Bahnhof nicht in Frage.

19 Vgl. Bauabkommen zwischen der Stadtgemeinde Berlin – Schöneberg und der Hochbahngesellschaft vom 12. Oktober 1914, a. a. O., Anlage A.

20 In Berlin kam eine zweigeschossige Anlage erst wieder beim Bau der Linie 9 in der Steglitzer Schloßstraße zur Ausführung.

21 »Der Gang zwischen dem derzeitigen Endbahnhof der Schöneberger Bahn und dem Hochbahnhof Nollendorfplatz wird durch ein Verbindungsbauwerk unter dem Hochbahnviadukt ersetzt, das auch die gemeinsamen Schalterräume, Bahnsteigsperren usw. aufnehmen wird.« Nachtragsabkommen zwischen der Stadtgemeinde Berlin-Schöneberg und der Hochbahngesellschaft (Gesellschaft für elektrische Hoch- und Untergrundbahnen in Berlin) zum Vertrag vom 30. November 1910 (Stammvertrag), Berlin-Schöneberg und Berlin, den 12. Okt. 1914, a. a. O., S. 6.

22 Vgl. Bauabkommen zwischen der Stadtgemeinde Berlin-Schöneberg und der Hochbahngesellschaft vom 12. Oktober 1914, a. a. O., S. 6.

23 Zu den früheren Versuchen einer grundlegenden Platzneugestaltung vgl. S. 57.

24 Wittig, Die Architektur der Hoch- und Untergrundbahn in Berlin, op. cit., Teil 3.

25 Vgl. S. 142.

26 Der Nollendorfplatz, in: BW, Jg. 14, 1923, S. 389.

27 Gescheit/Wittmann: Neuzeitlicher Verkehrsbau, op. cit., S. 24.

28 Im Reichsgerichtsurteil vom 7. März 1924 wurde bestätigt, daß die Dahlemer Bahn Eigentum des Fiskus sei und insofern nicht ohne weiteres der Stadt Berlin übertragen werden konnte. Vgl. Zur Eröffnung der Bahnverlängerungen 1. Flughafen – Tempelhof (Südring); 2. Stadion – Ruhleben; 3. Thielplatz – Krumme Lanke sowie der Bahnhofserweiterungen Bülowstraße und Nollendorfplatz am 22. Dezember 1929, S. 17.

29 Zur Eröffnung der Bahnverlängerungen am 22. Dezember 1929, S. 20; vgl. auch Wedemeyer, Alfred: Die Verlängerung der Berliner Schnellbahn Thielplatz – Krumme Lanke, in: DBZ, Jg. 64, 1930, Beiblatt Stadt und Siedlung, S. 27.

30 Der Sommerfeld-Konzern umfaßte folgende drei Firmen:
   a) Allgemeine Häuserbau-Actiengesellschaft von 1872 Adolf Sommerfeld (Ahag)
   b) Terrain-Aktiengesellschaft Botanischer Garten – Zehlendorf-West
   c) Adolf Sommerfeld Bauausführungen.

31 Gehag = Gemeinnützige Heimstätten-Spar- und Bau-Aktiengesellschaft.

32 Gagfah = Gemeinnützige Aktien-Gesellschaft für Angestellten-Heimstätten.

33 Vgl. dagegen das Märkische Viertel in Berlin als besonders schlechtes Beispiel für die Koordinierung neuer Wohn- und Verkehrsbereiche.

34 Vgl. Vertrag zwischen der Gesellschaft für elektrische Hoch- und Untergrundbahnen in Berlin, im folgenden »Hochbahngesellschaft« genannt, einerseits und der Allgemeinen Häuserbau-Actiengesellschaft von 1872 – Adolf Sommerfeld, Berlin, der Terrain-Aktiengesellschaft Botanischer Garten – Zehlendorf-West zu Berlin und dem Architekten Adolf Sommerfeld in Berlin, im folgenden »Sommerfeld-Gruppe« genannt, andererseits, Berlin, den 14. Juli 1928, I, S. 5.

35 Ebd., I, S. 4: »Die Ausführung wird in der Weise erteilt, daß die Sommerfeld-Gruppe auf ihre Kosten die Rohbauarbeiten sowohl auf der fiskalischen Strecke als auch auf der den Bahnhof Alsenstraße einschließenden Zehlendorfer Strecke bis an den Tunneleingang heran und ferner das Bahnhofsgebäude an der Alsenstraße herstellt, während die Hochbahngesellschaft alle für die betriebsfertige Ausrüstung der Bahn sonst erforderlichen Arbeiten übernimmt.« »Die schlüsselfertige Herstellung des Bahnhofsgebäudes an der Alsenstraße ist von der Sommerfeld-Gruppe auf ihre Kosten nach einem von der Hochbahngesellschaft noch vorzulegenden Entwurf zu bewirken. Die Grundrißgestaltung nach den Bedürfnissen des Bahnbetriebes ist auf dem beiliegenden Plan Anlage 3 angedeutet.«

36 Die bauliche Erschließung dieses Geländes begann erst 1936/37 mit der Errichtung des Luftgaukommandos, in dem sich seit Kriegsende das US-Hauptquartier in Berlin befindet. Das umliegende Waldgebiet wurde in diesem Zusammenhang mit Wohnsiedlungen für die in Berlin stationierten US-Streitkräfte bebaut.

37 1. Nachtrag zur Genehmigungsurkunde des Regierungspräsidenten Potsdam vom 17. Dezember 1911 für die Strecke Bahnhof Thielplatz bis zur westlichen Baufluchtlinie Alsenstraße in Zehlendorf-West, Berlin, den 19. November 1929, in: Amtsblatt 1929, Stück 48, Nr. 775, S. 337.

38 Der nördliche Warteraum wurde in den letzten Jahren abgetrennt und dient heute als Laden.

39 Wedemeyer, Verlängerung der Berliner Schnellbahn Thielplatz – Krumme Lanke, a. a. O., S. 29.

40 1964 erfolgte der Einbau einer Rolltreppe.

41 Eine ganz ähnliche Konzeption zeigt der Straßenbahnbetriebshof in Charlottenburg, Königin-Elisabeth-Straße/Ecke Knobelsdorffstraße, der in den Jahren 1927/28 von Otto Rudolf Salvisberg und Jean Krämer, dem Schüler und langjährigen Mitarbeiter von Peter Behrens, erbaut wurde. »Der Betriebsbahnhof füllt den Hof eines Wohnblocks, der von denselben Architekten für die BVG errichtet worden ist.« Rave, Rolf, und Hans-Joachim Knöfel: Bauen seit 1900 in Berlin, Berlin 1968, Nr. 161. Vgl. auch Osborn, Max: Jean Krämer, in: Neue Baukunst, Jg. 2, 1926, H. 18, und Westheim, Paul: Neue Arbeiten von O. R. Salvisberg, Berlin, Leipzig 1927 (Neue Werkkunst).

42 Im Gegensatz zu den übrigen Bahnhöfen der Einschnittlinie wurden hier wegen des zu erwartenden starken Ausflugsverkehrs zwei Eingänge angelegt.

43 Zu Salvisberg vgl. Anm. 41.

44 Am Bau der Siedlung »Onkel Toms Hütte«, einer Siedlung der Gehag und Gagfah, zu der auch die Versuchssiedlung »Am Fischtalgrund« gehört, waren neben Salvisberg auch Bruno Taut, Hugo Häring und Hans Poelzig beteiligt.

45 Vertrag zwischen der BVG, der Gehag und der Gagfah vom 22./24. Februar 1936, § 4 (BVG-Plankammer, ungedr. Ms.). – Auf die Anlage der ursprünglich geplanten Dachterrassen an beiden Bahnhofsenden wurde in diesem Vertrag (§ 4) verzichtet.

46 »Am Eingang zu diesem Bahnhof ist ein Frescogemälde in Ausführung begriffen, das den Werktätigen auf dem Wege ins Freie darstellt.« Vossische Zeitung vom 21. Dezember 1929 (Nr. 602).

47 Pevsner, Nikolaus: Architektur und Design, Von der Romantik zur Sachlichkeit, München 1971 (Studien zur Kunst des Neunzehnten Jahrhunderts, Sonderband), S. 431.

48 District Line.

49 Piccadilly Line.

50 Grenander baute auch die Umformerwerke Hermannplatz, Pankstraße, Bastianstraße, Alexanderplatz und Lichtenberg.

51 Es handelt sich um die Gebiete Stresow und Ruhleben, wo 1928 – 30 das Kraftwerk Ruhleben entstand.

52 Vgl. Bousset, Johannes: Ein Weihnachtsgeschenk für Berlin, Zur Eröffnung der U-Bahnstrecken Flughafen – Tempelhof (Südring); Stadion – Ruhleben; Thielplatz – Krumme Lanke sowie der Bahnhofserweiterungen Bülowstraße und Nollendorfplatz, in: Die Fahrt, Jg. 1930, S. 2.

53 Bis heute ist der Anschluß nach Spandau über das Planungsstadium nicht hinausgekommen.

54 Vgl. »Nachtragsgenehmigung« vom 23. Mai 1914 für die »Verlängerung der Untergrundbahn in Charlottenburg vom Reichkanzlerplatz durch die Reichsstraße und die Schwarzburgallee bis zur Gemarkungsgrenze . . .«, in: Amtsblatt 1914, Stück 27, Nr. 754, S. 355 ff.

55 Bevor man sich für den Namen »Neu-Westend« entschied, waren für diese Station die Namen »Preußenallee« und »Reichsstraße« vorgesehen. Vgl. Neue Preußische Zeitung vom 7. Juni 1912.

56 Die U-Bahn verläßt am Steubenplatz die Reichsstraße, um nach Westen in Richtung Stadion abzuschwenken.

57 Die Tieflage beträgt 2 m unter Straßenniveau und übertrifft damit die übliche Unterpflasterlage.

58 Es handelt sich bei dem Gebiet der Siedlung Ruhleben um ursprünglich forstfiskalischen Besitz, der 1921 der Charlottenburger Baugenossenschaft zur Bebauung überlassen worden war – allerdings mit der Auflage, »das für die Bahnverlängerung erforderliche Gelände der Hochbahngesellschaft unter noch zu vereinbarenden Bedingungen abzutreten.« Bousset, Ein Weihnachtsgeschenk für Berlin, a. a. O., S. 4.

59 Genehmigungsurkunde für die elektrische Schnellbahn in Berlin-Charlottenburg vom Bahnhof Stadion bis zur Charlottenburger Chaussee, Berlin, den 16. August 1928, in: Amtsblatt für den Landespolizeibezirk Berlin, Jg. 1928, Stück 35, Nr. 530, S. 215 ff.

60 Gemeint sind hier vor allem die Bewohner des Jasmin- und Machandelwegs.

61 Der Bahnhof wurde am 1. März 1935 in »Reichssportfeld« umbenannt und heißt seit 1950 »Olympiastadion«.

62 Die zur Bakerloo-Line gehörende St. John's Wood Station wurde 1938 – 39 von S. A. Heaps erbaut und steht in unmittelbarer Nachfolge der Bauten von Charles Holden, so z. B. der Rayners Lane Station.

63 Ein dritter, östlich des Empfangsgebäudes gelegener Bahnsteig sollte vom Ende der Eingangshalle her durch einen über die Gleise führenden Gang zugänglich gemacht werden. Vgl. Bousset, Ein Weihnachtsgeschenk für Berlin, a. a. O., Abb. S. 6. – Vgl. auch Abb. 371 und 376.

64 Der von Grenander als Rechteck mit abgeschrägten vorderen Ecken angelegte Platz wurde anläßlich der Olympiade zu einem Halboval umgestaltet.

65 Zur Aufnahme des Erddrucks der anschließenden Dammböschung.

66 Von der Charlottenburger Chaussee und von der Parkseite her.

67 Creutz, Max: Fortschritt und Rückstand, in: BAW, Jg. 8, 1906, S. 440.

7 Die nord-südlich verlaufenden Linien

1 Gemeint sind hier die Schöneberger U-Bahn sowie die Wilmersdorf-Dahlemer Bahn mit ihrer Verlängerung bis zur Krummen Lanke und die Charlottenburger Bahn.

2 Vgl. S. 17.

3 Vgl. DBZ, Jg. 19, 1885, S. 502, und Vor 25 Jahren, Zur Geschichte der Berliner Nord-Süd-Untergrundbahn, in: DBZ, Jg. 46, 1912, S. 417 ff.

4 Vgl. S. 22.

5 Vgl. Bericht über die Gemeinde-Verwaltung der Stadt Berlin in den Verwaltungs-Jahren 1895 bis 1900, Berlin 1904, T. 2, S. 14 ff.; vgl. auch Kap. 3, Anm. 128.

6 Vgl. Norddeutsche Allgemeine Zeitung vom 2. Juni 1901: »Der Magistrat hat in seiner heutigen Sitzung im Prinzip dem Projekt einer Unterpflasterbahn vom Wedding nach Schöneberg zugestimmt. Es handelt sich um die sog. Nordsüdbahn.«

7 Die »Gesellschaft für den Bau von Untergrundbahnen« wurde 1894 zur Finanzierung und zum Bau des Spreetunnels in Treptow, mit dem die Durchführbarkeit des Tunnelbaus im Schildvortrieb im Berliner Sandboden bewiesen werden sollte und auch wurde, gegründet. Hauptgesellschafter waren neben mehreren Banken die Firma Philipp Holzmann sowie die AEG. Vgl. Kap 4, Anm. 23.

8 Die Pläne für die geänderte Linienführung waren schon Ende 1902 fertiggestellt. Vgl. Krause, Friedrich: Die städtische Nord-Südbahn in Berlin, in: ZdB, Jg. 43, 1923, S. 157, Abb. 2 und S. 158. – Wegen der Enge der Friedrichstraße und der zu erwartenden baulichen Schwierigkeiten an der Weidendammer Brücke wollte man die Linie ab Dorotheenstraße zunächst in die Charlottenstraße und von dort aus in die Markgrafenstraße führen. Aber auch bei dieser Linienführung tauchten Schwierigkeiten auf, da die Große Berliner Straßenbahn zur selben Zeit eine Untertunnelung der Leipziger Straße mit einem Zweigtunnel in der Charlottenstraße plante. Vgl. S. 74.

9 Vgl. S. 101.

10 Vgl. Bericht über die Gemeinde-Verwaltung der Stadt Berlin in den Verwaltungs-Jahren 1901–1905, Berlin 1907, T. 1, S. 235; vgl. auch Die städtische Südnordbahn und andere Verkehrspläne in Berlin, in: DBZ, Jg. 39, 1905, S. 637 ff.

11 Zu dem Streit kam es, als der Westteil des Tempelhofer Feldes, eine große bisher als Exerzierplatz genutzte Fläche, vom Kriegsministerium zum Verkauf angeboten wurde. Über die genaueren Hintergründe vgl. Hegemann, Das steinerne Berlin, op. cit., S. 318 ff.; vgl. auch Groß-Berlin im Zeichen des Verkehrs, in: BW Jg. 2, 1911, Nr. 47, S. 4.

12 Der Kaufvertrag zwischen dem Kriegsministerium und Tempelhof wurde am 31. 8. 1910 unterzeichnet. Vgl. Denkschrift der Stadt Berlin, betreffend das Tempelhofer Feld, Berlin 1911, S. 30/31.

13 Vgl. Gemeinde-Blatt der Haupt- und Residenzstadt Berlin, Organ für die gesamte Gemeindeverwaltung und Gemeindeinteressen, Hrsg. v. Magistrat, Bd. 51, 1910, Berlin 1911, S. 540.

14 Vgl. Verwaltungsbericht des Magistrats zu Berlin für das Etatsjahr 1910, Berlin 1912, Nr. 36,5, S. 2.

15 Gemeinde-Blatt der Haupt- und Residenzstadt Berlin, Jg. 1911, 1912, Bd. 52, S. 225.

16 Genehmigungsurkunde betreffend die Unterpflasterbahn von der Belle-Alliance-Straße Ecke der Gneisenaustraße bis zur Müllerstraße nördlich von der Seestraße, Berlin, den 25. April 1914, in: Amtsblatt 1914, Stück 19, Nr. 540, S. 228 ff.

17 Ebd., S. 228.

18 Diese Bauverzögerung kam der Stadt Berlin nicht ungelegen, da sie bis zum Auslaufen der Verträge mit der Großen Berliner Straßenbahn im Jahre 1919 – die Verträge berechtigten die Große Berliner Straßenbahn zur Benutzung der Berliner Straßen bis 1919 – an einem raschen Baufortgang ohnehin nicht sonderlich interessiert war. Denn Berlin war durch einen Schiedsspruch vom 17. Mai 1908 dazu verpflichtet worden, »der Großen Berliner Straßenbahn denjenigen Schaden zu ersetzen, der ihr zugefügt werden wird durch den Betrieb der Nord-Südunterpflasterbahn (durch die Kreuzberg-, Belleallliance-, Linden-, Markgrafenstraße, Gendarmenmarkt, Charlotten-, Prinz Louis Ferdinand-, Friedrich-, Chaussee- bezw. durch die Kreuzberg-, Belleallliance-, Friedrich-, Chaussee-, Müllerstraße) seitens der Stadtgemeinde Berlin.« Verwaltungsbericht des Magistrats zu Berlin für das Etatsjahr 1908, Berlin 1910, Nr. 36, S. 2/3. – Diese Schadenersatzansprüche hätten im Falle der Verwirklichung eine hohe finanzielle Mehrbelastung für die Stadt bedeutet.

19 Die AEG-Bahn Gesundbrunnen – Neukölln ist Gegenstand des nächsten Kapitels. – Außerdem sollte bei den Neuköllner Planungen auch noch die projektierte Linie Moabit – Rixdorf berücksichtigt werden, deren Verwirklichung jedoch nie erfolgte.

20 Nachtragsabkommen vom 8./18. Juni 1915. Vgl. Kriegsverwaltungsbericht der Stadt Neukölln für die Geschäftsjahre 1914 bis 1918, Bearb. im Stat. Landesamt, Neukölln 1921, S. 235.

21 Vertreter des Zweckverbandes Groß-Berlin in Verbindung mit der AEG war Erich Giese (vgl. Giese, Erich: Die im Betrieb und Bau befindlichen Schnellbahnen in Gross-Berlin, Vortrag, gehalten im Verein für Eisenbahnkunde zu Berlin am 12. Oktober 1915, Berlin 1915, Sonderdruck aus: Verkehrstechnische Woche, Jg. 9, 1915, S. 33). Vertreter der Nordsüdbahn waren Friedrich Krause (vgl. Krause, Friedrich: Zur Frage der Gestaltung der Bahnhofsanlagen der Nordsüdbahn und der AEG-Bahn auf dem Hermannplatz, Berlin 1915) und Wilhelm Cauer (vgl. Cauer, Wilhelm: Zum Schnellbahnverkehr in Groß-Berlin, Vortrag, gehalten im Verein für Eisenbahnkunde zu Berlin am 11. Januar 1916, Sonderdruck aus: Verkehrstechnische Woche und Eisenbahntechnische Zeitschrift, Jg. 10, 1916, Nr. 1/2, 7/8, 11/13).

22 »Am 14. Juni 1917 stimmten die städtischen Körperschaften zu Neukölln dem Vertrag mit der A.E.G.-Schnellbahn-Akt.-Ges. über den Betrieb einer Untergrundbahn in Verbindung mit der Schnellbahn Gesundbrunnen – Neukölln und dem Nachtragsvertrag zum Nord-Südbahn-Vertrage vom 8./18. Juni 1915 sowie dem Vertrage über einen Übergangstarif mit der Stadtgemeinde Berlin und der A.E.G.-Schnellbahn-Akt.-Ges. zu.« Kriegsverwaltungsbericht der Stadt Neukölln für die Geschäftsjahre 1914 bis 1918, a. a. O., S. 235. – Die Genehmigung für die Anlage des U-Bahnhofs Hermannplatz erfolgte 1921. Vgl. Genehmigungsurkunde betreffend die Untergrundbahn in der Hermannstraße in Neukölln, Berlin, den 21. März 1921, in: Amtsblatt der Regierung zu Potsdam und der Stadt Berlin, Jg. 1921, Stück 15, Nr. 685, S. 223 ff.

23 Die Gründung der Nordsüdbahn AG. erfolgte im Mai 1922 als selbständige städtische Gesellschaft. Im Dezember 1922 kam es zum Vertrag zwischen der Nordsüdbahn AG. und der Hochbahngesellschaft: Vertrag zwischen der Berliner Nordsüdbahn-Aktiengesellschaft (N.S.A.G.) und der Gesellschaft für elektrische Hoch- und Untergrundbahnen in Berlin (H. G.) über die Nordsüdbahn, Berlin, den 28. Dezember 1922.

24 Krause leitete das Nordsüdbahnprojekt bis 1920. Danach ging es in die Hände seines Amtsnachfolgers Hermann Hahn über. Nach Gründung der Nordsüdbahn AG. im Jahre 1922 übernahm Otto Honroth das Unternehmen. Mit der Bauleitung wurde Hermann Zangemeister betraut.

25 Die lichte Tunnelweite beträgt statt 6,24 m jetzt 6,90 m, die lichte Höhe statt 3,24 m 3,60 m.

26 Die Unabhängigkeit der Nordsüdbahn ließ sich jedoch in der Praxis nicht durchführen. So mußten beispielsweise bei der Eröffnung der ersten Teilstrecke im Jahre 1923 die für einen kleineren Tunnelquerschnitt bemessenen Wagen der Hochbahngesellschaft übernommen werden, da die Nordsüdbahn zu diesem Zeitpunkt noch keinen eigenen Wagenpark besaß.

27 Heinrich Jennen (29. 12. 1872 – 22. 10. 1920) war Schüler von Friedrich von Thiersch (München) und Karl Schäfer (Karlsruhe). Zu Jennen vgl. auch Wochenschrift des Architekten-Vereins zu Berlin, Jg. 14, 1919, S. 34 und Jg. 15, 1920, S. 208.

28 Walter Köppen (11. 8. 1877 – 21. 6. 1933) baute zusammen mit seinem Vater Carl in den Jahren 1905/06 und 1910/11 die sog. Posadowsky-Häuser in der Wollankstraße. Vgl. BAW, Jg. 15, 1913, S. 117 ff. und S. 378 ff.

29 Alfred Fehse (29. 11. 1881 – 17. 10. 1943) war ab 1922 als Architekt für die Nordsüdbahn-AG. tätig.

30 Genannt sei z. B. der »Entwurf für ein Türdetail des Fahrkartenhäuschens des U-Bahnhofs Schwartzkopffstraße« vom 13. 6. 1922 (BVG-Plankammer, Bauwerk C 40, Plan N. S. Bl. 62).

31 Am 9. April 1951 erfolgte die Umbenennung in Walter-Ulbricht-Stadion. Seit 15. März 1973 heißt der Bahnhof »Stadion der Weltjugend«. Diese erneute Umbenennung erfolgte anläßlich der X. Weltfestspiele der Jugend in Ost-Berlin.

32 Die Umbenennung erfolgte am 10. Januar 1951.

33 Am 15. Sept. 1924 erfolgte die Umbenennung in »Stadtbahn (Friedrichstraße)«. Seit 1. Febr. 1936 heißt der Bahnhof wieder »Bahnhof Friedrichstraße«.

34 Anläßlich der Eröffnung des Bahnhofs wurde auch der hier kreuzende, 1908 eröffnete Bahnhof »Friedrichstraße« der Hochbahngesellschaft in »Leipziger Straße« umbenannt. Am 15. Sept. 1924 erfolgte die Umbenennung in »Friedrichstadt (Mohrenstraße)«. Seit 1. Febr. 1936 heißt der Bahnhof »Stadtmitte (Mohrenstraße)«. Vgl. auch Kap. 4, Anm. 54.

35 Die Bahnsteige der Hochbahngesellschaft sind dagegen durchschnittlich 8 m breit und 110 m lang.

36 Im Zusammenhang mit den Erweiterungen nach Tegel und nach Britz in den sechziger Jahren wurden die Bahnsteige – mit Ausnahme der Stationen Reinickendorfer Straße und Kochstraße und des Streckenabschnitts durch Ost-Berlin – auf 120 m verlängert.

37 Dieser Bahnsteig wurde erst kurz vor Eröffnung der Verlängerungsstrecke bis Kurt-Schumacher-Platz im Jahre 1956 in den Bahnbetrieb einbezogen.

38 Wittig, Die Architektur der Hoch- und Untergrundbahn in Berlin, op. cit., S. 7.

39 Krause, Die städtische Nord-Südbahn in Berlin, a.a.O., S. 202.

40 Der Bahnhof Leopoldplatz wurde im Zusammenhang mit dem Bau der Linie Spichernstraße – Leopoldplatz in den Jahren 1955/61 völlig umgebaut. Der Bahnhof hat heute statt des Mittelbahnsteigs zwei Seitenbahnsteige.

41 Der heutige Anstrich der Bahnhöfe, in den entgegen der ursprünglichen Ausführung auch die Wände einbezogen sind, entspricht nicht mehr den Originalfarben.

42 Bei der 1976 im Zusammenhang mit der Neugestaltung des Mehringplatzes erfolgten Renovierung des U-Bahnhofs Hallesches Tor erhielt die Bahnsteighalle eine neue Wandverkleidung.

43 Nach starken Kriegszerstörungen, denen auch die Strackschen Bauten zum Opfer fielen, erfuhr der Belle-Alliance-Platz, heute Mehringplatz, erst kürzlich nach Plänen von Hans Düttmann, die wiederum auf einem preisgekrönten Entwurf von Hans Scharoun basieren, eine grundlegende Neugestaltung.

44 Vgl. S. 46.

45 Im Zuge der Renovierung von 1976 wurden die Wände der Vorhalle mit alten Photoansichten der Hochbahnstrecke geschmückt.

46 Die Vorhalle des 1902 eröffneten Hochbahnhofs wurde aus diesem Grunde umgebaut.

47 Vgl. Bousset, Johannes: Die Berliner U-Bahn, Berlin 1935, S. 102.

48 Der Wettbewerb wurde von der »Turmhaus-Aktiengesellschaft« zu Berlin mit Frist bis zum 2. Januar 1922 ausgeschrieben. Vgl. Der Wettbewerb für die Bebauung des Geländes am Bahnhof Friedrich-Straße in Berlin, in: DBZ, Jg. 55, 1921, S. 426.

49 Paulsen, Friedrich: Ideenwettbewerb Hochhaus Bahnhof Friedrichstraße, Berlin 1922 (Stadtbaukunst alter und neuer Zeit, Sonderheft 2), S. 9.

50 Während der Entwurf der Brüder Luckhardt & Hoffmann den 2. Preis erhielt und Scharouns Hochhausprojekt immerhin »zu den in künstlerischer Hinsicht bedeutendsten Leistungen dieses Wettbewerbes« gezählt wurde (Berg, Der Berliner Hochhauswettbewerb, in: BW, Jg. 13, 1922, S. 128), erwähnte man den Entwurf Mies van der Rohes bei der Bekanntgabe des Wettbewerbsergebnisses mit keinem Wort. Vgl. Der Wettbewerb zur Erlangung von Entwürfen für ein Hochhaus am Bahnhof Friedrichstraße zu Berlin, in: DBZ, Jg. 56, 1922, S. 89 ff., und Behne, Adolf: Der Wettbewerb der Turmhaus-Gesellschaft, in: Wasmuths Monatshefte für Baukunst, Jg. 7, 1922/23, S. 58 ff., Mies' Planungen wurden erstmalig in Bruno Tauts Frühlicht, Nr. 4, Magdeburg, Sommer 1922, S. 124, veröffentlicht.

51 Vgl. Grobler, Joh.: Hochhaus am Bahnhof Friedrichstraße in Berlin, II. Engerer Wettbewerb, in: DBZ, Beiblatt Wettbewerbe für Baukunst und Schwesterkünste, Jg. 64, 1930, S. 9 ff.; vgl. auch Gescheit/Wittmann, Neuzeitlicher Verkehrsbau, 1931, S. 25.

52 Vgl. Cauer, Zum Schnellbahnverkehr in Groß-Berlin, a.a.O., S. 9. – Der Bau der ebenfalls stadteigenen Linie Moabit – Treptow war jedoch schon vor Eröffnung der Teilstrecke Seestraße – Hallesches Tor aus finanziellen Gründen zurückgestellt worden. Vgl. Krause, Die städtische Nord-Südbahn in Berlin, a.a.O., S. 157. – Später sollte die Anlage für die inzwischen geplante Linie Alexanderplatz – Rathaus Steglitz genutzt werden. Vgl. Denkschrift über das künftige Berliner Schnellbahnnetz, Berlin, Januar 1929, S. 20 ff.

53 Die Entfernung von Bahnsteigmitte zu Bahnsteigmitte beträgt damit 250 m.

54 »Nächst dem Bahnhof Gleisdreieck der Hochbahn ist zurzeit der Bahnhof Leipziger Straße der verkehrsreichste Umsteigebahnhof des Berliner Untergrundbahnnetzes.« Zangemeister, Hermann: Die Berliner Nordsüdbahn, in: Verkehrstechnik, Jg. 5, 1924, S. 253.

55 Nach dem Vorbild der Station Friedrichstraße der 1908 eröffneten Spittelmarktlinie.

56 Vgl. dazu den »Entwurf für das Transparent und die Umwehrung am südlichen Eingang des U-Bahnhofs Friedrichstraße« vom 5. 10. 1922 (BVG-Plankammer, Bauwerk C 50).

57 Eine Ausnahme bilden die 1930 eröffneten Bahnhöfe Neukölln und Grenzallee, deren Portale nach dem Typus der Gesundbrunnen-Neukölln-Linie gestaltet wurden.

58 Noch vorhanden sind die Portale an den Stationen Kochstraße, Hermannplatz und Bergstraße, heute Karl-Marx-Straße.

59 Am 27. 2. 1946 erfolgte die Umbenennung in Franz-Mehring-Straße, seit 9. Oktober 1947 heißt der Bahnhof Mehringdamm.

60 Die Anlage des Seitenbahnsteigs mit nur einer Kante erfolgte aus Ersparnisgründen. Die Erweiterung auf zwei Mittelbahnsteige wurde jedoch konstruktiv gleich mit eingeplant.

61 Bei den Umbauarbeiten 1964–66 wurden die Eingänge auf die seitlichen Bürgersteige verlegt und modernisiert.

62 Vgl. Umbau des U-Bahnhofs Mehringdamm in Berlin-Kreuzberg, in: Hochtief-Nachrichten, Mitteilungen der Hochtief-Aktiengesellschaft für Hoch- und Tiefbauten, Jg. 40, August 1967, S. 18.

63 Die Umbenennung in »Flughafen« erfolgte am 1. Oktober 1939 im Zusammenhang mit der Erweiterung des Flughafens und der Errichtung eines neuen Flughafengebäudes in unmittelbarer Nähe des U-Bahnhofs. Nach Verlegung des Flugbetriebs von Tempelhof nach Tegel wurde der U-Bahnhof am 1. September 1975 in »Platz der Luftbrücke« umbenannt.

64 Es handelt sich um einen Zweigelenkrahmen mit gebogenem Riegel, der in der Mitte als Plattenbalken ausgebildet ist. Vgl. Honroth, Otto: Erweiterung der Berliner Nordsüdbahn in Richtung Tempelhof, in: ZdB, Jg. 46, 1926, S. 133.

65 Am Nordende befindet sich ein Zugang; am Südende waren ursprünglich zwei, heute sind hier sogar drei Zugänge.

66 Die Umbenennung erfolgte am 1. Oktober 1937.

67 Vgl. Die Bebauung des Tempelhofer Feldes, in: BW, Jg. 2, 1911, Nr. 27, S. 22 ff.; vgl. auch Berlin und seine Bauten, T. 11, op. cit., S. 111 ff.

68 Vgl. Der Parkgürtel im Tempelhofer Feld, in: BW, Jg. 2, 1911, Nr. 123, Beil. Baukunst und Kunstgewerbe, Städtebau, Eigenheim und Garten, o. S.

69 Bräuning übernahm in den Jahren 1920–28 als Tempelhofer Stadtbaurat die Bebauung des Tempelhofer Feldes.

70 Vgl. Lorenz, Felix: Ernst Rossius-Rhyn, Ein Baumeister des deutschen Landhauses, Berlin 1913, S. 21.

71 Vgl. Die Bebauung des Tempelhofer Feldes, a.a.O., S. 24. Gerlach war auch maßgeblich am Bau der Schöneberger U-Bahn beteiligt gewesen. Vgl. S. 102 ff.

72 Vgl. Zentralblatt für das deutsche Baugewerbe, Jg. 10, 1911, S. 327.

73 Entgegen dem bisherigen Grundsatz der Reichsbahnbehörden, die Kosten für derartige Übergangseinrichtungen allein der U-Bahn zu überlassen und von dieser sogar noch Mietzins für die Benutzung reichsbahneigenen Geländes zu fordern (z. B. am Bahnhof Friedrichstraße), einigte man sich jetzt darauf, die Kosten gemeinsam zu tragen. »Zu diesem Zweck wurde im April-Mai 1928 ein Vertrag zwischen der Deutschen Reichsbahngesellschaft einerseits und der Stadt Berlin und der Berliner Nordsüdbahn Aktiengesellschaft andererseits über den Entwurf dieser Kreuzung und im Zusammenhang damit über Inanspruchnahme reichsbahneigenen Geländes und über zweckmäßige Anlagen für den Übergangsverkehr abgeschlossen.« Bousset, Ein Weihnachtsgeschenk für Berlin, a.a.O., S. 2.

74 Am 3. Juni 1933 erfolgte die Umbenennung in Kaiser-Friedrich-Platz, am 1. Januar 1939 in Gardepionierplatz. Seit 9. Oktober 1947 heißt der Bahnhof Südstern.

75 Die Umbenennung in Karl-Marx-Straße erfolgte am 4. Juni 1946.

76 Die Fliesenverkleidung der Mittelstützen am Bahnhof Südstern wurden in den sechziger Jahren durch kleinformatige Steine ersetzt.

77 Der Hermannplatz war in seiner Bedeutung etwa dem Potsdamer Platz vergleichbar. Krause (Zur Frage der Gestaltung der Bahnhofsanlagen am Hermannplatz, 1915, S. 10) nennt ihn deshalb auch »Potsdamer Platz des Südostens«.

78 Insgesamt gingen etwa 40 verschiedene Vorschläge für die Gestaltung des U-Bahnhofs Hermannplatz ein.

79 Der Beschluß wurde gegen den Willen der Zentrumspartei gefaßt, die das zusammenhängende Grundstück für den Wohnungsbau freigeben wollte. Vgl. Berliner Tageblatt vom 22. Oktober 1926.

80 Der Entwurf des 1929 eröffneten Karstadt-Gebäudes stammt von dem Hamburger Architekten Philipp Schäfer. Vgl. Wedemeyer, Alfred: Das Warenhaus Karstadt am Hermannplatz in Berlin-Neukölln, in: DBZ, Jg. 63, 1929, S. 543 ff., und Rudolph Karstadt AG. Berlin, am Hermannplatz, Hamburg 1929.

81 Vgl. S. 77 ff.

82 Als Beispiel sei hier der U-Bahnhof Church Street, Endbahnhof der Hudson- und Manhattan-Bahn in New York, genannt. Es handelt sich hierbei um eine dreistöckige Bahnhofsanlage, über der sich ein 22geschossiges Gebäude mit Läden und Geschäftsräumen erhebt. Der Bahnhof ist von jedem Stockwerk aus über die Fahrstühle direkt zu erreichen. Vgl. Der Bahnhof im Hause, Das Zentralgebäude in New York, in: BW, Jg. 1, 1910, Nr. 54, S. 11; vgl. auch Wittig, Die Weltstädte und der elektrische Schnellverkehr, a.a.O., S. 38 ff.

83 Der hierüber abgeschlossene Vertrag zwischen Karstadt und der Stadt Berlin ist nicht mehr auffindbar.

84 Die Vorhalle sowie die Zugänge zum Karstadtgebäude wurden im 2. Weltkrieg geschlossen. Ihre Wiedereröffnung erfolgte erst im Oktober 1976 im Zusammenhang mit einer Umgestaltung des Warenhauses.

85 Der Einbau der Fahrtreppe erfolgte nach englischem Vorbild. Vgl. Kemmann, Gustav: Ausdehnung des elektrischen Betriebes auf den Londoner Ortsbahnen, Sonderdruck aus: ZVdE, 1927, Nr. 36, S. 11.

86 Die Halle ist 7,50 m hoch, 23 m breit und hat eine Bahnsteigbreite von 17 m. Außerdem ist sie erheblich länger als üblich.

87 Berliner Vorortheim (Verkehrsbote) vom 16. April 1926.

88 Kappey, Aufgaben des Architekten, op. cit., S. 58.

89 Beim südlichen Ausgang ergab sich durch den Anstieg der Hermannstraße die Möglichkeit eines Zwischenpodestes; dieser Ausgang ist z. Z. geschlossen.

90 Vgl. Ein neues Schwebebahnprojekt für Berlin, in: DBZ, Jg. 36, 1902, S. 596; zu Langens Schwebebahnsystem vgl. auch Schierk, Hans-Fried, und Norbert Schmidt: Die Schwebebahn in Wuppertal, Köln 1976 (Landeskonservator Rheinland, Arbeitsheft 19), S. 7 ff.

91 Vgl. Ebd.

92 Entwurf einer Schwebebahn in Hamburg, Continentale Gesellschaft für elektrische Unternehmungen, Nürnberg 1903.

93 Vgl. S. 101.

94 Vgl. Denkschrift betreffend die Anlage einer elektrischen Hochbahn (Schwebebahn), System Eugen Langen, Köln, für Hamburg, o. O., August 1894.

95 Vgl. Denkschrift betreffend die Anlage einer elektrischen Hochbahn (Schwebebahn), System Eugen Langen, Köln, für Berlin, Köln, September 1894.– Vgl. auch Kap. 2, Anm. 52.

96 Die eine Linie sollte von der Scharnweberstraße nach Rixdorf, die andere vom Gesundbrunnen nach Schöneberg geführt werden. Vgl. Aktenvermerk der Firma Siemens & Halske für Direktor Schwieger vom 20. März 1903. SAA 35/39 Lk 953.

97 Vgl. Zum Entwurf einer Schwebebahn für Berlin, Nürnberg 1905.

98 Sepp Kaiser war hier erstmalig für den Schnellbahnbau tätig.

99 Bruno Jautschus, geb. 1869, war Reg. Baumeister in Berlin.

100 Vgl. Wettbewerb über die architektonische Ausbildung der Schwebebahn, in: ZdB, Jg. 26, 1906, S. 550 ff.

101 Vgl. Schierk/Schmidt, Die Schwebebahn in Wuppertal, op. cit., Abb. 25 ff.

102 Vgl. Die Schnellbahn-Projekte im Urteil der Berliner, Ein Beitrag zum Verständnis der Verkehrsfragen in unserer Reichshauptstadt, Berlin 1910. In dieser Publikation wird die Schwebebahn aus verkehrstechnischen, wirtschaftlichen, gesundheitlichen und ästhetischen Gründen entschieden abgelehnt.

103 Petersen war Experte in Schnellbahnfragen und Mitarbeiter der Continentalen Gesellschaft. Von ihm stammen zahlreiche Veröffentlichungen zu verkehrspolitischen Fragen.

104 Vgl. Wettbewerb um einen Grundplan für die Bebauung von Gross-Berlin, Berlin 1908, und Wettbewerb Gross-Berlin 1910, Die preisgekrönten Entwürfe mit Erläuterungsberichten, Berlin 1911.

105 Eberstadt, Möhring und Petersen hielten »das Schwebebahnprojekt aus technischen Gründen für das bessere«. Rudolf Eberstadt, Bruno Möhring, Richard Petersen: Gross-Berlin, Ein Programm für die Planung der neuzeitlichen Großstadt, Berlin 1910. S. 29.

106 » . . . denn in der inneren Stadt von der Einmündung der Veteranen- in die Brunnenstraße bis zur Abzweigung der neuen Uferstraße am Molkenmarkt, d. h. auf 2,46 km Länge, ist die Bahn als Untergrundbahn, im übrigen als Hochbahn gedacht.« BAW, Jg. 10, 1908, S. 319.

107 Insbesondere Rixdorf – seit 1912 »Neukölln« – sprach sich gegen den Bau einer Hochbahn aus.

108 Zur Baugeschichte der AEG-Fabriken am Gesundbrunnen vgl. Buddensieg, Tilmann: Peter Behrens und die AEG, Neue Dokumente zur Baugeschichte der Fabriken am Humboldthain, in: Festschrift für Margarete Kühn, Berlin 1975, S. 271 ff.

109 Vertrag zwischen der Stadtgemeinde Berlin, vertreten durch den Magistrat und der Allgemeinen Elektricitäts-Gesellschaft in Berlin – nachstehend der Kürze halber mit AEG bezeichnet – betreffend die Anlage einer elektrischen Hoch- und Untergrundbahn von Gesundbrunnen über das Rosenthaler Tor, Zentral-Markthalle und Oranienplatz nach dem Hermannplatz in Neukölln, Berlin, den 18. März 1912.

110 Genehmigungsurkunde betreffend die elektrische Hoch- und Untergrundbahn von der Ecke Christiania- und Schwedenstraße in Berlin bis ungefähr zu der Ecke des Kottbusser Damms und der Weserstraße in Neukölln, Berlin, den 4. Juni 1914, in: Amtsblatt 1914, Stück 27, Nr. 753, S. 348 ff.

111 Ebd. S. 348.

112 1918 war die Ausführung dieser Strecke als Hochbahn durchaus noch vorgesehen. Vgl. Eiselen, Fritz: Von der A.E.G.-Schnellbahn zu Berlin, in: DBZ, Jg. 52, 1918, S. 149.

113 Peter Behrens (1868–1941) wurde 1907 zum künstlerischen Berater der AEG ernannt. Zu Behrens' Schaffen vgl. Hoeber, Fritz: Peter Behrens, München 1913 (Moderne Architektur, Bd. 1); Cremers, Paul Joseph: Peter Behrens, Sein Werk von 1909 bis zur Gegenwart, Essen 1928; Kadatz, Hans-Joachim: Peter Behrens, Architekt, Maler, Graphiker und Formgestalter, 1868–1940, Leipzig 1977 (Künstlerkompendium).

114 Publiziert in Wittig, Architektur der Hoch- und Untergrundbahn in Berlin, op. cit., S. 9, Abb. 15.– Der Entwurf läßt sich keinem bestimmten Bahnhof zuordnen. Die für eine normale Haltestelle ungewöhnlich großen Ausmaße sprechen jedoch für den Bahnhof Gesundbrunnen, den der AEG am nächsten liegenden Hochbahnhof.

115 Die AEG-Schnellbahn-AG. wurde 1913 als Tochtergesellschaft der AEG für den Bau und Betrieb der elektrischen Hoch- und Untergrundbahn Gesundbrunnen – Neukölln gegründet. Die Gesellschaft trat in den Vertrag der AEG mit der Stadt Berlin vom 18. März 1912 ein.

116 Vgl. Genehmigungsurkunde betreffend die elektrische Hoch- und Untergrundbahn von der Ecke Christiania- und Schwedenstraße in Berlin . . ., a. a. O., S. 348.

117 Vgl. Entscheidungen des Reichsgerichts in Zivilsachen, Bd. 106, Berlin und Leipzig 1923, S. 177 ff., Urteil v. 9. Jan. 1923 i. S. Stadtgemeinde B. (Kl.) w. AEG-Schnellbahn-AG. in Berlin (Bekl.), VII 403/22.

118 Zu diesem Zeitpunkt waren 3,107 km Tunnelstrecke im Rohbau fertiggestellt. Vgl. 50 Jahre Berliner U-Bahn, Berlin 1952, S. 28.

119 Genehmigungsurkunde betreffend die elektrische Schnellbahn von der Ecke der Christiania- und Schwedenstraße in Berlin bis zum Hermannplatz in Neukölln, Berlin, den 10. Dezember 1926, in: Amtsblatt 1926, Stück 51, Nr. 1375, S. 307 ff.

120 Vgl. S. 165 und S. 174.

121 Vgl. S. 176 ff.

122 Der noch von der AEG-Schnellbahn-AG. fertiggestellte Spreetunnel sowie der Tunnel in der Neuen Friedrichstraße, die beide aufgrund der Linienänderung unbrauchbar geworden waren, wurden später als Verbindungstunnel zwischen der Gesundbrunnen-Neukölln-Bahn und der Linie Alexanderplatz – Friedrichsfelde für Betriebszwecke, d. h. vor allem zum Austausch von Zügen, verwendet.

123 Die Umbenennung in Heinrich-Heine-Straße erfolgte am 31. August 1960.

124 Die Umbenennung in Kottbusser Damm (Schönleinstraße) erfolgte am 2. Juli 1951.

125 Der Bahnhof Moritzplatz wurde als Umsteigebahnhof für die geplante, jedoch nie ausgeführte Linie Lehrter Bahnhof – Görlitzer Bahnhof angelegt. Vgl. Denkschrift über das künftige Berliner Schnellbahnnetz, op. cit., S. 21. Anstelle dieses Planes trat in den dreißiger Jahren das Projekt einer unterirdischen S-Bahn-Verbindung zwischen Anhalter Bahnhof und Görlitzer Bahnhof über Moritzplatz, die ebenfalls nie ausgeführt wurde.

126 Behrens' Mitarbeit an der GN-Bahn wird in den Publikationen über die GN-Bahn völlig ignoriert. So heißt es selbst in der offiziellen Eröffnungsschrift: Die U-Bahn Gesundbrunnen – Neukölln (GN-Bahn), Zur Eröffnung der Nordstrecke Neanderstraße – Gesundbrunnen am 18. April 1930, S. 20: »Die architektonische Bearbeitung sämtlicher Bahnhöfe lag in den Händen des Architekten Professor Grenander.« Vgl. auch Die Berliner Untergrundbahn von Gesundbrunnen nach Neukölln, in: DBZ, Jg. 64, 1930, Beibl. Konstruktion und Ausführung, S. 78.

127 Die Keramikplatten stammen aus den Veltener Ofenfabriken.

128 Für die Voltastraße verwendete man grauen, für die Bernauer Straße schwarzen polierten Granit.

129 Der Entwurf (BVG-Plankammer, Bauwerk D 18 und D 19) wurde vom Baubüro der AEG angefertigt.

130 In der Brunnenstraße, in unmittelbarer Nähe der AEG-Maschinenfabriken, war bereits 1913 mit den Bauarbeiten begonnen worden.

131 Der Entwurf wurde in den Mitteilungen der Berliner Elektricitätswerke, Jg. 11, 1915, November, S. 165 (Die AEG-Schnellbahn) veröffentlicht.

132 Am Rosenthaler Platz münden allein fünf Zugänge in den Platz ein.

133 Die Eingänge des Bahnhofs Weinmeisterstraße liegen
a) Ecke Weinmeisterstraße/Alte Schönhauser Straße
b) Ecke Rosenthaler Straße/Gormannstraße,
beim Bahnhof Neanderstraße
a) Ecke Schmidstraße/Neanderstraße
b) Ecke Köpenicker Straße/Neanderstraße.

134 Am Bahnhof Rosenthaler Platz liegt der Hauseingang in der Brunnenstraße, am Alexanderplatz in der Dircksenstraße und am Bahnhof Jannowitzbrücke an der Ecke Alexanderstraße/Blumenstraße.

135 Typische Beispiele sind die Stationen Elephant & Castle, Oxford Circus und Piccadilly Circus der 1906 eröffneten Bakerloo-Line.

136 Für die Ringbahn, Vorort- und Fernbahn.

137 In dem Verbindungsgang befinden sich Sperranlagen und Fahrkartenausgaben für die U-Bahn und S-Bahn.

138 Der um 1960 abgerissene Bau an der Ecke Bad-, Behm- und Heidebrinker Straße, in dem sich das Kino »Lichtburg« befand, stammte von Rudolf Fränkel.

139 Die Kirche wurde im 2. Weltkrieg zerstört.

140 Zu Orth vgl. Kap. 5, Anm. 190.

141 Nach Auskunft des noch heute dort ansässigen Steinmetzbetriebs Otto Rösler wurde der Ausbau der Läden den einzelnen Ladeninhabern überlassen. Änderungen an der Fassade durften allerdings nicht vorgenommen werden. Wie der heutige Zustand der Fassade beweist, kommt man dieser ursprünglichen Auflage jedoch nicht mehr nach.

142 Der Hochbahnhof wurde in diesem Zusammenhang um 100 m nach Westen verschoben und in Anlehnung an den Hochbahnhof Gleisdreieck, einem Bau von Sepp Kaiser aus dem Jahr 1912, von Grenander neu gestaltet.

143 Diese Verbindungen bestehen heute nicht mehr, da die U-Bahnhöfe Alexanderplatz und Jannowitzbrücke – wie alle auf Ostberliner Gebiet liegenden U-Bahnhöfe der GN-Bahn – z. Z. stillgelegt sind.

144 Vgl. dazu den Entwurfsplan vom 27. 1. 1928 (BVG-Plankammer, Bauwerk D 49, Nr. 1788 a).

145 Wegen des Fortfalls der geplanten Querlinie Moabit – Treptow bzw. der später konzipierten S-Bahn-Tunnelstrecke wurde der Übergang am Moritzplatz nie verwirklicht.

146 Vgl. dazu S. 198.

147 Vgl. Kap. 7, Anm. 126.

148 Die geplanten Verbindungstreppen sollten als kreuzförmige Anlage zwischen den beiden von der Vorhalle herabführenden Treppenläufen angeordnet werden.

8 Die Linie nach Friedrichstraße und die endgültige Gestaltung des U-Bahnhofs Alexanderplatz

1 Vertrag zwischen der Stadtgemeinde Berlin, vertreten durch den Magistrat, und der Gesellschaft für elektrische Hoch- und Untergrundbahnen in Berlin, betreffend Fortführung der elektrischen Hoch- und Untergrundbahn vom Potsdamer Platz über den Spittelmarkt und den Alexanderplatz durch die Schönhauser Allee zur Ringbahn, Dezember 1905, § 3 (Vorentwurf zum Vertrag vom 18. April 1906).

2 Vgl. S. 84.

3 Vgl. Vertrag zwischen der Stadtgemeinde Berlin, vertreten durch den Magistrat, in folgendem kurz »Stadtgemeinde« genannt, und der Gesellschaft für elektrische Hoch- und Untergrundbahnen in Berlin, in folgendem kurz »Hochbahngesellschaft« genannt, betreffend I. die Untergrundbahn von der Klosterstraße über den Alexanderplatz zur Frankfurter Allee, II. die Hoch- und Untergrundbahn von Gleisdreieck bis zur Weichbildgrenze an der Motzstraße, Berlin, 27./29. März 1912, §§ 1 u. 3.

4 Nachtragsgenehmigung vom 23. Mai 1914, in: Amtsblatt 1914, Stück 27, Nr. 754, S. 356.

5 Die Linie nach Weißensee gehörte zu dem in der Denkschrift über das künftige Berliner Schnellbahnnetz 1929 festgelegten Bauprogramm. Vgl. dort, S. 26.

6 Bousset, Johannes: Zur Eröffnung der Untergrundbahn vom Alexanderplatz durch die Frankfurter Allee nach Friedrichsfelde (Linie E) und der Erweiterung der Linie C vom Bhf. Bergstraße über den Ringbhf. Neukölln bis zum Bhf. Grenzallee am 21. Dezember 1930, S. 10.

7 Die entscheidende Anregung kam von einem gewissen Carl Meier, der in dieser Gegend wohnte. Vgl. Bousset, Zur Eröffnung der Untergrundbahn vom Alexanderplatz durch die Frankfurter Allee nach Friedrichsfelde, a. a. O., S. 24.

8 Wagner, Martin: Das Formproblem eines Weltstadtplatzes, Wettbewerb der Verkehrs-AG. für die Umbauung des Alexanderplatzes, in: Das neue Berlin, Jg. 1, 1929, S. 33 ff.

9 Berlin und seine Bauten, T. 9, Industriebauten, Bürohäuser, Berlin 1972, S. 152.

10 Wagner, Das Formproblem, a. a. O., S. 37.

11 Zum Wettbewerbsergebnis vgl. Westheim, Paul: Umgestaltung des Alexanderplatzes, in: BW, Jg. 20, 1929, S. 312 ff. – Von der Jury völlig unberücksichtigt blieb der Entwurf Ludwig Mies van der Rohes, der bewußt auf den Bezug zur Kreisform verzichtet hatte.

12 Vgl. Riedrich, Otto: Die neuen Hochhäuser am Alexanderplatz in Berlin, in: DBZ, Jg. 66, 1932, S. 901 ff., und Berlin und seine Bauten, T. 9, S. 152 ff.

13 Genehmigungsurkunde für die elektrische Schnellbahn vom Alexanderplatz (Königsstraße) in Berlin bis zur Wilhelmstraße in Berlin-Friedrichsfelde, Berlin, den 19. März 1927, in: Amtsblatt 1927, Stück 18, Nr. 382, S. 99 ff. mit Nachtrag vom 23. Mai 1927, in: Amtsblatt 1927, Stück 28, Nr. 642, S. 188.

14 Vgl. Bousset, Zur Eröffnung der Untergrundbahn vom Alexanderplatz durch die Frankfurter Allee nach Friedrichsfelde, a. a. O., S. 66.

15 Die Umbenennung in Marchlewskistraße erfolgte am 22. März 1950.

16 Der Bahnhof erfuhr verschiedene Umbenennungen. Er hieß ab 3. Juni 1946 Bersarinstraße, ab 1. Januar 1958 Bersarinstraße (Frankfurter Tor) und heißt seit Juni 1958 nur noch Frankfurter Tor.

17 Der Bahnhof Memeler Straße hat eine Bahnsteigbreite von 10 m, da man auch hier die Möglichkeit einer späteren Kreuzung vorsah.

18 Im Zusammenhang mit der Linienverlängerung zum Tierpark wurde 1971 der Osteingang durch eine größere Eingangshalle ersetzt.

19 Die Eingänge wurden erst kürzlich abgerissen und durch neue ersetzt.

20 Wegen der ungünstigen Lage zum Ringbahnhof wurde hier auf einen unmittelbaren Übergang zunächst verzichtet.

21 Aus diesem Grunde wurde hier auch nur der Westeingang zur Mitte verschoben.

22 Die Fassade ist erst kürzlich abgerissen worden.

23 Die Bezeichnung der Linien mit Buchstaben erfolgte erst im Zusammenhang mit der Eröffnung der letzten Strecken im Jahre 1930. Heute sind die Linien durch Zahlen gekennzeichnet.

24 Bousset, Zur Eröffnung der Untergrundbahn vom Alexanderplatz durch die Frankfurter Allee nach Friedrichsfelde, a. a. O., S. 36.

25 Hiermit vergleichbar sind die rund 40 Jahre später entstandenen unterirdischen Verkehrsanlagen am Karlsplatz in München.

26 Vgl. Bousset, Zur Eröffnung der Untergrundbahn vom Alexanderplatz durch die Frankfurter Allee nach Friedrichsfelde, a. a. O., S. 36 u. 38.

27 Dagegen wird in der Berliner Zeitung (Ost) vom 13. Januar 1974 behauptet, daß die Bilder »aus der Porzellanmanufaktur in Meißen stammen« und »den Bombenhagel gut überstanden« haben. Diese Behauptung findet zwar durch die beiden gekreuzten Schwerter in den Ecken eine gewisse Bestätigung, verschwiegen wird jedoch, daß es sich hierbei um Kopien handelt. Die Herkunft der Originale aus der Staatlichen Porzellanmanufaktur in Berlin wird durch das Zepter und die Wappeninschriften der KPM klar bewiesen. Auch noch andere Unterschiede fallen ins Auge: Auf den heutigen Bildern fehlen verschiedene Details (insbesondere Kirchturmspitzen); die Kachelnähte stimmen ebenfalls nicht mit denen von 1930 überein.

Schlußwort

1 Denkschrift über das künftige Berliner Schnellbahnnetz, Hrsg. Ernst Reuter, Johannes Bousset und Hermann Zangemeister, Berlin, im Januar 1929.

2 Hierzu gehören vor allem die im Rahmen des Wettbewerbs Gross-Berlin 1910 aufgestellten Entwürfe von Jansen, Brix-Genzmer-Hochbahngesellschaft, Eberstadt-Möhring-Petersen und Havestadt & Contag-Schmitz-Blum. Vgl. Wettbewerb um einen Grundplan für die Bebauung von Gross-Berlin, Berlin 1908; Wettbewerb Gross-Berlin, Die preisgekrönten Entwürfe mit Erläuterungsberichten, Berlin 1911; Hofmann, Albert: Groß-Berlin, sein Verhältnis zur modernen Großstadtbewegung und der Wettbewerb zur Erlangung eines Grundplanes für die städtebauliche Entwicklung Berlins und seiner Vororte im zwanzigsten Jahrhundert, in: DBZ, Jg. 44, 1910, S. 169 ff.; Joseph Brix, Felix Genzmer, Hochbahngesellschaft: Grundplan für die Bebauung von Groß-Berlin, Preisgekrönter Wettbewerbs-Entwurf, Berlin 1911; Rudolf Eberstadt, Bruno Möhring, Richard Petersen: Gross-Berlin, Ein Programm für die Planung der neuzeitlichen Großstadt, Berlin 1910.
Ein weiterer wichtiger Entwurfsplan wurde von Giese für den Zweckverband Groß-Berlin erarbeitet. Giese, Erich: Das zukünftige Schnellbahnnetz für Groß-Berlin, Berlin 1919.
Erwähnt werden muß in diesem Zusammenhang auch der Entwurf für eine Untergrundbahn unter dem Motto »Ost-West-Ost«, der zum Schinkelfest 1919 aufgestellt wurde: Entwurf einer Untergrundbahn zum Schinkelfest 1919 (Plansammlung der Universitätsbibliothek der TU Berlin, Sammlung der preisgekrönten Entwürfe zum Schinkelfest).

II. Literaturverzeichnis

Adler, Friedrich: Mittelalterliche Backstein-Bauwerke des Preußischen Staates. 2 Bde. Berlin 1862–1898 (Suppl.-Ausgabe zur ZfB).

Die **AEG-Schnellbahn,** in: Mitteilungen der Berliner Elektricitäts-Werke, Jg. 11, 1915, November, S. 164–166.

Äusserungen des Magistrats Schöneberg zu den Schnellbahnentwürfen der westlichen Vorortgemeinden. Schöneberg, den 22. Oktober 1909.

Ahrend: Die Reihenhäuser in Dahlem. Vortrag, gehalten bei einer Besichtigung der Siedlung durch den A.V.B. (Architekt Heinrich Schweitzer), in: WAVB, Jg. 8, 1913, S. 145–150.

Aktenmaterial betreffend das Verhältnis der Stadtgemeinde Berlin zur Großen Berliner Straßenbahn. Mitgeteilt von der Städtischen Verkehrsdeputation zu Berlin, 2. Abt., Berlin 1908.

Amtsblatt der Königlichen Regierung zu Potsdam und der Stadt Berlin. Jg. 1896–1914. Potsdam 1896–1914.

Amtsblatt der Regierung zu Potsdam und der Stadt Berlin. Jg. 1921. Potsdam 1921.

Amtsblatt für den Landespolizeibezirk Berlin. Jg. 1926–1929. Berlin 1926–1929.

Baedeker, Karl: Berlin. Reisehandbuch. 12.–18. Aufl., Leipzig 1902–1914; 24. Aufl., Freiburg 1966.

Der **Bahnhof** im Hause. Das Zentralgebäude zu New York, in: BW, Jg. 1, 1910, Nr. 54, S. 11.

Baltzer, Franz: Die elektrische Stadtbahn in Berlin von Siemens & Halske, Berlin 1897 (Sonderdruck aus: Zeitschrift für Kleinbahnen).

Die **Baupolizeiordnungen** für Berlin und seine Vororte. Für den Handgebrauch zusammengestellt von A. Rößler. Berlin 1900.

Die **Bauwerke** der Berliner Stadt-Eisenbahn. Berlin 1886 (Sonderdruck der amtl. Veröffentlichungen aus der ZfB, Jg. 34, 1884 und Jg. 35, 1885).

Zur **Beantwortung** des Schreibens der Stadtgemeinde Schöneberg vom 8. Januar 1909, betr. Führung der Südwest-Schnellbahnen über den Nollendorfplatz oder Wittenbergplatz. Hrsg. von der Hochbahngesellschaft. Berlin, 22. Januar 1909. Angebunden an: Bemerkungen der Hochbahngesellschaft zu dem Aufsatz: »Die Gründe für und gegen die Ablenkung der Schöneberger Schnellbahn nach dem Wittenbergplatz« im Schöneberger Tageblatt vom 7. Februar 1909. Berlin, den 10. Februar 1909.

Die **Bebauung** des Tempelhofer Feldes, in: BW, Jg. 2, 1911, Nr. 27, S. 21–25.

Behne, Adolf: Der Wettbewerb der Turmhaus-Gesellschaft, in: Wasmuths Monatshefte für Baukunst, Jg. 7, 1922/23, S. 58–67.

Behrendt, Walter Curt: Die neuen Bahnhöfe der Berliner Untergrundbahn, in: NB, Jg. 4, 1908, S. 201–204, 209–212.

Behrens, Peter: Über die Beziehungen der künstlerischen und technischen Probleme. Berlin 1917 (Technische Abende im Zentralinstitut für Erziehung und Unterricht, H. 5).

Bemerkungen der Hochbahngesellschaft zu dem Aufsatz: »Die Gründe für und gegen die Ablenkung der Schöneberger Schnellbahn nach dem Wittenbergplatz« im Schöneberger Tageblatt vom 7. Februar 1909. Daran angebunden: Zur Beantwortung des Schreibens der Stadtgemeinde Schöneberg vom 8. Januar 1909 betr. Führung der Südwest-Schnellbahnen über den Nollendorfplatz oder Wittenbergplatz. Hrsg. von der Hochbahngesellschaft. Berlin, den 10. Februar 1909.

Bemerkungen zu der Petition vom 10. April 1909 der Bewohner des Stadtteiles an der Schönhauser Allee wegen des Baues einer Untergrundbahn an Stelle der geplanten Hochbahn durch die Schönhauser Allee. Berlin 1909.

Berdrow, W.: Zur Geschichte und Entwicklung der Landhauskolonie Westend bei Berlin, in: ZdB, Jg. 28, 1908, S. 256–258.

Berg, Max: Der Berliner Hochhauswettbewerb, in: BW, Jg. 13, 1922, S. 123–128.

Bericht über die Gemeinde-Verwaltung der Stadt Berlin in den Verwaltungsjahren 1895–1910. Berlin 1904–1912.

Bericht über die Weihe einer Gedenktafel am Bahnhof Nollendorfplatz zu Ehren der Schöpfer der Berliner Hoch- und Untergrundbahn am 22. Oktober 1926.

Berlin und seine Bauten. Bd. 1, Einleitendes, Ingenieurwesen. Berlin 1896.

Berlin und seine Bauten. Hrsg. vom Architekten- und Ingenieur-Verein zu Berlin. T. 3, Bauwerke für Regierung und Verwaltung, 1966; T. 9, Industriebauten, Bürohäuser, 1971; T. 11, Gartenwesen, 1972. Berlin, München, Düsseldorf 1966–1972.

Die **Berliner elektrische** Hoch- und Untergrundbahn, in: ZVdE, Jg. 40, 1900, S. 689–691, 706–708.

Berliner Konkurrenzen im Jahre 1898/99, in: BAW, Jg. 1, 1899, S. 422–431.

Die **Berliner Untergrundbahn** von Gesundbrunnen nach Neukölln. Nach d. Festschr. zur Eröffnung der Strecke, in: DBZ, Jg. 64, 1930, Beilage Konstruktion und Ausführung, S. 77–80.

Berliner Untergrundbahnhöfe . Architekt: Alfred Grenander, in: ZdB, Jg. 50, 1930, S. 413–417, 445–451.

Bernhard, Karl: Eiserne Brücken im Stadtbilde, in: ZVdI, Jg. 65, 1921, S. 1093–1094.

Bernhard, Karl: Der moderne Industriebau in technischer und ästhetischer Beziehung, in: ZVdI, Jg. 56, 1912, S. 1141–1147, 1185–1190, 1227–1233.

Bernhard, Karl: Die neue Halle für die Turbinenfabrik der Allgemeinen Elektricitäts-Gesellschaft in Berlin, in: ZVdI, Jg. 55, 1911, S. 1625–1631, 1673–1682.

Bötticher, Carl: Architektonische Formen-Schule in Ornament-Erfindungen, als Vorbilder zum Unterrichte für technische Institute, Kunst- und Bauschulen, Architekten, Bau-Handwerker. Potsdam 1847.

Bousset, Johannes: Der Ausbau der elektrischen Hoch- und Untergrundbahn und die Wiederaufnahme des durchgehenden Zugverkehrs zwischen dem Osten und dem Westen Berlins, in: ZdB, Jg. 46, 1926, S. 557–563.

Bousset, Johannes: Die Berliner U-Bahn. Berlin 1935.

Bousset, Johannes: Denkschrift über die eisernen Hochbahnviadukte. Berlin 1932.

Bousset, Johannes: Zur Eröffnung der Untergrundbahn vom Alexanderplatz durch die Frankfurter Allee nach Friedrichsfelde (Linie E) und der Erweiterung der Linie C vom Bhf. Bergstraße über den Ringbhf. Neukölln bis zum Bhf. Grenzallee am 21. Dezember 1930.

Bousset, Johannes: Die Eröffnung des Untergrundbahnhofes Pankow (Vinetastraße), in: Die Fahrt, 1930, S. 318–321.

Bousset, Johannes: Die Erweiterungen der Berliner Hoch- und Untergrundbahn vom Jahre 1913. Vortrag, gehalten am 10. Februar 1914 im Verein für Eisenbahnkunde. Berlin 1914 (Sonderdruck aus: Verkehrstechnische Woche, 1914, Nr. 32 und 33).

Bousset, Johannes: Die Erweiterungen der elektrischen Hoch- und Untergrundbahn im Westen Berlins. Berlin 1914 (Ergänzter Sonderdruck aus: ZdB, Jg. 33, 1913, Nr. 81, 84, 85).

Bousset, Johannes: Die neue durchgehende Schnellbahnverbindung zwischen dem Osten und dem Westen Berlins, in: Probleme der neuen Stadt Berlin, Berlin 1926, S. 549–558.

Bousset, Johannes: U-Bahn Alexanderplatz – Friedrichsfelde und Verlängerung der N-S-Bahn zum Bhf. Grenzallee, in: Die Fahrt, 1931, S. 24–38.

Bousset, Johannes: Ein Weihnachtsgeschenk für Berlin. Zur Eröffnung der U-Bahnstrecken Flughafen-Tempelhof (Südring); Stadion – Ruhleben; Thielplatz – Krumme Lanke sowie der Bahnhofserweiterungen Bülowstraße und Nollendorfplatz, in: Die Fahrt, 1930, S. 2–10.

Braun, Gustav: Die Untergrundbahnstrecke Leipziger Platz – Spittelmarkt in Berlin, in: Verkehrstechnische Woche, Jg. 3, 1908, S. 76 ff.

Breuer, Robert: Alfred Grenander, in: MBF, Jg. 12, 1913, S. 273–274.

Brix, Joseph: Die Architektur der Hoch- und Untergrundbahn in Berlin, in: ZdB, Jg. 44, 1924, S. 324–327.

Brix, Joseph, Felix Genzmer und Hochbahngesellschaft: »Denk an künftig«. Wettbewerb um einen Grundplan für die Bebauung von Gross-Berlin. Erläuterungen. Berlin 1910.

Brix, Joseph, Felix Genzmer und Hochbahngesellschaft: Grundplan für die Bebauung von Groß-Berlin. Preisgekrönter Wettbewerbsentwurf. Berlin 1911.

Brönner, Franz: Die Architektur der Untergrundbahnhöfe, in: DBH, Jg. 15, 1911, S. 322–324.

Brönner, Franz: Die Untergrundbahn der Stadt Berlin-Wilmersdorf, in: BW, Jg. 4, 1913, Nr. 36, S. 30–32.

Der **Budapester Verkehr** [ungar.]. – Budapest Közlekedése. Budapest 1967.

Buddensieg, Tilmann: Peter Behrens und die AEG. Neue Dokumente zur Baugeschichte der Fabriken am Humboldthain, in: Festschrift für Margarete Kühn, Schloß Charlottenburg, Berlin-Preußen, Berlin 1975, S. 271–299.

Buesche, Albert: Maler und Historiker. Zur Lebensarbeit von Immanuel Meyer-Pyritz, in: Baltische Studien, N.F., Bd. 50, 1964, S. 71–74.

Cauer, Wilhelm: Zur Führung der elektrischen Stadtbahn am Nollendorfplatz in Berlin, in: ZdB, Jg. 19, 1899, S. 90.

Cauer, Wilhelm: Zum Schnellbahnverkehr in Groß-Berlin. Vortrag, gehalten im Verein für Eisenbahnkunde zu Berlin am 11. Januar 1916 und anschließende Diskussion. Berlin 1916 (Sonderdruck aus: Verkehrstechnische Woche und Eisenbahntechnische Zeitschrift, Jg. 10, 1916, Nr. 1/2, 7/8, 11/13).

Cauer, Wilhelm: Vorschlag betreffend eine zweckmäßige Gestaltung des Bahnhofes Wittenbergplatz. Berlin 1909.

Cremers, Paul Joseph: Peter Behrens. Sein Werk von 1909 bis zur Gegenwart. Essen 1928.

Creutz, Max: Fortschritt und Rückstand, in: BAW, Jg. 8, 1906, S. 439–442.

Creutz, Max: »Der Fürstenhof«, in: BAW, Jg. 10, 1908, S. 363–400.

Denkschrift betreffend die Anlage einer elektrischen Hochbahn (Schwebebahn), System Eugen Langen, Köln, für Berlin. Köln, im Sept. 1894.

Denkschrift betreffend die Anlage einer elektrischen Hochbahn (Schwebebahn), System Eugen Langen, Köln, für Hamburg. o. O. 1894.

Denkschrift der Stadt Berlin, betreffend das Tempelhofer Feld. Berlin 1911.

Denkschrift über das künftige Berliner Schnellbahnnetz. Hrsg.: Reuter, Bousset, Zangemeister. Berlin, im Januar 1929.

Dernburg, H.: Entwurf zur Ausgestaltung des Wittenbergplatzes. Monatswettbewerb im Architekten-Verein zu Berlin, in: WAVB, Jg. 8, 1913, S. 70–71.

Dietrich, Ulf: Der Alexanderplatz in Berlin, in: Der Städtebau, Jg. 24, 1929, S. 57–63.

Dominik, Hans: Der Bau der Berliner Hoch- und Untergrundbahn, in: Die Welt der Technik, 1907, H. 22 und 23.

Dumas, A.: Le Chemin de Fer Métropolitain de Paris. Description de réseau projeté, Lignes actuellement exécutées, Usine de Bercy, Exploitation des lignes en service, Lignes actuellement en construction. Paris 1901.

Eberstadt, Rudolf, Bruno Möhring und Richard Petersen: Gross-Berlin. Ein Programm für die Planung der neuzeitlichen Großstadt. Berlin 1910.

Die **Einweihung** der Wilmersdorf-Dahlemer Untergrundbahn, in: WB, Jg. 16, 1913, S. 98–107.

Eiselen, Fritz: Von der A.E.G.-Schnellbahn zu Berlin, in: DBZ, Jg. 52, 1918, S. 149–150.

Eiselen, Fritz: Der augenblickliche Stand der Berliner Schnellbahnpläne, in: DBZ, Jg. 39, 1905, S. 558–560, 566–569.

Eiselen, Fritz: Vom Bau der städtischen Nordsüd-Schnellbahn in Berlin, in: DBZ, Jg. 50, 1916, S. 545–552.

Eiselen, Fritz: Die elektrische Hoch- und Untergrundbahn in Berlin von Siemens & Halske. I–VI, in: DBZ, Jg. 35, 1901, S. 505–508, 517–522, 529–532, 561–564, 571–573, 583–587, 589–590, 595–599, 609–614, 617–618.

Eiselen, Fritz: Elektrische Stadtbahnen in Berlin von Siemens & Halske, in: DBZ, Jg. 31, 1897, S. 617–620, 642–645.

Eiselen, Fritz: Die Eröffnung der städtischen Nordsüd-Untergrundbahn zu Berlin, in: DBZ, Jg. 57, 1923, S. 69–72, 84–85.

Eiselen, Fritz: Neue Hochbahn-Entwürfe für Berlin, in: DBZ, Jg. 29, 1895, S. 62–64, 69–70, 81–82.

Eiselen, Fritz: Die geplante elektrische Hochbahn in Berlin. (Nach e. Vortrage von Hrn. Reg. Bmst. Schwieger, gehalten im Bezirksverein Deutscher Ingenieure zu Berlin), in: DBZ, Jg. 26, 1892, S. 81–83.

Eiselen, Fritz: Die geplante elektrische Untergrundbahn für Berlin, in: DBZ, Jg. 26, 1892, S. 39–40.

Die **elektrische Schwebebahn** für Berlin, in: Berliner Illustrirte Zeitung, Jg. 4, 1895, Nr. 2, S. 1–3.

Die **elektrische Stadtbahn** in Berlin von Siemens & Halske, in: ZdB, Jg. 17, 1897, S. 457–459, 469–471, 482–484.

Entscheidungen des Reichsgerichts in Zivilsachen, Bd. 106, Berlin u. Leipzig 1923.

Die **Entwicklung** Groß-Berlins im Westen, in: ZdB, Jg. 19, 1899, S. 187.

Der **Entwurf** zu dem elektrischen Stadtbahnnetze für Berlin von Siemens & Halske, in: Der Bär, Jg. 18, 1892, S. 375–378, 388–391, 401–402, 418–419.

Entwurf zu einem elektrischen Stadtbahnnetze für Berlin, in: ZdB, Jg. 12, 1892, S. 94–97.

Zum **Entwurf** einer Schwebebahn in Berlin. Nürnberg 1905.

Entwurf einer Schwebebahn in Hamburg. Continentale Gesellschaft für elektrische Unternehmungen. Nürnberg 1903.

Erbe, Michael: Probleme der Berliner Verkehrsplanung und Verkehrsentwicklung seit 1871, in: Festschrift für Hans Herzfeld zum 80. Geburtstag, Berlin 1972, S. 209–231 (Veröffentlichungen der Historischen Kommission zu Berlin, Bd. 37).

Erläuterungen zum Entwurfe für die elektrische Stadtbahn in Berlin. Erweiterungslinie: Potsdamer Platz – Friedrichstrasse – Schlossbrücke. Von Siemens & Halske. Berlin 1897.

Erläuterungen zu dem Entwurf einer Elektrischen Stadtbahn in Berlin. Erweiterungslinie Potsdamer Platz – Spittelmarkt – Köpenickerbrücke. Von Siemens & Halske A.-G. Berlin 1898.

Erläuterungen zu dem Entwurf einer elektrischen Stadtbahn in Berlin vom Brandenburger Thor nach dem Stettiner Bahnhof und durch den Norden Berlins nach der Warschauer Brücke. Von Siemens & Halske, Aktiengesellschaft. Berlin 1898 (Ungedr. Ms., SAA 20/Lk 364).

Erläuterungen zu dem Entwurf für die Fortsetzung der Untergrundbahn vom Potsdamer Platz über den Spittelmarkt und Molkenmarkt nach dem Alexanderplatz. Von Siemens & Halske. Berlin, im Sept. 1902.

Erläuterungen des Entwurfs zu einer Hoch- und Untergrundbahn vom Zoologischen Garten über Wilmersdorf, Schmargendorf, Dahlem und Zehlendorf. Wilmersdorf, 11. 5. 04 (Ungedr. Ms., SAA 26/Lp 129).

Zur **Eröffnung** der Erweiterungslinie vom Spittelmarkt über den Alexanderplatz zur Schönhauser Allee. Juli 1913.

Zur **Eröffnung** der Schnellbahnen vom Wittenbergplatz nach Wilmersdorf – Dahlem und zum Kurfürstendamm. Oktober 1913.

Zur **Eröffnung** der Untergrundbahn-Verlängerung Neukölln: Hasenheide – Hermannplatz – Rathaus – Bergstraße. April 1926.

Zur **Eröffnung** der direkten Schnellbahnverbindung vom Osten nach dem Westen über das Gleisdreieck, den Nollendorfplatz und den Wittenbergplatz am 24. Oktober 1926.

Eröffnung der zweiten Teilstrecke der Berliner Schnellbahnlinie Gesundbrunnen – Neukölln, in: Verkehrstechnik, Jg. 9, 1928, S. 173–174.

Zur **Eröffnung** der IV. Teilstrecke der GN-Bahn Boddinstraße – Leinestraße und des Hochbahnhofs Kottbusser Tor am 4. August 1929.

Zur **Eröffnung** der Bahnverlängerungen 1. Flughafen – Tempelhof (Südring); 2. Stadion – Ruhleben; 3. Thielplatz – Krumme Lanke sowie der Bahnhofserweiterungen Bülowstraße und Nollendorfplatz am 22. Dezember 1929.

Zur **Eröffnung** der Bahnverlängerung von Nordring nach Pankow (Vinetastraße) am 29. Juni 1930.

Die **Feier** der Grundsteinlegung zur Wilmersdorf-Dahlemer Untergrundbahn, in: WB, Jg. 12, 1909, S. 83–86.

Figuier, Louis: Les Railways Métropolitain. Sonderdruck aus: Figuier, Les Nouvelles Conquêtes de la Science, Paris 1882.

Franz, Wilhelm: Kann man Ingenieurbauten schön gestalten? Berlin 1910 (Einzelschriften der Landesgruppe Brandenburg des Bundesheimatschutz, 1).

Fragen der Kommunalen Sozialpolitik in Groß-Berlin, Bd. 2, Jena 1912, S. 136–157 (Schriften der Gesellschaft für Soziale Reform, Ortsgruppe Berlin).

Die **Franz-Josef-Elektrische Untergrundbahn** in Budapest. Projektirt und ausgeführt von Siemens & Halske. Budapest 1896.

Frey: Die Döberitzer Heerstraße, in: WAVB, Jg. 6, 1911, S. 195–198, 200–205.

75 Jahre der Budapester U-Bahn [ungar.]. – 75 Éves a Budapesti Földalatti Vasút. Budapest 1971.

Vor **25 Jahren**. Zur Geschichte der Berliner Nord-Süd-Untergrundbahn, in: DBZ, Jg. 46, 1912, S. 417–418.

50 Jahre Berliner U-Bahn. 18. Februar 1902–1952. Berlin 1952.

Das **geistige Deutschland** am Ende des 19. Jahrhunderts. Enzyklopädie des deutschen Geisteslebens in biographischen Skizzen. Bd. 1, Leipzig 1898.

Gemeinde-Blatt der Haupt- und Residenzstadt Berlin. Organ für die gesamte Gemeindeverwaltung und Gemeindeinteressen. Hrsg. vom Magistrat. Jg. 51–52. Berlin 1911–1912.

Genzmer, Felix: Fritz Laske, in: ZdB, Jg. 38, 1918, S. 225–226.

Geretsegger, Heinz, und Max Peitner: Otto Wagner. 1841–1918. Unbegrenzte Großstadt, Beginn der modernen Architektur. Salzburg 1964.

Gerhold-Knittel, Elke: Die Rolle von Gartenhaus und Laube im neuen Garten nach der Jahrhundertwende. Berlin, Phil.-Diss. Fu 1971.

Gerlach, Friedrich: Die elektrische Untergrundbahn der Stadt Schöneberg. Berlin 1910.

Gerlach, Friedrich: Die elektrische Untergrundbahn der Stadt Schöneberg, in: ZfB, Jg. 61, 1911, S. 93–134, 262–322. (Auch als Sonderdruck erschienen.)

Gerlach, Friedrich: Erwiderung auf die Denkschrift der Hochbahngesellschaft vom 22ten Januar 1909 betreffend Führung der Südwest-Schnellbahnen mit Nachtrag betreffend die »Bemerkungen der Hochbahngesellschaft« vom 10. Februar 1909.

Geschäftsbericht der Gesellschaft für elektrische Hoch- und Untergrundbahnen in Berlin. Für die Jahre 1897–1928.

Geschäftsbericht der Berliner Nordsüdbahn-Aktiengesellschaft. Für das Jahr 1922–1927.

Gescheit, Hermann, und Karl Otto Wittmann: Neuzeitlicher Verkehrsbau. Potsdam 1931.

Gesetz-Sammlung für die Königlichen Preußischen Staaten. Berlin 1892.

Giese, Erich: Die im Betrieb und Bau befindlichen Schnellbahnen in Gross-Berlin. Vortrag, geh. im Verein für Eisenbahnkunde zu Berlin am 12. Oktober 1915. Mit anschließender Diskussion. Berlin 1915 (Sonderdruck aus: Verkehrstechnische Woche, Jg. 9, 1915).

Giese, Erich: Das zukünftige Schnellbahnnetz für Groß-Berlin. Berlin 1919.

Hans **Grisebach**. Architekt der Gründerjahre. Seine Zeichnungen in der Kunstbibliothek Berlin, Berlin 1974 (Sammlungskataloge der Kunstbibliothek Berlin, 7).

Grobler, Joh.: Hochhaus am Bahnhof Friedrichstraße in Berlin. II. Engerer Wettbewerb, in: DBZ, Jg. 64, 1930. Beibl. Wettbewerbe für Baukunst und Schwesterkünste, S. 9–16.

Grötzebach, Dietmar: Der Wandel der Kriterien bei der Wertung des Zusammenhanges von Konstruktion und Form in den letzten 100 Jahren. Berlin, Diss. TU 1965.

Groß-Berlin im Zeichen des Verkehrs, in: BW, Jg. 2, 1911, Nr. 47, S. 4.

Günthel, E.: Die Hamburger Hochbahn, in: DBZ, Jg. 46, 1912, S. 569–573, 575, 581–585, 613–619.

Hector **Guimard**. Ausstellungskatalog. Landesmuseum Münster. 16. März – 27. Münster, April 1975.

Gutachten über die auf Grund des Preisausschreibens der Firma Siemens & Halske, Aktiengesellschaft, vom Oktober 1897 eingegangenen Entwürfe für die elektrische Hochbahn in Berlin. Berlin, den 11. Februar 1898.

Haberland, Georg: Aus meinem Leben. Berlin 1931.

Hach, Otto: Kunstgeschichtliche Wanderungen durch Berlin. Beschreibung der hervorragendsten Sehenswürdigkeiten der Reichshauptstadt. In 13 Wanderungen. 2., verm. Aufl., Berlin 1903.

Hamburger Hochbahn. Hamburg, den 15. Februar 1912.

Handbuch der Kaiser-Wilhelm-Gesellschaft zur Förderung der Wissenschaften. Hrsg. von Adolf von Harnack. Berlin 1928.

Havers, Harold C. P.: Die Untergrundbahnen der Welt. Aus dem Engl. übertragen u. bearb. von Fritz Orwat. München 1967.

Hedde: Berliner Brücken, in: Ingenieurwerke in und bei Berlin, Berlin 1906, S. 148–183.

Hegemann, Werner: Das steinerne Berlin. Geschichte der größten Mietskasernenstadt der Welt. Lugano 1930. Nachdr. Berlin 1963 (Ullstein Bauwelt Fundamente, 3).

Heintzenberg, Friedrich: Aus Urkunden zur Vorgeschichte der Berliner Hoch- und Untergrundbahn, in: Siemens-Mitteilungen, Nr. 217, April/Mai 1941, S. 36–39.

Hengsbach, Arne: Die Kirche und die Schnellbahn. Ein Kapitel Berliner Verkehrsgeschichte, in: Der Bär von Berlin, Jg. 14, 1965, S. 243–260.

Hennig-Schefold, Monica, und Helga Schmidt-Thomsen: Transparenz und Masse. Passagen und Hallen aus Eisen und Glas. 1800–1880. Köln 1972.

Hercher, Ludwig: Die Entwicklung Groß-Berlins im Westen. Coblenz 1899.

Hobrecht, James: Entwicklung der Verkehrsverhältnisse in Berlin. Vortrag, gehalten am Schinkelfest 13. März 1893. Berlin 1893.

Hoeber, Fritz: Peter Behrens. München 1913 (Moderne Architekten, Bd. 1).

Hoeber, Fritz: Stadtbau und Verkehr, in: Die bildenden Künste. Wiener Monatshefte, Jg. 1, 1916–1918, 2. Zählung, S. 73–83.

Höltje: Die Berliner Nord-Süd-Untergrundbahn, in: Berlin, Hrsg. von Berthold Hirschberg, Berlin 1925, S. 135–139.

Hofmann, Albert: Die elektrische Hoch- und Untergrundbahn in Berlin von Siemens & Halske. VII. Die künstlerische Ausbildung, in: DBZ, Jg. 36, 1902, S. 265–267, 275, 277–278, 285–287.

Hofmann, Albert: Groß-Berlin, sein Verhältnis zur modernen Großstadtbewegung und der Wettbewerb zur Erlangung eines Grundplanes für die städtebauliche Entwicklung Berlins und seiner Vororte im zwanzigsten Jahrhundert, in: DBZ, Jg. 44, 1910, S. 169–176, 197–200, 213–216, 233–236, 261–263, 325–328.

Hofmann, Albert: Die künstlerischen Beziehungen der Architektur zur Ingenieur-Wissenschaft, in: DBZ, Jg. 27, 1893, S. 284–287, 289–291, 296–299, 301–303.

Honroth, Otto: Erweiterung der Berliner Nordsüdbahn in Richtung Tempelhof, in: ZdB, Jg. 46, 1926, S. 129–133.

Johannes, Heinz: Neues Bauen in Berlin. Ein Führer mit 168 Bildern. Berlin 1931.

Jordan, Hermann, und Eugen Michel: Die künstlerische Gestaltung von Eisenkonstruktionen. Im Auftr. der Kgl. Akademie des Bauwesens hrsg. von Hermann Jordan und Eugen Michel. 2 Bde. Berlin 1913.

Junk, C.: Neue Stationshäuser auf Berliner Vorortbahnen, in: BAW, Jg. 4, 1902, S. 396–403.

Kadatz, Hans-Joachim: Peter Behrens. Architekt, Maler, Graphiker und Formgestalter. 1868–1940. Leipzig 1977 (Künstlerkompendium).

Der **Kampf** um die Untergrundbahn. Berlin 1909.

Kappey, Richard: Architektur und BVG, in: Die Fahrt, 1929, Nr. 11, S. 3–9; Nr. 23, S. 5–7.

Kappey, Richard: Aufgaben des Architekten bei der Gestaltung innerstädtischer Schnellbahnhöfe. Berlin Diss. TH 1928.

Rudolph **Karstadt** AG. Berlin, am Hermannplatz. Hamburg 1929.

Kaufhaus Ascher und Münchow in Berlin, in: ZfB, Jg. 40, 1890, S. 418–422.

Kemmann, Gustav: Änderungen und Erweiterungen der elektrischen Hoch- und Untergrundbahn in Berlin. Sonderdruck aus: ZVdE 1902, Nr. 100/101.

Kemmann, Gustav: Ausdehnung des elektrischen Betriebes auf den Londoner Ortsbahnen. Sonderdruck aus: ZVdE, 1927, Nr. 36.

Kemmann, Gustav: Zur Eröffnung der elektrischen Hoch- und Untergrundbahn in Berlin. Berlin 1902. Sonderdruck aus: ZVdE 1902, Nr. 3, 5, 8 und 10.

Kemmann, Gustav: Zur Geschichte der Berliner Südwestschnellbahnen. Sonderdruck aus: ZVdE 1909, Nr. 78.

Kemmann, Gustav: Zur Schnellverkehrspolitik der Großstädte. Vortrag, gehalten in der Allgemeinen Städtebau-Ausstellung Berlin 1910, in: Der Städtebau, Jg. 8, 1911, S. 25–29, 39–44, 66–68.

Kemmann, Gustav: Umgestaltung des Gleisdreiecks der Berliner Hoch- und Untergrundbahn, in: ZdB, Jg. 32, 1912, S. 669–671.

Kemmann, Gustav: Verkehr des ersten Betriebsjahres der elektrischen Hoch- und Untergrundbahn in Berlin. Sonderdruck aus: ZVdE 1902, Nr. 55; 1903, Nr. 46.

Kleinarchitekturen. II., in: NB, Jg. 4, 1908, S. 241–244.

Körber, W.: Die Haltestellen der Berliner elektrischen Hochbahn, in: ZdB, Jg. 19, 1899, S. 489–491; Jg. 22, 1902, S. 54–55, 78–79, 127–129, 238–241.

Kolle, R.: Der Entwurf einer elektrischen Untergrundbahn für Berlin. Vortrag von R. Kolle, gehalten in der Versammlung des Vereins für Eisenbahnkunde am 8. Dezember 1891. Berlin 1892 (Sonderdruck aus: Glaser's Annalen für Gewerbe und Bauwesen, Bd. 29, 1892, H. 11).

Kolle, R.: Der Entwurf einer elektrischen Untergrundbahn für Berlin, in: Der Bär, Jg. 18, 1892, S. 316–319, 330–332, 343–344, 355–359, 367–370.

Konsbrück, Hermann: Die ästhetische Wirkung der Eisenbauten, in: Die Raumkunst, Jg. 1, 1908, S. 145–154.

Kramer, Oskar: Kurbauten und Kuranlagen. 4. Aufl., Leipzig 1942 (Handbuch der Architektur, T. IV, Halbbd. 4, H. 2).

Kramer, Wolfgang, und Siegfried Münzinger: Die Bahnhöfe der Berliner U-Bahn, in: Berliner Verkehrsblätter, Jg. 19, 1972, S. 77–82, 93–97, 102–106. [Tabellarische Übersicht über die Bahnhofsbenennungen]

Krause, Friedrich: Zur Frage der Gestaltung der Bahnhofsanlagen der Nordsüdbahn und der AEG-Bahn auf dem Hermannplatz. Berlin 1915.

Krause, Friedrich: Die städtische Nord-Südbahn in Berlin, in: ZdB, Jg. 43, 1923, S. 157–163, 181–188, 199–202.

Kriegsverwaltungsbericht der Stadt Neukölln für die Geschäftsjahre 1914 bis 1918. Bearb. im Statistischen Landesamt. Neukölln 1921.

Kubinsky, Mihály: Bahnhöfe Europas. Ihre Geschichte, Kunst und Technik. Für Eisenbahnfreunde, Architekten und kulturgeschichtlich Interessierte. Stuttgart 1969.

Langbein: Die elektrische Hoch- und Untergrundbahn in Berlin. Sonderdruck aus: ZVdI, Bd. 46, 1902.

Langer, H.: Die Berliner Ost-West-Achse als Verkehrsstraße, in: Verkehrstechnik, Jg. 20, 1939, S. 409–415.

Lee, Charles E.: The Bakerloo Line. New ed., London 1973.

Lee, Charles E.: 100 Years of the District. London 1970.

Lee, Charles E.: The Metropolitan Line. London 1973.

Lerche, Adolf: Beiträge zur Geschichte der elektrischen Hoch- und Untergrundbahn in Berlin. Berlin 1930.

Lewicki, E.: Entwürfe für die neue Untergrundbahn in Paris, in: DK, Bd. 5, 1900, S. 57.

Licht, Hugo: Die Architectur Berlins. Sammlung hervorragender Bauten der letzten zehn Jahre. Berlin 1877.

Linke, Felix: Das Berliner Verkehrsproblem, in: Sozialistische Monatshefte, 1910, S. 1619–1626.

Lore, J. C. S.: Die Reklame auf den Hoch- und Untergrundbahnen Berlins – Advertising on the Elevated and Underground Railways of Berlin. (Ein Beitrag zur Frage der wirtschaftlichen Bedeutung der Verkehrsreklame.) Sonderdruck aus: Gebrauchsgraphik, Jg. 3, 1926. H . 9, Sept.

Lorenz, Felix: Ernst Rossius-Rhyn. Ein Baumeister des deutschen Landhauses. Berlin 1913.

Lüer, Hermann: Neue Gruppe Berlin, in: BAW, Jg. 6, 1904, S. 197–212.

Medveczki, Ágnes: A Millenniumi Földalatti Vasút. Budapest 1975 (A Közlekedési Múseum Közleményei, 4).

Meier-Graefe, Julius: Bruno Möhring und das neue Berlin, in: MBF, Jg. 4, 1905, S. 61–65.

Meyer, Alfred G.: Eisenbauten. Ihre Geschichte und Ästhetik. Nach des Verf. Tode zu Ende geführt von Wilhelm Frhr. von Tettau. Esslingen 1907.

Mies van der Rohe, Ludwig: Hochhausprojekt für Bahnhof Friedrichstraße in Berlin, in: Frühlicht, Nr. 4, Magdeburg, Sommer 1922, S. 124–126.

Möbius, Martin R.: Alfred Grenander. Berlin, Leipzig, Wien 1930 (Neue Werkkunst).

Möhring, Bruno: Stein und Eisen. Berlin 1903 ff.

Hermann **Muthesius.** 1861–1927. Ausstellung in der Akademie der Künste vom 11. Dezember 1977 bis 22. Januar 1978. Berlin 1977.

Muthesius, Hermann: Landhäuser von Hermann Muthesius. Abbildungen und Pläne ausgeführter Bauten. München 1912.

Muthesius, Hermann: Landhaus und Garten. Beispiele neuzeitlicher Landhäuser nebst Grundrissen, Innenräumen und Gärten. München 1907.

Nacht, Leo: Die Hochbauten der elektrischen Hoch- und Untergrundbahn in Berlin: Bülowstraße und Nollendorfplatz, in: BAK, Jg. 16, 1903, S. 11–12.

Nacht, Leo: Künstlerisches von der Berliner elektrischen Hochbahn, in: DK, Bd. 10, 1902, S. 233–244.

Nacht, Leo: Bruno Möhring. Berlin 1902 (BAW, Sonderheft 2).

Neue Stadt- und Vorortbahnen in London, Liverpool und Glasgow. (Nach Vorträgen von C. O. Gleim im Arch.- u. Ing.-Verein zu Hamburg), in: DBZ, Jg. 30, 1896, S. 331–334, 343–345, 354–357, 367–370, 378–382.

Neue Teilstrecke der Berliner Schnellbahn Gesundbrunnen – Neukölln, in: Verkehrstechnik, Jg. 9, 1928, S. 283–285.

Neue Untergrundbahnen. Zusammenarbeit von Architekt und Ingenieur, in: BW, Jg. 4, 1913, Nr. 36, S. 29–30.

Die **neuen Schnellbahnstrecken** im Westen Berlins, in: Baugewerks-Zeitung, Jg. 45, 1913, S. 827–829.

Ein **neues Schwebebahn-Projekt** für Berlin, in: DBZ, Jg. 36, 1902, S. 569–570.

Neumann, Fr.: Die Untergrundbahn Berlin-Westend und die Doeberitzer Heerstraße, in: Technischer General-Anzeiger für Städte und Gemeinden, Jg. 1908, Nr. 8, S. 169–171; Nr. 9, S. 193–195.

Der **Nollendorfplatz,** in: BW, Jg. 14, 1923, S. 389.

Offener Brief von 16 öffentlichen Vereinen an die Mitbürger und Behörden Gross-Berlins betreffend und bezweckend den Bau der Schwebebahn Gesundbrunnen – Rixdorf. Berlin 1908.

Officieller Katalog zur Berliner Gewerbe-Ausstellung im Jahre 1879. Im Auftrage des Central-Comités bearb. von J. H. Maurer. 5. Aufl., Berlin 1879.

Oktober-Sitzung des Vereins für Eisenbahnkunde, in: DBZ, Jg. 32, 1898, S. 583.

Ollert, G.: Die Erneuerung des Hochbahnhofes Möckernbrücke in Berlin, in: Neuzeitliche Stahlhallenbauten, Berlin 1938, S. 27–34 (Sonderdruck aus: Der Stahlbau, 1937, H. 19).

Osborn, Max: Berliner Brief, in: Kunstchronik, N. F., Jg. 20, 1908/09, Nr. 3, 23. Oktober, Sp. 33–40.

Osborn, Max: Berliner Garten-Strassen. Das »Rheinische Viertel« in Wilmersdorf, in: BW, Jg. 2, 1911, Nr. 74, Beil. Baukunst und Kunstgewerbe, Städtebau, Eigenheim und Garten.

Osborn, Max: Jean Krämer, in: Neue Baukunst, Jg. 2, 1926, H. 18.

Osborn, Max: Kunst »unter Grund«, in: National-Zeitung vom 1. November 1908.

Osborn, Max: Emil Schaudt, in: MBF, Jg. 6, 1907, S. 473–500.

Osborn, Max: Johann Emil Schaudt. Berlin, Leipzig, Wien 1930 (Neue Werkkunst).

Osborn, Max: Unter der City, in: Prager Tageblatt vom 2. 10. 1908.

Pallmann, Kurt: Die Gartenterrassenstraße in Wilmersdorf, in: BAW, Jg. 14, 1912, S. 295–313.

Der **Parkgürtel** im Tempelhofer Feld, in: BW, Jg. 2, 1911, Nr. 123, Beil. Baukunst und Kunstgewerbe, Städtebau, Eigenheim und Garten.

Paul, Bruno: Passagierdampfer und ihre Einrichtungen, in: Jahrbuch des Deutschen Werkbundes, Bd. 3, Der Verkehr, Jena 1914, S. 55–58.

Paulsdorf, August: Kirchenneubauten in Berlin und weitere Ausblicke, in: BAW, Jg. 11, 1909, S. 401–422.

Paulsen, Friedrich: Ideenwettbewerb Hochhaus Bahnhof Friedrichstraße. Berlin 1922 (Stadtbaukunst alter und neuer Zeit, Sonderheft 2).

v. Pelser-Berensberg: Die Wiener Stadtbahn und ihre Hochbauten, in: ZdB, Jg. 18, 1898, S. 182–183, 193–197, 205–208.

Petersen, Richard: Die Verkehrsaufgaben des Verbandes Gross-Berlin. Vortrag, geh. zum Schinkelfest d. Architekten-Vereins zu Berlin d. 13. März 1911, Berlin 1911 (Sonderdruck aus: WAVB, 1911).

Pevsner, Nikolaus: Architektur und Design. Von der Romantik zur Sachlichkeit. (Studies in Art, Architecture and Design, veränd. dt. Ausg.) München 1971 (Studien zur Kunst des Neunzehnten Jahrhunderts, Sonderbd.).

Ponten, Josef: Architektur, die nicht gebaut wurde. Mit am Werke: Heinz Rosemann, Hedwig Schmelz. 2 Bde., Stuttgart, Berlin, Leipzig 1925.

Preisaufgabe zum Schinkelfest 1896, in: ZdB, Jg. 14, 1894, S. 512.

Preisausschreiben der Firma Siemens & Halske, Aktiengesellschaft, vom Oktober 1897.

Die **Preisbewerbung** zur Ausgestaltung der elektrischen Hochbahn in Berlin, in: ZdB, Jg. 18, 1898, S. 63–65, 76–78.

Projekt zu einer elektrischen Stadt-Eisenbahn für Wien von Dr. Werner Siemens, in: DBZ, Jg. 17, 1883, S. 185–187.

Rapsilber, M.: Berliner Kunst. Alfred Grenander. Berlin 1904 (BAW, Sonderheft 4).

Rathäuser, die nie gebaut wurden . . ., in: 750 Jahre Schmargendorf, Berlin 1955, S. 59–66.

Rave, Rolf, und Hans-Joachim Knöfel: Bauen seit 1900 in Berlin. Berlin 1968.

Reutti, Kurt: Die Mutz-Werkstätten in Altona und Berlin, in: Mutz-Keramik, Werke von Ernst Barlach und andere ausgewählte Arbeiten aus den Altonaer und Berliner Werkstätten, Ernst Barlach Haus Hamburg, Sonderausstellung in Verb. mit dem Altonaer Museum in Hamburg vom 20. 9.–15. 11, Hamburg 1966, S. 5–9.

Riedrich, Otto: Die neuen Hochhäuser am Alexanderplatz in Berlin, in: DBZ, Jg. 66, 1932, S. 901–906.

Rönnebeck: Hermann Solf, in: WAVB, Jg. 4, 1909, S. 226–228.

Rosenberg, Adolf: Eisendecorationen der Bonner Rheinbrücke. Im Auftrage der Gutehoffnungshütte . . . nach Zeichnungen von Bruno Möhring ausgeführt. Berlin 1899.

Rüdell, A.: Neue Eisenbahnhochbauten. VI. Die Hochbauten der Vorortbahn Berlin – Erkner; VIII. Neuere Stationsgebäude in und bei Berlin, in: ZdB, Jg. 25, 1905, S. 573–578; Jg. 29, 1909, S. 418–421.

Rüdell, A.: Der Wettbewerb für Vorentwürfe zu einer Neugestaltung des Vorplatzes am Potsdamer Hauptbahnhof in Berlin, in: ZdB, Jg. 39, 1919, S. 592–593, 613–616.

Rümmler, Gerhard: Neugestaltung des U-Bahnhofs Richard-Wagner-Platz, in: Mitteilungen des Vereins für die Geschichte Berlins, Jg. 74, 1978, S. 412–417.

Schaefer, Karl: Das moderne Kunstgewerbe im Dienste des Norddeutschen Lloyd, in: Kunst und Handwerk, Jg. 57, 1906/07, S. 37–44.

Schaefer, Karl: Niedersächsische Bauformen. Hrsg. vom Verein für Niedersächsisches Volkstum. Bremen 1906.

Scheffler, Karl: Gute und schlechte Arbeiten im Schnellbahngewerbe, in: Jahrbuch des Deutschen Werkbundes, Bd. 3, Der Verkehr, Jena 1914, S. 42–47.

Scheffler, Karl: Hochbahn und Ästhetik, in: DBH, Jg. 6, 1902, S. 110–111.

Scheffler, Karl: Stein und Eisen, in: Scheffler, Moderne Baukunst, Berlin 1907, S. 7–22.

Schiemann, Max: Bau und Betrieb elektrischer Bahnen. Handbuch zu deren Projektierung, Bau und Betriebsführung, Bd. 2, Haupt-, Neben-, Industrie-, Fernschnell- und gleislose Bahnen, 2. und 3. verm. Aufl., Leipzig 1903.

Schierk, Hans-Fried, und Norbert Schmidt: Die Schwebebahn in Wuppertal. Köln 1976 (Landeskonservator Rheinland, Arbeitsheft 19).

Schliepmann, Hans: Berliner Brücken, in: BAW, Jg. 16, 1914, S. 261–276.

Schliepmann, Hans: Die Berliner Hochbahn als Kunstwerk, in: BAW, Jg. 4, 1902, S. 303–311, 339–348.

Schliepmann, Hans: Alfred Grenander, in: BAW, Jg. 12, 1910, S. 407–444.

Schnellbahn und Gebäude. Die dargest. Arbeiten sind d. Diplomarb. von 1968. Bearb. von Ulrich Flemming, Bernd Kraneis, Hartmut Schmetzer. Berlin TU 1968 (Veröffentlichungen zur Architektur, Nr. 21).

Schnellbahnprojekt für den Grunewald, in: BW, Jg. 3, 1912, Nr. 4, S. 29.

Die Schnellbahn-Projekte im Urteil der Berliner. Ein Beitrag zum Verständnis der Verkehrsfragen in unserer Reichshauptstadt. Berlin 1910.

Am Schöneberger Stadtpark. Das neuaufgeschlossene Gelände der Terrain-Gesellschaft Groß-Berlin, in: BW, Jg. 1, 1910, Nr. 27, S. 21.

Schubring, Paul: Die Bauten Heinrich Schweitzers, in: Haus und Heim, Bd. 2, Leipzig 1914, S. 5–23.

Schüler, H.: Hamburger Stadt- und Vorortbahnen und das Projekt der Durchbruchstraße zwischen Rathausmarkt und Schweinemarkt, in: DBZ, Jg. 40, 1906, S. 76–78, 93–96, 104–106.

Schur, Ernst: Alfred Grenander, in: MBF, Jg. 8, 1909, S. 193–206.

Schwebebahn Berlin – Gesundbrunnen – Alexanderplatz – Rixdorf. Zur Fertigstellung der Probestrecke am Rosenthaler Tor überreicht von der Continentalen Gesellschaft für elektrische Unternehmungen, Nürnberg. Berlin 1908.

Siemens, Werner von: Lebenserinnerungen. Berlin 1892.

Siemens, Werner von: Über die dynamo-elektrische Maschine und deren Verwendung zum Betriebe von elektrischen Eisenbahnen. Vortrag am 27. Januar 1880 im Elektrotechnischen Verein, Berlin, in: Siemens, Wissenschaftliche und technische Arbeiten, Bd. 2, 2. Aufl., Berlin 1891, S. 392–409.

Siemens, Werner von: Über die elektrische Eisenbahn der Berliner Gewerbeausstellung. Vortrag im Verein zur Beförderung des Gewerbfleisses am 9. Juni 1879, in: Siemens, Wissenschaftliche und technische Arbeiten, Bd. 2, 2. Aufl., Berlin 1891, S. 366–369.

Siemens, Werner von: Über das Projekt einer elektrischen Eisenbahn. Vortrag in der Polytechnischen Gesellschaft am 11. März 1880, in: Siemens, Wissenschaftliche und technische Arbeiten, Bd. 2, 2. Aufl., Berlin 1891, S. 410–419.

Siemens & Halske: Die elektrische Untergrundbahn der Stadt Schöneberg. Bauausführung im eigenen Betriebe der Siemens & Halske A.G. Berlin 1910.

Siemens & Halske: Von den Siemens-Firmen ausgeführte elektrische Hoch- und Untergrundbahnen in Berlin. Berlin 1913.

Spindler, Ernst: Wettbewerb »Hotel Aschinger«, in: BAW, Jg. 8, 1906, S. 119–139.

Spindler, Ernst: Wettbewerb »Neu-Westend«, in: BAW, Jg. 7, 1905, S. 41–49.

Der Spreetunnel zwischen Stralau und Treptow bei Berlin. Ausgeführt in den Jahren 1895–1899 von der Gesellschaft für den Bau von Untergrundbahnen G.m.b.H. zu Berlin. Berlin 1899.

Städtebauliche Mißgriffe. Der Untergrundbahnhof auf dem Wittenbergplatz, in: BW, Jg. 4, 1913, Nr. 21, S. 25–26.

Die städtische Südnordbahn und andere Verkehrspläne in Berlin, in: DBZ, Jg. 39, 1905, S. 637–638.

Stahl, Fritz: Heinrich Straumer. Berlin, Leipzig, Wien 1927 (Neue Werkkunst).

Heinrich Straumer, in: BAW, Jg. 14, 1912, S. 463–487.

Swarzenski, Georg: Alfred Grenander, in: MBF, Jg. 4, 1905, S. 131–141.

Thieme-Becker: Allgemeines Lexikon der bildenden Künstler von der Antike bis zur Gegenwart. Bd. 15, Leipzig 1922.

Troske, Ludwig: Die Londoner Untergrundbahnen. Berlin 1892 (Sonderdruck aus: ZVdI, 1891–1892).

Troske, Ludwig: Die Pariser Stadtbahn. Ihre Geschichte, Linienführung, Bau-, Betriebs- und Verkehrsverhältnisse. Berlin 1905.

Uhde, Constantin: Die Konstruktionen und die Kunstformen der Architektur. Ihre Entstehung und geschichtliche Entwicklung bei den verschiedenen Völkern. Bd. 2, Der Holzbau, Berlin 1903.

Die U-Bahn Gesundbrunnen – Neukölln (GN-Bahn). Zur Eröffnung der Nordstrecke Neanderstrasse – Gesundbrunnen am 18. April 1930.

Umbau des Adolf-Hitler-Platzes in Berlin, in: Verkehrstechnik, Jg. 20, 1939, S. 417.

Umbau des U-Bahnhofs Mehringdamm in Berlin-Kreuzberg, in: Hochtief-Nachrichten, Jg. 40, Aug. 1967, S. 11–19.

Die Untergrundbahn in Schöneberg, in: Baugewerks-Zeitung, Jg. 42, 1910, S. 955–956.

Die Verbindung Dt.-Wilmersdorf mit Berlin durch eine elektrisch betriebene Untergrund-Schnellbahn, in: WB, Jg. 11, 1908, S. 140–145.

Veröffentlichungen des Magistrats Wilmersdorf über die Schnellbahnpläne der Stadt Wilmersdorf. Deutsch-Wilmersdorf 1909.

Zur Versetzung der Königs-Kolonnaden in Berlin, in: DBZ, Jg. 44, 1910, S. 189–195, 201, 237–238.

Verwaltungsbericht des Magistrats zu Berlin. Für das Etatsjahr 1908–1911. Berlin 1910–1913.

Verwaltungsbericht des Magistrats der Stadt Schöneberg, 2: 1. April 1899 – 31. März 1903, Schöneberg 1904; 3: 1. April 1903 – 31. März 1908, Schöneberg 1910.

40 Jahre Berlinische Boden-Gesellschaft. Ein Bild der Groß-Berliner Wohnungsversorgung und der Tätigkeit der Gesellschaft vor, während und nach der Kriegszeit (1890–1930). Berlin 1930.

Vorschlag des Magistrats von Wilmersdorf für die Ausgestaltung des Bahnhofes Wittenbergplatz. Berlin 1909.

Wagenführ, Max: Architekt Emil Schaudt, Berlin – Hamburg, in: MBF, Jg. 12, 1913, S. 321–346.

Wagner, Martin: Das Formproblem eines Weltstadtplatzes. Wettbewerb der Verkehrs-A.G. für die Umbauung des Alexanderplatzes, in: Das neue Berlin, Jg. 1, 1929, S. 33–38.

Wagner, Martin: Die Kunst im Ingenieurbau, in: DBZ, Jg. 49, 1915, S. 13–16, 39–42.

Wagner, Otto: Einige Skizzen, Projecte und ausgeführte Bauwerke. Bd. 1, 1. Aufl., Juli 1891; Bd. 2, 1. Aufl., Mai 1897.

Otto Wagner. Das Werk des Architekten. (1841–1918.) Text: Otto A. Graf. Wien 1963 (Historisches Museum der Stadt Wien, 12. Sonderausstellung).

Weber, Klaus Konrad: Jugendstil im U-Bahn-Wagen, in: Jahrbuch für brandenburgische Landesgeschichte, Jg. 16, 1965, S. 80–85.

Wedemeyer, Alfred: Neuer Strassenbahn-Betriebsbahnhof Nr. 16 in Berlin-Charlottenburg, Architekt: Jean Krämer, in: DBZ, Jg. 65, 1931, Beibl. Konstruktion und Ausführung, S. 121–127.

Wedemeyer, Alfred: Die Verlängerung der Berliner Schnellbahn Thielplatz – Krumme Lanke, in: DBZ, Jg. 64, 1930, Beibl. Stadt und Siedlung, S. 25–31.

Wedemeyer, Alfred: Das Warenhaus Karstadt am Hermannplatz in Berlin-Neukölln, in: DBZ, Jg. 63, 1929, S. 545–552.

Weiher, Sigfrid von: Berlins Weg zur Elektropolis. Technik und Industriegeschichte an der Spree. Mit einem Beitrag von Gottfried Vetter. Berlin und München 1974.

Weiher, Sigfrid von: Werner von Siemens. Ein Leben für Wissenschaft, Technik und Wirtschaft. 2. Aufl., Göttingen 1974 (Persönlichkeit und Geschichte, Bd. 56).

Weiher, Sigfrid von, und Herbert Goetzeler: Weg und Wirken der Siemens-Werke im Fortschritt der Elektrotechnik. 1847–1972. Ein Beitrag zur Geschichte der Elektroindustrie. München 1972 (8. Beiheft der Zeitschrift »Tradition«).

Die Weiterführung der Untergrundbahn durch die City, in: BW, Jg. 1, 1910, Nr. 34, S. 21.

Weltausstellungen im 19. Jahrhundert. Idee, Auswahl und Texte Christian Beutler mit einem Beitrag von Günter Metken. Gestaltung des Kataloges: Klaus-Jürgen Sembach. Ausstellungskatalog. Die Neue Sammlung, Staatl. Museum für angewandte Kunst. München 1973.

Werke um 1900. Kunstgewerbemuseum Berlin. Hrsg. Wolfgang Scheffler. Berlin 1966 (Kataloge des Kunstgewerbemuseums Berlin, Bd. 2).

Westheim, Paul: Neue Arbeiten von O. R. Salvisberg. Berlin, Leipzig 1927 (Neue Werkkunst).

Westheim, Paul: Umgestaltung des Alexanderplatzes, in: BW, Jg. 20, 1929, S. 312–316.

Wettbewerb über die architektonische Ausbildung der Schwebebahn, in: ZdB, Jg. 26, 1906, S. 550–552.

Der Wettbewerb für die Bebauung des Geländes am Bahnhof Friedrich-Straße in Berlin, in: DBZ, Jg. 55, 1921, S. 426.

Der Wettbewerb zur Erlangung von Entwürfen für ein Hochhaus am Bahnhof Friedrichstraße zu Berlin, in: DBZ, Jg. 56, 1922, S. 89–91, 93–96.

Wettbewerb Gross-Berlin. Die preisgekrönten Entwürfe mit Erläuterungsberichten. Berlin 1911.

Wettbewerb um einen Grundplan für die Bebauung von Gross-Berlin. Berlin 1908.

Winkler: 25 Jahre elektrisch betriebene Untergrundbahn Budapest (Sonderdruck aus: Siemens-Zeitschrift, 1921, H. 12).

Winter, Knut: Geschichtliche Entwicklung des Untergrundbahnbaues. T. 1–3, in: Strasse, Brücke, Tunnel, Jg. 24, 1972, S. 268–275; Jg. 25, 1973, S. 7–17, 97–102, 133–136, 154–161, 263–275, 289–295.

Winz, Helmut: Es war in Schöneberg. Aus 700 Jahren Schöneberger Geschichte. Berlin 1964.

Wittig, Paul: Die Architektur der Hoch- und Untergrundbahn in Berlin. Berlin 1922.

Wittig, Paul: Die elektrische Hoch- und Untergrundbahn, in: Ingenieurwerke in und bei Berlin, Berlin 1906, S. 394–438.

Wittig, Paul: Zur Eröffnung der Untergrundbahn nach Westend. Überblick über Vorgeschichte und Bauausführung der Bahn. Berlin 1908.

Wittig, Paul: Die erste elektrische Hoch- und Untergrundbahn in Berlin. Entstehung und Umgestaltung, in: Die Fahrt, 1929, Nr. 1, S. 11–16.

Wittig, Paul: Führung der Berliner Hoch- und Untergrundbahnen durch bebaute Viertel vom technischen und städtebaulichen Standpunkt. Berlin 1920.

Wittig, Paul: Zur Geschichte der Hochbahngesellschaft. Berlin 1925.

Wittig, Paul: Die Hochbauten der elektrischen Hoch- und Untergrundbahn in Berlin, in: BAK, Jg. 15, 1902, S. 65–66, 75–76, 91.

Wittig, Paul: Rückblicke und Bekenntnisse zum 80. Geburtstag. Berlin, 7. März 1933.

Wittig, Paul: Zur Schnellbahnfrage Gross-Berlins. Berlin 1908 (Sonderdruck aus dem Preisausschreiben für den Wettbewerb um einen Grundplan für die Bebauung von Gross-Berlin).

Wittig, Paul: Die Untergrundbahn auf dem Leipziger Platz in Berlin, in: WAVB, Jg. 1, 1906, S. 175–177.

Wittig, Paul: Zur Vereinheitlichung des Berliner Verkehrswesens, in: Probleme der neuen Stadt Berlin, Berlin 1926, S. 385–395.

Wittig, Paul: Vortrag über die Untergrundbahn vom Potsdamer Platz zum Spittelmarkt, gehalten bei der Besichtigung der Tunnelarbeiten durch den Verein für Eisenbahnkunde, den Berliner Architekten-Verein, die Vereinigung Berliner Architekten am 12. Mai 1908, in: Glaser's Annalen für Gewerbe und Bauwesen, Jg. 63, 1908, S. 71–78.

Wittig, Paul: Die Weltstädte und der elektrische Schnellverkehr. Nach dem Vortrag im Berliner Architekten-Verein am 13. März 1909. Berlin 1909.

Zangemeister, Hermann: Die Berliner Nordsüdbahn, in: Verkehrstechnik, Jg. 5, 1924, S. 251–260.

Zangemeister, Hermann: Der Kreuzungsbahnhof Hermannplatz der Berliner Nordsüdbahn, in: Verkehrstechnik, Jg. 8, 1927, S. 341–349.

Zentralbahnhof Wittenbergplatz, in: BW, Jg. 1, 1910, Nr. 29, S. 21–23.

zur Westen, Walter von: Reklamekunst. Bielefeld & Leipzig 1903 (Sammlung illustrierter Monographien, 13).

Eine Zwingburg als Bahnhof, in: BW, Jg. 4, 1913, Nr. 21, S. 26.

Abkürzungsverzeichnis der Zeitschriften

BAK: Blätter für Architektur und Kunsthandwerk. Berlin. Nebst Anzeiger für Architektur und Kunsthandwerk.

BAW: Berliner Architekturwelt. Zeitschrift für Baukunst, Malerei, Plastik und Kunstgewerbe der Gegenwart. Berlin.

BW: Die Bauwelt. Zeitschrift für das gesamte Bauwesen. Berlin.

db: Deutsche Bauzeitung. Stuttgart.

DBH: Deutsche Bauhütte. Zeitschrift und Anzeiger für alle Zweige praktischer Baukunst. Hannover.

DBZ: Deutsche Bauzeitung. Verkündigungsblatt des Verbandes deutscher Architekten und Ingenieurvereine. Berlin.

DK: Dekorative Kunst. Illustrierte Zeitschrift für angewandte Kunst. München.

MBF: Moderne Bauformen. Eine Sammlung von Details, Interieurs und Façaden für Architekten und Bauhandwerk. Stuttgart.

NB: Neudeutsche Bauzeitung. Illustrierte Wochenschrift für Architekten und Bautechniker. Berlin, Leipzig, München.

WAVB: Wochenschrift des Architekten-Vereins zu Berlin. Berlin.

WB: Wilmersdorfer Blätter. Deutsch-Wilmersdorf.

ZdB: Zentralblatt der Bauverwaltung. Berlin.

ZfB: Zeitschrift für Bauwesen. Berlin.

ZVdE: Zeitung des Vereins Deutscher Eisenbahn-Verwaltungen. Berlin.

ZVdI: Zeitschrift des Vereines deutscher Ingenieure. Berlin.

Zeitungen

Berliner Börsen-Zeitung	19. 9. 1907	
Berliner Morgenpost	16. 2. 1902	Nr. 40
Berliner Lokal-Anzeiger	29. 3. 1908	
	28. 7. 1913	
	8. 10. 1913	
	13. 10. 1913	
Berliner Tageblatt	20. 2. 1880	
	21. 2. 1880	
	20. 4. 1880	
	8. 1. 1908	
	29. 9. 1908	
	1. 12. 1910	
	9. 10. 1913	
	13. 10. 1913	
	22. 10. 1926	
Berliner Vorortheim (Verkehrsbote)	16. 4. 1926	
Berliner Zeitung (Ost)	13. 1. 1974	
Deutsche Warte	15. 2. 1902	Nr. 46
National-Zeitung	1. 11. 1908	
Neue Preußische Zeitung	22. 2. 1905	
	27. 9. 1907	
	7. 6. 1912	
	4. 10. 1913	
Norddeutsche Allgemeine Zeitung	2. 6. 1901	
Prager Tageblatt	2. 10. 1908	
Schöneberger Tageblatt	13. 8. 1902	
	9. 9. 1908	
	7. 2. 1909	
Vossische Zeitung	28. 9. 1907	
	1. 12. 1910	
	21. 12. 1929	

III. Genehmigungsurkunden

Veröffentlicht im Amtsblatt der Königlichen Regierung zu Potsdam und der Stadt Berlin. Potsdam 1896 ff.; ab 1918: Amtsblatt der Regierung zu Potsdam und der Stadt Berlin; ab 1926: Amtsblatt für den Landespolizeibezirk Berlin.

15. März 1896: Genehmigungsurkunde zur Herstellung und zum Betriebe einer der Beförderung von Personen dienenden elektrischen Hochbahn von der Warschauerstraße nach dem Nollendorfplatz mit einer Abzweigung nach dem Potsdamer Bahnhof beziehungsweise der Königgrätzerstraße.
Berlin, den 15. März 1896.
in: Amtsblatt 1896, Stück 13, Nr. 23, S. 132–136.

5. November 1897: Genehmigungsurkunde zur Herstellung und zum Betriebe einer elektrischen Bahn von der Warschauerstraße über den Nollendorfplatz nach dem Zoologischen Garten mit einer Abzweigung nach dem Potsdamer Bahnhof.
Berlin, den 5. November 1897.
in: Amtsblatt 1898, Stück 7, Nr. 12, S. 70–75.

1. November 1900: Ergänzung der Genehmigungsurkunde vom 5. November 1897 für eine elektrische Bahn. (1. Nachtrag.) Unterpflasterstrecke Nollendorfplatz – Zoologischer Garten.
Berlin, den 1. November 1900.
in: Amtsblatt 1900, Stück 46, Nr. 76, S. 531–532.

21. Oktober 1901: Ergänzung der Genehmigungsurkunde vom 5. November 1897. (2. Nachtrag.) Verlängerung der Untergrundbahn in der Hardenbergstraße bis zur Fasanenstraße.
Berlin, den 21. Oktober 1901.
in: Amtsblatt 1901, Stück 44, Nr. 66, S. 498.

16. Mai 1902: Ergänzung der Genehmigungsurkunde vom 5. November 1897. (3. Nachtrag.) Verlängerung der Untergrundbahn in der Hardenbergstraße von der Fasanenstraße bis zum Knie.
Berlin, den 16. Mai 1902.
in: Amtsblatt 1902, Stück 22, Nr. 48, S. 240–241.

28. Januar 1903: Ergänzung der Genehmigungsurkunde vom 5. November 1897. (4. Nachtrag.) Verlängerung der elektrischen Untergrundbahn von der Haltestelle »Knie« bis zur Bismarckstraße.
Berlin, den 28. Januar 1903.
in: Amtsblatt 1903, Stück 6, Nr. 11, S. 41.

14. August 1904: Ergänzung der Genehmigungsurkunde vom 5. November 1897. (5. Nachtrag.) Verlängerung der elektrischen Untergrundbahn in der Bismarckstraße.
Berlin, den 14. August 1904.
in: Amtsblatt 1904, Stück 34, Nr. 76, S. 314.

6. Mai 1906: VI. Nachtrag zur Genehmigungsurkunde für elektrische Hoch- und Untergrundbahnen in Berlin vom 5. November 1897. Verlängerung der elektrischen Bahn in Charlottenburg von der Bismarckstraße bis Wilhelmplatz und Bismarckstraße bis Platz B in Westend.
Berlin, den 6. Mai 1906.
in: Amtsblatt 1906, Stück 22, Nr. 524, S. 198–200.

10. November 1906: VII. Nachtragsgenehmigung zur Genehmigungsurkunde der elektrischen Hoch- und Untergrundbahn vom 5. November 1897. Strecke Potsdamer Platz – Spittelmarkt.
Berlin, den 10. November 1906.
in: Amtsblatt 1906, Stück 47, Nr. 1152, S. 484–486.

22. Dezember 1907: VIII. Nachtragsgenehmigung der elektrischen Hoch- und Untergrundbahn. Strecke Spittelmarkt – Nordring.
Berlin, den 22. Dezember 1907.
in: Amtsblatt 1908, Stück 2, Nr. 46, S. 16.

28. Februar 1910: Genehmigungsurkunde betreffend die Unterpflasterbahn Nollendorfplatz – Hauptstraße in Schöneberg.
Berlin, den 28. Februar 1910.
in: Amtsblatt 1910, Stück 11, Nr. 264, S. 132–136.

15. Juni 1910: Nachtragsgenehmigung für die städtische Unterpflasterbahn in Schöneberg.
Berlin, den 15. Juni 1910.
in: Amtsblatt 1910, Stück 25, Nr. 642, S. 315–316.

29. Juni 1910: 9. Nachtragsgenehmigung zur Genehmigungsurkunde der Gesellschaft für elektrische Hoch- und Untergrundbahnen in Berlin vom 5. November 1897 für folgende Erweiterungen:
a) Zweiglinie vom Wittenbergplatz durch die Tauentzienstraße, Nürnbergerstraße, Nürnbergerplatz, Spichernstraße bis zur Kaiser-Allee
b) Zweiglinie vom Wittenbergplatz durch die Tauentzienstraße, Kurfürstendamm bis zur Uhlandstraße
c) Umbau des Bahnhofs Wittenbergplatz.
Berlin, den 29. Juni 1910.
in: Amtsblatt 1910, Stück 34, Nr. 853, S. 403–404.

24. Juli 1911: Genehmigungsurkunde betreffend die Unterpflasterbahn Kaiserallee – Rastatter Platz in Wilmersdorf.
Berlin, den 24. Juli 1911.
in: Amtsblatt 1911, Stück 38, Nr. 2024, S. 750–757.

17. Dezember 1911: Genehmigungsurkunde betreffend die Dahlemer Untergrundbahn.
Potsdam, den 17. Dezember 1911.
in: Amtsblatt 1912, Stück 3, Nr. 155, S. 64–71.

25. April 1914: Genehmigungsurkunde betreffend die Unterpflasterbahn von der Belle-Alliancestraße Ecke der Gneisenaustraße bis zur Müllerstraße nördlich von der Seestraße.
Berlin, den 25. April 1914.
in: Amtsblatt 1914, Stück 19, Nr. 540, S. 228–235.

23. Mai 1914: 10. Nachtragsgenehmigung:
a) Verlängerung der Untergrundbahn in Charlottenburg vom Reichskanzlerplatz durch die Reichsstraße und die Schwarzburgallee bis zur Gemarkungsgrenze
b) Erweiterungsstrecke »Gleisdreieck – Wittenbergplatz«
c) Herstellung einer Untergrundbahn von der Klosterstraße – ... – durch die Königstraße, den Alexanderplatz, die Landsberger Straße, die Weberstraße, den Strausberger Platz, die Große Frankfurter Straße und die Frankfurter Allee bis etwa 50 m jenseits von der Voigtstraße.
Berlin, den 23. Mai 1914.
in: Amtsblatt 1914, Stück 27, Nr. 754, S. 355–359.

4. Juni 1914: Genehmigungsurkunde betreffend die elektrische Hoch- und Untergrundbahn von der Ecke Christiania- und Schwedenstraße in Berlin bis ungefähr zu der Ecke des Kottbusser Damms und der Weserstraße in Neukölln.
Berlin, den 4. Juni 1914.
in: Amtsblatt 1914, Stück 27, Nr. 753, S. 348–355.

19. November 1914: 11. Nachtragsgenehmigung zur Genehmigungsurkunde vom 5. November 1897. Erweiterungsstrecke »Gleisdreieck – Wittenbergplatz«, Teilstrecke Zwölf-Apostel-Kirche, Motzstraße, Nollendorfplatz (Gemeinschaftsbahnhof) – Wittenbergplatz.
Berlin, den 19. November 1914.
in: Amtsblatt 1914, Stück 49, Nr. 1357, S. 636.

19. November 1914: II. Nachtragsgenehmigung für die städtische Unterpflasterbahn in Berlin-Schöneberg.
Berlin, den 19. November 1914.
in: Amtsblatt 1914, Stück 48, Nr. 1314, S. 608–611.

21. März 1921: Genehmigungsurkunde betreffend die Untergrundbahn in der Hermannstraße in Neukölln.
Berlin, den 21. März 1921.
in: Amtsblatt 1921, Stück 15, Nr. 685, S. 223–228.

10. Dezember 1926: Genehmigungsurkunde betreffend die elektrische Schnellbahn von der Ecke der Christiania- und Schwedenstraße in Berlin bis zum Hermannplatz in Neukölln.
Berlin, den 10. Dezember 1926.
in: Amtsblatt 1926, Stück 51, Nr. 1375, S. 307–315.

19. März 1927: Genehmigungsurkunde für die elektrische Schnellbahn vom Alexanderplatz (Königstraße) in Berlin bis zur Wilhelmstraße in Berlin-Friedrichsfelde.
Berlin, den 19. März 1927.
in: Amtsblatt 1927, Stück 18, Nr. 382, S. 99–104.

23. Mai 1927: Nachtrag zur Genehmigungsurkunde vom 19. März 1927.
Berlin, den 23. Mai 1927.
in: Amtsblatt 1927, Stück 28, Nr. 642, S. 188.

16. Mai 1928: I. Nachtrag zur Genehmigung vom 10. Dezember 1926. Betrifft die elektrische Schnellbahn Gesundbrunnen – Neukölln.
Berlin, den 16. Mai 1928.
in: Amtsblatt 1928, Stück 21, Nr. 304, S. 122–123.

13. August 1928: Genehmigungsurkunde für die elektrische Schnellbahn von Bergstraße (Ecke Jonasstraße) in Neukölln bis zur Rudower Straße (Sieversufer) in Neukölln.
Berlin, den 13. August 1928.
in: Amtsblatt 1928, Stück 34, Nr. 515, S. 203–207.

16. August 1928: Genehmigungsurkunde für die elektrische Schnellbahn in Berlin-Charlottenburg vom Bahnhof Stadion bis zur Charlottenburger Chaussee.
Berlin, den 16. August 1928.
in: Amtsblatt 1928, Stück 35, Nr. 530, S. 215–219.

30. August 1928: Genehmigungsurkunde betreffend die elektrische Schnellbahn in Berlin vom Bahnhof Nordring bis zur Mühlenstraße im Bezirk Pankow.
Berlin, den 30. August 1928.
in: Amtsblatt 1928, Stück 36, Nr. 546, S. 227–231.

20. September 1929: I. Nachtragsgenehmigung zur Genehmigungsurkunde vom 13. August 1928, – Nr. 109 II V 14.28 – betr. den Bau der elektrischen Schnellbahn von Bergstraße (Ecke Jonasstraße) bis zur Rudower Straße (Sieversufer) in Neukölln.
Berlin, den 20. September 1929.
in: Amtsblatt 1929, Stück 39, Nr. 612, S. 274.

19. November 1929: 1. Nachtrag zur Genehmigungsurkunde des Regierungspräsidenten Potsdam vom 17. Dezember 1911. Strecke Bahnhof Thielplatz bis zur westlichen Bauflucht Alsenstraße in Zehlendorf-West.
Berlin, den 19. November 1929.
in: Amtsblatt 1929, Stück 48, Nr. 775, S. 337.

IV. Verträge, Abkommen, Bestimmungen

25. Juni 1895/18. Juli 1895: Vertrag zwischen der Stadtgemeinde *Berlin*, vertreten durch den Magistrat, und der Firma *Siemens & Halske* (Kommanditgesellschaft) zu Berlin betreffend die Anlage einer elektrischen Stadt-(Hoch-)Bahn innerhalb des städtischen Weichbildes.
Berlin, den 25. Juni/18. Juli 1895.

18. Oktober 1895/5. November 1895: Vertrag zwischen der Stadtgemeinde *Schöneberg*, vertreten durch den Magistrat, und der Firma *Siemens & Halske* (Kommanditgesellschaft) zu Berlin betreffend die Anlage einer elektrischen Stadt-(Hoch-)Bahn innerhalb des städtischen Weichbildes.
Berlin/Schöneberg, den 18. Oktober/5. November 1895.

25. November 1895/4. Dezember 1895: Vertrag zwischen dem Königlich *Preußischen Eisenbahnfiskus*, vertreten durch die Königliche Eisenbahn-Direktion zu Berlin, einerseits, und der Firma *Siemens & Halske* (Kommanditgesellschaft) zu Berlin, andererseits.
Berlin, den 25. November/4. Dezember 1895.

23. Mai 1896/30. Juni 1896: Vertrag zwischen der Stadtgemeinde *Charlottenburg*, vertreten durch den Magistrat, und der Firma *Siemens & Halske* (Kommanditgesellschaft) zu Berlin betreffend die Anlage einer elektrischen Stadt-(Hoch-)Bahn innerhalb des städtischen Weichbildes.
Charlottenburg/Berlin, den 23. Mai/30. Juni 1896.

17. Juli 1897/3. August 1897: Vertrag zwischen der *Gesellschaft für elektrische Hoch- und Untergrundbahnen in Berlin* einerseits und der Commandit-Gesellschaft Siemens & Halske in Liquidation und der Aktiengesellschaft in Firma *Siemens & Halske* Aktiengesellschaft, beide in Berlin, andererseits.
Berlin, den 17. Juli 1897.

13. Februar 1899/17. Februar 1899: Vertrag über die *Stammstrecke*. Umwandlung der Hochbahn in eine Untergrundbahn.
Charlottenburg/Berlin, den 13./17. Februar 1899.

17. August 1899: Nachtragsabkommen zwischen der *Gesellschaft für elektrische Hoch- und Untergrundbahnen in Berlin*, einerseits, und der Commanditgesellschaft Siemens & Halske in Liquidation und der Aktiengesellschaft in Firma *Siemens & Halske* Aktiengesellschaft, beide in Berlin, andererseits.
Berlin, den 17. August 1899.

1903: Vertrag zwischen der Stadtgemeinde *Charlottenburg*, vertreten durch den Magistrat, und der *Gesellschaft für elektrische Hoch- und Untergrundbahnen in Berlin*, Aktiengesellschaft zu Berlin, betreffend die Anlage einer elektrischen Stadt-(Untergrund-)Bahn innerhalb des städtischen Weichbildes von Charlottenburg.
Charlottenburg/Berlin, 1903.
(Vertragsneufassung aller bisherigen Abkommen zwischen der Hochbahngesellschaft und Charlottenburg.)

20. Mai 1905/27. Mai 1905: Bedingungen für die Weiterführung der Untergrundbahn nach *Westend*.
Charlottenburg/Berlin, den 20./27. Mai 1905.

18. April 1906: Vertrag zwischen der Stadtgemeinde *Berlin*, vertreten durch den Magistrat, und der *Gesellschaft für elektrische Hoch- und Untergrundbahnen in Berlin*, betreffend Fortführung der elektrischen Hoch- und Untergrundbahn vom Potsdamer Platz über den Spittelmarkt und den Alexanderplatz bis jenseits des Ringbahnhofs Schönhauser Allee.
Berlin, den 18. April 1906.

23. Juni 1906: Vertrag zwischen der *Neu-Westend Aktiengesellschaft für Grundstücksverwertung* und der *Gesellschaft für elektrische Hoch- und Untergrundbahnen in Berlin* über die Weiterführung der Untergrundbahn nach Westend.
Berlin, den 23. Juni 1906.

8./11. Juli 1908: Vertrag zwischen der Stadtgemeinde *Deutsch-Wilmersdorf*, im folgenden »die Stadtgemeinde« genannt, und der *Gesellschaft für elektrische Hoch- und Untergrundbahnen in Berlin*, im folgenden »die Gesellschaft« genannt, betreffend die Linienführung der Untergrundbahn nach dem Nürnberger Platz.
Berlin/Deutsch-Wilmersdorf, den 8./11. Juli 1908.

11. Juli 1908/28. Oktober 1908: Vertrag zwischen der Stadtgemeinde *Deutsch-Wilmersdorf* und der *Gesellschaft für elektrische Hoch- und Untergrundbahnen in Berlin* betreffend die Fortführung der Untergrundbahn vom Wittenbergplatz nach dem Nürnberger Platz. (Zustimmungsvertrag.)
Deutsch-Wilmersdorf/Berlin, den 11. Juli/28. Oktober 1908.

11. Juli 1908/28. Oktober 1908: Vertrag zwischen der Stadtgemeinde *Deutsch-Wilmersdorf* und der *Gesellschaft für elektrische Hoch- und Untergrundbahnen in Berlin* betreffend den Betrieb der Wilmersdorfer Bahn.
Deutsch-Wilmersdorf/Berlin, den 11. Juli/28. Oktober 1908.

21. Oktober 1908/24. November 1908: Vertrag zwischen der Stadtgemeinde *Schöneberg* und der *Siemens & Halske* Aktiengesellschaft Berlin für den Bau einer Untergrundbahn in Schöneberg vom Nollendorfplatz bis Hauptstraße.
Schöneberg/Berlin, den 21. Oktober/24. November 1908.

13. November 1908/20. März 1909: Vertrag zwischen der *Königlichen Kommission zur Aufteilung der Domäne Dahlem* und der *Gesellschaft für elektrische Hoch- und Untergrundbahnen in Berlin* betreffend den Betrieb der Dahlemer Bahn.
Berlin, den 13. November 1908/20. März 1909.

25. November 1908/15. Januar 1909: Vertrag zwischen der *Dahlemkommission* und *Wilmersdorf*.
o. O., 25. November 1908 /15. Januar 1909.

1./4. September 1909: Verträge zwischen den Gemeinden *Charlottenburg* und *Schöneberg* betreffend die Grenzregulierung und den Bau von Untergrundbahnen.
o. O., 1./4. September 1909.

4./15. September 1909: Ausführungsbestimmungen für die Herstellung der U-Bahn in der Motzstraße und am Nollendorfplatz zwischen *Schöneberg* und *Charlottenburg* vom 4./15. September 1909.

21. Juni 1910: Bedingungen, unter denen die Stadtgemeinde *Charlottenburg* der *Gesellschaft für elektrische Hoch- und Untergrundbahnen in Berlin* die Zustimmung zum Bau und Betrieb einer Untergrundbahn vom Wittenbergplatz nach dem Gleisdreieck sowie nach dem Nürnberger Platz und nach dem Kurfürstendamm/Ecke Uhlandstraße erteilt.
Charlottenburg, den 21. Juni 1910.

10./11. November 1910: Vertrag zwischen der Stadtgemeinde *Schöneberg*, vertreten durch den Magistrat, und der *Siemens & Halske* Aktiengesellschaft in Berlin, vertreten durch den Vorstand, wegen Übernahme des Betriebes der Schöneberger Untergrundbahn vom Nollendorfplatz bis zur Kreuzung der Hauptstraße mit der Ringbahn einschließlich des Betriebsbahnhofes und der Werkstätten.

14. November 1910: Vertrag zwischen den Städten *Charlottenburg* und *Schöneberg* betreffend die Herstellung eines Verbindungsganges von der Schöneberger Untergrundbahn nach der Hochbahn auf dem Nollendorfplatz.
Charlottenburg, den 14. November 1910.

30. November 1910: Vertrag zwischen der Stadtgemeinde *Schöneberg* und der *Hochbahngesellschaft* (Gesellschaft für elektrische Hoch- und Untergrundbahnen in Berlin) über den Betrieb der Schöneberger Bahn und eine Tarifgemeinschaft.
Schöneberg/Berlin, den 30. November 1910.

2. März 1912: Verträge der *Hochbahngesellschaft* mit *Charlottenburg*. Nummer 210 des Notariats-Registers für 1912. Verhandelt zu Charlottenburg, am zweiten März 1912.

18. März 1912: Vertrag zwischen der Stadtgemeinde *Berlin*, vertreten durch den Magistrat, und der *Allgemeinen Elektricitäts-Gesellschaft* in Berlin – nachstehend der Kürze halber mit AEG bezeichnet – betreffend die Anlage einer elektrischen Hoch- und Untergrundbahn von Gesundbrunnen über das Rosenthaler Tor, Zentral-Markthalle und Oranienplatz nach dem Hermannplatz in Neukölln.
Berlin, den 18. März 1912.

27. März 1912/29. März 1912: Vertrag zwischen der Stadtgemeinde *Berlin*, vertreten durch den Magistrat, in folgendem kurz »Stadtgemeinde« genannt, und der *Gesellschaft für elektrische Hoch- und Untergrundbahnen in Berlin*, in folgendem kurz »Hochbahngesellschaft« genannt, betreffend
I. die Untergrundbahn von der Klosterstraße über den Alexanderplatz zur Frankfurter Allee,
II. die Hoch- und Untergrundbahn vom Gleisdreieck bis zur Weichbildgrenze an der Motzstraße.
Berlin, den 27./29. März 1912.

12. Oktober 1914: Bauabkommen zwischen der Stadtgemeinde *Berlin-Schöneberg*, vertreten durch den Magistrat, und der *Hochbahngesellschaft* (Gesellschaft für elektrische Hoch- und Untergrundbahnen in Berlin) über die Herstellung eines Gemeinschaftsbahnhofes in der Motzstraße.
Berlin-Schöneberg/Berlin, den 12. Oktober 1914.

12. Oktober 1914: Nachtragsabkommen zwischen der Stadtgemeinde *Berlin-Schöneberg* und der *Hochbahngesellschaft* (Gesellschaft für elektrische Hoch- und Untergrundbahnen in Berlin) zum Vertrag vom 30. November 1910 (Stammvertrag).
Berlin-Schöneberg/Berlin, den 12. Oktober 1914.

28. Dezember 1922: Vertrag zwischen der Berliner *Nordsüdbahn-Aktiengesellschaft* (N.S.A.G.) und der *Gesellschaft für elektrische Hoch- und Untergrundbahnen in Berlin* (H. G.) über die Nordsüdbahn.
Berlin, den 28. Dezember 1922.

14. Juli 1928: Vertrag zwischen der *Gesellschaft für elektrische Hoch- und Untergrundbahnen in Berlin*, im folgenden »Hochbahngesellschaft« genannt, einerseits, und der Allgemeinen Häuserbau-Actiengesellschaft von 1872 Adolf Sommerfeld, der Terrain-Aktiengesellschaft Botanischer Garten – Zehlendorf-West und dem Architekten Adolf Sommerfeld, im folgenden »*Sommerfeld-Gruppe*« genannt, andererseits.
Berlin, den 14. Juli 1928.
(BVG-Plankammer, Ungedr. Ms.)

22./24. Februar 1936: Vertrag zwischen der Berliner Verkehrs-Aktiengesellschaft zu Berlin, im folgenden »*BVG*« genannt, einerseits, und der Gagfah-Gemeinnützigen Aktiengesellschaft für Angestellten-Heimstätten in Weimar, im folgenden »*Gagfah*« genannt, und der Allgemeinen Häuserbau-Aktien-Gesellschaft in Berlin-Lichterfelde, im folgenden »*Ahag*« genannt, andererseits.
Berlin, den 22./24. Februar 1936.

V. Archivalien

1. Siemens-Archiv

Akten zur Hoch- und Untergrundbahn in Berlin

SAA 2/Li 512 Nr. 5: Abschriften der Original-Briefe der Brüder Siemens.

SAA 4/Lk 95: Schriftwechsel betr. Gesellschaft für elektrische Hoch- und Untergrundbahnen in Berlin. 1906–1908.

SAA 11/Frischen Li 453: Studien über die New Yorker Hochbahn. 1876–1886.

SAA 16/Lk 569: Sitzungsprotokolle des Aufsichtsrats der Gesellschaft für elektrische Hoch- und Untergrundbahnen. 1897–1906.

SAA 20/Lk 364: Schriftwechsel der Centralstelle betr. Bau eines Netzes von Untergrundbahnen in Berlin. 1898–1914.

SAA 21/Lr 260: Vertrag zwischen Siemens & Halske und Schöneberg mit Anlagen. 1910.

SAA 25/Lo 497: Allgemeiner Schriftwechsel 1897–1905. Verträge und Preisausschreiben für die Bülowstraße.

SAA 25/Lo 760: Strecke Warschauer Brücke – Zoo. Genehmigungsurkunde, Vertrag, Abnahme, Lieferbedingungen. 1896–1913.

SAA 25/Lo 787: Allgemeiner Schriftwechsel, Verträge, Zeitungsausschnitte. 1897–1914.

SAA 25/Lo 790: Allgemeiner Schriftwechsel. 1896–1913.

SAA 25/Lo 839: Zeitungsausschnitte und Protokolle. 1891–1894.

SAA 25/Lp 122: U-Bahnstrecke Potsdamer Platz – Alexanderplatz. 1901–1905.

SAA 26/Lp 82: U-Bahnstrecke Potsdamer Platz – Spittelmarkt – Schönhauser Allee und Zoologischer Garten – Spittelmarkt. 1907–1914.

SAA 26/Lp 84: U-Bahn Spittelmarkt – Alexanderplatz – Schönhauser Allee, Kostenanschläge. 1906–1908.

SAA 26/Lp 129: Schnellbahn Wilmersdorf – Schmargendorf – Zehlendorf. 1904–1910.

SAA 26/Lp 130: U-Bahnstrecke Westend. 1903–1910.

SAA 26/Lp 135: U-Bahn Schöneberg. 1904–1928.

SAA 26/Lp 136: U-Bahnstrecke Schöneberg. 1907–1911.

SAA 26/Lp 138: U-Bahnstrecke Schöneberg. 1906–1907.

SAA 37/Lh 578: Schriftwechsel mit Emil Dominik betr. Veröffentlichung. 1891.

SAA 37/Li 808: Betriebseröffnung. Sammlung von Zeitungsausschnitten.

SAA 35/39 Lk 953: Acta Siemens & Halske. Hoch- und Schwebebahn. 1895–1903.

SAA 35/39 Lm 57: Schriftwechsel mit Baurat Orth. 1895.

SAA TEI 35/Lk 312: Veröffentlichungen zur Hoch- und Untergrundbahn.

SAA TEI 35/Lk 313: Veröffentlichungen zur Hoch- und Untergrundbahn.

SAA 55/Lt 154: Entwurf zu einer elektrischen Stadtbahn für Berlin, von Siemens & Halske. (Original-Zeichnungen der Bahnabteilung, 1891–1898.)

SAA 55/Lt 155: Original-Entwürfe, Photos und Photomontagen der Bahnabteilung.

2. Plansammlung der Universitätsbibliothek der Technischen Universität Berlin

Bericht über die zum Schinkel-Fest 1896 eingegangenen Preisbewerbungen auf dem Gebiete des Bauingenieurwesens. (Handgeschr. Ms.)

Leitgebel, Wilhelm: Entwurf für die Seeparkbrücke, 1912. Inv.-Nr. 20 200.

Messel, Alfred: Entwurf für den U-Bahnhof Hallesches Tor, 1899. Inv.-Nr. 13.470.

Orth, August: Architektonische Entwürfe, Bd. IV.

Sammlung der zu den Monatswettbewerben des Architekten-Vereins zu Berlin eingegangenen Entwürfe aus dem Gebiete des Hochbaues und (seit 1861) des Ingenieurwesens. Handzeichnungen von Mitgliedern des Architekten-Vereins. Nebst Erläuterungsberichten und den Gutachten der Beurteilungs-Ausschüsse.

Sammlung der preisgekrönten Entwürfe zum Schinkelfest aus dem Gebiete des Ingenieurwesens. Handzeichnungen von Mitgliedern des Architekten-Vereins zu Berlin. Nebst Erläuterungsberichten und den Gutachten der Beurteilungs-Ausschüsse. 1896: Schinkel-Preisaufgabe für 1896. Schulze, Otto: Entwurf zum Umbau der Potsdamer Brücke über dem Landwehrkanal in Berlin, Kennwort »Doppelbrücke«.1919: Entwurf einer Untergrundbahn zum Schinkelfest 1919. Kennwort: »Ost-West-Ost«.

3. Berliner Verkehrs-Betriebe (BVG): Plankammer

Historische Pläne.
Entwurfspläne der einzelnen Strecken und Bauwerke.
Bestandspläne der einzelnen Strecken und Bauwerke.

4. Bezirksamt Schöneberg, Heimatarchiv

Akte Untergrundbahn I.
Photoarchiv.

VI. Abbildungsverzeichnis

Abb. 1 Untergrundbahn in London, 1863, Streckentunnel
A London Transport Photograph.

Abb. 2 New Yorker Hochbahn, 1878
Siemens Bildarchiv 3095 d/P III E XI c.

Abb. 3 New Yorker Hochbahn, 1878
aus: Figuier, Les Railways Métropolitain, S. 573.

Abb. 4 Entwurf für eine elektrische Hochbahn in Berlin, 1880
Siemens Bildarchiv 1707 e/P III E XI c.

Abb. 5 Modell der Hochbahnstrecke nach dem Entwurf von 1880
Siemens Bildarchiv X 1707 b/P III E XI c.

Abb. 6 Stütze der Berliner Stadtbahn
aus: Zeitschrift für Bauwesen, Atlas, Jg. 34, 1884, Bl. 14.

Abb. 7 Zukunftsstraße von Berlin mit Hochbahnprojekt
Siemens Bildarchiv X 3475/P III E XI c.

Abb. 8 Entwurf für eine zweigleisige Pfeilereisenbahn in Berlin, 1882,
Feder auf Karton, aquarelliert, 42 x 57 cm
Plansammlung der Universitätsbibliothek der TU Berlin, Sammlung der zu den
Monatswettbewerben des Architekten-Vereins zu Berlin eingegangenen Entwürfe,
Bd. 54, 1881/82, Bl. 39.

Abb. 9 Entwurf für eine elektrische Hochbahn in Paris, 1881
aus: Figuier, Les Railways Métropolitain, S. 613.

Abb. 10 Entwurf für eine elektrische Hochbahn in Berlin, 1883
Siemens Bildarchiv X 48/P III E XI c.

Abb. 11 Entwurf für eine elektrische Hochbahn in Berlin, Variante des Entwurfs
von 1883, Feder, weiß gehöht auf Hintergrundplatte, 48 x 64 cm
SAA 55/Lt 155, Bl. 31.

Abb. 12 Entwurf für eine elektrische Hochbahn in Berlin, 1891, Viadukt, Feder auf
Karton, aquarelliert, 48 x 192 cm (Ausschnitt 42 x 47 cm)
SAA 55/Lt 154, Bl. 27.

Abb. 13 Entwurf für einen Hochbahnhof an der Kanalstrecke, 1891, Feder auf
Karton, aquarelliert, 48 x 192 cm (Ausschnitt 42 x 47 cm)
SAA 55/Lt 154, Bl. 27.

Abb. 14 Entwurf für eine Haltestelle in der Skalitzerstraße, 1891, Feder auf
Hintergrundplatte, 46 x 65,5 cm
SAA 55/Lt 155, Siemens Bildarchiv 3927, P III E XI c.

Abb. 15 London Bridge Station, Vorhalle
aus: Henning-Schefold/Schmidt-Thomsen, Transparenz und Masse, S. 124, Abb. 135.

Abb. 16 Querschnitt durch den Viadukt mit Bahnhof, 1891, Feder auf
Karton, 64 x 48 cm
SAA 55/Lt 154, Bl. 28.

Abb. 17 Entwurf für den Hochbahnhof Schöneberger Brücke, 1891, Feder auf
Karton, 48 x 192 cm (Ausschnitt 48 x 64 cm)
SAA 55/Lt 154, Bl. 13.

Abb. 18 Entwurf für den Hochbahnhof Potsdamer Brücke, 1891, Feder auf Karton,
aquarelliert, 48 x 192 cm (Ausschnitt 48 x 64 cm)
SAA 55/Lt 154, Bl. 15.

Abb. 19 Entwurf für einen Hochbahnhof, Variante
aus: Berlin und seine Bauten, Bd. 1, 1896, S. 198.

Abb. 20 Entwurf für die Galeriestrecke am Reichstagsufer, 1891, Querschnitt
aus: Der Bär, 1892, S. 401.

Abb. 21 AEG-Entwurf einer elektrischen Untergrundbahn für Berlin,
Empfangspavillon, Grundriß u. Schnitt
aus: Glaser's Annalen für Gewerbe und Bauwesen, Bd. 30, 1892, Taf. 1.

Pläne

Register

Die Ziffern verweisen auf die Seitenzahlen, halbfette Ziffern auf Abbildungen.